ACSC
亚洲物流與供應鏈管理協會
Asia Council of Supply Chain

亚洲物流与供应链管理协会（ACSC）
职业资格认证指定教材

国际货运代理

FREIGHT FORWARDING

主　编

计国君　蔡远游

编写组成员（按姓氏笔画排序）

计国君　杨光勇　韩尚清　蔡远游

厦门大学出版社
XIAMEN UNIVERSITY PRESS
国家一级出版社
全国百佳图书出版单位

总 序

在快速增长的经济环境中,全球化导致产业缩减、外包趋势以及内外地区的贸易流动,使得亚洲地区对物流服务的需求大大增加,也促使近年来区域物流行业得到充分发展。因为各国经常会感受到来自制造业强国——中国的威胁,所以都会调整他们的制造重心,寻求在这一地区的竞争优势,例如,供应链管理和资本的有效利用。这种趋势可能会使物流领域出现更多的投资机会。同时,亚洲地区不断增长的消费,意味着更多的商品会在亚洲各国流通,同样会越过他们的国界。

Datamonitor(数据监察)的报告显示,对于第三方物流公司(3PL)的最大需求将会出现在亚太地区。在 2005 年,亚太地区物流业占全球物流市场总值的 34%,而欧美地区则占其余的 66%。2010 年,Datamonitor 预测亚太地区物流业进一步整合其市场领先地位,市场占有率将达全球市场价值的 38.0%。从 2005 年到 2010 年期间,亚太地区以 6.6% 的年复合增长率(CAGR)增长,是其他世界市场预计 2.9%CAGR 的两倍以上。事实上,许多跨国物流业者和亚洲物流业者已拓展或正开始拓展亚洲地区,以支持其在亚洲地区的国际客户日益增长的业务需求。仲量联行(Jones Lang LaSalle)预期,亚洲地区的工业产权界将维持蓬勃发展态势,并通过其让亚太地区作为全球制造和物流枢纽的区域地位得到巩固。预计在新加坡、韩国以及中国香港、北京、上海、广州,对于优质工业、物流的需求将会有所增加。

但是,物流人才不足已成为亚洲物流发展中亟须解决的问题。加快亚洲物流人才的培养,学历教育、短期培训、专业教育三者不可偏废。随着亚洲物流企业的迅速发展,加强物流职业教育与培训,提高物流企业的运作能力和服务质量,不断提高在职人员的操作与管理水平已成为当务之急。鉴于此,2011 年,亚洲物流与供应链管理协会(Asia Council of Supply Chain,ACSC)应运成立,并将致力于建立和推进职业资格认证体系为该协会主要工作和努力方向。

亚洲物流与供应链管理协会(ACSC)职业资格认证制度是 ACSC 本着严谨的态度、专业的水准和科学的规划,旨在建立亚洲国家(地区)普遍认可的,在物流管理、供应链管理、采购管理和运输管理、货运代理专业领域被广泛认同的认证制度,以肯定通过认证学员的相关专业知识、技能和工作适应性,进而推动该专业领域在亚洲的可持续发展。

为了确保 ACSC 职业资格认证的权威性和专业性,ACSC 专门组建认证委员会、聘请高级讲师、建立标准考试题库,分别设立独立的培训中心、考试中心和认证中心,确保认证工作的公平、公开和公正,确保各项认证工作的透明度。

作为 ACSC 的工作和努力愿景,ACSC 认证委员会被赋予的使命是,透过 ACSC 职业资格认证证书的颁发,来验证从事物流管理、供应链管理、采购管理运输管理和货运代理的专业人士是否具备相应的知识结构、工作能力和专业水准。

ACSC 职业资格认证包括"ACSC 亚洲物流师"、"ACSC 亚洲供应链管理师"、"ACSC 亚洲采购师"和"ACSC 运输岗位资格证书"、"ACSC 货运代理岗位资格证书"五项。所有通过认证的个人,ACSC 通过官方网站向产业和全社会公告,明确表明通过认证的个人符合相关工作领域中的专业要求。

凡通过 ACSC 的培训并考试合格者,首先获得"ACSC 职业资格认证课程结业证书",此证书仅证明学员完成 ACSC 短期课程培训。通过认证后,ACSC 授予相应的职业资格证书或岗位资格证书。其中,初级认证有效期为长期,即表明获得认证者具备基本专业能力,具备正确的专业认知,基本符合相关基础工作;中级和高级认证的有效期 3 年,届满 3 年时,需要再参加 ACSC 认证复试或资格审查,否则证书失效。ACSC 此规定的主要目的是希望持有认证资格者,在专业领域中,对于专业知识能持续提升、不断更新。ACSC 职业资格认证制度将凭借其权威性和专业性,结合其制度化安排和产业影响力,逐步获得政府、院校、协会团体的认可,力争通过 5 年的扎实工作,让 ACSC 成为亚洲产业中的权威认证制度之一,也期待 ACSC 职业资格认证制度能走出亚洲、走向世界。

ACSC 职业资格认证的宗旨为:

(1)引领亚洲物流业的协同发展:促进亚洲的和平、贸易发展、人类健康、环境改善及行业快速发展,并起到明显的引领作用。

(2)培植亚洲物流领袖:传授并训练物流职业者把握世界物流的最先进理论与方法,并持续保持整个行业的最先进、最现代、最优秀的领衔地位。

(3)推进行业对标,提升亚洲物流走向世界水平:传播和发展得到持续改进的行业实践,并将这些方法在亚洲物流的所有企业中推广实施,在行业中提倡、保持和持续提高技术标准、能力标准和专业竞争力。

ACSC 职业资格认证的培训教程正是基于上述思想,在结合现代物流运作管理相关知识的基础上,融合了最新的物流理论与方法,力图体现知识结构的完整性、全面性和先进性,并选择对亚洲物流具有针对性的案例,促成接受 ACSC 职业资格认证者得到走向行业成功的利器。

在亚洲物流与供应链管理协会发起人之一、海西物流杂志社总编辑蔡远游先生的策划下，我们负责本套丛书的编写。对本套丛书作出贡献的学者除了编委会成员之外，还包括杨光勇、冯玮、张庭溢、余源、蒯人杰、吕垚、韩尚清、李婉璐、苏明贞等。其中张庭溢具体负责《供应链管理》的主要编写工作，并参与《物流管理》第 5 章、第 11 章、第 12 章、第 14 章的编写工作；冯玮参与了《供应链管理》第 8 章、第 9 章、第 13 章的编写工作；余源具体负责《运输管理》的编写工作；蒯人杰具体负责《物流管理》的编写工作；吕垚具体负责《采购管理》的编写工作；韩尚清具体负责《国际货运代理》的编写工作，并参与了《物流管理》第 2 章的编写工作；李婉璐具体参与《采购管理》第 8 章、第 13 章、第 15 章，《物流管理》第 16 章以及《供应链管理》第 10 章的编写工作；苏明贞具体参与《采购管理》第 2 章、第 4 章的编写工作。编者还要特别感谢亚洲物流与供应链管理协会发起人：来自泰国的陈仁富 (Krizz Chantajiraporn) 先生、新加坡的张向荣 (Robert Zhang) 先生、日本的西健次 (Shimeno Kenji) 先生、印度的圣达鲁 (Shantanu) 先生和中国香港的麦志明 (David Mak) 先生，感谢他们的辛勤劳动和指导。即便有这么多人的支持，惜哉编著者才疏学浅，本套丛书中不可避免地会存在一些不足之处，这些错误均属编者的个人责任。为此，恳望所有参阅、使用本套丛书的同仁们给予批评指正，本套丛书再版时将及时予以纠正。

计国君 蔡远游
2012 年 5 月于厦门大学

目　录

第一篇　基础篇

第二篇　操作实务篇

第三篇　综合篇

第一篇 基础篇

第1章

国际货运代理业务概述

📑 本章学习目的

- 了解国际货运代理的基本概念
- 了解国际货运代理的性质
- 建立国际货运代理业务的基础知识体系
- 了解国际货运代理的发展历程

随着国际贸易结构的精密化和国际货物运输方式的多样化,国际货运代理业逐渐形成并渗透至国际贸易、国际运输的每一个领域,成为国际贸易、运输中不可缺少的重要组成部分。

国际货运代理业作为社会经济部门中一个独立的行业,涉及运输、保险、银行、海关、商检、卫生检疫、仓储等诸多社会部门和机构,却不能为上述任何部门和机构所涵盖。国际货运代理业在海上货物运输中一直处于重要地位,随着集装箱及多式联运的发展,这种重要性已经达到了前所未有的高度。

1.1 国际货运代理的概念

国际货运代理,可以从国际货运代理人和国际货运代理企业两个角度来理解。

1.1.1 国际货运代理人的含义

国际货运代理人一词,国际上虽然没有统一、公认的定义,但在一些权威机构和工具书以及一些标准交易条件中都有一定解释。

国际货运代理人源于英文"the Freight Forwarder"一词。"Freight"本意是指运输的货物(Goods Transported);"Forward"作为动词,具有发送、转运之意;"Forwarder"是指传递东西的人或代运人、转运商。因此,"the Freight Forwarder"本意是指为他人安排货物运输的人,在运输领域应被称为运输业者、运输行、转运公司等。

2004年10月国际货运代理协会联合会(FIATA)与欧洲的几家主要交通运输、货运代理及物流行业的协会磋商之后,根据行业发展的最新特点,FIATA总部提出了"国际货运代理及物流服务"的最新定义:"所谓的国际货运代理及物流服务,指的是所有和货物的运输(及采用单一的模式或多式联运模式所完成的运输)相关的服务,及货物的拼箱、储存、处理、包装或配送等相关的服务和与上述服务相关的辅助性及咨询服务,其中包括,但不局限于海关和财务事务、货物的官方申报、安排货物的保险、代收或支付货物相关的款项及单证等服务。国际货运代理服务还包括物流服务,即将现代化信息和通信技术应用于货物的运输、处理和储存及实质上的整体供应链管理之中。所有这些服务,都可以根据客户的要求及具体的服务内容而量身定做,灵活运用。"

根据国际货运代理协会联合会的有关文件,货运代理人的定义是:根据客户的指示,为客户的利益而承揽货物运输的人,其本身并不是承运人。货运代理人也可以依据这些条件,从事与运输合同有关的活动,如储货、报关、验收、收款等。国际货运代理人本质上属于货运运输关系人的代理人,是联系发货人、收货人和承运人的货物运输中介人。

联合国亚太经合组织对货运代理人的解释是:货运代理人代表其客户揽取货物运输,而本人并不起承运人的作用。

1.1.2 国际货运代理企业

国际货运代理业是随着国际经济贸易的发展、国际运输方式的变革、信息技术的进步发展起来的一个相对年轻的行业,在社会产业结构中属于服务业。

1.国际货运代理企业的含义

国际货物运输代理企业(简称国际货运代理企业)是指接受进出口货物发货人、收货人或承运人的委托,以委托人的名义或者以自己的名义,为委托人办理国际货物运输及相关业务并收取服务报酬的法人企业。

国际货运代理企业可以作为进出口货物收货人、收货人的代理人,也可以作为独立经营人,从事国际货运代理业务。国际货运代理企业作为代理人从事国际货运代理业务,是指国际货运代理企业接受进出口货物收货人、发货人或其代理人的委托,以委托人的名义或者以自己的名义办理有关业务,收取代理费和佣金的行为。国际货运代理作为独立经营者从事国际货运代理业务,是指国际货运代理企业接受进出口货物收货人、发货人或其代理人的委托,签发运输单证、履行运输合同并收取运费以及服务费的行为。

外商投资国际货运代理企业是指外国投资者以中外合资、中外合作或外商独资的形式设立的接受进出口货物收货人、发货人的委托,以委托人的名义或以自己的名义,为委托人办理国际货物运输及相关业务并收取服务报酬的外商投资企业。

2.国际货运代理企业的分类

国际货运代理企业可以从不同的角度进行分类,为了更好地了解其行业特点和业务内容,以企业的成立背景和经营特点为标准,可分为以下几种类型。

（1）以对外贸易运输企业为背景的国际货运代理企业

这类国际货运代理企业主要是指对外贸易运输（集团）公司及其分公司、子公司、控股公司、合资公司,以海、陆、空国际货运代理业务为主,集海运、空运、航空快递、铁运、国际多式联运、汽车运输、仓储、船舶经营和管理、船舶租赁、船务代理、综合物流为一体。它的特点是一业为主,多种经营,经营范围较广,业务网络发达,实力雄厚,人力资源丰富,综合市场竞争能力较强。

（2）以实际承运人企业为背景的国际货运代理企业

这类国际货运代理企业主要是指公路、铁路、海上、航空运输部门或企业投资或控股的国际货运代理企业。它的特点是专业化经营,与实际承运人关系密切,运价优势明显,运输信息灵通,方便货主,在特定的运输方式下市场竞争力较强。

（3）以外贸、工贸公司为背景的国际货运代理企业

这类国际货运代理企业主要是指由各专业外贸公司或大型工贸公司投资或控股的国际货运代理企业。它的特点是货源相对稳定,处理货物、单据经验丰富,对某些类型货物的运输代理竞争优势较强,但多数规模不大、服务功能不够全面、服务网络不够发达。

（4）以仓储、包装企业为背景的国际货运代理企业

这类国际货运代理企业主要有仓储、包装企业投资、控股的国际货运代理企业或增加经营范围后的国际货运代理企业。它的特点是凭借仓储优势揽取货源,深得货主信任,对于特种物品的运输代理经验丰富,但多数规模较小、服务网点较少、综合服务能力不强。

（5）以港口、航道、机场企业为背景的国际货运代理企业

这类国际货运代理企业主要是指港口、航道、机场企业投资、控股的国际货运代理企业。它的特点是与港口、机场企业关系密切,港口、场站作业经验丰富,对集装箱货物运输代理具有竞争优势,人员素质、管理水平较高,但服务内容较单一、缺乏服务网络。

（6）以境外国际运输、代理运输企业为背景的国际货运代理企业

这类国际货运代理企业主要是指境外国际运输、代理运输企业以合资、合作方式在境内设立的外商投资国际货运代理企业。它的特点是国际业务网络较发达,信息化程度、人员素质、管理水平较高,服务质量较好。

（7）其他背景的国际货运代理企业

这类国际货运代理企业主要是指有其他投资者或控股的国际货运代理企业。它的投资主体多样化,经营规模、经营范围不一,人员素质、管理水平、服务质量参差不齐。有的实力雄厚,业务范围广泛,服务网络较发达,信息化程度、人员素质、管理水平较高,服务质量较好;有的规模较小,服务内容单一,人员素质、管理水平不高,服务质量一般。

3.对国际货运代理企业的监督管理

各国对国际货运代理的监督管理主要采取政府主管部门监管和行业自律两种方式。

1.2 国际货运代理的性质

从货运代理的基本性质看,其主要是接受委托人的委托,与有关货物运输、转运、仓储、保险,以及与货物运输有关的各种业务提供服务的一种机构。货运代理是一种中间人性质的运输业者,它既代表货方,保护货方的利益,又协调承运人进行承运工作,其本质就是"货物中间人",在以发货人和收货人为一方,承运人为另一方的两者之间行事。货运代理这种中间人性质在过去尤其突出。

从另一个角度看,货运代理是社会产业结构中的第三产业,是科学技术、国际贸易结构、国际运输方式的发展产生的结果。在社会信息高度发展的趋势下,由于信息不受任何行业、区域、国界的限制,只要掌握信息,便能提供委托人所需要的优质服务。传统的装卸公司、运输部门、仓储等也纷纷摆脱其局限性,转向或参与转运服务,并有效地使用所拥有的设备和条件,从中获得"附加价值"或"附加收益"。而现在则有更有许多货运代理通过建立自己的运输组织,签发自己的运输单证,并以承运人身份承担责任的方式,以扩展更广阔的业务范围。

1.3 国际货运代理业务概述

1.3.1 国际货运代理业务的起源

随着航贸一体化时代的结束,航运和外贸分离成两个相互独立的部门。为了实现各自的利益最大化,航运和外贸两部门分工日益精细,两个部门出现了信息不对称、专业知识垄断的局面,而两个部门又没必要为跨越这种行业界限而付出成本。因此,国际货运代理人应运而生。

国际货运代理人作为促进贸易和航运两个行业交易的中间人,在贸易合同的履行和运输合同的履行中起到了纽带作用,为航贸双方节省了获取对方专业知识和交易信息的成本。

国际货运代理也随着外贸和海上货物运输量的日益增加而发展。无论是货物进出口贸易,还是海上运输,涉及的环节多,业务范围广,任何一个货主或船公司都很难亲力亲为。而限于人力和物力,也不可能在世界范围内广设分支机构,国际货运代理就是适应这种需要而产生的代理行业,它们接受委托人的委托,代办各种运输业务并按提供的劳务收取一定的报酬,即代理费、佣金或手续费。当前,货运代理行业已经渗透到运输领域的各个角落,成为外贸和运输不可缺少的组成部分。

1.3.2 国际货运代理的发展阶段

1. 初期——传统货运代理人阶段

早期的货运代理人经营的规模一般较小,最多在一两个国家设立办事处,也没有形成运输网络,所以货运代理人选择仅以代理人身份安排货物运输,充当托运人或收货人的代理人,联系承托双方安排运输,而将运输风险留给他人,他们的客户根据货运代理人的指示在运输单证上以发货人或委托人的身份出现。客户可以要求承运人履行由货运代理人代表他与承运人签订的运输合同。

在该阶段,国际货运代理人仅代表客户为货物办理保险;帮助客户履行进出口手续,如办理海关、商检、卫生检疫等;为客户办理货物装卸、理货、仓储等业务;对货物进行简单加工、包装;帮助客户交付货物、按照"交货付款"(Cash on Delivery,COD)条件收取相关费用;为客户提供运输和货物分拨方面的建议等。但上述业务范围仅限于为了安排货物运输而必须从事的附随义务。国际货运代理人一般不直接参与组织运输和实际运输工作,他们成为维系以发货人或收货人为客户和以各类承运人、海关、商检等部门为另一方之间关系的媒介和桥梁。国际货运代理人不从事具体运输工作,一般不经营运输工具,也不经营进出口货物。

2. 发展阶段——货运代理人转化为"货运中间人"

国际货运代理人作为纯粹代理人从事传统货运代理业务,虽然有投资少、成本低、责任轻、风险小的特点,但获利小。随着经济的发展,生产效率需要进一步提高,客户要求越来越方便、快捷、简单的运输安排,要求权利和义务进一步明确。传统国际货运代理人显然不能满足客户要求,例如,当客户货物遭到损坏或丢失时,传统国际货运代理人仅协助当事人向有关方面追偿,但并非绝对的义务,客户利益不利于被保护。纯粹代理人的角色也因此而逐渐不受客户的欢迎。与此同时,一种新的运输方式也在货运代理中不断发展,并极大地影响着货运代理人角色转变。

随着铁路运输的发展,不少货运代理人已经开始使用铁路公司的车厢经营集拼货物运输。这种运输方式的采用要求货运代理人必须同国外的公司联合,将其业务扩展到国外,从而建立自己的运输网络。此时,相对于国内货物运输代理人的国际货物运输代理人才真正形成。这种集拼货物运输方式具有新生事物的优点和旺盛生命力,并迅速扩展到海运业和空运业。集装箱化运输已成为国际贸易的显著特征。集装箱的出现,使货物贸易一体化成为可能,从而显著提高了搬运与运输效率。在这种新型运输方式下,国际货运代理人成为运输合同的一方,承担运输合同项下的责任,但有时却仅充当代理人,辅助客户安排货物运输,具有混合身份。国际货运代理已经成为一种中间人性质的运输业者,他既代表客户,保护客户的利益,又协调承运人进行承运工作,其本质就是"货物中间人"。

3. 高度发展阶段——国际货运代理人拓展物流服务

国际货运代理以其自身所拥有的运力、仓储和代理网络为其开展现代物流服务的支持力量,通过为客户提供全程的物流服务,从中获得自身发展所需要的商业利润和市场空间。国际货运代理人打破传统的经营思路,与物流的供应主体和消费主体打成一片,将过去分散的海运、陆运、空运仓储业有机地结合起来,向客户提供更为全面系统的服务,其业务范围应涵盖加工、包装、装卸、仓储、运输、分拨、报关和报检;其信息跟踪的全过程渗透到生产、加工和分销诸环节,包括了物流、商流、资金流和信息流等内容。

作为物流服务的提供者,货运代理除安排货物运输外,还将提供其他服务,如集运、存货管理、分拨服务、加贴商标、订单实现、属地交货、分类和包装以及其他服务等。物流协议的内容不同于货物运输合同,它有一个时间跨度。与此同时,国际货运代理人正在向现代物流经营人转变。

1.4 国际货运代理业务基础知识体系

(1)从委托人的性质方面来看,国际货运代理业务可分为货主的代理和承运人的代理。

货主的代理指接受进出口货物收、发货人的委托,为了托运人的利益办理国际货物运输及相关业务,并收取相应报酬的国际货运代理人。按委托人的不同可以进一步划分为托运人的代理和收货人的代理。按货物的流向可以进一步划分为进口代理、出口代理、转口代理。

承运人的代理指接受从事国际运输业务的承运人的委托,为了承运人的利益办理国际货运及相关业务,并收取相应的报酬的国际货运代理人。按承运人采取的运输方式不同可以进一步划分为水运承运人的代理、空运承运人的代理、陆运承运人的代理、联运承运人的代理。按承运人委托事项的内容还可以进一步划分为航线代理、转运代理和揽货代理。

(2)从委托人委托的代理人数量方面来看,国际货运代理业务可分为独家代理和普通代理。

独家代理指委托人授予一个代理人在特定的区域或者特定的运输方式或服务类型下,独家代理其从事国际货运业务和/或相关业务的国际货运代理。

普通代理指委托人在特定的区域或者特定的运输方式或服务类型下,同时委托多个代理人代理其从事国际货物运输业务和/或相关国际货运代理。

(3)从委托人授予代理人权限范围方面来看,国际货运代理业务可分为全权代理和一般代理。

全权代理指委托人委托代理人办理某项国际货物运输业务和/或相关的业务,并授予其根据委托人自己意志灵活处理相关事宜权利的国际货运代理。

一般代理指委托人委托代理人办理某项国际货物运输业务和/或相关的业务,要求其根据委托人的意志处理相关事宜的国际货运代理。

(4)从委托人委托办理的事项方面来看,国际货运代理业务可分为综合代理和专项代理。

综合代理指委托人委托代理人办理某一票或某一批货的全部国际运输事宜,提供配套的相关服务的国际货运代理。

专项代理指委托人委托代理人办理某一票或某一批货的某一项或某几项国际运输事宜，提供规定项目的相关服务的国际货运代理。按委托事项的不同可以进一步划分为订舱代理、仓储代理、装卸代理、提货代理、报关代理等。

（5）从代理人的层次方面来看，国际货运代理业务可分为总代理和分代理。

总代理指委托人委托代理人作为在某个特定区域的全权代表，委托其处理委托人在该地区的所有货物运输事宜及相关事宜的国际货运代理。

分代理指总代理人指定的在总代理区域内的具体区域代理委托人办理货物运输事宜及其他相关事宜的国际货运代理。

（6）从运输方式方面来看，国际货运代理业务可分为水运代理、空运代理、陆运代理以及联运代理。

水运代理还可以具体划分为海运代理和河运代理。

陆运代理还可以进一步划分为道路运输代理、铁路运输代理、管道运输代理。

联运代理还可以进一步划分为海空联运代理、海铁联运代理、空铁联运代理。

（7）从代理业务的内容方面来看，国际货运代理业务可分为国际货物运输综合代理、国际船舶代理、国际民用航空运输销售代理、报关代理、报检代理以及报验的代理。

国际货物运输综合代理指接受进出口货物收、发货人的委托，以委托人的名义或以自己的名义，为委托人办理国际货物运输及相关业务，并收取服务报酬的代理。

国际船舶代理指接受船舶所有人、经营人或承运人的委托，在授权范围内代表委托人代理与在港国际运输船舶及船舶运输有关的业务，提供有关服务，并收取服务报酬的代理。

国际民用航空运输销售代理指接受民用航空运输企业的委托，在约定的授权范围内，以委托人的名义代为处理国际航空货物运输销售及相关业务，并收取相应手续费的代理。

报关代理指接受进出口货物收、发货人或国际货物运输企业的委托，代为办理进出口货物报关、纳税、结关事宜，并收取服务报酬的代理。

报检代理指接受出口商品生产企业、进出口商品发货人、收货人及其代理人或其他对外贸易关系人的委托，代为办理进出口商品的卫生检疫、动植物检疫事宜，并收取服务报酬的代理。

报验代理指接受出口商品生产企业、进出口商品发货人、收货人及其代理人或其他对外贸易关系人的委托，代为办理进出口商品质量、数量、包装、价值、运输器具、运输工具等的检验、鉴定事宜，并收取服务报酬的代理。

1.5 国际货运代理在贸易和运输中的作用

国际货运代理在进出口业务中的作用依据服务对象、服务类别、服务方式等的不同，将其业务活动体现为具体的服务内容。按照服务对象不同，国际货运代理企业的业务内容分别如下。

1.作为出口货物发货人代理人的业务内容

(1)安排运输、办理运输手续。根据发货人对货物运输的要求,选择最优运输路线及适当的承运人,安排货物运输、转运;代为填写、缮制货物运输单据,签订运输合同。

(2)办理货物进港、进场。安排货物从发货人处到发货车站、港口或机场的短途运输,办理出运货物的包装、仓储、称重、计量、检尺、标记、刷唛、进站、进港、进场手续;办理出运货物的装箱、拼箱、理货、监装事宜。

(3)办理货物的通关、报检、报验等手续。

(4)办理货物运输的保险手续。

(5)支付有关费用,向承运人、承运人的代理人及其他有关各方交付结算费、杂费、税金、政府规费等款项。

(6)善后事务处理,记录货物的残损、短缺、灭失情况,收集有关证据,协助发货人向有关责任方、保险公司索赔。

(7)办理发货人委托办理的其他事项。

2.作为进口货物收货人代理人的业务内容

(1)通信联系。与承运人方面联系,随时查询,及时掌握货物动态和运抵目的地的信息,及时通报收货人;与收货人联系,接收、审核其提供的运输单据,协助其准备提货文件,办妥相关手续,做好提货、接货准备。

(2)支付费用。向承运人、承运人的代理人及其他相关各方支付运费、杂费,代为支付有关税金和费用。

(3)办理货物的报关。纳税、结关、报检、报验手续。

(4)办理货物的提取、接受、拆箱、监卸、查验手续。

(5)办理提取货物及相关服务。提取、查验、仓储、短途运输。

(6)善后处理。向收货人或其指定的其他人交付货物及有关单据,协助收货人处理货运事故等。

(7)收货人委托的其他事项。

3.作为出口货物承运人代理人的业务内容

(1)承揽货物,签订运输合同。组织货载,接受托运人的包车、租船、包机、订车、订舱要求,并与之洽谈订立运输合同。

(2)缮制单据。填写、缮制货物入仓、进站、进港、进场单据或集装箱、集装器放行单;审核车站、码头、机场汇总的货物清单,缮制货物出口运单、提单等单证;汇总出口货物运输单据。

(3)现场调度。安排货物入仓、进站、进港、进场或装箱;协助承运人或车站、码头、机场进行车辆、船舶、飞机配载,装车、装船、装机。

(4)运输工具报关,并向海关申报集装箱、集装器、货物情况。

(5)收取运费。审核有关费用、办理支付、结算手续;向委托人签发运单、提单,收取运费、杂费;向航次租船的船舶承运人签发滞期或速遣通知。

(6)办理货物、集装箱的中转手续。

(7)承运人管理其他事项。向委托人转交货物运输文件资料,报告出口货载、用箱数、费用、收费情况。

4.作为进出口货物承运人代理人的业务内容

(1)取得、整理、审核进出口货物运输单据。

(2)向收货人或通知人传达货物到站、到港、运抵信息,通知其提货。

(3)填制、缮制进口货物运输单据,办理集装箱、集装器、货物进口申报手续。

(4)通知车站、港口、机场安排卸货作业。

(5)安排集装箱拆箱,货物的转运、检查、交接。

(6)收取运费、杂费及其他相关费用,办理放货手续;汇总进出口货物运输单证,审核有关费用、收费,办理支付、结算手续。

5.作为仓储保管员提供货物仓储服务的业务内容

(1)办理货物入库手续。清点货物数量,检查货物包装和标志,与货主或运输人员办理货物交接手续。

(2)根据货主要求,代为检验货物品质;根据货主要求,整理货物包装,进行零星货物的组配、分装。

(3)根据货物的性质、特点、保管要求,分区、分类按货位编号合理存放、堆码。

(4)编制保管账卡,定期或根据临时需要进行盘点,做好盘点记录。

(5)妥善保管货物,及时保养、维护。

(6)审核货主填制的提货单或调拨单等出库凭证,登入保管账卡。

(7)复制货物出库凭证,向货主或承运人支付货物,核销储存货量。

(8)配货、包装、刷唛,集中到理货场所等待运输。

6.作为专业顾问提供货物运输咨询服务的业务内容

(1)向客户提供有关法律、法规、规章、惯例和运输信息。

(2)就货物的运输路线、运输方式、运输方案提出意见和建议。

(3)就货物的包装装载形式、方式、方法提出意见和建议。

(4)就货物的进出口通关、清关、领事、商品检验、动植物检疫、卫生检验要求提供咨询意见。

(5)就货物的运输单证和银行要求提出意见和建议。

(6)就货物的运输保险险种、保险范围等提供咨询意见。

(7)就货物的理赔、索赔提出意见和建议。

(8)客户提出咨询的其他事项。

7.作为独立经营人提供货物运输服务的业务内容

国际货物运输代理企业以缔约承运人、无船承运人、多式联运经营人身份提供货物运输服务,其业务内容通常可分为以下具体项目:

(1)在货物的起运地或其他地点与托运人或其他代理人办理货物的交接手续,签发收货凭证、提单、运单。

(2)确定运输方式、运输路线,与实际承运人、分包承运人签订货物运输合同。

(3)安排货物运输,跟踪监管货物运输过程。

(4)必要时,对装载货物的集装箱进行保险,对货物的运输投保承运人责任险。

(5)通知在货物转运地代理人,与分包承运人进行联系,办理货物过境、换装、装运手续,办理相关事宜。

(6)定期向发货人、收货人或其代理人发布货物位置、状况信息。

(7)在货主提出要求时,安排货物中途停运。

(8)通知收货人或其代理人货物抵达目的地的时间,安排在货物目的地的代理人办理通知提货、交货手续。

(9)向货主或代理人收取、结算运费、杂费。

(10)办理货物的索赔、理赔手续。

本章习题

1. 问题与讨论

(1)简述国际货运代理的概念、性质。

(2)国际货运代理如何分类?

(3)简述货运代理在国际贸易和运输环节中的作用。

2. 单项选择题

(1)货运代理是社会产业结构中的(   )。

A. 第一产业   B. 第二产业

C. 第三产业   D. 第一产业和第三产业

(2)货运代理企业为客户提供的产品是(   )。

A. 货物运输服务   B. 货物运输能力   C. 舱位   D. 货运总量

(3)根据(   )的不同,可以将国际货运代理业务区分为国际货物运输综合代理、国际船舶代理、国际民用航空运输销售代理、报关代理、报检代理以及报验代理。

A. 代理业务的内容   B. 货物特性   C. 运输方式   D. 代理人的层次

(4)从(   )方面来看,国际货运代理业务可分为独家代理和普通代理。

A. 委托人委托的代理人数量   B. 代理业务的内容

C. 代理人的层次   D. 货物特性

(5)(   )是指接受进出口货物收、发货人或国际货物运输企业的委托,代为办理进出口货物报关、纳税、结关事宜,并收取服务报酬的代理。

A. 报关代理   B. 报验代理   C. 报检代理   D. 转关代理

3. 多项选择题

(1)下列(   )属于进出口货物承运人代理人的业务内容。

A. 取得、整理、审核进出口货物运输单据

B. 向收货人或通知人传达货物到站、到港、运抵信息,通知其提货

C. 填制、缮制进口货物运输单据

D. 通知车站、港口、机场安排卸货作业

E. 办理集装箱、集装器、货物进口申报手续

(2)国际货代企业可以接收下列全部或部分业务(　　)。

A. 租船、订舱、储存　　　　　　　　　B. 监管、监卸、拼拆箱

C. 国际多式联运　　　　　　　　　　　D. 报关、报检、报验、保险

E. 缮制单证、交运杂费、结算

(3)下列(　　)属于出口货物承运人代理人的业务内容。

A. 承揽货物　　　　B. 缮制单据　　　　C. 现场调度　　　　D. 运输工具报关

E. 签订运输合同

(4)以下属于货运代理初级阶段的是(　　)。

A. 国际货运代理人仅代表客户为货物办理保险

B. 帮助客户履行进出口手续,如办理海关、商检、卫生检疫等

C. 为客户办理货物仓储等业务

D. 国际货运代理人成为运输合同的一方,承担运输合同项下的责任,但有时却仅充当代理人,辅助客户安排货物运输,具有混合身份

E. 为客户办理装卸业务

(5)从委托人的性质方面来看,国际货运代理业务可分为(　　)。

A. 货主的代理　　　　B. 承运人的代理　　　　C. 出口代理　　　　D. 转口代理

E. 进口代理

案例分析

浙江省国际货运代理有限公司(以下简称国运公司)与浙江集运有限公司(以下简称集运公司)于1998年5月3日签订了委托代理合同,约定国运公司委托集运公司在宁波出口货物,合同对代理的业务范围、分工、费用结算等作了明确规定。尔后,国运公司委托集运公司出运一只20'集装箱(真丝夹克衫,货值60 300美元)。5月14日,中国宁波外轮代理公司签发了已装船提单,托运人为国运公司。5月21日集运公司未经国运公司授权,超越代理合同规定的权限,擅自传真提单签发人中国宁波外轮代理公司,称:"该票正本提单在寄中国香港地区途中,请给予担保提货。"5月24日,根据宁波外轮代理公司的要求,集运公司又传真宁波外轮代理公司称:"因客户寄中国香港地区正本提单尚未收到,请传真目的港代理公司能否以正本提单传真件,银行担保提货,因此产生的一切责任由我公司承担。"最终,由客户未赎单提货,中国银行浙江省分行将用于办理结汇手续的全套单证退还浙江国贸公司,造成公司损失60 300美元,利息损失10万元人民币。

这是一起货运代理纠纷的典型案例。根据浙江国运公司与浙江集运有限公司签订的代理合同,集运公司作为浙江国运公司的货代,应当在代理合同规定的权利内行使代理权。但是,集运公司未经浙江国运公司的授权,擅自传真宁波外轮代理公司,称:

"该票正本提单在寄中国香港地区途中,请给予担保提货。"集运公司的这种行为,国运公司也没有追认,因此,这是越权代理。由于集运公司的擅自指令行为,最终造成公司损失严重。

资料来源:袁施敏.解析一起海上货运代理纠纷[J].律师世界,1997年第4期.

阅读上述案例,回答下列问题:

从此案例中,你得到哪些启示?

第 **2** 章

报检与报关

📖 本章学习目的

- 了解报关报检的基本概念
- 了解报关报检的基本流程
- 了解电子报检和电子报关
- 了解电子转关和电子通关
- 掌握报检单与报关单的填制和使用

进出境运输工具、货物、物品,必须通过设立海关的地点进境或出境。由设关地进出境并办理规定的海关手续,是运输工具、货物、物品进出境的基本原则,也是进出境运输工具负责人、进出口货物收发货人、进出境物品所有人应当履行的一项基本义务。

在货物进出境活动中,有时还需要办理"报检、报验"手续。一般而言,办理报检、报验手续在先,办理报关、纳税手续在后。

2.1 出入境检验检疫与报关概述

▰▰▰ 2.1.1 出入境检验检疫与报关概念

一切进口货物"收货人"(Consignee)、出口货物"发货人"(Shipper)或他们的代理人(Agent),统称"报关人"(Declarant)或"报关单位"(Customs Broker)。报关人有义务在货物进出境时依法向海关申报,依法向检验检疫机构报检报关。海关对报关人递交"进(出)口货物报关单"和随附单据、证件进行审核,检验这些货物的进出境是否合法,确定关税的征收或减免事项,编制海关统计。

1. 出入境检验检疫的基本概念

出入境检验检疫是国家相关机构,以保护国家整体利益和社会效益为衡量标准,以法律、行政法规、国际惯例或进口国的法规要求为准则,对出入境货物、交通运输工具、人员及事项进行检验检疫、管理及验证,并提供官方检验检疫证明、居间公证和鉴定证明的全部活动。

出入境检验检疫的狭义概念是指国家相关机构对出入境货物进行检验检疫、管理认证、公证、鉴定证明的全部活动。

2. 报关的基本概念

广义的报关(Customs Declaration,Declaration at the Customs)是指进出口货物的收发货人、进出境运输工具负责人、进出境物品的所有人或其代理人向海关办理货物、物品或运输工具进出境手续及相关海关事务的全过程。在实际工作中,有时把货物进出境向海关申报,也称"报关",这是狭义的报关概念。

在进出境活动中,还经常使用"通关"(Customs Clearance)这一概念。通关与报关既有联系又有区别。两者都是对运输工具、货物和物品进出境而言的,但报关是从海关管理相对人的角度,仅指向海关办理进出境及相关手续,而通关不仅包括海关管理相对人向海关办理进出境相关手续,还包括海关对进出境运输工具、货物、物品依法进行监督管理,核准其进出境的管理全过程。

2.1.2 出入境检验检疫与报关业务内容

1. 出入境检验检疫业务内容

国家检验检疫相关机构对出入境货物、交通运输工具、人员及事项进行检验检疫。按业务内容包括以下几项:

(1)进出口商品检验

进出口商品检验是指出入境检验检疫机构依据相关法律规定,对进出口商品进行检验。进出口商品实施检验检疫的内容包括:商品质量、规格、数量、重量、包装以及是否符合安全、卫生要求;商品的装载容器、包装物以及来自疫区的运输工具。

(2)进出境动植物检疫

进出境动植物检疫是指出入境检验检疫机构根据相关法律规定,对相关动植物及相关物实施检疫和监督管理的行为。

(3)进口商品认证管理

进口商品认证管理是指对涉及人类健康以及动植物生命和健康、环境保护和公共安全的产品实施强制性认证制度。

(4)进口废物原料装运前检验

这是指对废物原料进口实施自动、限制和禁止管理,对自动和限制进口类可用作原料

(5)出口商品质量许可

这是指对重要出口商品实行质量许可制度。出入境检验检疫部门会同相关部门共同

负责发放商品质量许可证的工作,未获证的商品不准出口。

(6)食品卫生监督检验

进口食品、食品添加剂、食品容器、包装材料、食品用工具及设备必须符合国家的有关法律、法规规定。申请人需向检验检疫机构申请并接受卫生监督,按照国家卫生标准进行检验,合格方准进口。

(7)出口商品运输包装检验

这是指对根据有关法律、法规要求检验的出口商品的运输包装,进行性能检验,未经检验或检验不合格的不准用于盛装出口商品。对于出口危险货物包装容器,实行危险品包装出口质量许可制度。危险货物包装容器须经性能鉴定和使用鉴定方能出口。

(8)外商投资财产鉴定

检验检疫机构凭财产关系人或代理人及经济利益有关方的申请或司法、仲裁、验资等机构的指定和委托,办理外商投资财产的鉴定工作。外商投资财产鉴定包括价值鉴定,损失鉴定,品种、质量、数量鉴定等。

(9)货物装载和残损鉴定

用船舶和集装箱运输时,应向检验检疫机构申请检验船舱和集装箱,经检验符合装运技术条件并发放证书,方准装运。对海运、空运进口商品可向检验检疫机构申请办理监视、残损鉴定、海损鉴定工作。

(10)卫生检疫与处理

出入境检验检疫机构统一对出入境的人员、交通工具、集装箱、货物、行李、邮包等实施医学检查和卫生检查,有权要求出入境人员填写健康申明卡,出示预防接种证或其他证件。

2.出入境报关业务内容

(1)按照规定如实申报进出口货物的商品编码、实际成交价格、原产地及相应优惠贸易协定代码等,并办理填制报关单、提交报关单证等与申报有关的事宜;

(2)申请办理缴纳税费和退税、补税事宜;

(3)申请办理加工贸易合同备案、变更和核销及保税监管等事宜;

(4)申请办理进出口货物减税、免税等事宜;

(5)申请办理进出口货物的查验、结关等事宜;

(6)当由报关单位办理的其他报关事宜。

2.1.3 检验检疫机构的基本任务

检验检疫机构的基本任务是实施进出商品的法定检验、公证鉴定、监督管理进出口商品检验工作和统一管理并签发普惠制原产地证书。

2.2 报关注册登记制度

2.2.1 报关注册登记制度概念

报关注册登记制度指进出口货物收发货人、报关企业向海关提供规定的注册登记申请材料,经注册地海关依法对申请注册登记材料进行审核,准予其办理报关业务的管理制度。

2.2.2 报关手续申请

报关单位分为两种类型:一类是进出口货物收发货人,另一类是报关企业。

两种报关单位的报关注册登记条件有所不同:

(1)报关企业:必须具备有规定的设立条件并取得海关报关注册登记许可。

(2)进出口货物收发货人:实行备案制,即只需向对外贸易主管部门备案登记,直接向海关办理报关单位注册登记手续。

两种报关单位不同的报关注册程序:

(1)报关企业注册登记程序:报关企业在办理报关注册登记之前,需向海关申请办理注册登记许可手续,然后再向海关申请办理报关单位的注册登记手续。

(2)对进出口货物收发货人,实行"备案制"。不需要经过"申请办理注册登记许可手续"程序,直接向海关申请办理报关单位注册登记手续。

2.3 海关通关制度

在进出境运输工具报关、货物报关和物品报关中,进出境货物报关的数量最多。进出境货物报关是一项非常复杂的工作,包括许多步骤和工作环节。

2.3.1 报关程序

报关程序是指进出口货物收发货人或代理人按照相关法律规定的时限和地点,办理货物、物品、运输工具进出境及相关海关事务的手续和步骤。根据时间先后顺序和海关管

海关对三大类货物,即保税货物、特定减免税货物和暂准进出口货物有特定的监管要

求。进出口货物收发货人及其代理人在此三大类货物实际进出境之前,需办理海关的备案文件。这阶段办理的海关手续称为报关的前期阶段。

2.进出境阶段

进出口货物收发货人或其代理人在实际货物进出关境时,包括以上三大类货物,都必须按照海关特定的文件、时间和地点要求,办理申报、纳税等海关事务。

根据海关报关程序,报关人在货物进出境时,应按这个报关程序完成四个环节的工作:即进出口货物申报、配合查验、缴纳税费和提取装运货物。

3.后续阶段

后续阶段是指进出口货物的收发货人或其代理人,根据海关对以上三大类货物的监管要求,在货物进出境储存、加工、装配、暂时使用后,在规定的期限内,按规定的要求,向海关办理这三大类货物的核销、销案、申请解除监管手续的过程。

2.3.2 一般进出口通关制度

1.一般进出口通关制度的含义

一般进出口通关制度是指货物在进出境环节完纳进出口税费,并办结了各项海关手续后,进口货物可以在境内自行处置,出口货物远离关境可以自由流通的海关通关制度。适用一般进出口通关制度的进出口货物可以永久留在境内或境外。但因本项制度包含着完纳进出口税费和在进出境环节办结了各项海关手续两重含义,因而不包括虽将永远留在境内,但可享受特定减免税优惠的货物。

2.一般进出口通关制度的主要特点

(1)在进出境环节缴纳进出口税费;

(2)进出口时提交相关的许可证件;

(3)货物在提取或装运前办结海关手续;

(4)货物进出口后可自由流通。

3.一般进出口通关制度的适用

(1)适用的原则:一般进出口通关制度适用于不能享受特定减免税优惠的实际进出口。

(2)适用的范围:以一般贸易方式成交进出口的货物;以易贸、补偿、寄售等方式成交进出口的货物;以加工、储存、使用为目的临时进出口,因故或因需转为实际进出口的货物;其他方式进出口货物,如租赁进出口货物、进口捐赠物资、进料加工贸易中对方有价提供的机器设备等。

4.一般进出口货物通关的报关程序

一般进出口货物通关程序,通常由向海关申报、配合查验、缴纳税费、提取或装运货物四个环节组成。

2.3.3 保税进出口通关制度

1.保税进出口通关制度含义

保税进出口通关制度是一项适用于因贸易或生产加工需要而临时进口货物的海关

制度。

2.保税货物通关制度管理特征

(1)经海关批准暂缓纳税;

(2)原则上免交许可证件;

(3)放行未结关是监管货物;

(4)应复运出境或按最终去向办理海关手续。

3.保税货物的分类

保税货物按照海关监管的形式来分,可分为三大类:仓储保税货物、加工保税货物、区域保税货物。

4.保税货物报关程序

保税货物通关程序,通常由备案申请保税、向海关申报、配合查验、缴纳税费、提取或装运货物、报核申请结案六个环节组成。

2.3.4 进出口货物的转关制度

1.进出口转关制度含义

转关是指进出口货物在海关监管下,从一个设关地运到另一个设关地办理某项海关手续的行为。

2.转关货物分类

转关货物可分为进口转关货物、出口转关货物、境内转关货物。

3.转关方式及适用

(1)转关方式:包括提前报关方式、直转方式以及中转方式。

(2)转关方式的适用:具有全程提运单,需换装境内运输工具的进出口中转货物应采用中转方式办理转关手续;其他进口转关、出口转关及境内转关的货物可采用提前报关或直转方式办理转关手续。

2.3.5 退运进出口货物和出口退关货物的通关制度

1.退运进口通关手续

原出口货物退运进境时,原发货人或其代理人应填写出口货物报关单申报出境,并提供原货物出口时的出口报关单,以及保险公司证明、承运人溢装、漏缺的证明等有关资料。原出口货物海关已出具出口退税报关单的,应交回原出口退税报关单或提供主管出口退税的税务机关出具的"出口商品退运已补税证明",海关核实无误后,验放有关货物进境。

2.退运出口通关手续

因故退运出口的境外进口货物,原收货人或其代理人应填写出口货物报关单申报出境,并提供原货物进口时的进口报关单,以及保险公司、承运人溢装、漏卸的证明等有关资料,海关核实无误后,验放有关货物出境。

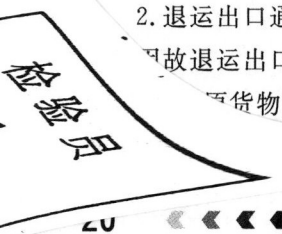

3.出口退关货物通关制度

出口退关是指出口货物经海关放行后,因故未能装上出境的运输工具,发货人或其代理人请求将货物退运出海关监管区域不再出口的行为。

2.4 检验检疫制度

报检是指进出口商品的外贸关系人包括生产单位、经营单位、进出口商品的收发货人和接运单位,按有关法律、法规的规定,对法定检验检疫的进出境货物,向检验检疫机构申请办理检验、检疫、认定与鉴定的手续。

2.4.1 出入境货物报检程序

先检验检疫,后放行通关,即法定检验检疫的进出境货物的收发货人或其代理人向检验检疫机构报检,检验检疫机构受理并计收费后,转检验检疫部门实施必要的检验、检疫、消毒、熏蒸、卫生除害等。对产地和报关地一致的出入境货物,检验合格后出具"出(入)境货物通关单";对产地和报关地不一致的进出境货物出具"出(入)境货物换证凭单",由报关地检验检疫机构换发"通知单";对出境货物检验检疫不合格的出具"出境货物不合格通知单"。

2.4.2 出入境检验检疫代理报检管理规定及报检范围

1. 主要报检单位

(1)进出口经营权的国内企业;

(2)进境货物收货人或其代理人;

(3)出境货物生产企业或其代理人;

(4)外资、合资企业;

(5)商社常驻代表机构等;

(6)其他对外贸易关系人。

2. 代理报检

(1)代理报检的概念

代理报检是指经国家相关机构注册登记的境内企业法人依法接受进出口货物收发货人的委托,为进出口货物收发货人办理报检手续行为。

(2)代理报检行为

进口货物的收货人可以在报关地和收货地委托代理报检单位报检,出口货物发货人可以在产地和报关地委托代理报检单位报检。代理报检单位在接受委托办理报检等相关事宜时,应当遵守相关出入境检验检疫法律、法规规定,并对代理报检各项内容的真实性、合法性负责,承担相应的法律责任。

接受委托的代理报检单位应当完成下列代理报检行为:办理报检手续、缴纳检验检疫费、联系配合检验检疫机构实施检验检疫、领取检验检疫证单和通关证明以及其他与检验检疫工作相关的事宜。

代理报检单位接受收发货人的委托,应当遵守法律、法规对收发货人的各项规定。代理报检单位在报检时,应当向检验检疫机构提交报检委托书。代理报检单位应当按照相关规定规范报检员的报检行为,并对报检行为承担法律责任。

(3)代理报检单位的报检行为规则

①代理报检单位应当配合检验检疫机构对其所代理报检的事项进行调查和处理。

②代理报检单位不得以任何形式出让其名义供他人办理代理报检业务。

③代理报检单位应当建立、健全代理报检业务档案,真实完整地记录其承办的代理报检业务,并自觉接受检验检疫机构的监督。

④代理报检单位可以以电子方式向检验检疫机构进行申报。

⑤代理报检单位应当按照检验检疫机构的要求,负责落实检验检疫场地、时间等有关事宜。

⑥代理报检单位对实施代理报检中所知悉的商业秘密负有保密义务。

⑦代理报检单位应当按照规定代委托人缴纳检验检疫费,不得借检验检疫机构名义向委托人收取额外费用。

⑧代理报检单位应当严格按照有关规定向委托人收取代理报检中介服务费。

3.报检范围

(1)国家法律、行政法规或规章规定的应验对象;

(2)有关国际公约规定须经出入境检验检疫机构检验检疫的对象;

(3)输入国有规定或与本国有协议/协定,必须凭检验检疫机构出具有关证书方准入境的对象;

(4)对外贸易合同、信用证规定由检验检疫机构出证的出入境对象;

(5)对外贸易关系人申请的鉴定任务;

(6)委托检验检疫的业务;

(7)一般原产地证和普惠制产地证的签证业务;

(8)涉及出入境检验检疫内容的司法和行政机关委托的鉴定业务。

2.4.3 出入境货物报检应提供的单据

入境时,应填报"入境货物报检单",并提供合同、发票、提单等有关单证。

出境时,应填写"出境货物报检单",并提供外贸合同、销售确认书或订单;信用证或有关函电;生产单位的厂检结果单原件;检验检疫机构签发的"出境货物运输包装性能检验结果单"正本。

2.5 电子报检与报关

2.5.1 电子报检

电子报检是指报检人使用电子报检软件,通过检验检疫业务服务平台,将报检数据以电子报文方式传输给检验检疫机构,经检验检疫机构业务管理系统和检务人员的处理后,将受理报检报验信息反馈给报检人,实现远程办理出入境检验检疫报检行为。

电子报检的一般流程包括报检环节、施检环节、计收费、签证放行。

1.报检环节

(1)对报检数据的审核采取"先机审、后人审"的程序;

(2)出境货物电子报检后,报检员应按受理报检要求,在机构施检时交报检单和随附单据;

(3)入境货物电子报检后,报检员按报检要求,在领"入境货物通知单"时交报检单和附件;

(4)电子报检人对已发送的报检申请需要更改或撤销报检时,应发送更改或撤销申请,检验检疫机构按有关规定办理。

2.施检环节

报检企业接到"报检成功"信息后,按信息中提示与施检部门联系检验检疫具体事项。

3.计收费

计费由电子审单系统自动完成,接到施检部门转来的全套单据后,对照单据进行计算复核。报检单位一般按月缴纳检验检疫等有关费用,若报检单位逐票支付也可以。

4.签证放行

对于核准符合检验检疫要求的进出境货物,检验检疫机构按规定放行。

2.5.2 电子报关

1.电子报关含义

电子报关是指报关单位在电子计算机终端或微机上输入与纸质报关单相同的数据和格式,通过电子计算机将报关单证输入海关的报关自动化系统以向海关申报。海关的电子计算机对报关单证预审后,凡符合海关规定的,海关审单中心就自动地发出海关放行指令或者签发海关"出口查验/放行通知书"。这种报关方式,从接受申报到海关放行全过程通过电子计算机进行而无须人工操作。

2.电子报关方式

电子报关申报方式包括终端申报方式、电子数据交换（EDI）申报方式、网上申报方式。

3.电子报关单

电子报关单的格式与纸质报关单的格式完全相同，在不改变格式和数据的前提下，允许调整行距。

2.6 电子转单与电子通关

2.6.1 电子转单

"电子转单"指通过系统网络，将产地检验检疫机构和口岸检验检疫机构的相关信息相互联通，即出境货物经产地检验检疫机构将已经检验检疫合格的相关电子信息传输到出境地口岸检验检疫机构；入境货物经入境地口岸检验检疫机构签发的"入境货物通关单"相关电子信息传输到目的地检验检疫机构实施检验检疫的监管模式。

2.6.2 电子通关

现阶段，检验检疫机构和海关联合采取的通关单联网核查系统还需要同时校验纸质的通关单据，这是实现无纸化通关的一个过渡阶段。这种通关方式相比原来的传统通关方式已经有了一个飞跃发展。它具有数据信息共享、简化操作程序、降低外贸成本、提高通关速度的功能，还有效控制了报检数据与报关数据不符合的问题和不法分子伪造、编造通关单证的不法行为。

2.7 报检单与报关单的填制和使用

2.7.1 报检单填制规范

报检单填制内容主要包括编号、报检单位、报检单位登记号、报检日期、发货人、收货人、货物名称、H.S.编码、产地、数/重量、货物总值、包装种类及数量、运输工具名称号码、合同号、贸易方式、货物存放点、收/发货日期、运往国家（地区）、许可证/审批号、生产单位注册号、起运地、到达口岸、集装箱规格/数量及号码、合同、信用证订立的检验检疫条款或特殊要求、标记和号码、用途、随附单据、签名、检验检疫费用、领取证单。

2.7.2 报关单含义、类别

1.含义

进出口货物报关单是指进出口货物收发货人或其代理人,按照海关规定的格式对进出口货物的真实情况做电子或书面申明,海关对其货物适用海关制度而办理通关手续的法律文书。

2.类别

(1)按进出口状态,分为进口货物报关单、出口货物报关单。

(2)按表现形式,分为纸质报关单、电子报关单。

(3)按使用性质,分为来料加工出口货物报关单、来料加工及补偿贸易出口货物报关单、一般贸易进出口货物报关单。

(4)按用途,分为报关单录入凭单、EDI报关单、报关单证明联。

2.7.3 报关单各联的用途

纸质进口报关单一式五联,分别是:海关作业联、海关留存联、企业留存联、海关核销联、进口付汇证明联;出口货物报关单一式六联,分别是:海关作业联、海关留存联、企业留存联、海关核销联、出口收汇证明联、出口退税证明联。

案例 2-1

制作报关单

根据以下信息制作报关委托书、出口货物报关单:

(1)合同

销售合同
SALES CONTRACT

卖方 SELLER： NANJING TANG TEXTILE GARMENT CO.,LTD. HUARONG MANSION RM2901 NO. 85 GUANJIAQIAO,NANJING 210005,CHINA	编号 NO.： F01LCB05127 日期 DATE： Dec. 26,2006 地点 SIGNED IN： NANJING,CHINA
买方 BUYER： FASHION FORCE CO.,LTD P.O. BOX 8935 NEW TERMINAL,ALTA, VISTA OTTAWA,CANADA	

买卖双方同意以下条款达成交易：

This contract is made by and agreed between the BUYER and SELLER, in accordance with the terms and conditions stipulated below.

1.商品号 Art No.	2.品名及规格 Commodity & Specification	3.数量 Quantity	4.单价及价格条款 Unit Price & Trade Terms	5.金额 Amount
				CIF MONTREAL,CANADA
46—301A	LADIES COTTON BLAZER (100% COTTON,40SX20/140X60)	2 550 PCS	USD12.80	USD32 640.00
		Total：	USD12.80	USD32 640.00

允许 With	3%	溢短装,由卖方决定 More or less of shipment allowed at the seller's option

6.总值 Total Value	USD THIRTY TWO THOUSAND SIX HUNDRED AND FORTY ONLY.
7.包装 Packing	CARTON
8.唛头 Shipping Marks	FASHION FORCE F01LCB05127 CTN NO. MONTREAL MADE IN CHINA
9.装运期及运输方式 Time of Shipment & Means of Transportation	NOT LATER THAN MAR. 25,2006 BY VESSEL
10.装运港及目的地 Port of Loading & Destination	FROM：SHANGHAI TO：MONTREAL
11.保险 Insurance	FOR 110% CIF INVOICE VALUE COVERING ALL RISKS, INSTITUTE CARGO CLAUSES, INSTITUTE STRIKES, INSTITUTE WAR CLAUSES AND CIVIL COMMOTIONS CLAUSES.
12.付款方式 Terms of Payment	BY IRREVOCABLE LETTER OF CREDIT TO BE OPENED BY FULL AMOUNT OF S/C,PAYMENT AT SIGHT DOCUMENT TO BE PRESENTED WITHIN 21 DAYS AFTER DATE OF B/L AT BENEFICIARY'S ACCOUNT.
13.备注 Remarks	1. PARTIAL SHIPMENTS：NOT ALLOWED. 2. TRANSSHIPMENT：ALLOWED.

The Buyer	The Seller
FASHION FORCE CO.,LTD	NANJING TANG TEXTILE GARMENT CO.,LTD.

（2）商业发票

ISSUER 　NANJING TANG TEXTILE GARMENT CO., LTD. 　HUARONG MANSION RM2901 NO. 85 GUAN-JIAQIAO, 　NANJING 210005,CHINA	商业发票 COMMERCIAL INVOICE		
TO FASHION FORCE CO.,LTD P.O. BOX 8935 NEW TERMINAL,ALTA, VISTA OTTAWA,CANADA	NO. NT01FF004		DATE Mar. 9,2006
TRANSPORT DETAILS SHIPMENT FROM SHANGHAI TO MONTRE-AL BY VESSEL	S/C NO. F01LCB05127		L/C NO. 63211020049
	TERMS OF PAYMENT L/C AT SIGHT		

Marks and Numbers	Number and kind of package Description of goods	Quantity	Unit Price USD	Amount
FASHION FORCE F01LCB05127 CTN NO. MONTREAL MADE IN CHINA	CIF MONTREAL,CANADA			
	LADIES COTTON BLAZER (100% COTTON,40SX20/140X60)	2 550PCS	USD12.80	USD32 640.00
	Total:2 550PCS			USD32 640.00

SAY TOTAL:USD THIRTY TWO THOUSAND SIX HUNDRED AND FORTY ONLY

SALES CONDITIONS:CIF MONTREAL/CANADA
SALES CONTRACT NO. F01LCB05127
LADIES COTTON BLAZER(100% COTTON,40SX20/140X60)
STYLE NO. PO NO. QTY/PCSUSD/PC
46－301A10337255012.80

（出口商签字和盖单据章）

（3）装箱单

南京唐朝纺织服装有限公司
NANJING TANG TEXTILE GARMENT CO. ,LTD.

PACKING LIST

TO： FASHION FORCE CO. ,LTD P. O. BOX 8935 NEW TERMINAL, ALTA, VISTA OTTAWA, CANADA	INVOICE NO. ： NT01FF004 INVOICE DATE： 2006-03-09 S/C NO. ： F01LCB05127 S/C DATE： 2006-12-26
FROM： SHANGHAI Letter of Credit No. ： 63211020049	TO： MONTREAL Date of Shipment： 2006-03-20

CTN NO	CTNS	DESIGNS/ COLORS	STYLE NO	10	12	14	16	18	20	PCS /CNT	TOTAL PCS /CNTS	G.W. /CTN	N.W. /CTN	MEAS. /CTN	CBM /CTN
1/18	18	BLACK	46-301A	14						14	252	15	10	97×72 ×12	0.084
19/56	38	BLACK			14					14	532				
57/106	50	BLACK				13				13	650			98×76 ×12	0.089
107/149	43	BLACK					12			12	516				
150/175	25	BLACK						12		12	300			99×80 ×11	0.087
176/194	19	BLACK							12	12	228				
196	1	WHITE		11						11	11				0.084
197	1	WHITE			9	3				12	12				
198	1	WHITE				13				13	13				0.089
199	1	WHITE				3	9			12	12				
200	3	WHITE						4		4	12				0.087
201	1	WHITE						2	10	12	12				
TOTAL	201										2 550	3 015	2 010		17.51

SIZE ASSORTMENT PER CARTON (columns 10–20)

SHIPPING MARKS：

FASHION FORCE

F01LCB05127

CTN NO.

MONTREAL

MADE IN CHINA

SALES CONDITIONS：CIF MONTREAL/CANADA

SALES CONTRACT NO. F01LCB05127

LADIES COTTON BLAZER(100% COTTON, 40SX20/140X60)

STYLE NO.	PO NO.	QTY/PCS	USD/PC
46-301A	10337	2 550	12.80

（4）出境货物换证凭单

中华人民共和国出入境检验检疫
出境货物换证凭单

口岸申报换证　　　　　　　　　　　　　　　　　　　编号：320100202007610

发货人	南京唐朝纺织服装有限公司		标记及号码	
收货人	×××		FASHION FORCE	
品名	女式全棉上衣		F01LCB05127	
H. S. 编码	62043200.90		CTN NO.	
报检数/重量	－2 550 件－		MONTREAL	
包装种类及数量	纸箱－201－		MADE IN CHINA	
申报总值	－32 640－美元			
产地	江苏省无锡市	生产单位（注册号）	无锡季节制衣有限公司	
生产日期	2006 年 3 月	生产批号	3201FZ21802003	
包装性能检验结果单号	340400301000200	合同/信用证号	F01LCB05127/63211020049	
		运输工具名称及号码	×××	
输往国家或地区	加拿大	集装箱规格及数量	××× ×××	
发货日期	2006.03	检验依据	SN/T0557－1996 及合同	

检验检疫结果：

本批货物共 201 箱 2 550 件，经按 SN/T0557－1996 标准的要求，随机抽取代表性样品 8 箱 101 件，根据上述检验依据进行检验，结果如下：

款号：46－301A

色号：黑色、白色

规格：10－12－14－16－18

上述货物经检验，符合检验依据要求。

（出入境检验检疫局检验检疫专用章）

签字：王天皓　　　　日期：2006 年 3 月 13 日

本单有效期：截止于 2006 年 3 月 12 日

备注：产地标识查验符合规定

日期	出境数/重量	结存数/重量	核销人	日期	出境数/重量	结存数/重量	核销人

说明：1.货物出境时，经口岸检验检疫机关查验货证相符，且符合检验检疫要求的予以签发通关单或换发检验检疫证书；2.本单不作为国内贸易的品质或其他证明；3.涂改无效。

①办理换证　　　　　　　　　　　　　　[5－3(2006.1.1)*1]

现制作报关委托书、出口货物报关单如下:

进出口货物代理报关委托书

编号：

委托单位	南京唐朝纺织服装有限公司	十位编码	73314438—5
地　址	南京市管家桥85号华荣大厦2901室	联系电话	025-4715004
经办人	李燕	身份证号	

　　我单位委托上海凯通国际货运代理有限公司代理以下进出口货物的报关手续,保证提供的报关资料真实、合法,与实际货物相符,并愿承担由此产生的法律责任。

货物名称	女式全棉上衣	商品编号	62043200.90	件　数	2 550PCS
重　量	3 015KGS	价　值	USD32 640.00	币　制	USD
贸易性质	一般贸易	货物产地	无锡	合同号	F01LCB05127
是否退税	是	船名/航次	HUA CHANG V. 09981		
委托单位开户银行			账　号		

随附单证名称、份数及编号:

1.合同	1　份;	6.机电证明	份、编号:
2.发票	1　份;	7.商检证	1　份;
3.装箱清单	1　份;	8.	
4.登记手册	本、编号:　　　;	9.	
5.许可证	1　份、编号: 141 252　;	10.	

（以上内容由委托单位填写）

被委托单位		十位编码	
地　址		联系电话	
经办人		身份证号	

（以上内容由被委托单位填写）

代理（专业） 报关企业章 及法人代表 章		委托单位章 及法人代表 章	

2006 年 3 月 13 日

中华人民共和国海关出口货物报关单

预录入编号：DS9110002 　　　　　　　　　海关编号：

出口口岸　上海海关	备案号	出口日期 2006-03-20	申报日期
经营单位：3201004261 南京唐朝纺织服装有限公司	运输方式 BY SEA	运输工具名称 海运	提运单号
发货单位：3201004261 南京唐朝纺织服装有限公司	贸易方式 GENERAL TRADE	征免性质 一般征免	结汇方式 L/C AT SIGHT

许可证号：141252	运抵国（地区） CANADA	指运港 MONTREAL	境内货源地
批准文号：	成交方式 CIF	运费 USD1 000.00	保费 　　杂费
合同协议号：F01LCB05127	件数 51	包装种类 CARTON	毛重（千克） 3 015KGS　净重（千克） 2 010KGS
集装箱号：	随附单据 INVOICE，PACKING LIST，		生产厂家

标记唛码及备注
FASHION FORCE
F01LCB05127
CTN NO.
MONTREAL
MADE IN CHINA

项号	商品编号	商品名称、规格型号	数量及单位	最终目的国（地区）单价	总价	币制 征免
1	62043200.90	LADIES COTTON BLAZER 100％ COTTON 40SX20/140X60	2550PCS	USD12.80	USD32 640.00	USD
		Total：2 550PCS			USD32 640.00	
				FREIGHT：	USD1 000.00	
				FOB VALUE：	USD31 640.00	

税费征收情况

税务登记号码：320102134773852

录入员　　录入单位	兹声明以上申报无讹并承担法律责任	海关审单批注及放行日期（签章）
		审单　　　　审价
报关员		征税　　　　统计
	申报单位（签章）	
单位地址　HUARONG MANSION RM2901 NO.85 GUANJIAQIAO, NANJING 210005，CHINA		查验　　　　放行
邮编　210005　电话　025-4715004　填制日期　2006-03-09		

案例2-2

制作出境货物报检单

根据以下信息制作出境货物报检单：

（1）合同

SALES CONFIRMATION

S/C NO.：FFF04027

DATE：03 APR.，2004

THE SELLER：   THE BUYER：

FFF TRADING CO.，LTD.   JAMES BROWN & SONS

3TH FLOOR KINGSTAR MANSION，   #304－310 JALAN STREET，

676 JINLIN RD.，SHANGHAI CHINA   TORONTO，CANADA

ART. NO.	COMMODITY	QUANTITY	UNIT PRICE	AMOUNT
	CHINESE CERAMICDINNERWARE		CIFC5 TORONTO	
HX1115	35PCS DINNERWARE & TEA SET	542SETS	USD23.50/SET	USD12 737.00
HX2012	20PCS DINNERWARE SET	800SETS	USD20.40/SET	USD16 320.00
HX4405	47PCS DINNERWARE SET	443SETS	USD23.20/SET	USD10 277.60
HX4510	95PCS DINNERWARE SET	254SETS	USD30.10/SET	USD7 645.40
	TOTAL	2 039SETS		USD46 980.00

TOTAL CONTRACT VALUE：SAY US DOLLARS FORTY SIX THOUSAND NINE HUNDRED EIGHTY ONLY.

PACKING：HX2012 IN CARTONS OF 2 SETS EACH AND HX1115，HX4405 AND HX4510 TO BE PACKED IN CARTONS OF 1 SET EACH ONLY. TOTAL：1 639 CARTONS.

PORT OF LOADING & DESTINATION：FROM SHANGHAI TO TORONTO.

TIME OF SHIPMENT：TO BE EFFECTED BEFORE THE END OF APRIL 2004 WITH PARTIAL SHIPMENT NOT ALLOWED AND TRANSSHIPMENT ALLOWED.

TERMS OF PAYMENT：THE BUYER SHALL OPEN THROUGH A BANK ACCEPTABLE TO THE SELLER AN IRREVOCABLE L/C AT 30 DAYS AFTER SIGHT TO REACH THE SELLER BEFORE APRIL 10，2004 VALID FOR NEGOTIATION IN CHINA UNTIL THE 15TH DAY AFTER THE DATE OF SHIPMENT.

INSURANCE：THE SELLER SHALL COVER INSURANCE AGAINST ALL RISKS AND WAR RISKS FOR 110% OF THE TOTAL INVOICE VALUE AS PER THE RELEVANT OCEAN MARINE CARGO OF P. I. C. C. DATED 1/1/1981.

THE SELLER：   THE BUYER：

FFF TRADING CO.，LTD.   JAMES BROWN & SONS

＋＋＋   ＊＊＊＊＊＊＊＊＊＊

(2)信用证

RECEIVED FROM:THE ROYAL BANK OF CANADA

BRITISH COLUMBIA INT'L CENTRE

1055 WEST GEORGIA STREET,VANCOUVER,B.C.CANADA

MESSAGE TYPE:MT700　ISSUE OF A DOCUMENTARY CREDIT

:**27**:SEQUENCE OF TOTAL

　　1/1

:**40A**:FORM OF DOC.CREDIT

　　　IRREVOCABLE

:**20**:DOC.CREDIT NUMBER

　　04/0501－FTC

:**31C**:DATE OF ISSUE

　　040408

:**31D**:EXPIRY

　　DATE 040515 PLACE CHINA

:**50**:APPLICANT

　　JAMES BROWN & SONS

　　♯304－310 JALAN STREET,

　　TORONTO,CANADA

:**59**:BENEFICIARY

　　FFF TRADING CO.,LTD.

　　3TH FLOOR KINGSTAR MANSION,

　　676 JINLIN RD.,SHANGHAI CHINA

:**32B**:AMOUNT

　　　CURRENCYUSD AMOUNT 46 980,00

:**41D**:AVAILABLE WITH/BY

　　　ANY BANK

　　　BY NEGOTIATION

:**42C**:DRAFTS AT…

　　30 DAYS AFTERSIGHT

:**42D**:DRAWEE

　　　US

:**43P**:PARTIAL SHIPMENTS

　　　PROHIBITED

:**43T**:TRANSSHIPMENT

　　　ALLOWED

:**44A**:LOADING IN CHARGE

　　　SHANGHAI,CHINA

:**44B**:FOR TRANSPORT TO …

　　　TORONTO,CANADA

:**44C**:LATEST DATE OF SHIP.

　　040430

:**45A**:DESCRIPT.OF GOODS

　　4 ITEMS OF CHINESE CERAMIC DINNERWARE AS FOLLOW:

HX1115:542SETS OF 35PCS DINNERWARE & TEA SET AT USD23.50/SET;

HX2012:800SETS OF 20PCS DINNERWARE SET AT USD20.40/SET;

HX4405:443SETS OF 47PCS DINNERWARE SET AT USD23.20/SET;

HX4510:254SETS OF 95PCS DINNERWARE SET AT USD30.10/SET.

CIF TORONTO,CANADA. AS PER S/C NO. :FFF04027

PACKING:STANDARD EXPORT PACKING

:46A:DOCUMENTS REQUIRED

+SIGNED COMMERCIAL INVOICE IN 5 COPIES.

+PACKING LIST INDICATING THE INDIVIDUAL WEIGHT AND MEASUREMENT OF EACH ITEM.

+FULL SET OF CLEAN ON BOARD OCEAN BILLS OF LADING MADE OUT TO ORDER OF SHIPPER AND ENDORSED IN BLANK,MARKED FREIGHT PREPAID NOTIFY APPLICANT.

+CERTIFICATE OF ORIGIN ISSUED BY CHINA COUNCIL FOR THE PROMOTION OF INTERNATIONAL TRADE.

+INSURANCE POLICY OR CERTIFICATE FOR 110 PERCENT OF INVOICE VALUE COVERING INSTITUTE CARGO CLAUSES(A)AND WAR RISKS AS PER I.C.C. DATED1/1/1982

+CANADA CUSTOMS INVOICE OF DEPARTMENT OF NATIONAL REVENUE/CUSTOMS AND EXCISE IN DUPLICATE.

+BENEFICIARY'S FAX COPY OF SHIPPING ADVICE TO APPLICANT AFTER SHIPMENT ADVISING L/C NO. SHIPMENT DATE,VESSEL NAME,NAME,QUANTITY AND WEIGHT OF GOODS.

:47A:ADDITIONAL COND.

A DISCREPANCY HANDLING FEE OF USD50.00(OR EQUIVALENT)AND THE RELATIVE TELEX/SWIFT COST WILL BE DEDUCTED FROM THE PROCEEDS NO MATTER THE BANKING CHARGES ARE FOR WHOEVER ACCOUNT.

:71B:DETAILS OF CHARGES

ALL BANKING CHARGES OUTSIDE LC ISSUING BANK ARE FOR ACCOUNT BENEFICIARY INCLUDING OUR REIMBURSEMENT CHARGES.

:48:PRESENTATION PERIOD

WITHIN15 DAYS AFTER THE DATE OF SHIPMENT BUT WITHIN THE CREDIT VALIDITY.

:49:CONFIRMATION

WITHOUT

:78:INSTRUCTIONS

1. DOCUMENTS MUST BE SENT THROUGH NEGOTIATING BANK TO OUR ADDRESS:THE ROYAL BANK OF CANADA,BRITISH COLUMBIA INT'L CENTRE,1055 WEST GEORGIA STREET,VANCOUVER,B.C. CANADA IN 1 LOT BY COURIER SERVICE.

2. UPON RECEIPT OF COMPLIANT DOCUMENTS,WE SHALL REIMBURSE YOU AS INSTRUCTED.

3. EACH DRAWING/PRESENTATION MUST BE ENDORSED ON THE REVERSE OF THE CREDIT.

（3）出口货物内部联系明细单

出口货物明细单

2004 年 4 月 12 日

信用证号	04/0501－FTC	填制单位编号	FFF040019
收汇方式	L/C AT 30 DAYS AFTER SIGHT	外运编号	

开证银行	THE ROYAL BANK OF CANADA BRITISH COLUMBIA INT'L CENTRE, 1055 WEST GEORGIA STREET, VANCOUVER, B. C. CANADA	合同号	FFF04027	
		核销单号		许可证号
发票抬头人	JAMES BROWN & SONS ♯304－310 JALAN STREET, TORONTO, CANADA	贸易性质	一般贸易	贸易国别 CANADA
		佣金		运输方式 SEA
托运人	FFF TRADING CO. ,LTD. 3TH FLOOR KINGSTAR MANSION, 676 JINLIN RD. ,SHANGHAI CHINA	出口口岸	Shanghai	目的港 TORONTO
		可否转运	Y	可否分批 N

提单或承运收据	收货人	TO ORDER OF SHIPPER	装运期限	040430	有效期限 040515
	通知人	JAMES BROWN & SONS ♯304－310 JALAN STREET, TORONTO, CANADA	提单特别显示	CLEAN ON BOARD OCEAN BILLS OF LADING	
	运费	PREPAID 提单份数:3/3＋1N/N			

标记唛头	货名规格及货号	包装件数	数量或尺码	毛重	净重	价格(成交条件) 单价	总价
						CIF TORONTO,CANADA	
J. B. S. FFF040019 TORONTO C/NO. 1－ 1639	4 ITEMS OF CHINESE CERAMIC DIN-NER－WARE: HX1115:35PCS DINNERWARE & TEA SET(6911.1010) HX2012:20PCS DINNERWARE SET HX4405:47PCS DINNERWARE SET HX4510:95PCS DINNERWARE SET AS PER S/C NO.:FFF04027 PACKING: STANDARD EXPORT PACKING (6911.1010)	542CTNS 400CTNS 443CTNS 254CTNS	542SETS 800SETS 443SETS 254SETS	10 840KGS 9 200KGS 10 632KGS 7 112KGS	7 588KGS 6 400KGS 7 974KGS 5 207KGS	USD23.50/SET USD20.40/SET USD23.20/SET USD30.10/SET	USD12 737.00 USD16 320.00 USD10 277.60 USD7 645.00
	TOTAL：1 639CTNS		2 039SETS	37 784KGS	27 169KGS		USD46 980.00

SAY TOTAL:FORTY SIX THOUSAND NINE HUNDRED AND EIGHTY ONLY.

外运外轮注意事项	SHIPPED IN4×20'FCL.	总体积		99.937m³
		保险单	险别	ALL RISKS AND WAR RISK
			保额	按发票金额加:10 %
			赔款地点	TORONTO IN CANADA
		业务员		＋＋＋

制作的出境货物报检单如下：

中华人民共和国出入境检验检疫
出境货物报检单

报检单位(加盖公章)：FFF贸易有限公司　　　　　＊编　号　××××
单位地址　　上海市金陵路676号金士达大厦3楼
报检单位登记号：4545784521　联系人：×××　电话：×××××××　报检日期：2004年4月18日

发货人	(中文)	FFF贸易有限公司
	(外文)	FFF TRADING CO.,LTD.
收货人	(中文)	
	(外文)	JAMES BROWN & SONS

货物名称(中/外文)	H.S.编码	产地	数/重量	货物总值	包装种类及数量
4 ITEMS OF CHINESE CERAMIC DINNER-WARE	6911.1010	江西	2 039SETS	USD46 980.00	1639纸箱瓷餐具

运输工具名称号码	海运	贸易方式	一般贸易	货物存放地点	军工路2222
合同号	FFF04027	信用证号	04/0501-FTC	用途	其他
发货日期	4月22日	输往国家(地区)	加拿大	许可证/审批号	
起运地	上海	到达口岸	多伦多	预计工作日期	2004年4月18日

合同、信用证订立的检验检疫条款或特殊要求	标记及号码	随附单据(画"✓"或补填)	
	J.B.S. FFF040019 TORONTO C/NO.1-1639	(✓)合同 (✓)信用证 (✓)发票 ( )换证凭单 ( )装箱单 (✓)厂检单	( )包装性能结果单 ( )许可/审批文件 (✓)出口货物报关单 ( ) ( )

需要证单名称(画"✓"或补填)		＊检验检疫费	
( )品质证书 正 副	( )植物检疫证书 正 副	总金额(人民币元)	
( )重量证书 正 副	( )熏蒸/消毒证书 正 副		
( )数量证书 正 副	( )出境货物换证凭单 正 副	计费人	
( )兽医卫生证书 正 副	(✓)放行		
( )健康证书 正 副		收费人	
( )卫生证书 正 副			
( )动物卫生证书 正 副			

报检人郑重声明：
1.本人被授权报检。
2.上列填写内容正确属实，货物无伪造或冒用他人的厂名、标志、认证标志，并承担货物质量责任。
签名：＿＿×××＿＿

领取证单
日期
签名

注：有"＊"号栏由出入境检验检疫机关填写　　　　◆国家出入境检验检疫局制
[1-2(2000.1.1)]

本章习题

1. 问题与讨论

(1)简述报关报检的概念。

(2)简述报关报检的基本流程。

(3)简述报关单各联的用途。

(4)简述报检单的填制内容。

(5)阐述检验检疫电子申报的基本方式。

2. 单项选择题

(1)因海关检查造成的货损及发生费用由(　　)承担。

A. 承运人　　　　　　B. 货代　　　　　　C. 码头　　　　　　D. 货主

(2)(　　)是指报检人使用电子报检软件,通过检验检疫业务服务平台,将报检数据以电子报文方式传输给检验检疫机构,经检验检疫机构业务管理系统和检务人员的处理后,将受理报检报验信息反馈给报检人,实现远程办理出入境检验检疫报检行为。

A. 电子报检　　　　　B. 电子报关　　　　C. 电子转单　　　　D. 电子通关

(3)纸质进口报关单(　　)。

A. 一式五联　　　　　B. 一式四联　　　　C. 一式六联　　　　D. 一式八联

(4)如果检验检疫机构需要对出境货物实施检验检疫时,报检员应按要求配合施检,在机构(　　)递交报检单和随附单据。

A. 施检前　　　　　　B. 施检时　　　　　C. 施检后　　　　　D. 通关放行时

(5)进出口货物的收发货人或其代理人对货物在进出境时向海关申报,交验规定的单据和证件,请求办理海关放行手续的行为是(　　)。

A. 报关　　　　　　　B. 放行　　　　　　C. 通关　　　　　　D. 结关

3. 多项选择题

(1)电子报检的一般流程包括(　　)。

A. 报检环节　　　　　B. 施检环节　　　　C. 计收费　　　　　D. 签证放行

E. 备案环节

(2)转关方式包括(　　)。

A. 提前报关方式　　　B. 直转方式　　　　C. 中转方式　　　　D. 延后报关方式

E. 以上答案都不是

(3)海关通关的基本程序为(　　)。

A. 申报　　　　　　　B. 查验　　　　　　C. 计费　　　　　　D. 征收

E. 放行

(4)出入境货物的报验程序为(　　)。

A. 填写"出入境货物报验单"　　　　　　B. 抽样

C. 检验检疫　　　　　　　　　　　　　　D. 签发"出入境货物通关单"

E.制样

(5)进出口业务中的基本单据有（　　）。

A.提货单　　　　　B.进出口合同　　　　C.海洋单　　　　D.税单

E.运单

案例分析

[案例 1]

大连昌泰塑料制品有限公司与韩国茂源株式会社签订印花塑料餐具加工合同，由茂源株式会社免费向昌泰公司提供 ABS 树脂一批，并支付加工费，成品由茂源株式会社在境外包销。昌泰公司随即向海关申领加工贸易登记手册。在加工过程中，由于没有加工设备，昌泰公司报经海关批准，将半成品交由沈阳四达胶印有限公司印花后运回。在该合同执行过程中产生了 800 千克的边角料。合同执行完成后，昌泰公司向海关报核。

资料来源：报关报检案例分析，http://waimao.100xuexi.com/view/useruplistone/XDdhgAbxamn-fDeQDpw_1.html。

阅读上述案例，回答下列问题：

(1)昌泰公司与韩国茂源株式会社是什么行为关系？昌泰公司应如何办理海关手续？

(2)昌泰公司与沈阳四达胶印有限公司是什么行为关系？昌泰公司应办理什么手续后，才能委托其进行印花工序的加工？

(3)昌泰公司最迟应于什么时间报核？

[案例 2]

进境废物原料的检验检疫是 C 局的主要业务。2011 年的某天，C 局工作人员在对甲、乙、丙三家代理报检公司代理申报进口的废旧货物报检单据进行计费时发现，"卫生除害处理结果报告单"上列明的集装箱数量与报检数量不符，涉嫌逃避集装箱卫生处理。这其中有什么秘密吗？

经查，甲、乙、丙三家公司均接受进境废物原料收货人的委托，负责报检、联系验货、实施卫生处理、缴纳卫生除害处理费等事务，且代为支付检验检疫费用并收取代理费用，实际收用货单位将检验检疫费用支付给代理公司。奇怪的是，这三家代理公司把联系卫生处理业务和缴纳卫生处理费的事务交由同一个人——董某（化名）办理。

由于装运废物原料的集装箱百分之百实施卫生处理，而实际收用货单位又不亲自办理卫生处理事宜，而是依据箱数和收费标准将费用付给代理公司代为办理，因此，董某的"生财之道"也不见得有多么高明：他一边向实际收用货单位按照箱数和收费标准收取卫生处理费；另一边则减少卫生处理的箱数，以压缩实际支出。例如一个报检批次下有 10 个集装箱，正常报检后，董某通过伪造"集装箱/货物检验检疫通知单"，只对 2~3 个集装箱实施卫生处理，其余的 7~8 个集装箱的卫生处理费则中饱私囊。

董某用同样的手法累计偷逃了 275 批次,计 127 个 20 尺集装箱、581 个 40 尺集装箱的卫生处理,同时也"免缴"了卫生处理费。

资料来源:中国国家质量监督检验检疫总局法规司,http://fgs. aqsiq. gov. cn/llyj/201207/t20120703_224311. htm。

阅读上述案例,回答下列问题:

从此案例中,代理报检公司得到哪些启示?

第 **3** 章

国际货运代理法律法规

📑 **本章学习目的**

- 理解国际货运代理法律关系与责任
- 了解国际货运代理业务中涉及的国际公约

随着国际贸易的迅速发展,货运代理人已经成为当今国际贸易中不可或缺的当事人。探究货运代理在国际货物运输关系中的法律地位,对于明确国际货运业务中不同当事方的权利、义务以及责任,具有重要意义。本章从货运代理实务的相关基本知识出发,分析货运代理在相关业务中的不同法律地位。

3.1 国际货运代理的法律关系与责任

国际货运代理的法律关系与责任通常体现在有关的法律、法规、国际公约、标准交易条件(由各国货运代理协会制定)或合同条款之中。

3.1.1 国际货运代理的法律关系

法律关系即通过一定的行为或者事件产生的当事人之间的权利义务关系,国际货运代理的法律关系,即在货运代理业务中产生的双方当事人的权利义务关系。

国际货运代理在国际货运过程中往往作为代理人或当事人出现,这两种情况的法律关系是不同的。

1. 作为代理人的法律关系

以他人名义为他人实施法律行为的人,叫做代理人。其名义被他人使用、被他人代为实施法律行为的人,叫做被代理人,也称本人。与代理人共同实施法律行为的人,叫做第三人或相对人。

现实中,货运代理作为代理人往往表现为两种形式:直接代理和间接代理。

(1)直接代理

所谓直接代理,是指代理人于代理权限内,在进行代理活动时以被代理人的名义,进行代理活动的法律效果直接由被代理人承受的代理制度。

一般认为,直接代理具有以下几个特征:

①代理人所为之行为,应该是适于代理之行为,专属于身份上的行为,例如结婚、遗嘱等行为,不得代理;

②代理人所为之行为,一般限于法律行为,也可以包括准法律行为,但不能是事实行为;

③代理人行为是以被代理人名义为之;

④代理人须在代理权限内行为。

(2)间接代理

所谓间接代理,是指代理人在进行代理活动时以自己的名义,进行代理活动的法律效果间接由被代理人所承受的代理制度。

一般认为,间接代理具有以下几个特征:

①间接代理人以自己的名义开展法律行为。

这是间接代理与直接代理最重要的区别,受托人虽然接受委托,但不将其代理身份告知第三人。对第三人来说,他直接与受托人打交道,而与委托人没有任何关系。间接代理的这个特征,使得第三人在与受托人订立合同时,视受托人为合同当事人,受托人也将自己置于合同当事人的地位,而不是代理人。在这里,委托关系是委托人与受托人之间的一种内部关系。

②严格区分两层法律关系,即委托人与受托人之间的法律关系和受托人与第三人之间的法律关系,行为的后果不是直接归于,而是间接归于委托人。

所谓间接,是指先由受托人自己对第三人承担一切后果,再由受托人将这些后果转移给委托人。这里有两层含义:首先,行为的后果最终由被代理人承担;其次,后果的归属不像代理那样直接归于委托人,而是经由受托人转移给委托人。

③委托人与第三人之间不存在合同关系。

委托人不能直接对第三人主张权利,同样,第三人也不能直接对委托人主张权利。

2.作为当事人的法律关系

国际货运代理行为作为当事人,是指在为客户提供所需的服务中,是以自己的名义承担责任的独立合同人,应对其履行国际货运代理合同而雇佣的承运人、分货运代理的行为或不行为责任。一般而言,其与客户接洽的是服务的价格,而不是收取代理手续费。托运人付给其的是固定费用,而其付给承运人的是较低费用,即其从两笔费用的差价中获取了利润。例如,国际货运代理常常是将一些货主的货物集中在一个装运箱内,以此来节省费用,这对国际货运代理和托运人都有利。在这种情况下,对托运人来说,国际货运代理被视为承运人,应承担承运人的责任。又如,国际货运提供多式联运服务,或者亲自从事公路运输,那么其就处于当事人地位。尤其当国际货运代理提供多式联运服务时,国际货运代理的标准交易条件中的纯粹代理性质的条款都不再适用。其合同义务受其所签发的多式联运提单条款的制约,即使此时国际货运代理本人并不拥有船舶或其他运输工具,其也将作为多式联运经营人对全程负责,承担如同承运人的全部责任。

作为当事人,国际货运代理不仅对其本身和雇员的过失负责,而且应对在履行与客户所签合同的过程中提供的其他服务的过失负责。

3.1.2 国际货运代理的责任

由于各国法律规定不同,国际货运代理所承担的责任也就大不相同。由于各国法律对货运代理所下的定义及其业务范围的规定有所不同,在实际业务中货运代理责任范围的大小,原则上可分为两种情况:

第一种情况,作为代理人,国际货运代理仅对自己的错误和疏忽负责。

第二种情况,作为当事人,承运人的责任和造成第三人损失的责任,即国际货运代理不仅对自己的错误和疏忽负责,还应使货物完好无损地抵达目的地。

国际货运代理协会(FIATA)规定:国际货运代理仅对属于其本身或其雇员所造成的过失负责。如其在选择第三人时已恪尽职责,则对于该第三人的行为或忽略不负责任。如能证明国际货运代理未做到恪尽职责,其责任应不超过与其订立合同的任何第三人的责任。

1. 以代理人的身份出现时国际货运代理的责任

如前所述,国际货运代理作为被代理人的代理时,在其授权范围内,以被代理人的名义从事代理行为,所产生的法律后果由被代理人承担。在内部关系上,被代理人和国际货运代理之间的代理关系,国际货物代理享有代理人的权利,承担代理人的义务。在外部关系上,国际货运代理不是与他人所签合同的主体,不享有该合同的权利,也不承担该合同的义务。当货物发生灭失或残损时,国际货运代理不承担责任,除非其本人有过失。被代理人可直接向负有责任的承运人或其他第三人索赔。当国际货运代理在货物文件或数据上出现过错而造成损失时,则要承担相应的法律责任,受害人有权诉诸法律向国际货运代理请求赔偿。所以,一旦发现文件或数据有错误,国际货运代理应立即通知有关各方,并尽可能挽回其造成的损失。

国际货运代理作为纯粹的代理人,通常应对其本人及其雇员的过错承担责任。其错误和疏忽可能包括:未按指示交付货物;尽管得到指示,办理保险仍然出现疏忽;报关有误;运往错误的目的地;未能按必要的程序取得再出口(进口)货物退税;未取得收货人的货款即交付货物。国际货运代理还应对其经营过程中造成的第三人财产灭失或损坏或人身伤亡承担责任。如果国际货运代理能够证明他对第三人的选择做到了合理、谨慎,那么,他一般不承担因第三人的行为或不行为引起的责任。

2. 国际货运代理作为当事人的责任

国际货运代理以自己拥有的运输工具进行运输,或以自己的名义与承运人签订运输合同,或租用他人的运输工具进行运输,在此情况下,货运代理均为运输合同一方,处于承运人地位,无论实际承运人,还是契约承运人,都承担承运人的责任和义务。

国际货运代理在作为承运人运输货物时,其责任从接收货物时开始至目的地将货物交给收货人时止,或视其将货物置于收货人指定的地点为完成并已履行合同中规定的交货义务。但货运代理人在货物运往或运抵目的地前或后有义务向收货人发出到货通知,如在发出到货通知一定时间后,收货人仍未前来提取货物,也可视为货运代理履行了合同中规定的交货义务。

国际货运代理往往还经营国际多式联运业务,在此情况下,只要其签发了多式联运提单,不管是否实际参与了运输,均不影响其作为多式联运经营人的地位。根据有关国际多式联运的法律规定,多式联运经营人对全程运输负责。如在运输过程中发生货物的灭失、损坏或延误,多式联运经营人均应承担赔偿责任,除非能证明其为避免货物的灭失、损坏或延误已采取一切适当的措施。因此,在多式联运过程中,一旦发生货物灭失或损坏,作为多式联运经营人的货运代理,理应向委托人承担货损货差的赔偿责任,然后,再向发生货损货差的实际承运人(责任人)追债。

作为当事人,国际货运代理人不仅对其本身和雇员的过失负责,而且应对在履行与客户所签合同的过程中提供其他服务的过失责任。其中对客户的责任主要表现在以下三个方面:

(1)对货物的灭失或残损的责任。

(2)因职业过失,尽管既非出于故意也非出于粗心,但给客户造成了经济损失。例如:不按要求运输、不按要求对货物投保等。

(3)延迟交货。

3.1.3 国际货运代理的责任限制

国际货运代理在为其过失或疏忽承担责任的同时亦享有责任限制。责任限制是一项特有的法律制度,即依据法律的有关规定,责任人将其赔偿责任限制在一定范围内的法律规定。

在国际货运代理运输中,往往会由于责任人(如船长、船员或货运代理)的过失造成货物的损害,或造成第三方的重大财产损失。这种损害或损失常常是严重的,涉及的索赔金额往往也是巨大的,有时甚至会超过货物本身的价值或船舶的价值。为了保护本国的航运业,各国通常将这种赔偿责任用法律加以限制。国际货运代理人和承运人一样,均有权将其责任限制在合理的限额内。当国际货运代理为承运人时,则享受有关承运人的责任限制。

国际货运代理通常在标准交易条件中规定其最高的责任限额,其赔偿金额无论在何种情况下,都不得超过国际货运代理在接受货物时的货物市价。各国有关国际货运代理的责任和责任限制是不一致的,有些国家采取的是严格责任制,有些国家采取的是对过失或疏忽负责,而且赔偿限额也不相同,这完全取决于每宗案件所涉及的法律和合同规定。

国际货运代理协会推荐的标准交易条件范本成为各国制定本国标准交易条件的总原则。根据该原则,英国货运代理协会的标准交易条件规定:赔偿限额为 2SDR(特别提款权)/千克(毛重),每宗案件最高赔偿金额不得超过 75 000SDR;新加坡货运代理协会标准交易条件规定:赔偿限额 5 新加坡元/千克,每宗案件最高赔偿限额不超过 10 万新加坡元;马来西亚货运代理协会标准交易条件规定:赔偿限额 5 马来西亚吉特/千克,每宗案件最高赔偿限额不超过 10 万马来西亚吉特;印度货运代理协会标准交易条件规定:赔偿限额 15 印度卢比/千克,每宗案件最高赔偿限额不超过 15 000 印度卢比。

3.1.4 国际货运代理的除外责任

除外责任,又称免责,系指根据国家法律、国际公约、运输合同的有关规定,责任人免于承担责任的事由。国际货运代理与承运人一样享有除外责任,对于承运人,《海牙规则》和《维斯比规则》规定了 17 项免责事由。

对于国际货运代理,其除外责任,通常规定在国际货运代理标准交易条件或与客户签订的合同中,归纳起来可包括以下七个方面:(1)客户的疏忽或过失所致;(2)客户或其代理人在搬运、装卸、仓储和其他处理中所致;(3)货物的自然特性或潜在缺陷所致,如:由于破损、泄漏、自燃、腐烂、生锈、发酵、蒸发或由于对冷、热、潮湿的特别敏感性;(4)货物的包装不牢固、缺乏或不当包装所致;(5)货物的标志或地址的错误或不清楚、不完整所致;(6)货物的内容申报不清楚或不完整所致;(7)不可抗力所致。尽管有上述免责条款的规定,国际货运代理仍须对因其自己的过失或疏忽而造成的货物灭失、短少或损坏负责。如果另有特殊约定,货运代理还应对货币、证券或贵重物品负有责任。

3.2 两大法系货运代理法律制度的比较

区分货运代理人是单纯的代理人还是当事人,首先取决于各国对代理制度的相关规定,其次才能结合货运代理的实际业务来判断。因此,有必要对目前各国代理制度的基本规定进行比较。

对于代理制度,大陆法系和英美法系有着极其不同的规定,导致在两个法系下,对代理的理解存在很大的差异。

1. 代理法律制度的理论基础不同

大陆法系代理的理论基础是区别论。所谓区别论,就是严格区别委托与授权,其核心是,尽管委托人在委托合同中对代理人的权限加以限制,但此限制原则上并不对第三人产生约束力。也就是说,区别论将作为内部关系的委托人与代理人的委托行为和作为外部关系的代理人与第三人的合同行为加以区分,委托合同的效力仅限于内部关系的双方,即委托人和代理人,而对第三人不产生约束力。

英美法系代理的理论基础是等同论。所谓等同论,就是不区分委托与授权,将代理人的行为等同于被代理人的行为,"视同己出"。因为,代理人在实施法律行为时,已经取得了被代理人的授权,并在代理权限的范围内行事。正因为如此,委托与授权是不可分割的。在英美法系国家中,代理是一个非常宽泛的概念,它避免了关于类型分割的复杂性。

2.代理法律制度的划分标准不同

在大陆法系,代理有广义和狭义之分。广义代理是指一人在授权范围内代本人为某种行为,其法律后果由本人承担;狭义的代理是指代理人在代理权限内,以本人的名义进行民事活动,由本人直接承担其法律后果。狭义的代理又称为直接代理,而广义代理则包括直接代理与间接代理。对于直接代理和间接代理的划分一般采用严格的"名义主义",即代理人在为民事法律行为时是以被代理人的名义,还是以自己的名义。当代理人在代理权限内,以被代理人的名义所为的意思表示或所受的意思表示,直接对被代理人发生效力,此为直接代理。当代理人以自己名义为被代理人利益而为法律行为,其法律效果先对间接代理人发生,再依内部关系转移于本人,此为间接代理。在大陆法上,代理一般仅指直接代理,而不承认间接代理,间接代理属于行纪关系。货运代理人在大陆法国家和地区往往被认为是行纪人。一些大陆法系国家有严格的要求,货运代理人必须以自己的名义与承运人签订运输合同,否则,它仅仅具有一般代理人的权利。严格地说,大陆法系中的代理,就是代理人以被代理人的名义从事代理行为,直接对被代理人发生效力。在间接代理中,第三人基于对代理人资信状况的信赖,完全有理由认为代理人就是合同的当事人,由此产生的法律后果当然归属代理人。

在英美法系,代理的概念是广义的,既包括直接代理,又包括间接代理。因为英美法系的代理受到等同论的影响,并不注重合同的形式,而主要是根据合同的具体内容来确定双方的责任。在代理关系中,法律并不要求代理人必须以被代理人的名义从事民事法律行为,此时的代理通常存在三种形式:

一是代理人在订立合同过程中表明自己是代理人并指出被代理人的姓名,即"显名代理",这个合同就是本人与第三人之间的合同,代理人不承担法律责任。在英美法系国家中,代理人与第三人订约时,代理人即向第三人提供了一项默示的担保,即代理人享有本人的授权。但当代理人拥有代理权时,第三人只能起诉代理人,要求其赔偿损失,本人无此权利。

二是代理人订立合同过程中表明其为代理人,但是以自己的名义而不是以被代理人的名义进行活动的,在与第三人发生关系时,第三人虽知道代理人是代他人进行民事活动的,但不知道也没有必要知道何人为被代理人。此时,表示有代理关系存在,但没有指出本人的姓名,即"隐名代理"。在这种情况下,这个合同被认为是第三人与代理人的合同,应由代理人负责,本人不负责。这样规定是因为第三方不是凭对委托人的信任,而是凭对代理人的信任签合同的;但是如果签订合同时第三人知道委托人是谁,那么代理人就不必负责。还有一种情况,代理人在与第三人签订合同时,只对委托人的身份做部分披露,即"部分披露的委托人"。此时,除非另有规定,代理人仍被认为是合同的一方当事人。对于第三方来说,他不知道自己同谁签订了合同,因此会承担很大的风险。法律为了保护善意第三人的利益,规定他有权使代理人对合同负责,或使他与委托人一起成为合同的共同保证人。只有在代理人提供了充分的信息足以说明委托人的身份时,他才会免除对合同的义务。

三是代理人在订立合同过程中,并不表明其为代理人,也不表明被代理人,而是以自己的名义与第三人签订合同。在第三人看来,该代理人所为的民事活动就是该代理人自己的活动,但实际上代理人是为被代理人的利益代被代理人实施行为的。在这种情况下,未被公开的被代理人叫未经披露的本人,代理人应对其所签订的合同承担责任。但如果第三人发现了未经披露的本人,则第三人既可以直接起诉代理人,也可以直接起诉未经披露的本人,要求其承担责任。反之,未经披露的本人也可以不经过代理人,根据其代理人所签订的合同直接起诉第三人。即英美法认为在这种情况下,本人与第三人之间存在着合同关系。

3.代理法律制度的渊源不同

从历史上看,大陆法系代理制度建立在高度体系化、抽象化的成文法基础上。通过成文法明确代理人的法律地位以及相应的权利义务。大陆法系的法官必须按照产生纠纷的事实,具体分析成文法典中的法律条文,从而作出判决。而在英美法系国家,代理法律制度则是由法院的具体判例建立的,其主要渊源是判例法。英美法系的法官着重分析具体案件的事实,案件事实上的细微差别可能会导致判决结果的不同。

3.3 国际货运代理业务中涉及的国际公约

国际货运代理在其业务范围内,与有关方签订的各种协议中,必然会涉及某些公约。诸如《海牙规则》、《维斯比规则》和《汉堡规则》等国际公约已为各国海运界所熟悉和普遍运用,而陆运多采用《铁路货物运输国际公约》和《国际公路货物运输合同》,著名的《华沙公约》是统一国际航空运输的重要规则,多式联运则广泛适用《联合国国际货物多式联运公约》。

因此,熟知这些公约,了解和掌握国际货运代理的法律责任、义务以及权利,是从容做好国际货运代理业务的前提条件和保证。

各公约将在以后章节详细介绍,这里就不赘述了。

3.4 FIATA 国际货物服务示范规则

FIATA 国际货运服务示范规则是国际货运代理协会于 1996 年 10 月通过的用以指导国际货运服务的标准交易条款。

3.4.1 FIATA 国际货物服务示范规则的性质和作用

FIATA 国际货物服务示范规则不是公约,也不是示范法,它只是国际货运服务的一种标准交易条款。

FIATA 国际货物服务示范规则的作用主要表现在：不仅可成为合同条款，而且具有指导各国国际货运经营者协会制定标准交易条款的作用。

3.4.2 FIATA 国际货物服务示范规则的内容

第一部分　一般规则

1.适用范围

1.1 不论以书面、口头或其他形式，将 FIATA 国际货运代理业示范法订入合同中，本规则均适用之。

1.2 不论是否作出上述指示，当事人各方同意将本规则代替合同中与之相冲突的任何附加条款，除非本规则增加了货运代理的责任或义务。

2.定义

2.1 货运代理服务系指各类与运输、拼装、积载、管理、包装或分拨相关的服务，以及相关的辅助和咨询服务，包括但不仅限于海关和财政业务、官方的货物申报、为货物进行保险、取得有关货物的单证或支付相关费用等。

2.2 货运代理系指与客户达成货运代理协议的人。

2.3 承运人系指用自己的运输工具实际进行货物运输的人（实际承运人），以及任何以明示或默示的方式承担运输责任的人（契约承运人）。

2.4 客户系指与货运代理签订合同并根据合同享有权利、承担义务的人，或其行为与此项业务有关的人。

2.5 货物系指包括牲畜以及集装箱、托盘或类似运输工具，或并非由货运代理所提供的包装在内的一切财产。

2.6 特别提款权系指由国际货币基金组织所定义的特别提款权。

2.7 强制性法律系指任何成文法，该法不允许有损于客户利益的合同条款与之相违背。

2.8 书面形式包括电报、电传、传真或任何用电子方式所作的记录。

2.9 贵重物品系指金银、硬币、钞票、可流通的票据、宝石、珠宝、古董、字画、工艺品及类似财物。

2.10 危险货物系指由官方归类为危险品的货物，以及可能会变成为有危险性的、易燃的、放射性的、带有毒性的或有破坏性的货物。

3.保险

除非有客户的书面指示，否则货运代理不会安排保险。所有承保都根据保险公司或承保人之保单惯用除外条款和条件承担风险。除非另有书面协议，否则货运代理没有义务承担每一宗货物的单独投保，但须对其持有的开口保单或总保单下的每宗货物进行申报。

4.不可抗力

如果任何时候货运代理的行为被或可能被任何障碍或风险（包括货物带来的）所影响，并且此种障碍或风险或不是由于货运代理的错误或疏忽所致，而且通过采取合理的措施仍无法避免,货运代理可根据合同的规定取消货物的运输,并且如可能,在货运代理认为安全和方便的地方将该货物全部或其中的一部分交由货方控制之下。此时,货运代理对货物的责任即终止。在任何情况下,货运代理均有权根据合同获得报酬,并且客户应支付由于上述情况所产生的额外费用。

5.运输方式及途径

货运代理应根据协议按照客户的指示提供服务。如指示不准确、不完整或与合同不符,货运代理则可以其认为合适的方式行事,而客户需承担风险和费用。除非另有协议,否则货运代理可不经通知客户而安排货物于舱面或舱内运载,选择或变更对货物的处置、积载、存放及货物的运输方式、路线及程序。

第二部分　货运代理的责任

6.货运代理的责任(非当事人)

6.1 责任基础

6.1.1 货运代理的谨慎责任

如果货运代理在提供货运代理服务时未能恪尽职守采取合理措施,则须承担相应的责任。在此情况下,根据第八条之规定,他将赔偿客户货物灭失或损坏的损失,以及对由于未尽谨慎义务所导致的直接经济损失负责赔偿。

6.1.2 对第三人的过错免责

货运代理不承担第三人的行为和疏忽所产生的损失,例如,但不仅限于"承运人、仓管人员、装卸工人、港口当局及其他货运代理人",除非他在选择、指示及监督此第三人时未恪尽职守。

7.货运代理作为承运人的责任

7.1 货运代理作为承运人的责任

货运代理作为承运人所承担的责任,不仅仅在于他直接使用自己的运输工具进行运输时(从事承运人的业务),而且在于如果他签发了自己的运输单据,就已经明示或默示地作出了承担承运人责任的承诺(契约承运人)。

然而,如果客户接收了由其他人而不是货运代理签发的运输单据,并且在合理的时间内没有提出货运代理必须承担承运人的责任,则货运代理将不承担此责任。

7.2 货运代理作为其他服务的当事人的责任

货运代理从事与货物运输相关的其他服务时,诸如,但不仅限于货物的积载、处置、包装、分拣及相关的辅助服务,将承担当事人的责任。

7.2.1 当该服务是由货运代理本人使用其自己的设施或由其雇员所完成的。

7.2.2 货运代理本人对承担承运人的责任作出了明示或默示的承诺。

7.3 货运代理作为当事人的责任基础

根据第八条之规定,货运代理作为当事人,将为他所雇佣的第三人在完成运输合同或其他服务时的行为和疏忽承担责任,如同该行为和疏忽是他自己造成的一样。他的权利及义务应依据适用于该运输或服务的有关法律,以及无论是否明示,但适用于该运输方式的惯用附加条款。

8.除外责任、赔偿数额及货币限制

8.1 除外责任

货运代理在任何情况下均不承担下列责任。

8.1.1 承运贵重物品或危险物品,除非在签订合同时已向货运代理作出陈述。

8.1.2 延迟损失,除非有明确的书面协议。

8.1.3 间接损失,例如,但不仅限于利润损失及市场损失。

8.2 赔偿数额

货物的价值应根据当时商品交易所的价格确定;如果没有此价格,根据当时市场价格确定;如果两者均不存在的话,则参照同类同质量货物的通常价值确定。

8.3 货币限制

8.3.1 货物的灭失或损坏

尽管有第 7.3 条款之规定,货运代理对货物灭失或损坏数量的责任将不超过受损货物毛重每千克 2SDR。除非货运代理从对其负有责任的一方已获得了赔偿。如果货物在 90 天内应送达而仍未送达,在没有相反的证据的情况下,索赔人可视货物已经灭失。

8.3.2 延迟的责任限制

如果货运代理对延迟导致的损失负有责任,其责任应不超过对延迟导致的相关服务所作出的补偿数额。

8.3.3 其他类型的损失

尽管有第 7.3 条款之规定,货运代理对第 8.3.1 条款和第 8.3.2 条款中未提及的任何类型损失所负的责任将不超过每一事故……特别提款权的总额……除非货运代理从对其负有责任的一方已获得了赔偿。

此处特意将最大责任限额留作空缺,它将根据使用本标准规则的国家的具体情况确定。

9.通知

9.1 除非被指定收货人在接货时以书面形式向货运代理提出货物的损失,并列明这种损失的基本性质,否则,此种交接是表明货物在良好状况下运作、表面完好的初步证据。如果损失并不明显,货物在交付给指定的收货人之次日起 6 天内,未提出书面通知,此种交付同样具有初步证据的效力,即说明运输的货物完好无损。

9.2 货主向货运代理提出的有关所有其他非货物灭失和损坏的索赔应是书面的,并从货主知道或应该知道提起索赔之日起 14 天内提出。否则,将被视为对此权利及相关时效的完全放弃,除非货主能够证明在规定期限内他无法提出或他已在合理期限内尽快提出了索赔。

10.时间限制

除非另有明确协议或已提起诉讼,根据本规则的规定,货运代理将在货物交付,或应该交付,或因未能交付而收货人有权视货物已灭失之日起 9 个月后,免除所有的责任。对于货物灭失或损坏以外的其他责任,9 个月的期限应自货运代理的过失产生索赔权益之日起计算。

11. 侵权诉讼的适用

无论对货运代理人提起合同之诉还是侵权之诉,本规则的各项规定均适用。

12. 雇员及其他人员的责任

无论任何时候向货运代理的雇员、代理人或其他人员提出(包括任何独立的承包人)的索赔,且无论该索赔是基于合同还是基于侵权行为,本规则均适用。货运代理及其雇员、代理人或其他人员的赔偿数额累计不应超过货运代理与客户之间明确约定的限额或本规则规定的限额。

第三部分　客户的责任与义务

13. 无法预测的情况

一旦发生不可预测的情况,货运代理为维护货方的最大利益而采取的行动,须由客户承担其额外支出和费用。

14. 抵消

到期应缴纳的款项不得因任何索赔、反索赔或债务抵消所产生的款项而扣减或迟延支付。

15. 一般留置权

货运代理在准据法允许的范围内,对客户欠付的任何款项,包括货物的贮藏费用和其他费用享有对货物和有关单据的留置权,并且可以用其认为合适的方式行使该权利。

16. 信息

在货运代理掌管货物之后,客户应担保货物一般性质及商标、尺码、重量、数量、类别的准确性,如有可能,应说明货物的危险性质,无论是他提供的还是以其名义提供的。

17. 赔偿责任

17.1 一般赔偿责任

除了根据本规则第二部分规定货运代理应承担的责任外,客户应承担货运代理在履行合同中所产生的所有责任。

17.2 共同海损的赔偿责任

客户应承担货运代理在共同海损方面的责任,并且应根据货运代理就此的要求提供保证金担保。

18. 客户的责任

客户应对其提供的资料或指示不准确或不完整而导致的损失、费用、支出,以及官方的税收向货运代理负责;或当客户及代表客户利益的任何人的行为所造成的,因货物导致的人身伤亡、财产损失、环境损害或其他任何类型的损失时,客户应承担货运代理由此所遭受的索赔。

第四部分　争议与强制性法律

19. 管辖权与准据法

除非另有协议,对货运代理提起的诉讼只能在其主要业务区域内进行,并且应适用当地的法律。

20.本规则强制性法律仅适用于不与货运代理业的国际公约及有关国家的法律中的强制性规定相冲突的情况。

案例3-1

货运代理法律纠纷

中国甲公司(买方)与法国乙公司(卖方)于1998年4月7日达成协议,以CIF上海价格向乙公司购买电厂精密仪器配件,合同付款条件规定:"买方应在配件制造过程中,按进度预支货款。"买方十分关心配件的质量,如卖方不能按时、按质供应配件,将给买方带来严重损失。合同签订不久,据可靠消息透露,卖方供应的电厂精密仪器配件质量不稳定。1998年7月11日,买方立即通知卖方:"据传供货质量不稳定,我方将中止向卖方履行一切义务。"卖方接到上述通知后,于1998年7月19日向买方提出书面保证:"如果我方不履行义务,将由我方的担保银行偿还买方按合同规定所做的一切支付。"但买方在收到上述书面保证后,仍然中止履行合同。

为此,双方发生争议,经协商不能解决,卖方遂根据合同中的仲裁条款提起仲裁,卖方认为自己已经在一个合理期限内作出了履约的保证,买方仍有义务继续履行合同,按合同规定支付货款,并支付违约金。而买方则认为卖方所提供的担保并不充分。

这是个国际货物买卖中的预期违约问题的案例。案件中,合同已经成立,但还未到交货的时间,卖方供应的配件质量不稳定,卖方如果不能按时、按质供应配件,将给买方带来严重损失,卖方存在一个潜在的违约可能。买方根据得到的可靠消息,预见到卖方将不能到期履行合同的主要义务。这里就涉及一个预期违约(Anticipatory Breach)的问题。

所谓预期违约,又称先期违约,是为了解决合同生效后至履行前发生在合同履行上的危险而建立的一项法律制度。一般的,预期违约是指在合同有效成立后履行期到来前,一方当事人肯定地、明确地表示他将不履行合同或一方当事人根据客观事实预见到另一方到期将不履行合同。预期违约可由违约方明确表示,或由对方从行动中判断出来。例如,违约方在履行期到来之前即宣布拒绝履行合同或宣告破产,或丧失清偿债务的能力。

《联合国国际货物销售合同公约》(以下简称公约)明确规定了预期违约制度。相关规定如下:

公约在第五章第一节的第71条、第72条作出了规定。第71条:"(1)如果订立合同后,另一方当事人由于下列原因显然将不履行其大部分主要义务,一方当事人可以中止履行义务:他履行义务的能力或他的信用有严重缺陷,或他在准备履行合同或履行合同中的行为。(2)如果卖方在上一款所述的理由明显化以前已将货物发运,他可以阻止将货物交给买方,即使买方持有其有权获得货物的单据。本款规定只与买方和卖方间对货物的权利有关。(3)中止履行义务的一方当事人不论是在货物发运前还是发运后,都必须立即通知另一方当事人,如经另一方当事人对履行义务提供充分保证,则他必须继续履行义务。"第72条:"(1)如果在履行合同日期之前,明显看出一方当事人将根本违反合同,另一方当事人可以宣告合同无效。(2)如果时间许可,打算宣告合同无效的一方当事人必须向另一方当事人发出合理的通知,使他可以对履行义务提供充分保证。(3)如果另一方当事人已声明他将不履行其义务,则上一款的规定不适用。"

根据公约的规定,在一方预期违约的情况下,另一方可以中止履行合同义务或撤销合同。

对预期违约须视其是否构成根本违反合同,而分别采取中止合同或撤销合同两种不同的救济方法。当买方有预期违约的情况时,卖方可以停止发货或对在途货物行使停运权;在卖方预期违约的情况下,买方停止付款。

所谓"根本违约",公约第25条作出了规定:"一方当事人违反合同的结果,如使另一方当事人蒙受损害,以至于实际上剥夺了他根据合同规定有权期待得到的东西,即为根本违反合同,除非违反合同一方并不预知而且一个同等资格、通情达理的人处于相同情况中也没有理由预知会发生这种结果。"

在本案中,卖方供应的质量不稳定,而质量也是此合同中最重要的因素。一旦履行期到来,实际交付将会给买方带来巨大的损失,很明显是属于根本违反合同。

当事人在行使上述的中止或解除合同的权利时,还必须承担下列义务:

(1)必须将自己中止或解除合同的决定立即通知对方。

(2)当对方提供了履行合同的充分保证时,仍应履行合同义务。

(3)假如当事人一方没有另一方不能履行合同的确切证据而中止合同的履行,则应负违反合同的义务。

买方得知卖方违约的潜在可能时,立即通知卖方:"据传供货质量不稳定,我方将中止向卖方履行一切义务。"可见,买方是尽了自己通知义务的。

在本案中,针对买方所发通知,卖方也提供了保证,关键问题就是看卖方所提供的保证是否充分(Adequate Assurance of his Performance),由于卖方仅仅保证:"如果我方不履行义务,将由我方的担保银行偿还买方按合同规定所做的一切支付。"这里所讲的"买方的一切支付",仅是指偿还买方按合同规定的进度支付的货款。但买方最关心的是卖方按时供应质量稳定的精密仪器配件,时间和质量是合同中最重要的因素。由此可见,卖方提出的保证,不仅不充分,而且与买方的需要不符合。因此,买方接到保证后,仍有权继续中止履行他的合同义务。

关于履约保证,《美国商法典》第2609条明确规定了30天的提供履约保证的期限,超过该期限即构成预期违约;而公约第71条仅规定了中止履约的一方有立即通知另一方的义务,至于保证的期限和不能提供充分履约保证的后果,公约都没有规定,这是公约的一点缺憾。

在本案中,如果买方等到实际交付再去寻求救济,可能就会买回一堆废铁,造成巨大的经济损失,之后为了维护自己的合法权益,得花费大量的精力、时间和财力去仲裁甚至诉讼。

不难看出,在实践过程中引入预期违约制度,对于督促当事人履行合同、减少损害、保护受害人利益有重要的作用。

在对外贸易乃至国内贸易中,不仅仅是要遵循合同,而且必须要从履约能力、商业信用及履约行为等方面考察对方,具有预见性,合理预见对方的履约,才能最大限度避免自己的损失。

本章习题

1. 问题与讨论

(1)简述国际货运代理作为代理人的法律关系。

(2)直接代理具有哪些特征?

(3)间接代理具有哪些特征?

(4)FIATA 对国际货运代理的责任有何规定?

2. 单项选择题

(1)凡替本人或受本人委托办事的人称为(　　)。

A.第三人　　　　　　B.被代理人　　　　　C.代理人　　　　　　D.其他人

(2)如果委办事项违法,代理人应(　　)。

A.负被追偿责任　　B.不负被追偿责任　　C.不负连带责任　　D.负连带责任

(3)为了保护被代理人的合法权益,法律禁止代理人(　　)。

A.使用代理权　　　　　　　　　B.使用默示的授权

C.使用追认的代理权　　　　　　D.滥用代理权

(4)在承运人与托运人之间,提单的证据效力是(　　)。

A.最终证据　　　　B.有价证券　　　　C.初步证据　　　　D.绝对证据

(5)无单放货的责任由(　　)承担。

A.承运人　　　　　B.货运代理人　　　　C.收货人　　　　　D.发货人

3. 多项选择题

(1)国际货运代理业务中主要涉及的公约有(　　)。

A.《海牙规则》　B.《维斯比规则》　C.《汉堡规则》　　D.《华沙公约》

E.《国际货协》

(2)《海牙规则》、《维斯比规则》和《汉堡规则》的区别主要集中在(　　)。

A.公约适用范围不同　　　　　　B.承运人责任基础不同

C.承运人责任期间不同　　　　　D.承运人的最高责任赔偿限额不同

E.承运人责任范围不同

(3)承运人收货后,有义务适时签发提单,但在以下情况下可以拒签提单(　　)。

A.提单所载事项与大副收据不符

B.提单与订舱单或租船合同规定不一致

C.凭保函倒签提单

D.凭保函签发清洁提单

E.提单所载事项与理货单不符

(4)下列(　　)属于各国海运界所熟悉和普遍运用的海上国际公约。

A.《海牙规则》　　　　B.《维斯比规则》　　　C.《汉堡规则》　　　　D.《华沙公约》
E.《国际货协》

(5)下列选项中属于各国陆运常采用的公约的是(　　)。

A.《国际货约》　　　　B.《国际货协》　　　C.《国际公路公约》　　D.《华沙公约》
E.《海牙规则》

案例分析

　　2005 年 10 月 17 日,买方中国甲公司与卖方日本乙公司签订了进口电视机的买卖合同,发货地是日本东京,目的地为中国扬州。2005 年 11 月 23 日,买方中国甲公司以购买的电视机为保险标的向扬州保险公司投保,与其签订了货物保险合同。2005 年 11 月 26 日,原告华夏公司以多式联运方式运输了四个集装箱的电视机从日本东京港出发经上海到扬州,并且原告华夏公司签发了货运提单,根据提单显示的发货人为日本乙公司,收货人为中国甲公司。2006 年 2 月 10 日,当该批装载电视机的集装箱到达上海港后,原告华夏公司与被告天地公司通过传真的形式约定,原告华夏公司支付给被告天地公司运费等费用共计 8 000 元,将提单项下的四个集装箱货物交给被告天地公司运输至目的地扬州。事实上,被告天地公司并没有亲自从事运输业务,而是由风火公司实际从事运输业务,被告天地向风火公司支付了 7 000 元运费。2006 年 2 月 20 日,货到目的地扬州之后,收货人中国甲公司发现四个集装箱中有三个破损,且货物严重损坏。于是收货人中国甲公司依据货物保险合同向扬州保险公司索赔,保险公司赔付后向原告华夏公司进行追偿,原告华夏公司向保险公司作出 10 万元的赔偿之后,原告华夏公司经过调查发现,货物在上海卸船时的单据上记载的是“集装箱和货物完好无损”,但是集装箱交接单上显示的却是“集装箱和货物完好无损,运达目的地时破损”,因此原告华夏公司认为被告天地公司在运输过程中存在过错,要求被告天地公司支付其偿付给保险公司的 10 万元及其利息。

　　资料来源:宋明君.货运代理法律问题研究[D].山东经济学院学位论文,2011:13—14.

　　阅读上述案例,回答下列问题:

　　请问原告与被告之间是何种法律关系?为什么?

第

4

章

国际贸易术语

📖 本章学习目的

- 了解国际贸易术语的定义
- 掌握装运港交货的贸易术语
- 掌握货交承运人的贸易术语
- 了解其他贸易术语

　　国际贸易术语是国际惯例的一种,具有任意性,即只有当事人选择适用,才对当事人具有约束力。贸易术语的主要作用在于简化当事人的贸易谈判缔约过程,确定买卖双方当事人的权利义务。本章分析国际贸易术语的内容及分类,并讨论如何选用贸易术语。

4.1 贸易术语的含义及其发展

　　贸易术语又称价格术语或贸易条件,是指由三个英文字母组成的用以表现货物的单价构成和买卖双方各自承担的责任、费用与风险划分的商务用语。它是在长期的国际贸易实践中出现和逐步发展起来的,不同的贸易术语有着各自特定的含义,它不仅表明了价格的组成,同时还规定了买卖双方的权利和义务。因此,弄清楚每一个术语的具体含义对买卖双方有着至关重要的意义。

　　国际贸易术语以其特有的风险、责任、费用划分极大地便利了交易活动,缩短了成交过程,节省了交易时间和费用,继而大大提高了经济效益,从而促进了经济贸易的迅速发展。

4.2 贸易术语与国际贸易惯例

1.华沙—牛津规则

华沙—牛津规则(W. O. Rule)于 1932 年由国际法协会制定,本规则共 21 条,主要说明 CIF 买卖合同的性质。具体规定了买卖双方所承担的费用、风险和责任。

2.《1941 美国对外贸易定义修正本》

该惯例由美国九大商业团体制定,对以下六种术语作了解释:

(1)EX(Point of Orign)——原产地交货。

(2)FOB——船上交货。

(3)FAS——船边交货。

(4)CFR——成本加运费。

(5)CIF——成本、保险费加运费。

(6)EX DOCK——目的港码头交货。

该惯例在美洲国家影响较大。在与采用该惯例的国家贸易时,要特别注意与其他惯例的差别,双方应在合同中明确规定贸易术语所依据的惯例。

3.《国际贸易术语解释通则》

《国际贸易术语解释通则》由国际商会制定,目前通用的有 2000 年的修订版《2000 年国际贸易术语解释通则》和 2010 年最新修订的《2010 年国际贸易术语解释通则》。其宗旨是为国际贸易中最普遍使用的贸易术语提供一套解释的国际规则,以避免因各国不同解释而出现的不确定性,或至少在相当程度上减少这种不确定性。如今,作为一种重要的国际贸易惯例,它已成为国际贸易双方当事人签约、履行及解决业务纠纷的主要依据。

需要注意的是,《国际贸易术语解释通则》只限于销售合同当事人的权利义务中与已售货物交货有关的事项,如卖方交货、货物的进出口清关、货物的包装、买方受领货物的义务以及提供履行各项义务的凭证等。它并不涉及货物所有权和其他产权的转移、违约、违约行为的后果以及某些事项,可通过买卖合同中的其他条款和适用法律来解决。此外由于《国际贸易术语解释通则》版本较多,最好在买卖合同中予以明确表示,同时注明所采用的版本,以避免可能产生的争议,如注明"本合同受《××年国际贸易术语解释通则》约束"。

4.3 装运港交货的贸易术语

1.贸易术语(FAS——船边交货)

FAS(Free Alongside Ship)是指卖方在指定的装运港将货物交到船边,即完成交货。

买方必须承担自那时起货物灭失或损坏的一切风险。FAS 术语要求卖方办理出口清关手续。但是,如当事方希望买方办理出口手续,需要在销售合同中明确写明。该术语仅适用于海运或内河运输。

A 卖方义务

B 买方义务

A1 提供符合合同规定的货物

卖方必须提供符合销售合同规定的货物和商业发票或有同等作用的电子信息,以及合同可能要求的、证明货物符合合同规定的其他任何凭证。

B1 支付价款

买方必须按照销售合同规定支付价款。

A2 许可证、其他许可和手续

卖方必须自担风险和费用,取得任何出口许可证或其他官方许可,并在需要办理海关手续时,办理货物出口所需的一切海关手续。

B2 许可证、其他许可和手续

买方必须自担风险和费用,取得任何进口许可证或其他官方许可,并在需要办理海关手续时,办理货物进口和从他国过境所需的一切海关手续。

A3 运输合同和保险合同

B3 运输合同和保险合同

A4 交货

卖方必须在买方指定的装运港,在买方指定的装货地点,在约定日期或期限内,按照该港习惯方式将货物交至买方指定的船边。

B4 受领货物

买方必须在卖方按照 A4 规定交货时间受领货物。

A5 风险转移

除 B5 规定外,卖方必须承担货物灭失或损坏的一切风险,直至已按照 A4 规定交货为止。

B5 风险转移

买方必须按照下述规定承担货物灭失或损坏的一切风险。

A6 费用划分

除 B6 规定外的其他费用。

B6 费用划分

买方必须支付在需要办理海关手续时,货物进口应交纳的一切关税、税款和其他费用,及办理海关手续的费用,以及从他国过境的费用。

A7 通知买方

卖方必须给予买方说明货物已交至指定的船边的充分通知。

B7 通知卖方

买方必须给予卖方有关船名、装船点和要求交货时间的充分通知。

A8 交货凭证、运输单据或有同等作用的电子信息

卖方必须自付费用向买方提供证明按照 A4 规定交货的通常单据。

除非前项所述单据是运输单据,否则,应买方要求并由其承担风险和费用,卖方必须给予买方一切协助,以取得运输单据(如可转让提单、不可转让海运单、内河运输单据)。

如买卖双方约定使用电子方式通信,则前项所述单据可以使用有同等作用的电子数据交换信息代替。

B8 交货凭证、运输单据或有同等作用的电子信息

买方必须接受按照 A8 规定提供的交货凭证。

A9 查对、包装、标记

卖方必须支付为按照 A4 交货所需进行的查对费用(如核对货物品质、丈量、过磅、点数的费用)。

卖方必须自付费用,提供按照卖方订立销售合同前已知的有关该货物运输(如运输方式、目的港)所要求的包装(除非按照相关行业惯例,合同所述货物无须包装发运)。包装应作适当标记。

B9 货物检验

买方必须支付任何装运前检验的费用,但出口国有关当局强制进行的检验除外。

A10 其他义务

应买方要求并由其承担风险和费用,卖方必须给予买方一切协助,以帮助其取得由装运地国和/或原产地国所签发或传送的、为买方进口货物可能要求的或从他国过境所需的任何单据或有同等作用的电子信息(A8 所列的除外)。

应买方要求,卖方必须向买方提供投保所需的信息。

B10 其他义务

买方必须支付因获取 A10 所述单据或有同等作用的电子信息所发生的一切费用,并偿付卖方因给予协助而发生的费用。

2.贸易术语(FOB——船上交货)

FOB(Free on Board)是指当货物在指定的装运港越过船舷,卖方即完成交货。这意味着买方必须从该点起承担货物灭失或损坏的一切风险。FOB 术语要求卖方办理货物出口清关手续。该术语仅适用于海运或内河运输。

A 卖方义务

B 买方义务

A1 提供符合合同规定的货物

卖方必须提供符合销售合同规定的货物和商业发票或有同等作用的电子信息,以及合同可能要求的、证明货物符合合同规定的其他任何凭证。

B1 支付价款

买方必须按照销售合同的规定支付价款。

A2 许可证、其他许可和手续

卖方必须自担风险和费用,取得任何出口许可证或其他官方许可,并在需要办理海关

手续时,办理货物出口货物所需的一切海关手续。

B2 许可证、其他许可和手续

买方必须自担风险和费用,取得任何进口许可证或其他官方许可,并在需要办理海关手续时,办理货物进口和在必要时从他国过境所需的一切海关手续。

A3 运输合同和保险合同

(a)运输合同:无义务。

(b)保险合同:无义务。

B3 运输合同和保险合同

(a)运输合同:买方必须自付费用订立从指定的装运港运输货物的合同。

(b)保险合同:无义务。

A4 交货

卖方必须在约定的日期或期限内,在指定的装运港,按照该港的习惯方式,将货物交至买方指定的船只上。

B4 受领货物

买方必须在卖方按照 A4 规定交货时受领货物。

A5 风险转移

除 B5 规定外,卖方必须承担货物灭失或损坏的一切风险,直至货物在指定的装运港越过船舷为止。

B5 风险转移

买方必须按照下述规定承担货物灭失或损坏的一切风险:

货物在指定的装运港越过船舷时起;及于买方未按照 B7 规定通知卖方,或其指定的船只未按时到达,或未接收货物,或较按照 B7 通知的时间提早停止装货,则自约定的交货日期或交货期限届满之日起,但以该项货物已正式划归合同项下,即清楚地划出或以其他方式确定为合同项下之货物为限。

A6 费用划分

除 B6 规定外,卖方必须支付货物有关的一切费用,直至货物在指定的装运港越过船舷时为止;及需要办理海关手续时,货物出口需要办理的海关手续费用及出口时应交纳的一切关税、税款和其他费用。

B6 费用划分

买方必须支付货物在指定的装运港越过船舷之时起与货物有关的一切费用;及于买方指定的船只未按时到达,或未接收上述货物,或较按照 B7 通知的时间提早停止装货,或买方未能按照 B7 规定给予卖方相应的通知而发生的一切额外费用,但以该项货物已正式划归合同项下,即清楚地划出或以其他方式确定为合同项下之货物为限;及需要办理海关手续时,货物进口应交纳的一切关税、税款和其他费用,及办理海关手续的费用,以及货物从他国过境的费用。

A7 通知买方

卖方必须给予买方说明货物已按照 A4 规定交货的充分通知。

B7 通知卖方

买方必须给予卖方有关船名、装船点和要求交货时间的充分通知。

A8 交货凭证、运输单据或有同等作用的电子信息

卖方必须自付费用向买方提供证明货物已按照 A4 规定交货的通常单据。

除非前项所述单据是运输单据,否则应买方要求并由其承担风险和费用,卖方必须给予买方一切协助,以取得有关运输合同的运输单据(如可转让提单、不可转让海运单、内河运输单据或多式联运单据)。如买卖双方约定使用电子方式通信,则前项所述单据可以由具有同等作用的电子数据交换信息代替。

B8 交货凭证、运输单据或有同等作用的电子信息

买方必须接受按照 A8 规定提供的交货凭证。

A9 查对、包装、标记

卖方必须支付为按照 A4 规定交货所需进行的查对费用(如核对货物品质、丈量、过磅、点数的费用)。

卖方必须自付费用,提供按照卖方订立销售合同前已知的该货物运输(如运输方式、目的港)所要求的包装(除非按照相关行业惯例,合同所述货物无须包装发运)。包装应做适当标记。

B9 货物检验

买方必须支付任何装运前检验的费用,但出口国有关当局强制进行的检验除外。

A10 其他义务

应买方要求并由其承当风险和费用,卖方必须给予买方一切协助,以帮助其取得由装运地国和/或原产地国所签发或传送的、为买方进口货物可能要求的和必要时从他国过境所需的任何单据或有同等作用的电子信息(A8 所列的除外)。

应买方要求,卖方必须向买方提供投保所需的信息。

B10 其他义务

买方必须支付因获取 A10 所述单据或有同等作用的电子信息所发生的一切费用,并偿付卖方因给予协助而发生的费用。

3.贸易术语(CFR——成本加运费)

CFR(Cost and Freight)即是指卖方必须在合同规定的装运期内,在装运港将货物交至运往指定目的港的船上,负担货物越过船舷为止的一切费用和货物灭失或损坏的风险,并负责租船或订舱,支付抵达目的港的正常运费。CFR 术语要求卖方办理货物出口清关手续。该术语仅适用于海运或内河运输。

A 卖方义务

B 买方义务

A1 提供符合合同规定的货物

卖方必须提供符合销售合同规定的货物和商业发票或有同等作用的电子信息,以及合同可能要求的、证明货物符合合同规定的其他任何凭证。

B1 支付价款

买方必须按照销售合同规定支付价款。

A2　许可证、其他许可和手续

卖方必须自担风险和费用,取得任何出口许可证或其他官方许可,并在需要办理海关手续时,办理货物出口所需的一切海关手续。

B2　许可证、其他许可和手续

买方必须自担风险和费用,取得任何进口许可证或其他官方许可,并在需要办理海关手续时,办理货物进口及从他国过境的一切海关手续。

A3　运输合同和保险合同

(a)运输合同

卖方必须自付费用,按照通常条件订立运输合同,经由惯常航线,将货物用通常可供运输合同所指货物类型的海轮(或依情况适合内河运输的船只)运输至指定的目的港。

(b)保险合同:无义务。

B3　运输合同和保险合同

(a)运输合同:无义务。

(b)保险合同:无义务。

A4　交货

卖方必须在装运港,在约定的日期或期限内,将货物交至船上。

B4　受领货物

买方必须在卖方按照 A4 规定交货时受领货物,并在指定的目的港从承运人处收受货物。

A5　风险转移

除 B5 规定外,卖方必须承担货物灭失或损坏的一切风险,直至货物在装运港越过船舷为止。

B5　风险转移

买方必须承担货物在装运港越过船舷之后灭失或损坏的一切风险。

如买方未按照 B7 规定给予卖方通知,买方必须从约定的装运日期或装运期限届满之日起,承担货物灭失或损坏的一切风险,但以该项货物已正式划归合同项下,即清楚地划出或以其他方式确定为合同项下之货物为限。

A6　费用划分

除 B6 规定外,卖方必须支付与货物有关的一切费用,直至已经按照 A4 规定交货为止;及按照 A3(a)规定所发生的运费和其他一切费用,包括货物的装船费和根据运输合同由卖方支付的、在约定卸货港的任何卸货费;及在需要办理海关手续时,货物出口需要办理的海关手续费用及出口时应缴纳的一切关税、税款和其他费用,以及如果根据运输合同规定,由卖方支付的货物从他国过境的费用。

B6　费用划分

除 A3 之(a)规定外,买方必须支付自按照 A4 规定交货时起的一切费用;及货物在运输途中直至到达目的港为止的一切费用,除非这些费用根据运输合同应由卖方支付;及包括驳运费和码头费在内的卸货费,除非这些费用根据运输合同应由卖方支付;及如买方未按照 B7 规定给予卖方通知,则自约定的装运日期或装运期限届满之日起,货物所发生的一切额外费用,但以该项货物已正式划归合同项下,即清楚地划出或以其他方式确定为合同项下之货物为限;及在需要办理海关手续时,货物进口应交纳的一切关税、税款和其他费用,及办理海关手续的费用,以及需要时从他国过境的费用,除非这些费用已包括在运输合同中。

A7 通知买方

卖方必须给予买方说明货物已按照 A4 规定交货的充分通知,以及要求的任何其他通知,以便买方能够为受领货物采取通常必要的措施。

B7 通知卖方

一旦买方有权决定装运货物的时间和/或目的港,买方必须就此给予卖方充分通知。

A8 交货凭证、运输单据或有同等作用的电子信息卖方必须自付费用,毫不迟延地向买方提供表明载往约定目的港的通常运输单据。

此单据(如可转让提单、不可转让海运单或内河运输单据)必须载明合同货物,其日期应在约定的装运期内,使买方得以在目的港向承运人提取货物,并除非另有约定,应使买方得以通过转让单据(可转让提单)或通过通知承运人,向其后手买方出售在途货物。

如此运输单据有数份正本,则应向买方提供全套正本。

如买卖双方约定使用电子方式通信,则前项所述单据可以由具有同等作用的电子数据交换信息代替。

B8 交货凭证、运输单据或有同等作用的电子信息

买方必须接受按照 A8 规定提供的运输单据,如果该单据符合合同规定的话。

A9 查对、包装、标记

卖方必须支付为按照 A4 规定交货所需进行的查对费用(如核对货物品质、丈量、过磅、点数的费用)。

卖方必须自付费用提供符合其安排的运输所要求的包装(除非按照相关行业惯例该合同所描述货物无须包装发运)。包装应做适当标记。

B9 货物检验

买方必须支付任何装运前检验的费用,但出口国有关当局强制进行的检验除外。

A10 其他义务

应买方要求并由其承当风险和费用,卖方必须给予买方一切协助,以帮助买方取得由装运地国和/或原产地国所签发或传送的、为买方进口货物可能要求的和必要时从他国过境所需的任何单据或有同等作用的电子信息(A8 所列的除外)。

应买方要求,卖方必须向买方提供投保所需的信息。

B10 其他义务

买方必须支付因获取 A10 所述单据或有同等作用的电子信息所发生的一切费用,并偿付卖方因给予协助而发生的费用。

4. 贸易术语(CIF——成本、保险费加运费)

CIF(Cost,Insurance and Freight)是指在装运港当货物越过船舷时卖方即完成交货。卖方必须支付将货物运至指定的目的港所需的运费和费用,但交货后货物灭失或损坏的风险及由于各种事件造成的任何额外费用即由卖方转移到买方。但是,在 CIF 条件下,卖方还必须办理买方货物在运输途中灭失或损坏风险的海运保险。

因此,由卖方订立保险合同并支付保险费。买方应注意到,CIF 术语只要求卖方投保最低限度的保险险别。如买方需要更高的保险险别,则需要与卖方明确地达成协议,或者自行作出额外的保险安排。CIF 术语要求卖方办理货物出口清关手续。该术语仅适用于海运和内河运输。

A 卖方义务

B 买方义务

A1 提供符合合同规定的货物

卖方必须提供符合销售合同规定的货物和商业发票或有同等作用的电子信息,以及合同可能要求的、证明货物符合合同规定的其他任何凭证。

B1 支付价款

买方必须按照销售合同规定支付价款。

A2 许可证、其他许可和手续

卖方必须自担风险和费用,取得任何出口许可证或其他官方许可,并在需要办理海关手续时,办理货物出口货物所需的一切海关手续。

B2 许可证、其他许可和手续

买方必须自担风险和费用,取得任何进口许可证或其他官方许可,并在需要办理海关手续时,办理货物进口及从他国过境的一切海关手续。

A3 运输合同和保险合同

(a)运输合同

卖方必须自付费用,按照通常条件订立运输合同,经由惯常航线,将货物用通常可供运输合同所指货物类型的海轮(或依情况适合内河运输的船只)装运至指定的目的港。

(b)保险合同

卖方必须按照合同规定,自付费用取得货物保险,并向买方提供保险单或其他保险证据,以使买方或任何其他对货物具有保险利益的人有权直接向保险人索赔。保险合同应与信誉良好的保险人或保险公司订立,在无相反明确协议时,应按照《协会货物保险条款》(伦敦保险人协会)或其他类似条款中的最低保险险别投保。保险期限应按照 B5 和 B4规定。应买方要求,并由买方负担费用,卖方应加投战争、罢工、暴乱和民变险,如果能投保的话。最低保险金额应包括合同规定价款另加 10%(即 110%),并应采用合同货币。

B3 运输合同和保险合同

(a)运输合同:无义务。

(b)保险合同:无义务。

A4 交货

卖方必须在装运港,在约定的日期或期限内,将货物交至船上。

B4 受领货物

买方必须在卖方已按照 A4 规定交货时受领货物,并在指定的目的港从承运人处收受货物。

A5 风险转移

除 B5 规定外,卖方必须承担货物灭失或损坏的一切风险,直至货物在装运港越过船舷为止。

B5 风险转移

买方必须承担货物在装运港越过船舷之后灭失或损坏的一切风险。如买方未按照 B7 规定给予卖方通知,买方必须从约定的装运日期或装运期限届满之日起,承担货物灭失或损坏的一切风险,但以该项货物已正式划归合同项下,即清楚地划出或以其他方式确定为合同项下之货物为限。

A6 费用划分

除 B6 规定外,卖方必须支付与货物有关的一切费用,直至已经按照 A4 规定交货为止;及按照 A3(a)规定所发生的运费和其他一切费用,包括货物的装船费;及按照 A3(b)规定所发生的保险费用;及根据运输合同由卖方支付的、在约定卸货港的任何卸货费用;及在需要办理海关手续时,货物出口需要办理的海关手续费用及出口时应缴纳的一切关税、税款和其他费用,以及根据运输合同规定由卖方支付的货物从他国过境的费用。

B6 费用划分

除 A3(a)规定外,买方必须支付自按照 A4 规定交货时起的一切费用;及货物在运输途中直至到达目的港为止的一切费用,除非这些费用根据运输合同应由卖方支付;及包括驳运费和码头费在内的卸货费,除非这些费用根据运输合同应由卖方支付;及如买方未按照 B7 规定给予卖方通知,则自约定的装运日期或装运期限届满之日起,货物所发生的一切额外费用,但以该项货物已正式划归合同项下,即清楚地划出或以其他方式确定为合同项下之货物为限;及在需要办理海关手续时,货物进口应交纳的一切关税、税款和其他费用,及办理海关手续的费用,以及需要时从他国过境的费用,除非这些费用已包括在运输合同中。

A7 通知买方

卖方必须给予买方说明货物已按照 A4 规定交货的充分通知,以及要求的任何其他通知,以便买方能够为受领货物采取通常必要的措施。

B7 通知卖方

一旦买方有权决定装运货物的时间和/或目的港,买方必须就此给予卖方充分通知。

A8 交货凭证、运输单据或有同等作用的电子信息

卖方必须自付费用,毫不迟延地向买方提供表明载往约定目的港的通常运输单据。此单据(如可转让提单、不可转让海运单或内河运输单据)必须载明合同货物,其日期应在约定的装运期内,使买方得以在目的港向承运人提取货物,并且,除非另有约定,应使买方得以通过转让单据(可转让提单)或通过通知承运人,向其后手买方出售在途货物。

如此运输单据有数份正本,则应向买方提供全套正本。

如买卖双方约定使用电子方式通信,则前项所述单据可以由具有同等作用的电子数据交换信息代替。

B8 交货凭证、运输单据或有同等作用的电子信息

买方必须接受按照 A8 规定提供的运输单据,如果该单据符合合同规定的话。

A9 查对、包装、标记

卖方必须支付为按照 A4 规定交货所需进行的查对费用(如核对货物品质、丈量、过磅、点数的费用)。

卖方必须自付费用,提供符合其安排的运输所要求的包装(除非按照相关行业惯例该合同所描述货物无须包装发运)。包装应做适当标记。

B9 货物检验

买方必须支付任何装运前检验的费用,但出口国有关当局强制进行的检验除外。

A10 其他义务

应买方要求并由其承当风险和费用,卖方必须给予买方一切协助,以帮助买方取得由装运地国和/或原产地国所签发或传送的、为买方进口货物可能要求的和必要时从他国过境所需的任何单据或有同等作用的电子信息(A8 所列的除外)。

应买方要求,卖方必须向买方提供额外投保所需的信息。

B10 其他义务

买方必须支付因获取 A10 所述单据或有同等作用的电子信息所发生的一切费用,并偿付卖方因给予协助而发生的费用。

应卖方要求,买方必须向其提供投保所需的信息。

4.4 货交承运人的贸易术语

1. 贸易术语(FCA——货交承运人)

FCA(Free Carrier)是指卖方只要将货物在指定的地点交给买方指定的承运人,并办理了出口清关手续,即完成交货。FCA 可用于各种运输方式,包括多式联运。

需要说明的是,交货地点的选择对于在该地点装货和卸货的义务会产生影响。若卖方在其所在地交货,则卖方应负责装货;若卖方在任何其他地点交货,则卖方不负责卸货。

若买方指定承运人以外的人领取货物,则当卖方将货物交给此人时,即视为已履行了交货义务。

A 卖方义务

B 买方义务

A1 提供符合合同规定的货物

卖方必须提供符合销售合同规定的货物和商业发票或有同等作用的电子信息,以及合同可能要求的、证明货物符合合同规定的其他任何凭证。

B1 支付价款

买方必须按照销售合同规定支付价款。

A2 许可证、其他许可和手续

卖方必须自当风险和费用,取得任何出口许可证或其他官方许可,并在需要办理海关手续时,办理货物出口所需要的一切海关手续。

B2 许可证、其他许可和手续

买方必须自担风险和费用,取得任何进口许可证或其他官方许可,并在需要办理海关手续时,办理货物进口和从他国过境的一切海关手续。

A3 运输合同和保险合同

(a)运输合同:无义务。

但若买方要求,或者如果是商业惯例而买方未适时给予卖方相反指示,则卖方可按照通常条件订立运输合同,费用和风险由买方承当。在任何一种情况下,卖方都可以拒绝订立此合同;如果拒绝,则应立即通知买方。

(b)保险合同:无义务。

B3 运输合同和保险合同

(a)运输合同

买方必须自付费用订立自指定的地点运输货物的合同,卖方按照 A3(a)订立了运输合同时除外。

(b)保险合同:无义务。

A4 交货

卖方必须在指定的交货地点,在约定的交货日期或期限内,将货物交付给买方指定的承运人或其他人,或由卖方按照 A3(a)选定的承运人或其他人。

交货在以下时候完成:

(a)若指定的地点是卖方所在地,则当货物被装上买方指定的承运人或代表买方的其他人提供的运输工具时;

(b)若指定的地点不是(a)而是其他任何地点,则当货物在卖方的运输工具上,尚未卸货而交给买方指定的承运人或其他人或由卖方按照 A3(a)选定的承运人或其他人的处置时。

若在指定的地点没有决定具体交货点,且有几个具体交货点可供选择时,卖方可以在指定的地点选择最适合其目的的交货点。若买方没有明确指示,则卖方可以根据运输方式和/或货物的数量和/或性质将货物交付运输。

B4 受领货物

买方必须在卖方按照 A4 规定交货时,受领货物。

A5 风险转移

除 B5 规定外,卖方必须承当货物灭失或损坏的一切风险,直至已经按照 A4 规定交货为止。

B5 风险转移

买方必须按照下述规定承当货物灭失或损坏的一切风险：

自按照 A4 规定交货之时起；由于买方未能按照 A4 规定指定承运人或其他人，或其指定的承运人或其他人未在约定时间接管货物，或买方未按照 B7 规定给予卖方相应通知，则自约定的交货日期或交货期限届满之日起，但以该项货物已正式划归合同项下，即清楚地划出或以其他方式确定为合同项下之货物为限。

A6 费用划分

除 B6 规定外，卖方必须支付与货物有关的一切费用，直至已按照 A4 规定交货为止；及在需要办理海关手续时，货物出口应办理的海关手续费用及出口应交纳的一切关税、税款和其他费用。

B6 费用划分

买方必须支付自按照 A4 规定交货之时起与货物有关的一切费用；及由于买方未能按照 A4 规定指定承运人或其他人，或由于买方指定的人未在约定的时间内接管货物，或由于买方未按照 B7 规定给予卖方相应通知而发生的任何额外费用，但以该项货物已正式划归合同项下，即清楚地划出或以其他方式确定为合同项下之货物为限。

在需要办理海关手续时，货物进口应交纳的一切关税、税款和其他费用，以及办理海关手续的费用及从他国过境的费用。

A7 通知买方

卖方必须给予买方说明货物已按照 A4 规定交付给承运人的充分通知。若在约定时间承运人未按照规定接收货物，则卖方必须相应地通知买方。

B7 通知卖方

买方必须按照 A4 规定指定的人的名称给予卖方充分通知，并根据需要指明运输方式和向该指定的人交货的日期或期限，以及依情况在指定的地点内的具体交货点。

A8 交货凭证、运输单据或有同等作用的电子信息

卖方必须自担费用向买方提供证明按照 A4 规定交货的通常单据。

除非前项所述单据是运输单据，否则，应买方要求并由其承担风险和费用，卖方必须给予买方一切协助，以取得有关运输合同的运输单据（如可转让提单、不可转让海运单、内河运输单据、空运单、铁路托运单、公路托运单或多式联运单据）。

如买卖双方约定使用电子方式通信，则前项所述单据可以使用有同等作用的电子数据交换信息代替。

B8 交货凭证、运输单据或有同等作用的电子信息

买方必须接受按照 A8 规定提供的交货凭证。

A9 查对、包装、标记

卖方必须支付为了按照 A4 交货所需进行的查对费用（如核对货物品质、丈量、过磅、点数的费用）。

卖方必须自付费用提供按照卖方在订立销售合同前已知的有关该货物运输（如运输方式、目的地）所要求的包装（除非按照相关行业惯例，合同所述货物通常无须包装发运）。包装应做适当标记。

B9 货物检验

买方必须支付任何装运前检验的费用,但出口国有关当局强制进行的检验除外。

A10 其他义务

应买方要求并由其承当风险和费用,卖方必须给予买方一切协助,以帮助买方取得由装运地国和/或原产地国所签发或传送的、为买方进口货物可能要求的和必要时从他国过境所需要的任何单据或有同等作用的电子信息(A8 所列的除外)。应买方要求,卖方必须向买方提供投保所需的信息。

B10 其他义务

买方必须支付因取得 A10 所述单据或电子信息而发生的一切费用,并偿付卖方按照该款给予协助以及按照 A3(a)订立运输合同所发生的费用。

当买方按照 A3(a)规定要求卖方协助订立运输合同时,买方必须给予卖方相应的指示。

2.贸易术语(CPT——货交承运人运费付至××指定目的地)

CPT(Carriage Paid to××Named Place of Destination)是指卖方向其指定的承运人交货,但卖方还必须支付将货物运至目的地的运费。CPT 术语亦即买方承担交货之后一切风险和其他费用。

如果还使用接运的承运人将货物运至约定目的地,则风险自货物交给第一承运人时转移。CPT 术语要求卖方办理出口清关手续。该术语可适用于各种运输方式,包括多式联运。

A 卖方义务

B 买方义务

A1 提供符合合同规定的货物

卖方必须提供符合销售合同规定的货物和商业发票或有同等作用的电子信息。以及合同可能要求的、证明货物符合合同规定的其他任何凭证。

B1 支付价款

买方必须按照销售合同规定支付价款。

A2 许可证、其他许可和手续

卖方必须自担风险和费用,取得任何出口许可证或其他官方许可,并在需要办理海关手续时,办理货物出口货物所需的一切海关手续。

B2 许可证、其他许可和手续

买方必须自担风险和费用,取得任何进口许可证或其他官方许可,并在需要办理海关手续时,办理货物进口及从他国过境的一切海关手续。

A3 运输合同和保险合同

(a)运输合同

卖方必须自付费用,按照通常条件订立运输合同,依通常路线及习惯方式,将货物运至指定的目的地的约定点。如未约定或按照惯例也无法确定具体交货点,则卖方可在指定的目的地选择最适合其目的的交货点。

(b)保险合同：无义务。

B3　运输合同和保险合同

(a)运输合同：无义务。

(b)保险合同：无义务。

A4　交货

卖方必须向按照 A3 规定订立合同的承运人交货，或如还有接运的承运人时，则向第一承运人交货，以使货物在约定的日期或期限内运至指定的目的地的约定点。

B4　受领货物

买方必须在卖方已按照 A4 规定交货时受领货物，并在指定的目的地从承运人处收受货物。

A5　风险转移

除 B5 规定外，卖方必须承担货物灭失或损坏的一切风险，直至已按照 A4 规定交货为止。

B5　风险转移

买方必须承当按照 A4 规定交货时起货物灭失或损坏的一切风险。

如买方未能按照 B7 规定给予卖方通知，则买方必须从约定的交货日期或交货期限届满之日起，承担货物灭失或损坏的一切风险，但以该项货物已正式划归合同项下，即清楚地划出或以其他方式确定为合同项下之货物为限。

A6　费用划分

除 B6 规定外，卖方必须支付直至按照 A4 规定交货之时与货物有关的一切费用，以及按照 A3(a)规定所发生的运费和其他一切费用，包括根据运输合同规定由卖方支付的装货费和在目的地的卸货费；及在需要办理海关手续时，货物出口需要办理的海关手续费用及出口时应缴纳的一切关税、税款和其他费用，以及根据运输合同规定，由卖方支付的货物从他国过境的费用。

B6　费用划分

除 A3(a)规定外，买方必须支付自按照 A4 规定交货时起的一切费用；及货物在运输途中直至到达目的地为止的一切费用，除非这些费用根据运输合同应由卖方支付；及卸货费，除非根据运输合同应由卖方支付；及如买方未按照 B7 规定给予卖方通知，则自约定的装运日期或装运期限届满之日起，货物所发生的一切额外费用，但以该项货物已正式划归合同项下，即清楚地划出或以其他方式确定为合同项下之货物为限；及在需要办理海关手续时，货物进口应交纳的一切关税、税款和其他费用，及办理海关手续的费用，以及从他国过境的费用，除非这些费用已包括在运输合同中。

A7　通知买方

卖方必须给予买方说明货物已按照 A4 规定交货的充分通知，以及要求的任何其他通知，以便买方能够为受领货物采取通常必要的措施。

B7　通知卖方

一旦买方有权决定发送货物的时间和/或目的地，买方必须就此给予卖方充分通知。

A8 交货凭证、运输单据或有同等作用的电子信息

卖方必须自付费用(如果习惯如此的话)向买方提供按照 A3 订立的运输合同所涉的通常运输单据(如可转让提单、不可转让海运单、内河运输单据、空运货运单、铁路运单、公路运单或多式联运单据)。

如买卖双方约定使用电子方式通信,则前项所述单据可以由具有同等作用的电子数据交换信息代替。

B8 交货凭证、运输单据或有同等作用的电子信息

买方必须接受按照 A8 规定提供的运输单据,如果该单据符合合同规定的话。

A9 查对、包装、标记

卖方必须支付为按照 A4 规定交货所需进行的查对费用(如核对货物品质、丈量、过磅、点数的费用)。

卖方必须自付费用,提供符合其安排的运输所要求的包装(除非按照相关行业惯例该合同所描述货物无须包装发运)。包装应做适当标记。

B9 货物检验

买方必须支付任何装运前检验的费用,但出口国有关当局强制进行的检验除外。

A10 其他义务

应买方要求并由其承当风险和费用,卖方必须给予买方一切协助,以帮助买方取得由装运地国和/或原产地国所签发或传送的、为买方进口货物可能要求的和必要时从他国过境所需的任何单据或有同等作用的电子信息(A8 所列的除外)。

应买方要求,卖方必须向买方提供投保所需的信息。

B10 其他义务

买方必须支付因获取 A10 所述单据或有同等作用的电子信息所发生的一切费用,并偿付卖方因给予协助而发生的费用。

3. 贸易术语(CIP——货交承运人运保费付至××指定目的地)

CIP(Carriage Insurance Paid to ××Named Place of Destination)是指卖方向其指定的承运人交货,但卖方还必须支付将货物运至目的地的运费,CIP 术语亦即买方承担卖方交货之后的一切风险和额外费用。但是,按照 CIP 术语,卖方还必须办理买方货物在运输途中灭失或损坏风险的保险。因此,由卖方订立保险合同并支付保险费。

买方应注意到,CIP 术语只要求卖方投保最低限度的保险险别。如买方需要更高的保险险别,则需要与卖方明确地达成协议,或者自行作出额外的保险安排。

如果还使用接运的承运人将货物运至约定目的地,则风险自货物交给第一承运人时转移。CIP 术语要求卖方办理出口清关手续。该术语可适用于各种运输方式,包括多式联运。

A 卖方义务

B 买方义务

A1 提供符合合同规定的货物

卖方必须提供符合销售合同规定的货物和商业发票或有同等作用的电子信息,以及

合同可能要求的、证明货物符合合同规定的其他任何凭证。

B1 支付价款

买方必须按照销售合同规定支付价款。

A2 许可证、其他许可和手续

卖方必须自担风险和费用，取得任何出口许可证或其他官方许可，并在需要办理海关手续时办理货物出口所需的一切海关手续。

B2 许可证、其他许可和手续

买方必须自担风险和费用，取得任何进口许可证或其他官方许可，并在需要办理海关手续时办理货物进口和从他国过境所需的一切海关手续。

A3 运输合同和保险合同

（a）运输合同

卖方必须自付费用，按照通常条件订立运输合同，依通常路线及习惯方式，将货物运至指定的目的地的约定点。若未约定或按照惯例也不能确定具体交货点，则卖方可在指定的目的地选择最适合其目的的交货点。

（b）保险合同

卖方必须按照合同规定，自付费用取得货物保险，并向买方提供保险单或其他保险证据，以使买方或任何其他对货物具有保险利益的人有权直接向保险人索赔。保险合同应与信誉良好的保险人或保险公司订立，在无相反明示协议时，应按照《协会货物保险条款》（伦敦保险人协会）或其他类似条款中的最佳限度保险险别投保。保险期限应按照 B5 和 B4 规定。应买方要求，并由买方负担费用，卖方应加投战争、罢工、暴乱和民变险，如果能投保的话。最低保险金额应包括合同规定价款另加 10%（即 110%），并应采用合同货币。

B3 运输合同和保险合同

（a）运输合同：无义务。

（b）保险合同：无义务。

A4 交货

卖方必须在约定日期或期限内向按照 A3 规定订立合同的承运人交货，或如有接运的承运人时，向第一承运人交货，以使货物运至指定的目的地的约定点。

B4 受领货物

买方必须在卖方按照 A4 规定交货时受领货物，并在指定的目的地从承运人处收受货物。

A5 风险转移

除 B5 规定外，卖方必须承担货物灭失或损坏的一切风险，直至已经按照 A4 规定交货为止。

B5 风险转移

买方必须承担按照 A4 规定交货后货物灭失或损坏的一切风险。买方如未按照 B7 规定通知卖方，则必须从约定的交货日期或交货期限届满之日起，承担货物灭失或损坏的一切风险，但以该项货物已正式划归合同项下，即清楚地划出或以其他方式确定为合同项下之货物为限。

A6 费用划分

除 B6 规定外,卖方必须支付与货物有关的一切费用,直至已经按照 A4 规定交货为止,以及按照 A3(a)规定所发生的运费和其他一切费用,包括装船费和根据运输合同应由卖方支付的在目的地的卸货费;及按照 A3(b)发生的保险费用;及在需要办理海关手续时,货物出口需要办理的海关手续费用,以及货物出口时应交纳的一切关税、税款和其他费用,以及根据运输合同由卖方支付的货物从他国过境的费用。

B6 费用划分

除 A3 规定外,买方必须支付自按照 A4 规定交货之时起与货物有关的一切费用;及货物在运输途中直至到达约定目的地为止的一切费用,除非这些费用根据运输合同应由卖方支付;及卸货费,除非这些费用根据运输合同应由卖方支付;及如买方未按照 B7 规定给予卖方通知,则自约定的装运日期或装运期限届满之日起,货物所发生的一切额外费用,但以该项货物已正式划归合同项下,即清楚地划出或以其他方式确定为合同项下之货物为限;及在需要办理海关手续时,货物进口应交纳的一切关税、税款和其他费用,及办理海关手续的费用,以及从他国过境的费用,除非这些费用已包括在运输合同中。

A7 通知买方

卖方必须给予买方说明货物已按照 A4 规定交货的充分通知,以及要求的任何其他通知,以便买方能够为受领货物而采取通常必要的措施。

B7 通知卖方

一旦买方有权决定发运货物的时间和/或目的地,买方必须就此给予卖方充分通知。

A8 交货凭证、运输单据或有同等作用的电子信息

卖方必须自付费用(如果习惯如此的话)向买方提供按照 A3 订立的运输合同所涉及的通常运输单据(如可转让提单、不可转让海运单、内河运输单据、空运货单、铁路运单、公路运单或多式联运单据)。

如买卖双方约定使用电子方式通信,则前项所述单据可以由具有同等作用的电子数据交换信息代替。

B8 交货凭证、运输单据或有同等作用的电子信息

买方必须接受按照 A8 规定提供的运输单据,如果该单据符合合同规定的话。

A9 查对、包装、标记

卖方必须支付为按照 A4 规定交货所需进行的查对费用(如核对货物品质、丈量、过磅、点数的费用)。

卖方必须自付费用,提供符合其安排的运输所要求的包装(除非按照相关行业惯例该合同所描述的货物无须包装发运)。包装应做适当标记。

B9 货物检验

买方必须支付任何装运前检验费用,但出口国有关当局强制进行的检验除外。

A10 其他义务

应买方要求并由其承担风险和费用,卖方必须给予买方一切协助,以帮助买方取得由

装运地国和/或原产地国所签发或传送的、为买方进口货物可能要求的和从他国过境所需的任何单据或有同等作用的电子信息(A8 所列的除外)。

B10 其他义务

买方必须支付因获取 A10 所述单据或有同等作用的电子信息所发生的一切费用,并偿付卖方因给予协助而发生的费用。

4.5 其他贸易术语

1. 贸易术语(EXW——工厂交货)

EXW(EX-Works)是指卖方在其所在地将备妥的货物交付买方,履行其交货义务。

风险转移以在指定的交货地点将货物置于买方支配之下时为分界点;费用划分与风险转移的分界点相一致。

A 卖方义务

B 买方义务

A1 提供符合合同规定的货物

卖方必须提供符合销售合同规定的货物和商业发票或有同等作用的电子信息,以及合同可能要求的、证明货物符合合同规定的其他任何凭证。

B1 支付价款

买方必须按照销售合同规定支付价款。

A2 许可证、其他许可和手续

应买方要求并由其承当风险和费用,在需要办理海关手续时,卖方必须给予买方一切协助,以帮助买方取得为货物出口所需的出口许可证或其他官方许可。

B2 许可证、其他许可和手续

买方必须自担风险和费用,取得任何出口和进口许可证或其他官方许可,在需要办理海关手续时,并办理货物出口的一切海关手续。

A3 运输合同和保险合同

(a)运输合同:无义务。

(b)保险合同:无义务。

B3 运输合同和保险合同

(a)运输合同:无义务。

(b)保险合同:无义务。

A4 交货

卖方必须按照合同约定的日期或期限,或如果未约定日期或期限,按照交付此类货物的惯常时间,在指定的地点将未置于任何运输车辆上的货物交给买方处置。若在指定的地点内未约定具体交货点,或有若干个交货点可使用,则卖方可在交货地点中选择最适合其目的的交货点。

B4 受领货物

买方必须在卖方按照 A4 和 A7/B7 规定交货时受领货物。

A5 风险转移

除 B5 规定外,卖方必须承当货物灭失或损坏的一切风险,直至已经按照 A4 规定交货为止。

B5 风险转移

买方必须按照下述规定承担货物灭失或损坏的一切风险:自按照 A4 规定交货之时起;及由于买方未能按照 B7 规定通知卖方,则自约定的交货日期或交货期限届满之日起,但以该项货物已正式划归合同项下,即清楚地划出或以其他方式确定为合同项下之货物为限。

A6 费用划分

除 B6 规定外,卖方必须负担与货物有关的一切费用,直到已经按照 A4 规定交货为止。

B6 费用划分

买方必须支付自按照 A4 规定交货之时起与货物有关的一切费用;及在货物交给买方处置而买方未受领货物或未按照 B7 规定给予卖方相应通知而发生的任何额外费用,但以该项货物已正式划归合同项下,即清楚地划出或以其他方式确定为合同项下之货物为限;及在需要办理海关手续时,货物出口应交纳的一切关税、税款和其他费用,以及办理海关手续的费用。

买方必须偿付卖方按照 A2 规定给予协助时所发生的一切费用。

A7 通知买方

卖方必须给予买方有关货物将于何时何地交给买方处置的充分通知。

B7 通知卖方

一旦买方有权确定在约定的期限内受领货物的具体时间和/或地点时,买方必须就此给予卖方充分通知。

A8 交货凭证、运输单据或有同等作用的电子信息

无义务。

B8 交货凭证、运输单据或有同等作用的电子信息

买方必须向卖方提供已受领货物的适当凭证。

A9 查对、包装、标记

卖方必须支付为了将货物交给买方处置所需进行的查对费用(如查对货物品质、丈量、过磅、点数的费用)。

卖方必须自付费用提供按照卖方在订立合同前已知的有关该货物运输(如运输方式、目的地)所要求的包装(除非按照相关行业惯例,合同所指货物通常无须包装)。包装应做适当标记。

B9 货物检验

买方必须支付任何装运前检验的费用,包括出口国有关当局强制进行的检验。

A10 其他义务

应买方要求并由其承当风险和费用,卖方必须给予买方一切协助,以帮助其取得由交货地国和/或原产地国所签发或传送的为买方出口和/或进口货物可能要求的和必要时从他国过境所需要的任何单据或有同等作用的电子信息。

应买方要求,卖方必须向买方提供投保所需的信息。

B10 其他义务

买方必须支付因取得 A10 所述单据或有同等作用的电子信息而发生的一切费用,并偿付卖方给予协助时所发生的费用。

2. 贸易术语(DAF——边境交货)

DAF(Delivered at Frontier)是指当卖方在边境的指定的地点和具体交货点,在毗邻国家海关边界前,将仍处于交货的运输工具上尚未卸下的货物交给买方处置,办妥货物出口清关手续但尚未办理进口清关手续时,即完成交货。"边境"一词可用于任何边境,包括出口国边境。因而,用指定地点和具体交货点准确界定所指边境,这是极为重要的。

但是,如当事各方面希望卖方负责从交货运输工具上卸货并承担卸货的风险和费用,则应在销售合同中明确写明。

DAF 术语可用于陆地边界交货的各种运输方式,当在目的港船上或码头交货时,应用 DES 或 DEQ 术语。

A 卖方义务

B 买方义务

A1 提供符合合同规定的货物

卖方必须提供符合销售合同规定的货物和商业发票或有同等作用的电子信息,以及合同可能要求的、证明货物符合合同规定的其他任何凭证。

B1 支付价款

买方必须按照销售合同规定支付价款。

A2 许可证、其他许可和手续

卖方必须自担风险和费用,取得任何出口许可证或其他官方许可或其他必要文件,以便将货物交经买方处置,并在需要办理海关手续时办理货物出口并运至指定的边境交货地点以及从他国过境所需的一切海关手续。

B2 许可证、其他许可和手续

买方必须自担风险和费用,取得任何进口许可证或其他官方许可或其他必要文件,并在需要办理海关手续时办理货物进口所需的一切海关手续,及后继运输所需的一切海关手续。

A3 运输合同和保险合同

(a)运输合同

(i)卖方必须自付费用订立运输合同,将货物运至边境指定的交货地点和具体交货点。如未约定或按照惯例也无法确定边境指定的交货地点的具体交货点,则卖方可在指定的交货地点选择最适合其目的的交货点。

(ii)然而,若买方要求,卖方要以同意按照通常条件订立合同,由买方承担风险和费用,将货物从边境指定的地点继续运至由买方指定的进口国的最终目的地。卖方可以拒绝订立此合同,如果这样,应迅速通知买方。

(b)保险合同:无义务。

B3 运输合同和保险合同

(a)运输合同:无义务。

(b)保险合同:无义务。

A4 交货

卖方必须在约定日期或期限内,在边境的指定的交货地点,将仍处于交货运输工具上尚未卸下的货物交给买方处置。

B4 受领货物

买方必须在卖方按照 A4 规定交货时受领货物。

A5 风险转移

除 B5 规定外,卖方必须承担货物灭失或损坏的一切风险,直至已经按照 A4 规定交货为止。

B5 风险转移

买方必须承担按照 A4 规定交货之时起货物灭失或损坏的一切风险。

如买方未按照 B7 规定通知卖方,则必须从约定的交货日期或交货期限届满之日起,承担货物灭失或损坏的一切风险,但以该项货物已正式划归合同项下,即清楚地划出或以其他方式确定为合同项下之货物为限。

A6 费用划分

除 B6 规定外,卖方必须支付按照 A3(a)规定发生的费用,及除此之外与货物有关的一切费用,直至已经按照 A4 规定交货为止;及在需要办理海关手续时,货物出口需要办理的海关手续费用,及货物出口时应交纳的一切关税、税款和其他费用,以及按照 A4 规定交货之前从他国过境的费用。

B6 费用划分

买方必须支付自按照 A4 规定交货时起与货物有关的一切费用,包括在边境的指定的交货地点将货物从交货运输工具上卸下以受领货物的卸货费;及如按照 A4 规定交货而买方未受领货物或未按照 B7 规定给予卖方通知,因此发生的一切额外费用,但以该项货物已正式划归合同项下,即清楚地划出或以其他方式确定为合同项下之货物为限;及在需要办理海关手续时,办理海关手续的费用及货物进口时应交纳的一切关税、税款和其他费用,以及办理后继运输的费用。

A7 通知买方

卖方必须给予买方有关货物发往边境指定的交货地点的充分通知,以及要求的任何其他通知,以便买方能够为受领货物而采取通常必要的措施。

B7 通知卖方

一旦买方有权决定在约定期限内的时间和/或在指定的地点受领货物,买方必须就此给予卖方充分通知。

A8 交货凭证、运输单据或有同等作用的电子信息

(a)卖方必须自付费用向买方提供说明货物已按照 A3(a)(i)规定交付至边境指定的地点的通常单据或其他凭证。

(b)如当事各方同意按照 A3(a)(ii)规定越过边境后继续运输,卖方必须根据买方要求,并由买方负担风险和费用,向其提供通常在发运国取得的联运单据,注明按照惯常条件从该国的发运地将货物运输至买方指定的进口国最终目的地。

如买卖双方约定以电子方式通信,则前项所述单据可以由具有同等作用的电子数据交换信息代替。

B8 交货凭证、运输单据或有同等作用的电子信息

买方必须接受按照 A8 规定提供的运输单据和/或其他交货凭证。

A9 查对、包装、标记

卖方必须支付为按照 A4 规定交货所需进行的查对费用(如核对货物品质、丈量、过磅、点数的费用)。

卖方必须自付费用提供包装(除非约定或按照相关行业惯例,合同所指货物通常无须包装即可交货),此项包装应按照卖方订立销售合同前已知的有关运输(如运输方式、目的地)所要求,适合在边境交货及接运运输。包装应做适当标记。

B9 货物检验

买方必须支付任何装运前检验的费用,但出口国有关当局强制进行的检验除外。

A10 其他义务

应买方要求并由其承担风险和费用,卖方必须给予买方一切协助,以帮助买方取得由装运地国和/或原产地国所签发或传送的、为买方进口货物可能要求的和必要时从他国过境所需的任何单据或有同等作用的电子信息(A8 所列的除外)。

应买方要求,卖方必须向买方提供投保所需的信息。

B10 其他义务

买方必须支付因获取 A10 所述单据或有同等作用的电子信息所发生的一切费用,并偿付卖方因给予协助而发生的费用。

3.贸易术语(DES——目的港船上交货)

DES(Delivered ex Ship)是指在指定的目的港,卖方将货物在船上交给买方处置,但不办理货物进口清关手续,卖方即完成交货。DES 交货贸易术语卖方必须承担货物运至指定的目的港卸货前的一切风险和费用。如果当事各方希望卖方负担卸货的风险和费用,则应使用 DEQ 术语。

只有当货物经由海运或内河运输或多式联运在目的港船上交货时,才能使用 DES 贸易术语。

A 卖方义务

B 买方义务

A1 提供符合合同规定的货物

卖方必须提供符合销售合同规定的货物和商业发票或有同等作用的电子信息,以及合同可能要求的、证明货物符合合同规定的其他凭证。

B1 支付价款

买方必须按照销售合同规定支付价款。

A2 许可证、其他许可和手续

卖方必须自担风险和费用,取得任何出口许可证或其他官方许可或其他必要文件,并在需要办理海关手续时办理货物出口和从他国过境所需的一切海关手续。

B2 许可证、其他许可和手续

买方必须自担风险和费用,取得任何进口许可证或其他官方许可,并在需要办理海关手续时办理货物进口所需的一切海关手续。

A3 运输合同和保险合同

(a)运输合同

卖方必须自付费用订立运输合同,将货物运至指定目的港的指定的点。如未约定或按照惯例也无法确定具体交货点,则卖方可在指定的目的港选择最适合其目的的交货点。

(b)保险合同:无义务。

B3 运输合同和保险合同

(a)运输合同:无义务。

(b)保险合同:无义务。

A4 交货

卖方必须在约定的日期或期限内,在指定的目的港按照 A3(a)指定的卸货点,将货物于船上交给买方处置,以便货物能够由适合该项货物特点的卸货设备从船上卸下。

B4 受领货物

买方必须在卖方按照 A4 规定交货时受领货物。

A5 风险转移

除 B5 规定外,卖方必须承担货物灭失或损坏的一切风险,直至已经按照 A4 规定交货为止。

B5 风险转移

买方必须承担按照 A4 规定交货之时起货物灭失或损坏的一切风险。

如买方未按照 B7 规定通知卖方,则必须自约定的交货日期或交货期限届满之日起,承担货物灭失或损坏的一切风险,但以该项货物已正式划归合同项下,即清楚地划出或以其他方式确定为合同项下之货物为限。

A6 费用划分

除 B6 规定外,卖方必须支付按照 A3(a)规定发生的费用,以及按照 A4 规定交货前与货物有关的一切费用;及在需要办理海关手续时,货物出口需要办理的海关手续费用及货物出口时应交纳的一切关税、税款和其他费用,以及按照 A4 规定交货前从他国过境的费用。

B6 费用划分

买方必须支付自按照 A4 规定交货之时起与货物有关的一切费用,包括为受领货物所需要的货物从船上卸下的卸货费;及如货物按照 A4 规定交给买方处置而未受领货物,或未按照 B7 规定通知卖方,由此而发生的一切额外费用,但以该项货物已正式划归合同项下,即清楚地划出或以其他方式确定为合同项下之货物为限;及在需要办理海关手续时,货物进口所需办理的海关手续费用及应交纳的一切关税、税款和其他费用。

A7 通知买方

卖方必须给予买方有关按照 A4 规定指定的船只预期到达时间的充分通知,以及要求的任何其他通知,以便买方能够为受领货物而采取通常必要的措施。

B7 通知卖方

一旦买方有权决定在约定期限内的时间和/或在指定的目的港受领货物的点,买方必须就此给予卖方充分通知。

A8 交货凭证、运输单据或有同等作用的电子信息

卖方必须自付费用向买方提供提货单和/或通常运输单据(如可转让提单、不可转让海运单、内河运输单据或多式联运单据)以使买方得以在目的港从承运人处受领货物。如买卖双方约定以电子方式通信,则前项所述单据可以由具有同等作用的电子数据交换信息代替。

B8 交货凭证、运输单据或有同等作用的电子信息

买方必须接受按照 A8 规定提供的提货单或运输单据。

A9 查对、包装、标记

卖方必须支付为按照 A4 规定交货所需进行的查对费用(如核对货物品质、丈量、过磅、点数的费用)。

卖方必须自付费用提供为交付货物所要求的包装(除非按照相关行业惯例,合同所指货物无须包装即可交货)。包装应做适当标记。

B9 货物检验

买方必须支付任何装运前检验的费用,但出口国有关当局强制进行的检验除外。

A10 其他义务

应买方要求并由其承担风险和费用,卖方必须给予买方一切协助,以帮助买方。

4. 贸易术语(DEQ——目的港码头交货)

DEQ(Delivered ex Quay)是指卖方在指定的目的港码头将货物交给买方处置,不办理进口清关手续,即完成交货。卖方应承担货物运至指定的目的港并卸至码头的一切风险和费用。DEQ 术语要求买方办理进口清关手续并在进口时支付一切办理海关手续的费用、关税、税款和其他费用。

如果当事方希望卖方负担全部或部分进口时交纳的费用,则应在销售合同中明确写明。

只有当货物经由海运或内河运输或多式联运且在目的港码头卸货时,才能使用该术语。但是,如果当事方希望卖方负担将货物从码头运至港口以内或以外的其他点(如仓

库、终点站、运输站等)的义务时,则应使用 DDU 或 DDP 术语。

A 卖方义务

B 买方义务

A1 提供符合合同规定的货物

卖方必须提供符合销售合同规定的货物和商业发票或有同等作用的电子信息,以及合同可能要求的、证明货物符合合同规定的其他凭证。

B1 支付价款

买方必须按照销售合同规定支付价款。

A2 许可证、其他许可和手续

卖方必须自担风险和费用,取得任何出口许可证或其他官方许可或其他必要文件,并在需要办理海关手续时办理货物出口和从他国过境所需的一切海关手续。

B2 许可证、其他许可和手续

买方必须自担风险和费用,取得任何进口许可证或其他官方许可,并在需要办理海关手续时办理货物进口所需的一切海关手续。

A3 运输合同和保险合同

(a)运输合同

卖方必须自付费用订立运输合同,将货物运至指定目的港的指定码头。如未约定或按照惯例也无法确定具体码头,则卖方可在指定的目的港选择最适合其目的港码头交货。

(b)保险合同:无义务。

B3 运输合同和保险合同

(a)运输合同:无义务。

(b)保险合同:无义务。

A4 交货

卖方必须在约定的日期或期限内,在按照 A3 指定的目的港码头上将货物交给买方处置。

B4 受领货物

买方必须在卖方按照 A4 规定交货时受领货物。

A5 风险转移

除 B5 规定外,卖方必须承担货物灭失或损坏的一切风险,直至已经按照 A4 规定交货为止。

B5 风险转移

买方必须承担按照 A4 规定交货之时起货物灭失或损坏的一切风险。

如买方未按照 B7 规定通知卖方,则必须自约定的交货日期或交货期限届满之日起,承担货物灭失或损坏的一切风险,但以该项货物已正式划归合同项下,即清楚地划出或以其他方式确定为合同项下之货物为限。

A6 费用划分

除 B6 规定外,卖方必须支付按照 A3(a)规定发生的费用,以及按照 A4 规定在目的港码头交货前与货物有关的一切费用;及在需要办理海关手续时,货物出口需要办理的海关手续费用及货物出口时应交纳的一切关税、税款和其他费用,以及按照 A4 规定交货前从他国过境的费用。

B6 费用划分

买方必须支付自按照 A4 规定交货之时起与货物有关的一切费用,包括在港口搬运货物以便继续运输或存入仓库或中转站的一切费用;及如货物按照 A4 规定交给买方处置而未受领货物,或未按照 B7 规定通知卖方,由此而发生的一切额外费用,但以该项货物已正式划归合同项下,即清楚地划出或以其他方式确定为合同项下之货物为限;及在需要办理海关手续时,货物进口所需办理的海关手续费用及应交纳的一切关税、税款和其他费用。

A7 通知买方

卖方必须给予买方有关按照 A4 规定指定的船只预期到达时间的充分通知,以及要求的任何其他通知,以便买方能够为受领货物而采取通常必要的措施。

B7 通知卖方

一旦买方有权决定在约定期限内的时间和/或在指定的目的港受领货物的点,买方必须就此给予卖方充分通知。

A8 交货凭证、运输单据或有同等作用的电子信息

卖方必须自付费用向买方提供提货单和/或通常运输单据(如可转让提单、不可转让海运单、内河运输单据或多式联运单据)以使买方得以提货,从码头上搬走。如买卖双方约定以电子方式通信,则前项所述单据可以由具有同等作用的电子数据交换信息代替。

B8 交货凭证、运输单据或有同等作用的电子信息

买方必须接受按照 A8 规定提供的提货单或运输单据。

A9 查对、包装、标记

卖方必须支付为按照 A4 规定交货所需进行的查对费用(如核对货物品质、丈量、过磅、点数的费用)。

卖方必须自付费用提供为交付货物所要求的包装(除非按照相关行业惯例,合同所指货物无须包装即可交货)。包装应做适当标记。

B9 货物检验

买方必须支付任何装运前检验的费用,但出口国有关当局强制进行的检验除外。

A10 其他义务

应买方要求并由其承担风险和费用,卖方必须给予买方一切协助,以帮助买方取得由装运地国和/或原产地国所签发或传送的、为买方进口货物可能要求的任何单据或有同等作用的电子信息(A8 所列的除外)。

应买方要求,卖方必须向买方提供投保所需的信息。

B10 其他义务

买方必须支付因获取 A10 所述单据或有同等作用的电子信息所发生的一切费用,并偿付卖方因给予协助而发生的费用。

5. 贸易术语(DDU——未完税交货)

DDU(Delivered Duty Unpaid)是指卖方在指定的目的地将货物交给买方处置,不办理进口手续,也不从交货的运输工具上将货物卸下,即完成交货。DDU 贸易术语卖方应承担将货物运至指定的目的地的一切风险和费用,不包括在需要办理海关手续时在目的地国进口应交纳的任何税费(包括办理海关手续的责任和风险,以及交纳手续费、关税、税款和其他费用)。买方必须承担此项税费和因其未能及时办理货物进口清关手续而引起的费用和风险。

但是,如果双方希望卖方办理海关手续并承担由此发生的费用和风险,以及在货物进口时应支付的一切费用,则应在销售合同中明确写明。

DDU 贸易术语适用于各种运输方式,但当货物在目的港船上或码头交货时,应使用 DES 或 DEQ 术语。

A 卖方义务

B 买方义务

A1 提供符合合同规定的货物

卖方必须提供符合销售合同规定的货物和商业发票或有同等作用的电子信息,以及合同可能要求的、证明货物符合合同规定的其他凭证。

B1 支付价款

买方必须按照销售合同规定支付价款。

A2 许可证、其他许可和手续

卖方必须自担风险和费用,取得任何出口许可证或其他官方许可或其他文件,并在需要办理海关手续时办理货物出口和从他国过境所需的一切海关手续。

B2 许可证、其他许可和手续

买方必须自担风险和费用,取得任何进口许可证或其他官方许可或其他文件,并在需要办理海关手续时办理货物进口所需的一切海关手续。

A3 运输合同和保险合同

(a)运输合同

卖方必须自付费用订立运输合同,将货物运至指定目的地。如未约定或按照惯例也无法确定具体交货点,则卖方可在指定的目的地选择最适合其目的的交货点。

(b)保险合同:无义务。

B3 运输合同和保险合同

(a)运输合同:无义务。

(b)保险合同:无义务。

A4 交货

卖方必须在约定的日期或交货期限内,在指定的目的地将在交货的运输工具上尚未卸下的货物交给买方或买方指定的其他人处置。

B4 受领货物

买方必须在卖方按照 A4 规定交货时受领货物。

A5　风险转移

除 B5 规定外,卖方必须承担货物灭失或损坏的一切风险,直至已经按照 A4 规定交货为止。

B5　风险转移

买方必须承担按照 A4 规定交货时起货物灭失或损坏的一切风险。

如买方没有履行 B2 规定的义务,则必须承担由此而发生的货物灭失或损坏的一切额外风险。

如买方未按照 B7 规定通知卖方,则必须自约定的交货日期或交货期限届满之日起,承担货物灭失或损坏的一切风险,但以该项货物已正式划归合同项下,即清楚地划出或以其他方式确定为合同项下之货物为限。

A6　费用划分

除 B6 规定外,卖方必须支付按照 A3(a)规定发生的费用,以及按照 A4 规定交货之前与货物有关的一切费用;及在需要办理海关手续时,货物出口需要办理的海关手续费用,及货物出口时应交纳的一切关税、税款和其他费用,以及交货前货物从他国过境的费用。

B6　费用划分

买方必须支付自按照 A4 规定交货时起与货物有关的一切费用;及如买方未履行 B2 规定的义务,或未按照 B7 规定作出通知,由此而发生的一切额外费用,但以该项货物已正式划归合同项下,即清楚地划出或以其他方式确定为合同项下之货物为限;及在需要办理海关手续时,货物进口所需要办理的海关手续费用以及应交纳的一切关税、税款和其他费用以及继续运输的费用。

A7　通知买方

卖方必须给予买方有关发运货物的充分通知,以及要求的任何其他通知,以便买方能够为受领货物而采取通常必要的措施。

B7　通知卖方

一旦买方有权决定在约定期限内的时间和/或在指定的目的港受领货物的点,买方必须就此给予卖方充分通知。

A8　交货凭证、运输单据或有同等作用的电子信息

卖方必须自付费用向买方提供按照 A4/B4 规定受领货物可能需要的提货单和/或通常运输单据(如可转让提单、不可转让海运单、内河运输单据、空运货运单、铁路运单、公路运单或多式联运单据)。

如买卖双方约定以电子方式通信,则前项所述单据可以由具有同等作用的电子数据交换信息代替。

B8　交货凭证、运输单据或有同等作用的电子信息

买方必须接受按照 A8 规定提供的适当的提货单或运输单据。

A9　查对、包装、标记

卖方必须支付为按照 A4 规定交货所需进行的查对费用(如核对货物品质、丈量、过磅、点数的费用)。

卖方必须自付费用提供交货所需要的包装(除非按照相关行业惯例,合同所指货物无须包装即可交货)。包装应做适当标记。

B9 货物检验

买方必须支付任何装运前检验的费用,但出口国有关当局强制进行的检验除外。

A10 其他义务

应买方要求并由其承担风险和费用,卖方必须给予买方一切协助,以帮助买方取得由装运地国和/或原产地国所签发或传送的、为买方进口货物可能要求的任何单据或有同等作用的电子信息(A8 所列的除外)。

应买方要求,卖方必须向买方提供投保所需的信息。

B10 其他义务

买方必须支付因获取 A10 所述单据或有同等作用的电子信息所发生的一切费用,并偿付卖方因给予协助而发生的费用。

6. 贸易术语(DDP——税后交货)

DDP(Delivered Duty Paid)是指卖方在指定的目的地,办理完进口清关手续,将在交货运输工具上尚未卸下的货物交与买方,即完成交货。贸易术语 DDP 卖方必须承担将货物运至指定的目的地的一切风险和费用,包括在需要办理海关手续时在目的地应交纳的任何税费(包括办理海关手续的责任和风险,以及交纳手续费、关税、税款和其他费用)。

EXW 术语下卖方承担最小责任,而 DDP 术语下卖方承担最大责任。

若卖方不能直接或间接地取得进口许可证,则不应使用此术语。

但是,如卖方希望将任何进口时所要支付的一切费用(如增值税)从卖方的义务中排除,则应在销售合同中明确写明。

若卖方希望买方承担进口的风险和费用,则应使用 DDU 术语。

该术语适用于各种运输方式,但当货物在目的港船上或码头交货时,应使用 DES 或 DEQ 术语。

A 卖方义务

B 买方义务

A1 提供符合合同规定的货物

卖方必须提供符合销售合同规定的货物和商业发票或有同等作用的电子信息,以及合同可能要求的、证明货物符合合同规定的其他凭证。

B1 支付价款

买方必须按照销售合同规定支付价款。

A2 许可证、其他许可和手续

卖方必须自担风险和费用,取得任何出口许可证和进口许可证或其他官方许可或其他文件,并在需要办理海关手续时办理货物出口和进口以及从他国过境所需的一切海关手续。

B2 许可证、其他许可和手续

应卖方要求,并由其负担风险和费用,买方必须给予卖方一切协助,帮助卖方在需要办理海关手续时取得货物进口所需的进口许可证或其他官方许可。

A3　运输合同和保险合同

（a）运输合同

卖方必须自付费用订立运输合同，将货物运至指定目的地。如未约定或按照惯例也无法确定具体交货点，则卖方可在指定的目的地选择最适合其目的的交货点。

（b）保险合同：无义务。

B3　运输合同和保险合同

（a）运输合同：无义务。

（b）保险合同：无义务。

A4　交货

卖方必须在约定的日期或交货期限内，在指定的目的地将在交货运输工具上尚未卸下的货物交给买方或买方指定的其他人处置。

B4　受领货物

买方必须在卖方按照 A4 规定交货时受领货物。

A5　风险转移

除 B5 规定外，卖方必须承担货物灭失或损坏的一切风险，直至已经按照 A4 规定交货为止。

B5　风险转移

买方必须承担按照 A4 规定交货时起货物灭失或损坏的一切风险。

如买方没有履行 B2 规定的义务，则必须承担由此而发生的货物灭失或损坏的一切额外风险。

如买方未按照 B7 规定通知卖方，则必须自约定的交货日期或交货期限届满之日起，承担货物灭失或损坏的一切风险，但以该项货物已正式划归合同项下，即清楚地划出或以其他方式确定为合同项下之货物为限。

A6　费用划分

除 B6 规定外，卖方必须支付按照 A3（a）规定发生的费用，以及按照 A4 规定交货之前与货物有关的一切费用；及在需要办理海关手续时，货物出口和进口所需要办理的海关手续费用，及货物出口和进口时应交纳的一切关税、税款和其他费用，以及按照 A4 交货前货物从他国过境的费用。

B6　费用划分

买方必须支付自按照 A4 规定交货时起与货物有关的一切费用；及如买方未履行 B2 规定的义务，或未按照 B7 规定作出通知，由此而发生的一切额外费用，但以该项货物已正式划归合同项下，即清楚地划出或以其他方式确定为合同项下之货物为限。

A7　通知买方

卖方必须给予买方有关货物发运的充分通知，以及要求的任何其他通知，以便买方能够为受领货物而采取通常必要的措施。

B7　通知卖方

　　一旦买方有权决定在约定期限内的时间和/或在指定的目的港受领货物的点,买方必须就此给予卖方充分通知。

　　A8 交货凭证、运输单据或有同等作用的电子信息

　　卖方必须自付费用向买方提供按照 A4/B4 规定受领货物可能需要的提货单和/或通常运输单据(如可转让提单、不可转让海运单、内河运输单据、空运货运单、铁路运单、公路运单或多式联运单据),以使买方按照 A4/B4 规定受领货物。

　　如买卖双方约定以电子方式通信,则前项所述单据可以由具有同等作用的电子数据交换信息代替。

　　B8 交货凭证、运输单据或有同等作用的电子信息

　　买方必须接受按照 A8 规定提供的提货单或运输单据。

　　A9 查对、包装、标记

　　卖方必须支付为按照 A4 规定交货所需进行的查对费用(如核对货物品质、丈量、过磅、点数的费用)。

　　卖方必须自付费用提供交货所需要的包装(除非按照相关行业惯例,合同所指货物无须包装即可交货)。包装应做适当标记。

　　B9 货物检验

　　买方必须支付任何装运前检验的费用,但出口国有关当局强制进行的检验除外。

　　A10 其他义务

　　卖方必须支付为获取 B10 所述单据或有同等作用的电子信息(A8 所列的除外)所发生的一切费用,并偿付买方因给予协助而发生的费用。

　　应买方要求,卖方必须向买方提供投保所需的信息。

　　B10 其他义务

　　应卖方要求并由其承担风险和费用,买方必须给予卖方一切协助,以帮助卖方取得为按照本规则将货物交付买方需要的、由进口国签发或传递的任何单证或有同等作用的电子信息。

　　7. 贸易术语(DAT、DAP——集散站交货、目的地交货)

　　国际商会最新修订的《国际贸易术语解释通则》(以下简称《通则》)于 2011 年 1 月 1 日实行。其创设 DAT(Delivered at Terminal)和 DAP(Delivered at Place)两个新术语用于取代 DAF、DES、DEQ 和 DDU。DAT 和 DAP 两个新术语有助船舶管理公司弄清码头处理费(THC)的责任方。现时常有买方在货物到港后,投诉被要求双重缴付码头处理费,一是来自卖方,一是来自船舶管理公司,而新通则明确了货物买卖方支付码头处理费的责任。

　　DAT 取代了 2000 年版《通则》中的 DEQ,意味着:当货物从任何到达的交通工具上卸至买方指定的港口码头或者指定的地点,并在买方处置时,卖方即完成交货。与原先的 DEQ 相同的是,DAT 要求卖方为货物办理出口清关(仅当需要时),但卖方无任何义务办理货物进口入关,支付任何进口税费或者办理进口的任何相关海关手续。但与之前的 DEQ 不同的是,在集装箱运输中,DAT 较之前的 DEQ 更加方便实用。因为在集装箱货

物运输中,集装箱可能会在某港口卸下后进入堆场并等待再次运输,而并非直接卸在卸货港码头。这种情况下的交货,是原来的 DEQ 所不涉及的。

DAP 取代了 2000 年版《通则》中的 DAF、DES、DEQ 和 DDU。需要注意的是,DAP 适用于任何运输方式,在该术语下,运输工具仍然可以是船舶,指定的目的地可以是港口。可见,新的 DAP 术语完全可以取代之前的 DES 术语。类似的,在 DAP 术语下,卖方承担货物运至指定目的地的一切费用和风险(进口入关费用除外)。

案例 4-1

FOB 下货代应否承担货物灭失赔偿责任

2000 年 4 月 5 日,上海华东实业总公司(以下简称华东公司)作为卖方与买方香港中宁实业公司(以下简称中宁公司)签订了一份牛仔布销售合同,约定价格条件为 FOB 上海,按信用证要求装运。4 月 20 日,中宁公司向华东公司传真告之"上海承运商环亚(上海)国际货运公司海运部"(以下简称环亚货运)的地址、电话、传真号和联系人等。华东公司遂将本公司的出口货物明细表传真给环亚货运,后环亚货运出具进仓单,通知华东公司将上述货物在规定的期限内送至指定仓库。华东公司交货后,环亚货运以华东公司名义办理了货物装箱、商检、报关等事宜。

华东公司确认涉案提单内容后取得了四套泛洋(香港)船务公司(以下简称泛洋船务)签发的上海至吉大港的全程提单。该提单由泛洋船务以提单抬头承运人的身份签发。涉案提单加注了签单人泛洋船务及卸货港船公司代理的地址、电话和传真号码。

环亚货运与泛洋船务之间的往来传真件内容显示,泛洋船务委托环亚货运联络发货人华东公司,安排上海至香港的一程货物运输和报关,完成货物从发货人到泛洋船务的交接。双方还约定了具体的代付运费和操作费金额。环亚货运向实际承运人伟航船务公司订舱后,均向泛洋船务汇报船名、开航日期、提单号等情况。货物运至香港后,被泛洋船务凭伟航船务公司提单提取。2000 年 5 月 16 日,环亚货运收取泛洋船务通过银行转账所支付的一程运费。

之后,华东公司曾用泛洋船务提单向银行议付,开证行以"客检证会签"系伪造为由而退单(后经努力,四套提单中的一套结汇成功)。华东公司即要求环亚货运通知承运人泛洋船务扣货并将货物退运回上海,但四套提单项下的货物及泛洋船务均已下落不明。华东公司遂提起本案诉讼,要求环亚货运承担货物灭失的赔偿责任。经查,香港商业登记署没有中宁公司和泛洋船务的登记资料。

【裁判】

一审法院经审理认为,华东公司通过出口货物明细表委托环亚货运出运货物并取得提单,环亚货运代办货物报关、订舱等业务,双方存在事实上的货运代理关系。环亚货运的代理行为符合国际货运代理人的操作惯例和基本义务,并无过错,华东公司确认并取得提单时,对泛洋船务承运人的地位已表示认同。华东公司货物失控、收款未成,是其确认并接受泛洋船务提单所造成的风险结果,与环亚货运的代理行为没有因果关系。遂判决对华东公司要求判令环亚货运赔偿损失的诉讼请求不予支持。

　　一审判决后,华东公司不服,提起上诉。二审法院经审理认为,华东公司与环亚货运之间不存在委托订舱的法律关系。本案所涉货物以FOB价格条件(起运港船上交货)成交出口,在贸易双方无特别约定的情况下,租船订舱是买方义务,上诉人华东公司作为卖方无须委托他人订舱出运货物,环亚货运应是接受涉案提单承运人的委托进行订舱。当华东公司确认和取得提单时,其对环亚货运系承运人代理人的身份应是清楚的。华东公司主张环亚货运制作和交付提单,未提供相应证据,华东公司该上诉理由不足以证明双方存在委托订舱关系。此外,泛洋船务已向环亚货运支付一程海运费的事实,也可佐证环亚货运系买方指定的承运人泛洋船务的装货港代理人,环亚货运关于其接受泛洋船务的委托接收货物,向实际承运人订舱的陈述是合理、可信的。从现有证据分析,涉案货物灭失可能系贸易买方欺诈所致,华东公司不能证明环亚货运明知或参与欺诈,应自行承担商业风险。环亚货运为涉案货物全面、正确地代办了报关、报验、装船等货代事宜,其行为与货物灭失没有因果关系。故华东公司主张环亚货运代理过错,应承担赔偿责任的上诉理由没有事实和法律依据,其诉讼请求不能予以支持。同时,原判决认定双方存在委托订舱的法律关系证据不足,应予纠正。据此,二审撤销一审判决。

【评析】

　　本案中的货运代理人环亚货运是否应当承担货物灭失的赔偿责任? 一审、二审对此的判决从结果上看似乎是一致的——对被代理人华东公司的诉讼请求不予支持,但依据的理由却截然不同。一审认为华东公司与环亚货运存在委托订舱的法律关系,环亚货运的代理行为没有过错因而不承担责任;二审则认为双方之间不存在委托订舱的法律关系,华东公司基于货运代理合同关系要求环亚货运承担代理不当责任的理由不能成立。由此可见,本案最大的争议焦点就是:华东公司与环亚货运之间是否存在委托订舱的法律关系?

　　首先,本案所涉货物以FOB价格条件成交出口,在贸易合同双方无特别约定的情况下,租船订舱是贸易合同买方的义务,华东公司作为卖方没有义务委托他人订舱出运货物。

　　其次,货运代理人的业务范围所含甚广,包括向承运人订舱、与货主和承运人交接货物、装箱、报关、报验、仓储等等。这些事项属于双方自由约定的合同义务,可以由当事人在货运代理合同中选择若干作为委托内容,而不是货代必须全部履行的法定义务,不能根据货代公司代办了部分事宜就推断出其必然代办包括订舱在内的全部货代业务;华东公司与环亚货运之间没有货运代理的书面协议,环亚货运向实际承运人订的舱位是从上海至香港的运输,也不符合华东公司上海至吉大港的所谓订舱要求。从现有证据分析,环亚货运的行为仅表明其以华东公司的名义办理了货物的装箱、商检、报关等事宜并收取了相关费用,两者之间仅存在这些特定事项方面的货运代理关系。

　　再次,在货物出运前,买方传真告知了华东公司装货港联系的承运商是谁,表明买方此时已经选择了承运人。从"承运商"字面理解,环亚货运应是承运人或承运人的装货港代理人。当华东公司确认并在取得承运人泛洋船务提单后不表示异议,则说明其对于环亚货运系承运人代理人的身份是清楚的。此外,泛洋船务已向环亚货运支付一程海运费的事实,也可佐证环亚货运系买方选择的承运人泛洋船务的装货港代理人,环亚货运关于其接受泛洋船务的委托收取货物、向一程船实际承运人订舱的陈述是合理、可信的。

综上所述,从本案事实和证据的角度分析,环亚货运的法律地位应是承运人泛洋船务的装货港代理人,托运人华东公司与环亚货运之间并不存在委托订舱的法律关系。华东公司基于货运代理合同关系要求环亚货运承担代理不当责任的理由不能成立。

资料来源:FOB 下货代应否承担货物灭失赔偿责任,http://www.chinawuliu.com.cn/xsyj/200701/19/136803.shtml。

本章习题

1.问题与讨论

(1)简述贸易术语定义。

(2)装运港交货的贸易术语有哪些?

(3)货交承运人的贸易术语有哪些?

2.单项选择题

(1)国际法协会专门为解释 CIF 合同而制定的,沿用至今的是(　　)。

A.《1932 年华沙—牛津规则》　　　　　　B.《1941 年美国对外贸易定义修正本》

C.《国际贸易运输方式解释通则》　　　　　D.《国际贸易术语解释通则》

(2)CPT 术语是指(　　)。

A.卖方须支付货物运至指定目的地的运费

B.买方须支付货物运至指定目的地的运费

C.卖方须支付货物运至指定目的地的运费及保险费

D.买方须支付货物运至指定目的地的运费及保险费

(3)CIP 术语是指(　　)。

A.卖方须支付货物运至指定目的地的运费

B.买方须支付货物运至指定目的地的运费

C.卖方须支付货物运至指定目的地的运费及保险费

D.买方须支付货物运至指定目的地的运费及保险费

(4)CFR 术语是指(　　)。

A.卖方须办理租船订舱并支付货物至目的港的运费

B.买方须办理租船订舱并支付货物至目的港的运费

C.卖方须办理租船订舱并支付货物至目的港的运保费

D.买方须办理租船订舱并支付货物至目的港的运保费

(5)贸易术语中,(　　)风险划分以货交第一承运人为界,并适用于各种运输方式。

A. FAS　　　　　　B. CPT　　　　　　C. CIF　　　　　　D. CIP

3.多项选择题

(1)贸易术语在国际贸易中起着积极的作用,主要表现在(　　)。

A. 有利于买卖双方简化洽商交易和订立合同的手续

B. 有利于买卖双方核算价格和成本

C. 有利于解决合同履行当中的争议

D. 有利于其他有关机构开展业务活动

E. 有利于买卖双方合同成本的降低

(2)下列(   )的划分是以装运港船舷为标志的。

A. CPT   B. CIP   C. FOB   D. CFR

E. CIF

(3)有关贸易术语的国际贸易惯例主要有(   )。

A.《1932 年华沙—牛津规则》   B.《1941 年美国对外贸易定义修正本》

C.《2000 年国际贸易术语解释通则》   D.《海牙规则》

E.《华沙公约》

(4)CIF 和 DES 两种术语的主要区别有(   )。

A. 进口报关的责任不同   B. 风险划分的界线不同

C. 出口报关的责任不同   D. 交货的地点不同

E. 卖方承担义务不同

(5)按 CFR 术语成交,卖方承担的义务是(   )。

A. 取得出口许可证或官方证件,办理出口报关手续

B. 取得进口许可证或官方证件,办理进口报关手续

C. 按通常条件订立运输合同,在规定日期或期限内,在装运港将符合合同规定的货
   物装上船,并通知买方

D. 提交商业发票及买方可以在目的港提货或可以转让的运输单据,或相等的电子信
   息

E. 领取货物

🔳 案例分析

2004 年 8 月 16 日,重庆某公司作为买方,美国某公司作为卖方,双方签订了"货物进口合同"(以下简称合同)。合同规定:买方向卖方购买以维生素和矿物质为主要成分的保健膳食片 50 000 瓶,单价 USD4.1 元,合同总价为 USD205 000 元;货物装运港为美国纽约 JFK 机场,目的地为上海港,成交价格术语为 2000 年 INCOTERMS 规定的 CIF;装运期从收到信用证开始 10 日内;付款条件为买方通过美国花旗银行在 2004 年 8 月 20 日前开出以卖方为受益人的不可撤销即期信用证。双方在合同中还约定:货物质量必须符合合同及质量保证的规定,在保证期限内,因产品的缺陷造成的货物损害应由卖方负责赔偿。卖方须在装运前 3 日委托美国的法定检验机构对本合同之货物进行检验并出具检验证书,货到上海港后,由买方委托中国法定商品检验机构进行复检。若经中国法定商品检验机构复检,发现货物有损坏、残缺及与质量保证书之规定不符,买方凭上述检验机构出

具的证明书,10 日内向卖方提出索赔,并且在质量保证期限内买方仍可向卖方就质量问题提出索赔。合同中的仲裁条款规定:任何与本合同有关的争议,均提交中国国际经济贸易仲裁委员会上海分会,按该会的仲裁规则进行仲裁。

在合同的履行过程中,双方发生争议。卖方认为:合同签订后,买方却拖延开立信用证,直到 8 月 30 日,买方才委托开证银行某交通银行开出了受益人为卖方的不可撤销即期信用证,卖方随后组织空运货物至上海。9 月 29 日,开证银行某交通银行收到了通知行美国花旗银行寄给买方的所有单据后,提出单据有多项不符点而拒付货款,美国花旗银行回函指出,单据没有不符点。后买方在收到全部货物的情况下,拒绝付款。买方认为:卖方所供产品经中国法定检验机构鉴定为不合格产品,不得食用,并提出退货。经查:膳食片是保健食品,根据中国《保健食品管理办法》的有关规定,凡以保健食品名义进口的食品必须报卫生部审批合格后方准进口,卫生部经审查合格的保健食品发给《进口保健食品批准证书》,买方在进口该保健食品前未经卫生部审核批准,当然也未取得《进口保健食品批准证书》,因此,中国某法定卫生监督检验所出具不符合《保健食品管理办法》及不得食用的结论的证明。最后该案在律师的主持下,双方达成了和解协议。

案情分析:

要解决本案,首先要分析 CIF 的基本含义。CIF 简单地说就是:成本、保险费加运费。在 CIF 术语中,卖方的义务是:办理货物出口结关手续、承担货物越过船舷以前的风险灭失责任、提供符合合同规定的货物、取得出口许可证、批准证件,并办理货物出口所必需的一切海关手续、负担费用订立运输合同将货物按惯常路线装运至指定目的港、负担费用取得货物保险、使对货物拥有保险利益的人有权直接向保险人索赔并向买方提供保险单或其他保险凭证、给予买方货物已装船的充分通知、除非另有约定外应负担费用毫不迟延地向买方提供为约定目的港所用的通常的运输单证、其他协助义务。在 CIF 术语中,买方的义务是:支付合同规定的价款、自行承担进口有关许可证、批准证件及海关手续、办理货物进口以及必要时经由另一国家过境运输所需的一切海关手续、接受已经交付的货物并在指定的目的港从承运人那里收领货物、自货物在装运港已越过船舷时起承担货物灭失或损坏的一切风险、承担货物在运输途中直至到达目的港为止的一切费用以及卸货费(包括驳运费和码头费)、合理善意的通知义务、除非另有约定外支付装运前货物的检验费用。

本案中,关于法律的适用问题,双方约定适用发生争议时货物所在地国家的法律,因此本案适用中华人民共和国的法律,另外还适用《联合国国际货物销售合同公约》,解决本案争议应适用的准据法为中华人民共和国法律。关于 CIF 在本案中的应用问题,双方当事人在合同中约定的成交价格术语为 CIF,根据国际贸易惯例,在 CIF 合同中,应当由买方负责办理货物的进口手续,因此应当由买方就进口该批保健食品向卫生部报批,并取得有关批准证书,故由于买方未履行报批手续而造成的损失后果,应由买方自行承担。由于买方就进口该批货物并未取得进口保健食品批准证书,自然就会导致中国的法定检验机构出具"不合格产品,不得食用"证明,该检验证明不能证明卖方交付的货物品质不符合合同约定或中国法律规定的有关卫生标准,故对于买方依据该检验证明提出卖方交付的保健食品品质不合格的理由是不成立的,故主责任应当由买方承担。

相关法律依据为:《联合国国际货物销售合同公约》及国际商会的《2000 年国际贸易术语解释通则》。

资料来源：国际贸易案例,http://www.110.com/ziliao/article－26895.html。

阅读上述案例,回答下列问题：

(1)从此案例中,你得到哪些启示?

(2)在 CIF 成交价格术语下,贸易各方应该注意哪些问题?

第

5

章

国际货物买卖合同、保险
及货款收付

📑 本章学习目的

- 了解国际货物买卖合同
- 了解国际货物买卖保险
- 了解国际货物买卖货款收付

　　国际贸易是以合同为中心进行的,不同国家的当事人之间订立的有关货物的进口或出口合同统称国际货物买卖合同或国际货物销售合同。国际货物运输保险是指保险人与被保险人双方约定由被保险人将国际运输中的货物作为保险标的物向保险人投保,当保险标的物遭到意外损失时保险人按照保险单的规定给予被保险人经济赔偿的一种补偿性措施。国际贸易货款的收付,是买卖双方的基本权利和义务。货款的收付直接影响双方的资金周转和融通,以及各种金融风险和费用的负担,因而这是关系到买卖双方切身利益的问题。因此,买卖双方在洽商交易时,都力争规定对自己有利的支付条件。本章将分别讨论这些相关内容。

5.1 国际货物买卖合同

5.1.1 国际货物买卖合同概述

1. 国际货物买卖合同的含义

　　国际货物买卖合同,按照《联合国国际货物销售合同公约》(以下简称《公约》)的规定,是指营业地处于不同国家的当事人所订立的货物买卖合同。货物买卖合同是指卖方为了取得货款而把货物的所有权移交给买方的一种双务合同,即合同当事人双方互相享有权利、相互负有义务,并且是有偿的合同。

2.国际货物买卖合同的特点

(1)国际货物买卖合同具有国际性

国际货物买卖合同与国内货物买卖合同的基本区别就是在于其具有国际性。根据其国际性特点,国际货物买卖合同相对比较复杂。首先,它会涉及国际公约、国际惯例和有关国家法律;其次,它会受到有关国家政治经济条件的影响;最后,它还会受到运输、保险、关税等诸多因素影响。

(2)国际货物买卖合同的标的物是货物

货物买卖合同的标的物是货物,但究竟什么是货物,或者货物是如何确定的,国际组织对此也曾经过长期探讨。《公约》则采用了排除法,即将下列产品排除在该公约的适用范围之外。

①供私人、家属或家庭使用而进行的购买;

②经由拍卖方式进行的买卖;

③根据法律执行应进行的买卖;

④各种债券或者货币买卖;

⑤船舶、气垫船或飞机的买卖;

⑥电力买卖。

从这些规定可以看出,公约主要适用以商业为目的的、有形的动产销售。

(3)国际货物买卖合同的性质的买卖

所谓买卖合同,按照《英国货物买卖法》的规定,是指由卖方将货物所有权转换给买方,以换取买方的金钱作为对价。这一特征是买卖合同与其他类型的合同如租赁合同、承揽合同等的重要区别。

3.合同的形式

合同的形式是交易双方当事人就确立、变更、终止民事权利义务关系达成一致的方式,是合同当事人内在意思的外在表现形式。根据《公约》的有关规定,当事人订立合同,有书面形式、口头形式和其他形式。

4.合同的内容

合同的内容,又称合同条款,是确定合同双方当事人权利与义务关系的重要依据,同时也是判断合同是否有效的客观依据。根据各国民商法的规定,合同内容一般包括以下条款:

(1)当事人的名称或者姓名和住所;

(2)标的;

(3)数量;

(4)质量;

(5)价款或者报酬;

(6)履行期限、地点和方式;

（7）违约责任；

（8）解决争议的方法。

5.1.2 国际货物买卖合同的磋商

交易磋商是指买卖双方以买卖某种商品为目的而通过一定程序就交易的各项进行洽谈并最后达成协议的全过程。交易磋商的目的是买卖双方通过磋商而共同取得一致意见，达成交易。因此，交易磋商是签订货物买卖合同的基础，是进出口商品贸易的基础工作。

磋商的主要内容包括所买卖商品的品质、数量、包装、价格、运输、保险、支付、商品检验、争议、索赔、不可抗力和仲裁等交易条件。

交易磋商可以采用口头方式，也可采用书面形式。交易一般程序应包括邀请发盘、发盘、还盘、接受和签订合同等环节，其中发盘和接受是交易成立的基本环节，也是合同成立的必要条件。

1. 邀请发盘

在国际贸易中，邀请发盘（Invitation to Offer）是指交易的一方打算购买或出售某种商品，向对方询问买卖该项商品的有关交易条件，或者就该项交易提出带有保留条件的建议。邀请发盘在通常的交易中并非是国际贸易必不可少的环节，然而在一些特殊的贸易方式下，如招标、投标、拍卖等，情况则有所不同。

邀请发盘有不同的形式，最常见的是询盘。询盘是为了试探对方对交易的诚意和了解其对交易条件的意见，内容多数是询问价格，通常称为询价。询盘可以由买方或卖方发出，可采用口头或书面方式。书面方式包括书信、电报、电传和询价单。

2. 发盘

在国际贸易实务中，发盘（Offer）也称报盘、发价、报价。法律上称之为"要约"。发盘可以是应对方询盘的要求发出，也可以是在没有询盘的情况下，直接向对方发出。发盘一般是由卖方发出的，但也可以由买方发出，业务称其为"递盘"。

交易一方欲购买或出售某种商品而向对方提出交易条件，表示愿意按此达成交易的行为。通常由卖方提出，也可由买方提出（又称作递盘）。发盘有实盘和虚盘两种。实盘是发盘人承诺在一定期限内，受发盘内容约束，非经接盘人同意，不得撤回和变更；如接盘人在有效期限内表示接受，则交易达成，实盘内容即成为买卖合同的组成部分。一个完整的实盘应包括明确肯定的交易条件，如商品名称、规格、数量、价格、支付方式、装运期等，还应有实盘的有效期限并应明确发盘为实盘。虚盘是发盘人有保留地表示愿意按一定条件达成交易，不受发盘内容约束，不作任何承诺，通常使用"须经我最后确认方有效"等语以示保留。

（1）发盘具备的条件

①发盘是向一个（或几个）特定受盘人提出的订立合同的建议。（注意概念上要与"发盘的邀请"相区别）普通的产业广告、商品目录、价目单等不能构成有效的发盘，因为没有特定的对象，而只能视作邀请发盘。英美法系中规定：面向公众的商业广告，只要内容明

确,在某些场合下也视为发盘。大陆法系中规定:凡向公众发出的商业广告,不得视为发盘。《公约》持折中态度,如带有"本广告构成发盘"或"将售予最先支付货款的公司"等字样也视为发盘。

②发盘的内容必须十分确定,一旦受盘人接受,合同即告成立。如果内容不确定,即使对方接受,也不能构成合同成立。

③发盘人须表明承受按发盘条件与对方成立合同的约束意旨。例如:A. 使用表示发盘的术语,如"发盘"、"不可撤销发盘"、"递盘"、"不可撤销递盘"、"订购"、"订货"等。B. 明确规定有效期,如"限××日复到有效"。C. 一项发盘通常包含商品的品质、数量、包装、价格、交货、付款等六个主要方面的交易条件。《公约》第十四条规定"……一个建议如果表明货物并且明示或暗示地规定数量和价格或规定如何确定数量和价格,即为十分确定"。如此来看,一项发盘只要包含商品的名称、数量、价格这三个条件,就算完整。

注意:若发盘中带有保留条件和限制性条件,如"仅供参考"、"以我方最后确认为准"、"为未售出为准",这样的发盘都不构成发盘,而只是邀请发盘。

④发盘必须送达受盘人。根据《公约》规定,发盘于送达受盘人时生效。如发盘由于在传递中遗失以至受盘人未能收到,则该发盘无效。

(2)发盘的撤回和撤销

《公约》第十六条规定:

①在未成立合同之前,如果撤销通知于受盘人发出接受通知之前到达受盘人,发盘得予撤销。

②但在下列情况下,发盘不得撤销:

A. 发盘表明接受发盘的期限或以其他方式表示发盘是不可撤销的;

B. 受盘人有理由信赖该项发盘是不可撤销的,而且受盘人已本着对该项发盘的信赖行事。

(3)发盘的失效

《公约》对发盘失效问题的规定是:"一项发盘,即使是不可撤销的,于拒绝通知送达发盘人时终止。"就是说,当受盘人不接受发盘提出的条件,并将拒绝的通知送达发盘人手中时,原发盘就失去了效力,发盘人不再受其约束。

除此之外,在以下情况下也造成发盘的失效:

①受盘人作出还盘;

②发盘人依法撤销发盘;

③发盘中规定的有效期届满;

④人力不可抗拒的意外事故造成发盘失效,如政府禁令或限制措施;

⑤在发盘被接受之前,当事人丧失行为能力或死亡或法人破产等。

3.还盘

还盘(Counter Offer)是指接盘人对所接发盘表示接受,但对其内容提出更改的行为。还盘实质上构成对原发盘的某种程度的拒绝,也是接盘人以发盘人地位所提出的新发盘。因此,一经还盘,原发盘即失效,新发盘取代它成为交易谈判的基础。如果另一方对还盘内容不同意,还可以进行反还盘(或称再还盘)。还盘可以在双方之间反复进行,还盘的内容通常仅陈述需变更或增添的条件,对双方同意的交易条件无须重复。在国际贸易中,往往经过多次的还盘、反还盘,才最终达成协议。

受盘人在接到发盘后,不能完全同意发盘的内容,为了进一步磋商交易,对发盘提出修改意见,用口头或书面形式表示出来,就构成还盘。

一般说,一方的发盘经对方改变了内容,还盘以后就应视为失效,发盘人不再受原发盘的约束;同时,接盘人在还盘中对原发盘有任何一点的改变,或对原发盘有任何一点的减少和增加,都是对原发盘的拒绝;接盘人在还盘以后又愿意接受原发盘,发盘人既可以确认,也可以拒绝。

受盘人在收到发盘后,有两种处理办法:一种办法是完全同意发盘所提出的交易条件,并及时向对方发出接受通知,这就是所谓达成交易;另一种办法是,不同意发盘人在发盘中所提出的条件,并向发盘人提出自己的修改条件,这就是所谓的还盘。

此外,还有一种有条件的接受,即在答复对方的发盘时,在表示"接受"的同时,又附加上某种条件,这是还盘的另一种形式,实际上也是对发盘的拒绝。

4.接受

接受(Acceptance)是指受盘人在发盘的有效期内,无条件地同意发盘中提出的各项交易条件,愿意按这些条件和对方达成交易的一种表示。接受在法律上称为"承诺",接受一经送达发盘人,合同即告成立。双方均应履行合同所规定的义务并拥有相应的权利。它是交易磋商的过程之一。如交易条件简单,接受中无须复述全部条件。如双方多次互相还盘,条件变化较大,还盘中仅涉及需变更的交易条件,则在接受时宜复述全部条件,以免疏漏和误解。

(1)有效接受应当具备的条件

①接受必须是由特定的受盘人作出。

②接受必须以一定的形式表示出来。接受可以用口头或书面形式,或用行动表示,如接到老客户发盘后立即发货或开立信用证。

③接受应当是无条件的。受盘人在答复中使用了"接受"字眼,但是又对发盘的内容做了增加、限制或修改。这在法律上是有条件的接受,不能成为有效的接受,应当叫做还盘。

④接受的通知要在发盘的有效期内送达发盘人才有效。

(2)接受中对发盘条件的变更

实质性变更:价格、支付、质量、数量、交货地点和时间、赔偿责任范围、解决争端等的添加、限制或修改。

非实质性变更:提供某些单据或增加单据份数、提供样品、唛头刷制等。

如果是非实质性变更,《公约》规定能否构成有效的接受,要取决于发盘人是否反对。如果发盘人不反对,那么就是有效的接受,而不是还盘。

(3)逾期接受

《公约》认为逾期接受原则上是无效的,但是也有例外。

《公约》第 21 条规定,逾期接受仍有接受的效力。如果发盘人毫不延迟地用口头或书面形式通知对方,此接受视为有效。或载有逾期接受的信件或者其他书面文件表明传递正常能够及时到达发盘人的情况下寄出的,那么这项逾期接受仍具有接受的效力。除非发盘人毫不延迟地用口头或书面的形式通知受盘人,认为该发盘已经失效。

(4)接受的生效

大陆法系采用"到达生效"原则:接受的电函必须在规定时间内送达受盘人。接受方生效。

英美法系采用"投邮生效"原则:接受的电函一旦发出,立即生效。

《公约》对书面形式接受的情况采用"到达生效"原则。

如果在规定的有效期内作出的接受,接受自行动作出的时刻起生效。

接受的撤回:如果撤回的通知于接受到达受盘人之前,或同时到达,该接受可以撤回;而在英美法系中,由于采用"投邮生效"原则,接受一经投邮立即生效,合同就此成立,也就不存在接受的撤回了。

5.1.3 国际货物买卖合同的成立

1.合同有效成立条件

交易一方的发盘一经对方有效接受,合同即告成立。但合同是否具有法律效力,还要看其是否具备了一定的条件。不具备法律效力的合同是不受法律保护的。因此,了解和掌握合同有效成立的条件非常重要。概括起来,合同应具备下述条件才算有效成立:

(1)当事人必须在自愿和真实的基础上达成协议;

(2)买卖双方当事人应具有法律行为的资格和能力;

(3)合同必须以双方互惠有偿为原则;

(4)合同的标的和内容必须合法;

(5)合同的形式必须符合法律规定的要求。

2.书面合同的签订

买卖双方经过磋商,一方发盘被另一方有效接受,合同即告成立。但在实际业务中,按照一般习惯做法,买卖双方达成协议后,通常还要制作书面合同将各自的权利和义务用书面形式加以明确,即签订合同。

(1)书面合同的类型

在国际贸易中,书面合同的格式和名称不尽相同,形式很多,均无特定的限制。常用的有销售合同、购货合同、成交确认书、协议、备忘录、意向书、订单等。

(2)书面合同的作用

①作为合同成立的证据;

②作为履行合同的依据;

③作为合同生效的条件。

(3)书面合同的格式

书面合同的格式一般由下列三个部分组成:

①约首。约首是指合同的序言部分,其中包括合同的名称、订约双方当事人的名称和地址。除此之外,在合同序言部分常常写明双方订立合同的意愿和执行合同的保证。该序言对双方均有约束力。

②本文。本文是合同的主体部分,具体列明各项交易的条件或条款,如品名、品质规格、数量、单价、包装、交货时间与地点、运输与保险条件、支付方式以及检验、索赔、不可抗力和仲裁条件等。这些条款体现了双方当事人的权利和义务。

③约尾。约尾一般列明合同的份数、使用的文字及其效力、订约时间和地点及生效时间。

5.1.4 国际货物买卖合同的条款

国际货物买卖合同的条款具体地规定了买卖双方当事人的权利与义务。以下介绍合同主要条款的具体内容。

1. 标的物条款

(1)标的物条款的内容

国际货物买卖中交易的标的物都是具体商品。所谓标的物,是指用于换取对价的货物。一般来说,在国际货物买卖中,要构成标的物,必须具备以下三个条件:必须是被卖方所占有的,必须是合法的,必须是双方当事人一致同意的。

(2)列明品名的意义

国际货物买卖从签订合同到交付货物往往需要相隔一段较长的时间,加上交易双方在洽商交易和签订买卖合同时通常很少见到具体商品,因此,列明商品的名称就成为必不可少的条件。

(3)规定品名条款的注意事项

国际货物买卖合同中的品名条款,是合同的主要条件。因此,在规定此项条款时,应注意下列事项:

①必须做到内容明确、具体,并能反映标的物的特点,切忌空泛、笼统;

②尽可能使用国际上通行的名称,以免误会;

③选择有利于降低关税或方便进口的名称,作为合同的品名;

④在交易中,做不到或不必要的描述性的词句,都不应列入品名条款。

2. 品质条款

(1)商品品质的重要性

合同中的品质条件,是构成商品说明的重要组成部分,是买卖双方交接货物的依据,《英国货物买卖法》把品质条件作为合同的要件(Condition)。《公约》规定卖方交货必须符合约定的质量,如卖方交货不符约定的品质条件,买方有权要求损害赔偿,也可要求修理或交付替代货物,甚至拒收货物和撤销合同。这就进一步说明了品质的重要性。

(2)商品品质表示方法

表示商品品质的方法不同,合同中品质条款的内容也各不相同。在凭样品买卖时,合同中除了要列名商品的品名外,还应订明样品的编号,必要时还要列出寄送的日期。在凭文字说明买卖时,应明确规定商品的品名、规格、等级、标准、品牌或产地名称等内容。在凭说明书和图样表示商品品质时,还应在合同中列出说明书、图样的名称、份数等内容。

(3)签订国际货物买卖合同中的品质条款应注意的问题

①品质条款的内容和文字,要做到简单、具体、明确,既能分清责任又方便检验,应避免使用"大约"、"左右"、"合理误差"等笼统字眼。

②凡能采用品质机动幅度或品质公差的商品,应订明幅度的上下限或公差的允许值。如所交货物的品质超出了合同规定的幅度或公差,买方有权拒收货物或提出索赔。

品质机动幅度是指允许卖方所交货物的品质指标可有一定幅度范围内的差异,只要卖方所交货物的品质没有超出机动幅度的范围,买方就无权拒收货物,这一方法主要适用于初级产品。

品质公差是指工业制成品在加工过程中所产生的误差。在品质公差范围内买方无权拒收货物,也不得要求调整价格,这一方法主要适用于工业制成品。

应注意各品质指标之间的内在联系和相互关系,要有科学性和合理性。

3.数量条款

(1)数量条款的基本内容

数量条款的基本内容是规定交货的数量和使用的计量单位。如果是按重量计算的货物,还要规定计算重量的方法,如毛重、净重、以毛作净、公量等。

(2)数量条款的规定方法

①按品种确定计量单位:国际贸易中的不同商品,需要采用不同的计量单位。

通常使用的有下列几种:

• 按重量:克、千克、公吨、长吨、短吨、磅、克拉;
• 按个数:件、双、套、打、罗、令、卷;
• 按长度:米、英尺、码;
• 按面积:平方米、平方英尺、平方码;
• 按体积:立方米、立方英尺、立方码;
• 按容积:公升、加仑、夸特。

②因各国度量衡制度不同而导致计量单位上的差异。

由于世界各国的度量衡制度不同,以致造成同一计量单位所表示的数量不一。在国际贸易中,通常采用公制(the Metric System)、英制(the Britain System)、美制(the U. S. System)和国际标准计量组织在公制基础上颁布的国际单位制(the International of U-nit)。目前,除个别特殊领域外,一般不许再使用非法定计量单位。

上述不同的度量衡制度导致同一计量单位所表示的数量有差异。例如,就表示重量的吨而言,实行公制的国家一般采用公吨,每公吨为1 000千克;实行英制的国家一般采用长吨,每长吨为1 016千克;实行美制的国家一般采用短吨,每短吨为907千克。此外,有些国家对某些商品还规定有自己习惯使用的或法定的计量单位。

③计算重量的方法:在国际贸易中,按重量计量的商品很多。

根据一般商业习惯,通常计算重量的方法有下列几种:

• 毛重（Gross Weight）：是指商品本身的重量加包装物的重量。这种计重方法一般适用于低值商品。

• 净重（Net Weight）：是指商品本身的重量，即除去包装物后商品的实际重量。净重是国际贸易中最常见的计重方法。不过，有些价值较低的农产品或其他商品，有时也采用"以毛作净"（Gross for Net）的方法计重。

在采用净重计重时，对于如何计算包装重量，国际上的做法有：按实际皮重（Actual Tare or Real Tare）计算、按平均皮重（Average Tare）计算、按习惯皮重（Customary Tare）计算、按约定皮重（Computed Weight）计算。

• 公量（Conditioned Weight）：有些商品，如棉花、羊毛、生丝等有比较强的吸湿性，所含的水分受客观环境的影响较大，其重量也就很不稳定。为了准确计算这类商品的重量，国际上通常采用按公量计算，其计算方法是以商品的干净重（即烘去商品水分后的重量）加上国际公定回潮率与干净重的乘积所得出的重量，即为公量。

• 理论重量（Theoretical Weight）：对于一些按固定规格生产和买卖的商品，只要其重量一致，或每件重量大体是相同的，一般即可从其件数推算出总量。

• 法定重量（Legal Weight）和实物净重（Net Weight）：按照一些国家海关法的规定，在征收从量税时，商品的重量是以法定重量计算的。所谓法定重量是商品加上直接接触商品的包装物料，如销售包装等的重量，而除去这部分重量所表示出来的纯商品的重量，则称为实物净重。

（3）数量条款机动幅度的有关规定

为了便于履行合同和避免引起争议，进出口合同中的数量条款应当明确具体。一般不宜采用"大约"、"近似"、"左右"等带伸缩性的字眼来表示。

溢短装条款（More or Less Clause）是指在合同的数量条款中明确规定交货数量可以增加或减少，但增减的幅度以不超过规定的百分比为限。

（4）规定数量条款时应注意的事项

①对于出口商品数量的掌握，应考虑以下四点：

• 国外市场的供求情况。要正确运用市场供求变化规律，按照国外市场的实际需要合理确定成交量，以保证出口商品卖得适当的价钱，对于国内主销市场和常年稳定供货的地区与客商，应经常保持一定的成交量，防止因成交量过小，或供应不及时，使国外竞争者乘虚而入，使我们失去原来的市场和客户。

• 国内货源情况。在有生产能力和货源充足的情况下，可适当扩大成交量。反之，则不应盲目成交，以免给生产企业和履行合同带来困难。

• 国际市场的价格动态。当价格看跌时，应多成交，快脱手；价格看涨时，不宜急于大量成交，应争取在有利时机出售。

• 国外客户的资信状况和经营能力。对资信情况不了解和资信欠佳客户，不宜轻易签订成交数量较大的合同，对小客户也要适当控制成交数量，而大客户成交数量过小将缺少吸引力。总之要根据客户的具体情况确定适当的成交数量。

②对进口商品数量掌握，要考虑以下三个因素：

• 国内的实际需要。应根据实际需要确定成交量,以免盲目成交。

• 国内的支付能力。当外汇充裕而国内又有需要时,可适当扩大进口商品数量;如外汇短缺,应控制进口,以免浪费外汇和出现不合理的贸易逆差。

• 市场行情的变化。当行情对我有利时,可适当扩大成交数量;反之应适当控制成交数量。

③数量条款的各项内容应订得明确具体。

在数量条款中,对计量单位的规定,以"吨"计量时,要订明是长吨、短吨还是公吨;以罗为单位时,要注明每"罗"的打数,应避免使用含糊不清和笼统的字句,以免引起争议。对于"溢短装"和"约"量必须在合同中订明增减或伸缩幅度的具体百分比。

4.包装条款

(1)包装条款的含义

包装条款是指包装的种类和性质、包装材料、包装尺寸、包装费用和运输标志等内容。

(2)包装条款的内容

在国际贸易中,除一些货物因其本身的特点不需要包装外,多数货物都需要有一定的包装。包装的费用计入成本之中。货物的包装主要分为两类:

①运输包装,又称大包装或外包装,主要作用是为了保护货物的安全运输,便于装运和储存。

②销售包装,又称小包装或内包装,其作用是为了保护商品的质量、数量。

(3)包装条款的签订

包装条款是买卖合同的主要条款。按照各国法律规定买卖双方对包装条款一经确定,卖方所交货物的包装必须符合合同的约定。

由于商品的品种、商品的特性不一,运输方法以及运输距离又不相同,包装条款的内容及繁简也不尽相同。包装条款一般包括包装材料、包装方式、包装规格、包装标志和包装费用的负担等内容。

包装材料和包装方式应按合同中订立的内容进行包装,若合同中没有规定,卖方应按同种商品的惯常方式进行包装。违反了合同中的包装规定即是违反了包装条款,买方可以拒收货物。

运输包装的方式与包装用料、辅料由不同商品的特性决定。与运输包装有关的内容,如费用、包装标志以及包装提供者的责任与义务等有时也必须在合同中明确规定。合同的包装条款一般包括以下内容:

①包装方式

包装方式主要有箱、包、桶、袋、集装箱等。

箱(Case)。凡价值较高,容易受损的货物一般用箱装。箱可以分为木箱、夹板箱和钙塑箱,以供具有不同特点的商品选择使用。为解决木材资源和便于处理废弃包装物,目前趋向以纸箱取代木箱。有些贵重商品目前仍在使用金属箱。箱内一般衬用防潮纸或塑料薄膜,有时则衬用锌箔(Zinclined)或锡箔(Tinlined)。箱外通常包有打包铁皮或捆有塑料带。

包(Bale)。凡可紧压且品质不受损害的货物,常见的有棉布或麻布,可以机压打包。包外用铁皮打包或塑料带扎紧。

桶(Drum/Barrel)。液体、半液体以及粉状货物可用桶装。制桶的材料与箱的材料类似,有木材、夹板、纸板、铁皮、塑料等。

袋(Bag)。一些农产品和化学原料常用袋装。袋的制作材料通常是棉制、麻制的物质,有时也用纸制和塑料的材料。为加强包装牢度,经常采用纸塑复合、多层塑料复合和编织袋。

集装箱(Container)。目前,不少商品可直接装入集装箱进行运输,例如:机器设备。

此外,还有篓、坛、罐等包装方式。

②包装的垫料及辅料

运输包装使用的衬垫物(Filling and Lining Materials)是包装条款应该包含的内容,不容忽视。衬垫物的作用是防震、防摔、防潮、防锈等。衬垫物一般用纸屑、纸条、防潮纸和各种塑料。在进出口贸易中应该注意,我国出口包装不准用报纸类物品做衬垫物。有些进口国家不准用稻草、干草、棉絮等物品做衬垫物。

③包装标志

为了在运输过程中便于识别货物和计数,常常在运输包装上刷制一定的包装标志,包装标志有时也会在合同中加以规定。包装标志分两种:一种为运输标志,另一种为指示性、警告性标志。

A. 运输标志

运输标志(Shipping Mark)习惯上称为"唛头"或"唛"。唛头通常由三个部分组成:

• 收货人及/或发货人名称的代用简字、代号和简单的几何图形(有时不用几何图形);

• 目的港(地)名称;

• 件号,一般每件货物上应刷有表示顺序的件号。

在实际业务中,经常既刷顺序件号又刷总件号,有的仅刷统号(例如 NOS. 1－100,每件包装上均刷此统号)。有的运输标志还按照买方的要求列入合同号码、信用证号码或进口许可证号码等。

B. 指示性、警告性标志

在外包装上,除唛头外,根据商品的性质还刷上一些指示性和警告性的标志(Indicative and Warning Marks),目的是提醒搬运人员和开箱、拆包人员注意,以保障货物和操作人员的安全。指示性、警告性标志经常使用文字说明,例如:关于货物性质方面的标志,有"有毒品"(Poison)、"爆炸物"(Explosive)、"易燃物品"(Inflamable)等;关于操作方面的标志,有"小心轻放"(Handle with Care)、"请勿用钩"(Use No Hook)、"此端向上"(This Side Up)、"保持干燥"(Keep Dry)等。

为了避免因各国文字不同而造成的识别文字标志的困难,指示性、警告性标志还用简单、醒目、易懂的图样以弥补文字标志的不足。

④包装的内容量

包装的内容量是指每一个包件内所装货物的数量,如有数量搭配、颜色搭配和尺寸搭配等还必须在包装条款中写明。

⑤履行包装条款时的风险及对策

在磋商和订立包装条款时,因当事人的疏忽或规定不明,在包装方式或包装费用等问题上很容易引起法律解释的分歧,引起交货困难或延期,造成货物到达目的港(地)之后货损、货差的责任分歧。为防止此类事件的发生,应当采取以下几个方面的对策:

尽可能不使用"适合海运包装"(Sea Worthy Packing)、"习惯包装"(Customary Packing)或"卖方惯用包装"(Seller's Customary Parking)等术语,避免双方对上述术语内涵存在法律解释分歧。

明确买方所需特殊包装的包装费用由何方负担。一般的运输包装费用包括在货价之内,对于买方要求特殊包装的,超出的包装费用应由买方负责,如果合同中不作明确规定,容易引起争议。在进口合同中,特别是对包装技术性较强的商品,包装条款必须说明费用由哪一方负担。

谨慎采用中性包装术语。近年来,国际上限制使用中性包装术语。

在国外客户提供销售包装的出口业务中,合同包装条款必须规定提供销售包装的时间、运送方式、运送费用、运达时间,以及由于延误运达致使卖方无法交货或延期交货的责任。

在合同中没有规定运输标志的情况下,应在合同中说明卖方提出唛头式样及内容的时限,以及如果收不到买方提出的唛头,卖方有权自行决定唛头式样,以免延误交货期。

5.价格条款

(1)进出口商品价格的掌握

在确定商品价格时,要考虑的因素有很多,如:企业的经营意图、市场战略、交易商品的特点、市场供求规律、汇率变化趋势、交易商品的质量和档次、交易数量、包装要求、运输条件、交货方式和地点、交易双方的谈判实力等,这些因素都会对商品价格的最后确定产生一定的影响。对进出口业务人员而言,掌握商品的价格是一项复杂而又十分艰巨的工作。为了做好这项工作,外经贸业务经营人员必须熟悉交易商品的成本核算方法、主要贸易术语的价格构成和换算方法;了解作价方法和国际市场商品价格变动趋势,充分考虑影响价格的各种因素,合理地制定国际货物买卖合同中的价格条款。

主要贸易术语的价格构成:

①FOB、CFR、CIF 三种贸易术语的价格构成

在进出口业务中,最常采用的贸易术语是 FOB、CFR 和 CIF 三种。这三种贸易术语仅适用于海上或内河运输。在价格构成中,通常包括三方面的内容:生产或采购成本、各种费用和净利润。

FOB、CFR 和 CIF 三种贸易术语的价格构成的计算公式如下:

$$FOB 价 = \frac{生产}{采购成本价} + 国内费用 + 净利润$$

$$CFR 价 = \frac{生产}{采购成本价} + 国内费用 + 国外运费 + 净利润,即 FOB 价 + 国外运费$$

$$CIF 价 = \frac{生产}{采购成本价} + 国内费用 + 国外运费 + 国外保险费 + 净利润，即 FOB 价 + 国外运费 + 国外保险费$$

②FCA、CPT 和 CIP 三种贸易术语的价格构成

FCA、CPT 和 CIP 三种贸易术语，是国际商会为适应国际贸易的发展而制定的贸易术语。

FCA、CPT 和 CIP 三种贸易术语的价格构成的计算公式如下：

$$FCA 价 = \frac{生产}{采购成本价} + 国内费用 + 净利润$$

$$CPT 价 = \frac{生产}{采购成本价} + 国内费用 + 国外运费 + 净利润，即 FCA 价 + 国外运费$$

$$CIP 价 = \frac{生产}{采购成本价} + 国内运费 + 国外运费 + 国外保险费 + 净利润，即 FCA 价 + 国外运费 + 国外保险费$$

③主要贸易术语的价格换算

A. FOB、CFR 和 CIF 三种价格的换算

FOB 价换算为其他价：

$$CFR 价 = FOB 价 + 国外运费$$

$$CIF 价 = \frac{FOB 价 + 国外运费}{1 - 投保加成 \times 保险费率}$$

CFR 价换算为其他价：

$$FOB 价 = CFR 价 - 国外运费$$

$$CIF 价 = \frac{CFR 价}{1 - 投保加成 \times 保险费率}$$

CIF 价换算为其他价：

$$FOB 价 = CIF 价 \times (1 - 投保加成 \times 保险费率) - 国外运费$$
$$CFR 价 = CIF 价 \times (1 - 投保加成 \times 保险费率)$$

B. FCA、CPT 和 CIP 三种术语的换算

FCA 价换算为其他价：

$$CPT 价 = FCA 价 + 国外运费$$

$$CIP 价 = \frac{FCA 价 + 国外运费}{1 - 投保加成 \times 保险费率}$$

CPT 价换算为其他价：

$$FCA 价 = CPT 价 - 国外运费$$

$$CIP 价 = \frac{CPT 价}{1 - 投保加成 \times 保险费率}$$

CIP 价换算为其他价：

FCA 价＝CIP 价×(1－投保加成×保险费率)－国外运费

CPT 价＝CIP 价×(1－投保加成×保险费率)

(2)国际货物买卖合同中的价格条款

国际货物买卖合同中的价格条款应真实反映买卖双方价格磋商的结果,条款内容应完整、明确、具体、准确。

①价格条款的基本内容

进出口合同中的价格条款,一般包括商品的单价和总值两项基本内容。单价通常由四个部分组成,即包括计量单位、单位价格金额、计价货币和贸易术语。例如,每公吨 CIF 洛杉矶 2 000 美元(US＄2 000per M/T CIF Los Angeles)。总值(或称总价)是单价同数量的乘积,也就是一笔交易的货款总金额。

②作价方法

国际货物买卖合同中价格的作价方法,主要有固定价格,非固定价格,部分固定、部分不固定价格等。

A.固定价格:这种做法在国际货物买卖中被普遍采用,具体做法是:交易双方通过协商就计量单位、计价货币、单位价格金额和使用的贸易术语达成一致,在合同中以单价条款的形式规定下来,例如:

USD 58.50 per Dozen CIF London(每箱 58.50 美元 CIF 伦敦)其中 USD(美元)为计价货币,58.50 为单位价格金额,"per Dozen"为计量单位,"CIF London"为贸易术语。采用这种方法时,合同价格一经确定,就要严格执行,除非合同中另有约定或经双方当事人一致同意,任何一方不得擅自更改。固定价格的做法具有明确具体、便于核算的优点。但是,在这种方式下,当事人要承担从签约到交货付款乃至转卖时价格波动的风险。

B.非固定价格:习惯上又称"活价"。具体做法上又分为:

•合同中只规定作价方式,具体作价留待以后确定。如规定"在装船月份前××天,参照当地及国际市场价格水平,协商议定正式价格"或"按照提单日期的国际市场价格计算"。

•在合同中暂定一个初步价格,作为买方开立信用证和初步付款的依据,待以后双方确定最终价格后再进行清算,多退少补。

•规定滑动价格的做法。这种做法主要是在一些机械设备的交易中采用,由于加工周期较长,为了避免原料、工资等变动带来的风险,可由交易双方在合同中规定基础价格的同时,规定如交货时原料、工资发生变化并超过一定比例,卖方可对价格进行调整。

C.部分固定、部分不固定价格:在一些长期分批交货的交易中,双方可以协商规定,对于近期内交货的部分采用固定价格,其余采用不固定作价办法。

6.装运条款

国际货物买卖合同中的装运条款通常包括装运时间、装运港(地)和目的港(地)、分批装运和转运、装运通知、滞期和速遣条款等内容。

(1)装运时间

装运时间是买卖合同的主要交易条件,卖方必须严格按照规定时间装运货物,提前或延迟均构成违约,买方有权拒收货物、解除合同,同时提出损害赔偿要求。目前常用的有以下几种规定方法。

①明确规定具体装运时间

明确规定具体的期限,如"Shipment during March 2003",或规定跨月、跨季度装运。这种规定,卖方可有一定时间进行备货和安排运输,因此,在国际贸易中应用较广。

②规定在收到信用证后一定时间内装运

如规定"Shipment within 30 Days after Receipt of L/C"。对某些外汇管制较严的国家和地区,或专为买方制造的特定商品,为了防止买方不按时履行合同而造成损失,可采用这种规定方法。

③笼统规定近期装运

这种规定方法不规定具体期限,只是用"立即装运"、"尽速装运"等词语表示。由于这类词语在国际上无统一解释,为了避免不必要的纠纷,应尽量避免使用。

装运时间的规定应明确具体,应注意船货衔接的问题,以免造成有货无船或有船无货的局面。

(2)装运港(地)和目的港(地)

装运港(Port of Shipping)是指货物起始装运的港口。装运港一般由出口方提出,经进口方同意后确定。目的港(Port of Destination)是货物最后卸货的港口。目的港则由进口方提出,经出口方同意后确定。装运港和目的港可分别规定一个,也可分别规定两个或两个以上,还可以规定选择港。

在规定装运港和目的港时应注意:装运港或目的港的规定,应力求明确具体;不接受内陆城市为装运港或目的港;应注意装卸港的具体条件;应注意国外港口有无重名问题;选择港口不宜过多,并在一条航线上等。

(3)分批装运和转运

①分批装运

分批装运(Partial Shipment)又称分期装运(Shipment by Installment),是指一个合同项下的货物分若干期或若干次装运。凡数量较大,或受运输、市场销售、资金等条件的限制,都可在买卖合同中规定分批装运条款。根据国际商会《跟单信用证统一惯例》规定:"运输单据表面上已注明是使用同上运输工具装运并经同一路线运输,即使运输单据上注明的装运日期不同及装货港、接受监管地或发运地点不同,只要运输单据注明是同一目的地,将不视为分批装运。"该惯例还规定:"如信用证规定在指定的时期内分期支款及/或分期装运,任何一期未按信用证所规定期限支款/或装运时,信用证对该期及以后各期均告失效。"对这类条款受益人应严格遵守,必须按信用证规定的时间装运货物。

②转运

转运(Transhipment)的本意是指从装运港或装运地至卸货港或目的地的货运过程中进行转装或重装,包括从一运输工具或船只移至另一同类运输方式的运输工具或船只,或由一种运输方式转为另一种运输方式的行为。一般说来,允许转运对卖方比较主动,但要增加费用支出。而货物在转运时有可能增加损耗或散失,而且易使运程延迟,所以是否允许转运或在何地转运往往是买卖合同的重要内容。

1993 年修订的《跟单信用证统一惯例》（国际商会第 500 号出版物）对"转运"一词按不同运输方式作了不同的解释并作了淡化和从宽的处理。按该出版物对"转运"的解释：在海运情况下，是指在装货港和卸货港之间的海运过程中，货物从一艘船上卸下，再装上另一艘船的行为；在航空运输情况下，是指在从起运机场到目的地机场的运输过程中，货物从一架飞机上卸下，再装上另一架飞机的行为。而在公路、铁路或内河运输情况下，则是指在从装运地到目的地之间用不同的运输方式的运输过程中，货物从一种运输工具上卸下，再装上另一种运输工具的行为。

1993 年修订的《跟单信用证统一惯例》规定，除非信用证条款禁止转运，银行将接受表明货物将被转运的运输单据。如果同一单据包括全程运输，以及印有"承运人保留转运权的条款"，即使信用证规定有禁止转运的情况，注明发生以下有关转运内容的运输单据也可被银行接受：

• 注明将发生转运，只要提单（或不可转让海运单）证明有关货物是装在集装箱、拖车及/或拉希型驳船中装运的，如果同一提单（或不可转让海运单）包括全程海运。

• 注明将发生或可能发生转运的空运单据，如果同一份空运单据包括全程运输。

• 注明将发生或可能发生转运的公路、铁路或内河运输的运输单据，如果全程运输是用同一种运输方式并由同一运输单据所包括。

7. 商检条款

(1) 商检条款的含义

商检条款是指在国际货物买卖合同中，通常订有有关商品检验的条件和内容。货物在什么时间和地点进行检验关系到买卖双方的权利和义务，也涉及国际贸易惯例和法律规定。

(2) 商检条款的主要内容

商检条款主要包括下列内容：

①关于商检权问题。商检权关系到买卖双方由哪方决定商品品质、数量或包装是否符合合同的问题。在国际贸易中，对商检权一般有下列三种不同的规定方法：

• 以离岸品质、重量为准。在此种条款下，买方在货物到达后原则上不能对货物的品质和数量提出异议。这种做法对卖方比较有利。

• 以到岸品质、重量为准。在此种条款下，买方可以根据目的港检验机构签发的商检证书向卖方提出品质、数量方面的异议。这种做法显然对买方有利。

• 以装运港的检验证书作为议付贷款的依据，但在货到目的港后允许买方有复验权。如复验后发现货物的品质、数量与合同不符，买主可根据交验的结果向卖方提出索赔。这种做法比较公平合理，兼顾到买卖双方的利益，在国际贸易中使用比较普遍。

②关于商检机构。在国际贸易中，进行商品检验的机构主要有以下三类：其一，是由国家设立的商品检验机构；其二，是由私人或同业公会、协会开设的公证行；其三，是生产、制造厂商或产品的使用部门设立的检验机构。

③关于商检的期限。商检的时间一般就是品质、数量索赔的期限。在检验条款中通

常都规定,买方必须于货物到达目的港后若干天内(如60天内)进行检验。或规定买方应于货物在目的港卸货后若干天内进行检验,如果超过规定的期限不进行检验,买方就失去检验的权利等。

④关于商检的标准和方法。各国对同一商品规定的品质标准不完全一致,而且每个国家的标准(包括各同业公会的标准)各年的版本又有可能不同,内容也有差异。因此,在签订合同时,如按标准确定商品的品质,不仅要规定是按哪个国家的标准,而且还需规定是按照哪个版本的标准。有些商品,在检验时常因所采用的检验方法不同,而出现不同的结果。所以在签订合同时,对于可能有几种检验方法检验的商品,应明确采用哪一种。

(3)商检条款的内容分类

按照商检条款的内容,一般分为两大类:

①检验索赔条款,是对检验权、检验时间及期限、检验地点、检验机构、检验方法和费用以及检验证明文件的效力等的具体规定,这是检验、复验、仲裁及索赔的依据。

②是检验具体条款,是对有关商品的规格、品质、等级、数量、包装的要求。

在《合约》中,对货物的检验作了如下规定:买方必须在按实际情况可行的最短时间内检验货物或由他人检验货物,如果合同涉及货物运输,检验可推迟到货物到达目的地后进行。

根据商品的特征和性能,商检可分为品质检验、数量重量检验、安全性能检验、包装检验、兽医卫生检验以及动植物检疫等。

在实施商检前,首先要由买卖合同的当事人向商检机构申请对进出口商品进行检验、鉴定,这一手续称为"报检",报检又可分为出口商品报检和进口商品报检。

凡列入"种类表"的出口商品,以及按照合同要求、输入国法律规定、出口管理部门要求进行商检的商品,都应列入出口商品报检范围。进口商品报检,是指列入"种类表"的商品在到货后由接货单位向商检机构报检,发现商品检验指标与合同不符的,需向有关责任者提出索赔的,应在合同规定的索赔期限内向商检机构提出复验、出证。

对尚未成交的出口商品,或者已成交尚未装运的商品,经营单位可提前向商检机构申请检验,称为出口预检;另外,商检机构派员到商品产地或加工、包装点对出口商品进行检验,称为产地检验,也属于预检。对已签发预检合格单证的出口商品,出口前经营单位向原检验的商检机构申请换证,商检机构对该批商品进行查验,称为出EI查验。经产地检验合格,在申请出口换证时也需要由口岸商检机构查验,称为口岸查验。

(4)商检条款的作用

商品检验条款同其他条款一样,也是重要的交易条件之一,它关系到贸易的成败及经济利益的得失,出口商品能否保证符合订货的质量要求,进口商品发现质量问题时能否对外索赔,都与贸易合同中的商检条款密切相关,因此在签订贸易合同时,必须谨慎、认真、细致地订好合同中的商检条款。

(5)商检条款的注意事项

在订立商检条款时,应注意:

①必须明确规定检验的时间、地点、检验的机构和出具何种证书。

②必须使商检条款与合同中的品质条款、数量条款、包装条款等相互衔接,以防由于某一条款订得过于苛刻或过于烦琐以致事后无法出具商检证书,或因所出证书不符而难以议付。

③必须明确复验期限和复验地点。在买方有复验权的情况下,复验期限实际上就是索赔的期限。只有在此期限内,由卖方同意的商检机构出具的证书,才能作为有效的索赔依据。至于复验期的长短,应视商品特性和港口情况加以确定。通常,一般货物的复验期为货到目的地后 30~45 天,机器设备一般为 60 天或 60 天以上,对订有质量保证期限的商品可长达 1 年或 1 年以上。除买卖双方有规定之外,复验地点一般应在货物到达的目的地。

④必须明确检验方法和检验标准。同一种商品,采用不同的检验方法和标准,会得出不同的结果。因此,必须事先在合同条款中载明一种标准和方法对商品进行检验,而不能列上"某种或某几种"标准和方法的字样,以免事后发生争议。

5.1.5 国际货物买卖合同的履行

1. 出口合同的履行

(1)备货

备货工作是指卖方根据出口合同的规定,按时、按质、按量准备好应交的货物,并做好申请报检和领证工作。

(2)催证、审证和改证

当采用信用证为支付方式时,出口商为了维护自己的权益,必须做好对信用证的掌握、管理和使用,这包括催证、审证和改证。

(3)租船订舱和保险

贸易企业在出运货物之前,还需做好租船及办理出口报关、投保等工作。

(4)制单结汇

制单结汇是指出口货物装运后,贸易企业按照合同或信用证的规定,正确缮制各种单据,持单向当地银行结汇,收取汇款。

在这里需要强调指出的是,提高单证质量,对保证安全迅速收汇有着十分重要的意义,特别是在信用证付款条件下,实行的是单据和货款对流的原则,单证不相符,单单不一致,银行和进口商就可能拒收单据和拒付货款,因此,在缮制结汇单据时,要做到正确、完整、及时、简明以及整洁。

(5)出口收汇核销与出口退税

①出口收汇核销

出口收汇核销是以出口货物的价值为标准,核对是否有相应的外汇收回国内的一种事后管理措施,即出口企业在货物报关出口后,向外汇管理部门报送银行出具的收汇证明以进行核对的程序。

②出口退税

出口退税是指对出口产品退还其在国内生产和流通环节实际缴纳的产品税、增值税、营业税和特别消费税。出口产品退税制度,是一个国家税收的重要组成部分,它主要是通过退还出口产品的国内已纳税款来平衡国内产品税收负担,使本国产品以不含税成本进入国际市场,与国外产品在同等条件下进行竞争,从而增强竞争能力,扩大出口创汇。

2.进口合同的履行

(1)开立信用证

买方开立信用证是履行合同的前提条件,因此,签订进口合同后,应按合同规定办理开证手续。卖方收到信用证后,如提出修改信用证的要求,经买方同意后,即可向银行办理改证手续。最常见的修改内容有:展延装运期、信用证的有效期、变更装运港口等。

(2)派船接运货物

按 FOB 条件签订进口合同时,应由买方安排船舶,如买方自己没有船舶,则应负责租船订舱或委托租船代理办理租船订舱手续。当办妥订舱手续后,应及时将船名及船期通知卖方,以便卖方备货装船。应避免出现船等货的情况。买方备妥船后,还要做好催装工作,随时掌握卖方备货情况和船舶动态,催促卖方做好装船准备工作。

(3)办理货运保险

在 FOB 或 CFR 交货条件下的进口合同,保险由买方办理。买方可以与保险公司签订预约保险合同,对各种货物应保的险别先作出具体的规定。按照预约保险合同的规定,所有按 FOB 及 CFR 条件进口货物的保险,都由保险公司承保。因此买方在收到国外装运通知后,应及时将船名、提单名、开航日期、装运港、目的港以及货物的名称和数量等内容通知保险公司,即办妥投保手续。保险公司即按预约保险合同的规定对货物负自动承保责任。

(4)审单和付汇

银行收到国外寄来的汇票及单据后,对照信用证的规定,核对单据的份数和内容。如内容无误,即由银行对国外付款;同时,贸易企业按照规定的向银行买汇赎单。如审核国外单据发现证、单不符时,应作出适当处理。

(5)报关、验收和拨交

进口货物到货后,还需做好报关、验收和拨交等工作。

(6)进口索赔

进口商品常因品质、数量、包装等不符合合同的规定,而需要向有关方面提出索赔。根据造成损失原因的不同,进口索赔的对象主要有三个方面:即向卖方索赔、向转船公司索赔、向保险公司索赔。在进口业务中,办理对外索赔时,一般应注意:索赔证据、索赔金额、索赔期限、关于卖方的理赔责任。

5.2 国际货物运输保险

国际贸易中成交的货物往往要经过长途运输,涉及多个环节、多种运输方式,货物在从卖方所在地到买方所在地的整个运输、装卸及储存过程中,由于自然灾害、意外事故和其他外来风险的客观存在,可能会遭受损失。为了在货物遭受风险受损后能得到一定的经济补偿,卖方或买方就需要按成交条件办理货运保险。货物运输保险就是被保险人或投保人在货物装运以前,估计一定的投保金额,向保险人或承保人投保运输险,投保人按投保金额、投保险别及保险费率,向保险人支付保险费并取得保险单证,投保货物若在运输过程中遭受了承保范围内的风险造成的损失,保险人按投保金额及损失程度向保险单证持有人作出赔偿。

5.2.1 海上货物运输保险承担的风险与损失

海洋货运保险的保障范围包括海上风险、遭受海上风险造成的损失以及由此引起的费用。值得注意的是,保险人并不是对所有的"风险、损失和费用"都予以赔偿,保险业务上的这些术语都具有特定的范畴,保险人为了明确责任,将其承保的各类风险、损失和费用的赔偿责任都在不同的险别条款中加以规定。

1. 风险

海洋货物保险的风险分海上风险和外来风险两类。

(1)海上风险

海上风险又称海难,一般是指货物在海上航行中发生的或随附海上运输所发生的风险,它既非是一切海上发生的风险,亦非局限在航行过程中,包括海上发生的自然灾害和意外事故。

①自然灾害:是指由于自然界的变异引起破坏力量所造成的灾难。海运保险中,自然灾害仅指恶劣气候、雷电、海啸、洪水、火山爆发等人力不可抗拒的灾难。

②意外事故:是指由于意料不到的原因所造成的事故。海运保险中,意外事故仅指搁浅、触礁、沉没、火灾、爆炸、失踪、倾覆等。

(2)外来风险

外来风险一般是指由于外来原因引起的风险,它可分为一般外来风险和特殊外来风险。

①一般外来风险:是指货物在运输过程中由于被偷窃、下雨、短量、渗漏、破碎、受潮、受热、霉变、串味、沾污、钩损、生锈和碰损等原因所导致的风险。

②特殊外来风险:是指由于战争、罢工、拒绝交付货物等政治、军事、国家禁令及管理措施所造成的风险与损失。如因政治或战争因素,运送货物的船只被敌对国家扣留而造成交货不到;某些国家颁布的新政策或新的管理措施以及国际组织的某项禁令,都可能造成货物无法出口或进口而造成损失。

2. 费用

(1)施救费用

施救费用(Sue & Labour Charge),也称为诉讼及营救费用,或损害防止费用,是指被保险货物在遭遇承保责任范围内的灾害事故时,被保险人(或其代理人、雇佣人员)为了避免或减少货物损失,采取各种抢救与防护措施所支出的合理费用。构成施救费用的条件是:①对保险标的进行施救必须是被保险人或其代理人,其目的是为了减少标的物遭受损失;②保险标的遭受的损失必须是保单承保风险造成的。否则,被保险人对其进行抢救所支出的费用,保险人不予承担责任;③施救费用的支出必须是合理的。

(2)救助费用

救助费用(Salvage Charge)是指海上保险财产在遭遇承保范围内的灾害事故时,由保险人和被保险人以外的第三者采取救助措施并获成功,由被救方付给救助方的一种报酬。

救助费用一般都可以列为共同海损的费用项目,因为通常它是在船、货各方遭遇共同危难的情况下,为了共同安全由其他船舶前来救助而支出的费用。在各国保险法或保险公司的保险条款中,一般都列有保险人对救助费用负赔偿责任的规定。

3.损失

被保险货物因遭受海洋运输中的风险所导致的损失称为海损或海上损失。海损按损失程度的不同,可分为全部损失和部分损失;按性质不同,又可分为共担海损和单独海损。

(1)全部损失

全部损失(Total Loss)简称全损,是指被保险货物在海洋运输中遭受全部损失。从损失的性质看,全损又可分为实际全损和推定全损两种。

①实际全损(Actual Total Loss,ATL)又称绝对全损,是指保险标的物在运输途中全部灭失或等同于全部灭失。在保险业务上构成实际全损主要有以下几种:

• 保险标的物全部灭失。例如,载货船舶遭遇火灾,保险标的物实体完全灭失。

• 保险标的物的物权完全丧失或无法挽回。例如,载货船舶被海盗抢劫,虽然标的物仍然存在,但被保险人已经失去标的物的物权。

• 保险标的物已丧失原有商业价值或用途。例如,大米受潮发霉后失去原有的价值。

• 载货船失踪,无音讯已达相当一段时间。在国际贸易中,一般根据航程的远近和航行的区域来决定时间长短。

②推定全损(Constructive Total Loss,CTL)是指保险货物实际全损已经不可避免,或为避免实际全损需要支付的抢救、修理费用加上继续将货物运抵目的港的费用之和将超过保险价值,这种损失即为推定全损。

构成被保险货物推定全损的情况有以下几种:

• 保险标的物受损后,其修理费用超过货物修复后的价值。

• 保险标的物受损后,其整理和继续运往目的港的费用,超过货物到达目的港的价值。

• 保险标的物的实际全损已经无法避免,为避免全损所需的施救费用,将超过获救后标的物的价值。保险标的物遭受保险责任范围内的事故,使被保险人失去标的物的所有权,而收回标的物的所有权,其费用已超过收回标的物的价值。

在推定全损的情况下,被保险人获得的损失赔偿有两种情况:一是被保险人获得全损的赔偿;另一种是被保险人获得部分损失的赔偿。若想获得全损的赔偿,被保险人必须无条件地把保险货物委托给保险人。

(2)部分损失

凡不属于实际全损和推定全损的损失为部分损失(Partial Loss)。

在海上货物保险中,保险人对保险标的物的部分损失所承担的赔偿金额计算如下:

$$部分损失赔偿金额＝保险金额×\left(\frac{实际完好价值－货物受损后实际价值}{实际完好价值}\right)$$

其中货物的实际完好价值和受损后的实际价值,一般以货物抵达目的地的市场价值为准。如果受损货物在途中处理,不再运往目的地,则以处理地的市场价格为准。

(3)共同海损和单独海损

①共同海损(General Average)是指当船、货及其他利益方处于共同危险时,为了共同的安全,船长人为地采取合理的措施所引起的特殊牺牲和额外的费用,这种损失由受益各方按其财产价值进行分摊。例如,船舶在海上航行时遇到特大风浪,船长不得不抛弃甲板上的部分货物,以确保船货的安全,所抛弃的货物成为共同海损牺牲。

②单独海损(Particular Average)是指保险标的物在海上遭受承保范围内的风险所造成的部分灭失和损害,即指除共同海损以外的部分损失。这种损失只能由标的物所有人单独承担。

5.2.2 亚洲主要国家海运货物保险的条款

中国作为亚洲主要国家之一,其进出口货物运输最常用的保险条款是中国保险条款(China Insurance Clause,CIC)。该条款是中国人民财产保险股份有限公司根据中国保险业务的实际需要,并参照国际保险市场的惯例制定,由中国人民银行及中国保险监督委员会审批颁布的。

1.中国海运货物保险的基本险别

基本险可以单独投保,被保险人投保时,必须选择一种基本险投保。海洋货运保险的基本险包括平安险(F. P. A)、水渍险(W. P. A 或 W. A)和一切险(All Risks)。

(1)基本险的承保责任范围

①平安险的承保责任范围

• 在运输过程中,由于自然灾害造成被保险货物的实际全损或推定全损。

• 由于运输工具遭遇搁浅、触礁、沉没、互撞与流冰或其他物体碰撞以及失火、爆炸等意外事故造成被保险货物的全部或部分损失。

• 只要运输工具曾经发生搁浅、触礁、沉没、焚毁等意外事故,不论这意外事故发生之前或以后是否曾在海上遭遇恶劣气候、雷电、海啸等自然灾害造成的被保险货物的部分损失。

• 在装卸转船过程中,被保险货物一件或数件、整件落海所造成的全部损失或部分损失。

• 被保险人对遭受承保责任内危险的货物采取抢救、防止或减少货损措施支付的合理费用,但以不超过该批被救货物的保险金额为限。

• 运输工具遭遇自然灾害或者意外事故,需要在中途的港口或者在避难港口停靠,因而引起的卸货、装货、存仓以及运送货物所产生的特别费用。

- 共同海损的牺牲、分摊和救助费用。
- 运输契约订有"船舶互撞责任"条款,则根据该条款的规定应由贷方偿还船方的损失。

②水渍险的承保责任范围

水渍险的承保责任范围包括海上风险所造成的一切损失和费用,即在平安险的基础上,加上自然灾害造成的单独海损。

③一切险的承保责任范围

一切险的承保责任范围包括水渍险的所有责任,还包括由一般外来风险所造成的损失。

(2)基本险的保险责任的起讫

根据保险条款规定,上述基本险承保责任的起讫,采用国际保险业通用的"仓至仓条款"(W/W Clause)。该条款规定,保险人的保险责任自被保险货物运离保险单所载明的起运地仓库或储存处所开始运输时生效,直到该项货物到达保险单所载明目的地收货人的最后仓库或储存处所或被保险人用作分配、分派或非正常运输的其他储存处为止。如未抵达上述目的地,则在货物于最后卸载港全部卸离海轮后 60 天为止。在上述 60 天内如再需转运,则开始转运时保险责任终止。

上述基本险还规定了下列除外责任(Exclusions):①被保险人的故意行为或过失所造成的损失;②属于发货人责任引起的损失;③在保险责任开始前,被保险货物已存在品质不良或数量短差所造成的损失;④被保险货物的自然损耗、本质缺陷、特性以及市价跌落、运输延迟所造成的损失和费用;⑤属于海洋运输货物战争险条款和货物运输罢工险条款规定的责任范围和除外责任。

2.中国海运货物保险附加险别

在海运保险业务中,进出口商除了投保货物的上述基本险别外,还可根据货物的特点和实际需要,酌情再选择若干适当的附加险别。附加险别包括一般附加险和特殊附加险。

(1)一般附加险

一般附加险不能作为一个单独的项目投保,而只能在投保平安险或水渍险的基础上,根据货物的特性和需求加保一种或若干种一般附加险。一般附加险的种类一般包括:

①偷窃、提货不着险(Theft Pilferage and Non-delivery);

②淡水雨淋险(Fresh Water&/or Rain Damage);

③短量险(Risk of Shortage);

④混杂污染险(Risk of Intermixture and Contamination);

⑤渗漏险(Risk of Leakage);

⑥碰损、破碎险(Risk of Clash and Breakage);

⑦串味险(Risk of Odour);

⑧钩损险(Hook Damage);

⑨受潮、受热险(Damage Caused by Sweating and Heating);

⑩包装破裂险(Breakage of Packing);

⑪锈损险(Risk of Rust)。

（2）特殊附加险

特殊附加险是指承保由于军事、政治、国家政策法令以及行政措施等特殊外来原因所引起的风险和损失的险别。特殊附加险种类一般包括：

①交货不到险；

②进口关税险；

③舱面险；

④拒收险；

⑤黄曲霉素险；

⑥出口货物到中国香港、九龙或澳门存仓扩展条款；

⑦海运战争险；

⑧海运战争险的附加费用险；

⑨罢工险。

3.被保险人的义务

被保险人的义务如下：

（1）及时提货的义务

当保险货物运抵保险单所载明的目的港（地）后，被保险人有义务及时提货。若发现被保险货物遭受任何损失，应立即向保险单上规定的检验、理赔代理人申请检验，并向有关当局索取货损货差的证明；如涉及第三方责任，应以书面方式向他们提出索赔，必要时还须取得延长索赔时效的凭证。

（2）施救义务

对遭受承保风险的货物，被保险人有义务采取合理和必要的措施，避免或减少损失。同时保险公司可以采取措施避免或减少损失。但不得认为是被保险人放弃委付的表示，也不能认为是保险人接受委付的表示。保险人对被保险人因采取此项措施而发生的费用，即施救费用应予以补偿。

（3）更正保险单内容的义务

在航程变更的情况下或者由于疏忽，被保险人向保险人申报的货物、船名或航程等保险单证内容有遗漏或错误时，被保险人有义务在发现后立即通知保险人进行更正，并在必要时加缴保险费，以维持保险单的效力，否则可能发生保险责任中断或者从未开始的严重后果。

（4）提供索赔单证的义务

被保险人在向保险人索赔时，应提供下列单证：保险单正本、提单、发票、检验报告、装箱单、磅码单、货损货差证明、索赔清单等。此外，如货损涉及第三方责任，被保险人还需提供向责任方追偿的有关函电及其他必要的单证或文件。

（5）被保险人在获悉有关运输契约中"双方有责碰撞"条款的实际责任时，须及时通知保险人。这样做使得保险人能够在必要时自付费用以被保险人的名义对承运人的索赔进行抗辩。如果能够证明承运人没有尽到管货责任或船舶不适航，承运人就不能免除对本船货损的责任。

例如,中国现行海洋运输货物保险条款规定了被保险人的义务,在被保险人未履行这些义务而影响保险人利益的情况下,保险人有权拒绝赔偿有关损失。

4.索赔期限

索赔期限又称索赔时效,是被保险货物发生保险责任范围内的风险与损失时,被保险人向保险人提出索赔的有效期限。例如,中国保险条款规定,被保险人提出保险索赔的时效为两年,从货物在最后卸载港全部卸离海轮之日算起。若逾期,被保险人则丧失了向保险人提出保险索赔的权利。

5.2.3 亚洲主要国家陆运、空运与邮包货物运输保险

中国作为亚洲主要国家之一,其陆运、空运与邮包货运运输保险的做法值得借鉴与学习。

1.中国陆上运输货物保险

中国陆上运输货物保险分为陆运险和陆运一切险两种,此外还有陆上运输战争险。

(1)陆运险的责任范围

被保险货物在运输途中遭受暴风、雷电、洪水、地震等自然灾害或由于运输工具遭受碰撞、倾覆、出轨或在驳运过程中因驳运工具遭受搁浅、触礁、沉没、碰撞;或由于遭受隧道坍塌、崖崩或失火、爆炸等意外事故所造成的全部或部分损失。

被保险人对遭受承保责任内危险的货物采取抢救,防止或减少货损的措施而支付的合理费用,但以不超过该批被救货物的保险金额为限。

(2)陆运一切险的责任范围

除包括上列陆运险的责任外,本保险还负责被保险货物在运输途中由于外来原因所致的全部或部分损失。

(3)陆上运输货物保险责任起讫

陆上运输货物保险负“仓至仓”责任,自被保险货物运离保险单所载明的起运地仓库或储存处所开始运输时生效,包括正常运输过程中的陆上和与其有关的水上驳运在内,直至该项货物运达保险单所载目的地收款人的最后仓库或储存处所或被保险人用作分配、分派的其他储存处所为止,如未运抵上述仓库或储存处所,则以被保险货物运抵最后卸载的车站满60天为止。

2.航空运输货物保险

(1)航空运输险的责任范围

被保险货物在运输途中遭受雷电、火灾、爆炸或由于飞机遭受恶劣气候或其他危难事故而被抛弃,或由于飞机遭碰撞、倾覆、坠落或失踪等意外事故所造成的全部或部分损失。

被保险人对遭受承保责任内危险的货物采取抢救,防止或减少货损的措施而支付合理费用,但以不超过该批被救货物的保险金额为限。

(2)航空运输一切险的责任范围

除包括上列航空运输险责任外,本保险还负责被保险货物由于外来原因所致的全部或部分损失。

（3）航空运输货物保险责任起讫

①航空运输货物保险负"仓至仓"责任,自被保险货物运离保险单所载明的起运地仓库或储存处所开始运输时生效,包括正常运输过程中的运输工具在内,直至该项货物运达保险单所载明目的地收货人的最后仓库或储存处所或被保险人用作分配、分派的其他储存处所为止。如未运抵上述仓库或储存处所,则以被保险货物在最后卸载地卸离飞机后满30天为止。如在上述30天内被保险的货物需转送到非保险单所载明的目的地时,则以该项货物开始转运时终止。

②由于被保险人无法控制的运输延迟、绕道、被迫卸货、重新装载、转载或承运人运用运输契约赋予的权限所做的任何航行上的变更或终止运输契约,致使被保险货物运到非保险单所载目的地时,在被保险人及时将获知的情况通知保险人,并在必要时加缴保险费的情况下,本保险仍继续有效,保险责任按下述规定终止:

• 被保险货物如在非保险单所载目的地出售,保险责任至交货时为止。但不论何种情况,均以被保险的货物在卸载地卸离飞机后满30天为止。

• 被保险货物在上述30天期限内继续运往保险单所载原目的地或其他目的地时,保险责任仍按上述第①款的规定终止。

3.邮包运输货物保险

邮包运输货物保险按其保险责任分为邮包险(Parcel Post Risks)和邮包一切险(Parcel Post All Risks)两种。邮包险与海洋运输货物保险水渍险的责任相似,邮包一切险与海洋运输货物保险一切险的责任基本相同。

（1）邮包险的责任范围

负责赔偿被保险邮包在运输途中由于恶劣气候、雷电、海啸、地震、洪水等自然灾害或由于运输工具遭受搁浅、触礁、沉没、碰撞、倾覆、出轨、坠落、失踪,或由于失火、爆炸等意外事故所造成的全部或部分损失。此外,该保险还负责被保险人对遭受承保责任范围内危险的货物采用抢救、防止或减少损失的措施而支付的合理费用,但以不超过获救货物的保险金额为限。

（2）邮包一切险的责任范围

除包括上列邮包险的责任外,本保险还负责被保险邮包在运输途中由于外来原因所致的全部或部分损失。

（3）邮包运输货物保险的责任起讫

邮包险和邮包一切险的保险责任,是自被保险邮包离开保险单所载起运地点寄件人的处所运往邮局时开始生效,直至该项邮包运达保险单所载明的目的地邮局,自邮局发出到货通知给收件人的当日午夜算起,满15天为止。在此期限内,邮包一经递交至收件人处,保险责任即告终止。

5.2.4 伦敦保险协会海运货物保险条款

国际保险市场上,许多国家和地区的保险公司在国际货物运输保险中都采用英国伦敦保险协会制定的《协会货物险条款》(Institute Cargo Clauses,ICC),或者在制定本国保险条款时参考或采用了上述条款。因此,对其必须了解。

1.《协会货物险条款》的种类

《协会货物险条款》最早制定于 1912 年,修订工作于 1982 年 1 月 1 日完成,并于 1983 年 4 月 1 日起正式实行。包括六种险别:协会货物(A)险条款、协会货物(B)险条款、协会货物(C)险条款、协会战争险条款(货物)、协会罢工险条款(货物)、恶意损害险条款。

在上述六种险别条款中,除(A)、(B)、(C)三种险别可以单独投保外,战争险和罢工险在需要时,也可在征得保险公司同意的基础上,作为独立的险别投保。除恶意损害险外,其余 5 种险别均可划分为 8 个部分:承保范围、除外责任、保险期限、索赔、保险利益、减少损失、防止延迟和法律惯例。

2.协会货物保险条款的承保风险与除外责任

(1)协会货物(A)险条款

协会货物(A)险条款[Institute Cargo Clauses(A),ICC(A)]的承保责任范围较广,采用"一切风险减除外责任"的方式,即除了不负责除外责任项下所列的风险导致的损失外,其他风险导致的损失均予负责。(A)险的除外责任有下列四类:

①一般除外责任

所谓一般除外责任,是指下列几种情况:被保险人故意违法行为造成的损失或费用;直接因延迟引起的损失或费用;保险标的自然渗漏、重量或容量的自然损耗或自然磨损;因船舶所有人、经理人、租船人经营破产或不履行债务造成的损失或费用;因包装或准备不足或不当造成的损失或费用;因使用任何原子武器或热核武器造成的损失或费用;因保险标的内在缺陷或特征造成的损失或费用。

②不适航、不适货除外责任

所谓不适航、不适货除外责任,是指被保险人或其受雇人在保险标的物装船时已知船舶不适航,以及船舶、集装箱、运输工具等不适货。

③战争除外责任

所谓战争除外责任,是指因内战、战争、敌对行为等造成的损失或费用;因拘留、捕获、扣留等(海盗除外)造成的损失或费用;因鱼雷、漂流水雷等造成的损失或费用。

④罢工除外责任

所谓罢工除外责任,是指因罢工或被迫停工造成的损失或费用;因罢工者、被迫停工工人等造成的损失或费用;任何恐怖主义者或出于政治动机而行动的人导致的损失或费用。

(2)协会货物(B)险条款

协会货物(B)险条款[Institute Cargo Clauses(B),ICC(B)]采用"列明风险"的方式,即把应承担的风险逐一列举,凡属承保责任范围内的损失,无论是全损还是部分损失,保险人均按损失程度给予赔偿。以下列出了 ICC(B)险承保的风险和除外责任:

①承保的风险

灭失和损害的原因在于:爆炸、火灾;在避难港卸货;火山爆发、地震、雷电;共同海损牺牲;船舶或驳船搁浅、触礁、沉没或倾覆;陆上运输工具倾覆或出轨;船舶、驳船或运输工具同水外的任何外界物体碰撞;海水、湖水或河水进入船舶、驳船、运输工具、集装箱、大型海运箱或储存处所;抛货;浪击落海;货物在装卸时落海或跌落,造成整件全损。

②除外责任

ICC(B)险与ICC(A)险的除外责任大体相同,仅有两点区别:一是在(A)险中恶意损害险被列为承保风险,而在(B)险中保险人对此风险不负赔偿责任;二是在(A)险中"海盗行为"属于承保范围内的责任,而在(B)险中该风险属于除外责任。

(3)协会货物(C)险条款

协会货物(C)险条款〔Institute Cargo Clauses(C),ICC(C)〕的承保风险要小于ICC(A)险和ICC(B)险,它采用"列明风险"的方式,不承保自然灾害及非重大意外事故的风险,仅承保重大意外的风险。下面是ICC(C)险承保的风险和除外责任:

①承保的风险

灭失和损害的原因在于:爆炸、火灾,在避难港卸货,共同海损牺牲,船舶或驳船搁浅、触礁、沉没或倾覆,陆上运输工具倾覆或出轨,船舶、驳船或运输工具同除水以外的任何外界物体碰撞,抛货。

②除外责任

ICC(C)险的除外责任与ICC(B)险完全相同,在此不再赘述。

5.2.5 国际货物运输保险事务

1.合同中的保险条款

在国际贸易中,无论进口货物还是出口货物,通常都需要办理保险,并事先在合同中订立保险。其内容包括:

(1)规定投保人

在买卖合同中,究竟由哪一方投保,一般取决于买卖双方所选用的贸易术语。例如,如果采用CIF术语成交,保险则由卖方办理;如果采用FOB或CFR术语成交,保险则由买方办理。

(2)投保险别的选择

保险人承担的保险责任是以险别为依据的。对保险险别的选择,一般应考虑多种因素,如货物的性质和特点、货物的包装、运输路线及船舶停靠港口、运输季节等。至于投保什么险,则由买卖双方在保险条款中事先约定。

(3)保险金额和保险费的计算

保险金额是指保险人所应承担的最高赔偿金,也是核算保险费的基础。保险金额一般应由买卖双方经过协商确定,按照国际保险市场习惯,通常按CIF或CIP总值加10%计算。所加的百分率成为保险加成率,它作为买方的经营管理费用和预期利润。

保险公司向投保人收取的保险费按下列方法计算:

保险费=保险金额×保险费率

其中保险费率是按照不同货物、不同目的地、不同运输工具和投保险别,由保险公司根据货物损失和赔付率,并在此基础上参照国际保险费水平,结合本国国情而制定的。

2.货物运输保险的做法

(1)出口货物保险的做法

凡按 CIF 和 CIP 条件成交的出口货物,由出口企业向当地保险公司办理投保手续。在办理时,应根据出口合同或信用证规定,在备妥货物并确定装运日期和运输工具后,按规定格式逐笔填制保险单,具体列明被保险人名称、保险货物项目、数量、包装及标志、保险金额、起止地点、运输工具名称、起止日期和投保险别等,然后送保险公司投保、缴纳保险费,并向保险公司领取保险单证。

(2)进口货物保险做法

按 FOB、FCA、CFR、CPT 条件成交的进口货物,均由买方办理保险。

3.保险单证

保险单证是保险公司对投保人的承保证明,也是保险公司与投保人的一种契约,它具体规定了双方的权利和义务。在被保险货物遭受损失时,保险单证是被保险人索赔的依据,也是保险公司理赔的主要依据。在国际贸易中,保险单证是可以转让的。

目前,常用的保险单证有:保险单、保险凭证、联合保险凭证、预约保险单。

(1)保险单(Insurance Policy)

保险单又称"大保单",是投保人与保险公司之间订立的正式的保险合同。它除了在正面载明证明双方当事人建立保险关系的文字、被保险货物的情况、承保险别、理赔地点以及保险公司关于所保货物如遇险可凭本保险单及有关证件给付赔款的声明等内容外,在背面还对保险人和被保险人的权利和义务作了规定。

(2)保险凭证(Insurance Certificate)

保险凭证俗称"小保单",是一种简化了的保险合同,它与正式的保险单具有同样的效力。保险凭证只有正面的内容,无背面条款,但其一般标明按照正式保险单上所载保险条款办理。

(3)联合凭证(Combined Certificate)

联合凭证又可称为"联合发票",是一种将发票和保险单相结合的比保险凭证更为简化的保险单证。保险公司将承保的险别、保险金额以及保险编号加注在投保人的发票上,并加盖印戳,其他项目均在发票上列明为准。这种单证只有中国采用,并且仅适用于对港、澳地区的出口业务。

(4)预约保险单(Open Policy)

预约保险单又称为"开口保险单",它是被保险人和保险人之间订立的总合同。订立这种合同的目的是简化保险手续,又可使货物一经装运即可取得保障。合同中规定承保货物的范围、险别、费率、责任、赔款处理等条款,凡属合同约定的运输货物,在合同有效期内自动承保。

案例 5-1

货运代理保险利益纠纷案

2000 年 9 月 27 日,某技术进出口公司代理某通信公司与阿尔卡特网络(亚洲)有限公司签订了一份数字数据网络设备国际货物买卖合同,约定的总价款为 851 108 美元,以 FOB 加拿大渥太华离岸价为价格条件。合同签订后,技术进出口公司与某运输公司联系运输事宜,某运输公司委托海外运输商 Secure 公司负责海外运输。2000 年 11 月 15 日,该技术进出口公司与某保险公司签署了一份《国际运输预约保险启运通知书》,载明:被保险人是技术进出口公司;保险货物项目是一套数字数据网络设备,包装及数量是纸箱 48 件;价格条件是 EX-Work;货价(原币)851 108 美元;运输路线自 Ottawa Canada 至中国湖北武汉;投保险种为一切险;保险金额为 978 774 美元;保险费为 3 915 美元;落款栏中盖有某保险公司业务专用章和技术进出口公司发票专用章;备注栏载明:(公路运输)Ka-nata(阿尔卡特公司工厂所在地)—渥太华机场;空运:渥太华机场—北京机场—天河机场(货物离开机场及武汉市内通知保险公司)。2000 年 11 月 15 日,技术进出口公司向保险公司支付了保险费人民币 32 417 元,并收到保险公司出具的收据。渥太华时间 2000 年 11 月 15 日 19 时即北京时间 2000 年 11 月 16 日 08 时,被保险货物在渥太华 Secure 公司仓库被盗。2000 年 12 月 7 日,技术进出口公司将出险情况告知了保险公司。同年 12 月 21 日,技术进出口公司向保险公司提出索赔,保险公司以技术进出口公司不具有保险利益而主张合同无效并拒赔,技术进出口公司遂向法院起诉。

这是一起货运代理保险利益纠纷案例,本案的焦点问题是保险利益的认定问题。本案中技术进出口公司是否具有保险利益取决于其对买卖合同项下货物承担的风险,而对货物承担的风险及其起始时间又取决于买卖合同约定的价格条件。本案买卖合同约定的价格条件是 FOB 加拿大渥太华,意为货物在渥太华越过船舷或装机后,货物的风险才发生转移。在此之前,货物的风险则仍由卖方承担。因此,本案技术进出口公司购买的货物在海外运输公司 Secure 公司仓库被盗时,技术进出口公司不具有保险利益。同时,保险合同载明的工厂交货对确定投保人对保险标的物是否具有保险利益没有法律意义,技术进出口公司以保险合同为据主张以工厂交货并移转风险的观点不能成立。因此,保险公司与技术进出口公司的保险合同因投保人对保险标的物不具有保险利益而无效。技术进出口公司无权要求保险公司承担赔偿责任,而保险公司亦应退还保险费。

资料来源:货运保险投保人如何认定保险利益,http://www. iic. org. cn/D_infoZL/infoZL_read. php? id=17181。

5.3 国际货物货款的收付

5.3.1 支付工具——票据

1.票据概要

(1)票据的含义及特点

国际贸易中结算通常所说的票据(Bill/Note)是指以支付一定数额金钱为目的、用于清偿债务的凭证,即由出票人在票据上签名,无条件地规定自己或他人支付确定金额的可流通证券。

作为一种非现金结算工具,票据主要具有以下特点:

①无因性

票据上权利和义务的发生都是由于某种原因引起的,这种原因成为票据的基础关系。但是在票据开立之后,票据上权利和义务即与产生票据的原因脱离;无论其原因关系是否存在、是否有效,均不影响票据的效力。

②要式性

票据是一种要式证券。票据的要式性是指票据的记载事项、记载方式等必要条件必须按照法律的规定进行。

③流通性

票据是可流通证券,票据的权利可以凭背书交付而转移,不必通知债务人。

总之,无因性、要式性和流通性是票据的三个基本的特征。但是,在某些情况下,流通票据也可能失去流通能力。如果票据被加上限制性批注,如"不得转让"、"只能付某人"等,那么这些票据就不再具有流通性。

(2)票据当事人

一般来说,票据涉及三方面的当事人,即出票人(Drawer)、受票人(Drawee)和收款人(Payee)。票据进入流通领域之后,又派生出流通中的关系人,即背书人、承兑人、持票人等。每个关系人在票据上签名后,即对票据的正当持票人付款或担保付款的责任。

(3)票据种类及票据行为

国际贸易结算中使用的票据包括汇票、本票和支票,以汇票为主。各国的法律对票据种类的规定并不完全一致,但在国际贸易中使用的金融票据主要有汇票(Bill of Exchange/Postal Order/Draft)、本票(Promissory Note)和支票(Cheque/Check),其中以使用汇票为主。

票据行为(Acts under a Bill)是指以票据上规定的权利和义务所确立的法律行为。根据票据法的一般规则,每个票据行为不因其他票据行为的不合法而受到影响。

2. 汇票

(1)汇票的概念和内容

汇票(Bill of Exchange/Postal Order/Draft)是由出票人签发的,要求付款人在见票时或在一定期限内,向收款人或持票人无条件支付一定款项的票据。汇票是国际结算中使用最广泛的一种信用工具。

汇票是一种要式证券,所以必须要式齐全。

《日内瓦统一汇票、本票法公约》规定,汇票应该具备几个必要项目:

①必须写明"汇票"字样;

②无条件支付一定金额命令;

③付款人姓名;

④付款期限;

⑤付款地点；

⑥受款人（Payee）或其指定人；

⑦出票日期；

⑧出票地点；

⑨出票人签名。

（2）汇票的种类

①按出票人的不同——银行汇票、商业汇票。

银行汇票（Banker's Draft）是出票人和付款人均为银行的汇票。

商业汇票（Commercial Draft）是出票人为企业法人、公司、商号或者个人，付款人为其他商号、个人或者银行的汇票。

②按有无附属单据——光票汇票、跟单汇票。

光票（Clean Bill）汇票本身不附带货运单据，银行汇票多为光票。

跟单汇票（Documentary Bill）又称信用汇票、押汇汇票，是需要附带提单、仓单、保险单、装箱单、商业发票等单据，才能进行付款的汇票，商业汇票多为跟单汇票，在国际贸易中经常使用。

③按付款时间——即期汇票、远期汇票。

即期汇票（Sight Bill/Demand Bill）指持票人向付款人提示后对方立即付款，又称见票即付汇票。

远期汇票（Time Bill/Usance Bill）是在出票一定期限后或特定日期付款。在远期汇票中，记载一定的日期为到期日，于到期日付款的，为定期汇票；记载于出票日后一定期间付款的，为计期汇票；记载于见票后一定期间付款的，为注期汇票；将票面金额划为几份，并分别指定到期日的，为分期付款汇票。

④按承兑人——商业承兑汇票、银行承兑汇票。

商业承兑汇票（Commercial Acceptance Bill）是以银行以外的任何商号或个人为承兑人的远期汇票。

银行承兑汇票（Banker's Acceptance Bill）承兑人是银行的远期汇票。

⑤按流通地域——国内汇票、国际汇票。

（3）汇票的票据行为

汇票使用过程中的各种行为，都由票据法加以规范，主要有出票、提示、承兑和付款。如需转让，通常应经过背书行为。如汇票遭拒付，还需要拒绝证书和行使追索权。

①出票（Draw/Issue）。出票是出票人签发汇票并交付给收款人的行为。出票后，出票人即承担保证汇票得到承兑和付款的责任。如汇票遭到拒付，出票人应接受持票人的追索，清偿汇票金额、利息和有关费用。

出票时有三种方式规定收款人：

• 限制性抬头（Restrictive Payee）。这种汇票通常会标注"pay ABC Co. Ltd. only"或"pay ABC Co. Ltd. , not negotiable"。这种汇票不得流通转让。

• 指示性抬头（to order）。这种汇票常标有"pay ABC Co. Ltd. to order"或者"pay to the order of ABC Co. Ltd. "。

•持票人或者来人抬头（to bearer）。这种常标注有"pay to bearer"或者"pay to ABC Co. Ltd. or bearer"。

②提示（Presentation）。提示是持票人将汇票提交给付款人要求承兑或付款的行为，是持票人要求取得票据权利的必要程序。提示又分付款提示和承兑提示。

③承兑（Acceptance）。承兑指付款人在持票人向其提示远期汇票时，在汇票上签名，承诺于汇票到期时付款的行为。具体做法是付款人在汇票正面写明"承兑"（Accepted）字样，注明承兑日期，于签章后交还持票人。付款人一旦对汇票作承兑，即成为承兑人以主债务人的地位承担汇票到期时付款的法律责任。

④付款（Payment）。付款是指付款人在汇票到期日，向提示汇票的合法持票人足额付款。持票人将汇票注销后交给付款人作为收款证明。汇票所代表的债务债权关系即告终止。

⑤背书（Endorsement）。票据包括汇票是可流通转让的证券。除非出票人在汇票上记载"不得转让"外，汇票的收款人可以以记名背书的方式转让汇票权利。即在汇票背面签上自己的名字，并记载被背书人的名称，然后把汇票交给被背书人即受让人，受让人成为持票人，是票据的债权人。受让人有权以背书方式再行转让汇票的权利。在汇票经过不止一次转让时，背书必须连续，即被背书人和背书人名字前后一致。对受让人来说，所有以前的背书人和出票人都是他的前手（Prior Parties），对背书人来说，所有他转让以后的受让人都是他的"后手"，前手对后手承担汇票得到承兑和付款的责任。在金融市场上，最常见的背书转让为汇票的贴现，即远期汇票经承兑后，尚未到期，持票人背书后，由银行或贴现公司作为受让人。从票面金额中扣减按贴现率结算的贴息后，将余款付给持票人。贴现后余额的计算公式是：

$$贴现后余额＝票面金额－（票面金额×贴现率×日数/360）－有关费用$$

⑥拒付和追索（Dishonour & Recourse）。持票人向付款人提示，付款人拒绝付款或拒绝承兑，均称拒付。另外，付款人逃匿、死亡或宣告破产，以致持票人无法实现提示，也称拒付。出现拒付，持票人有追索权。即有权向其前手（背书人、出票人）要求偿付汇票金额、利息和其他费用的权利。在追索前必须按规定做成拒绝证书和发出拒付通知。拒绝证书，用以证明持票已进行提示而未获结果，由付款地公证机构出具，也可由付款人自行出具退票理由书，或有关的司法文书。拒付通知，用以通知前手关于拒付的事实，使其准备偿付并进行再追索。

3. 本票

（1）本票的含义及内容

本票（Promissory Notes）是一个人向另一个人签发的，保证即期或定期或在可以确定的将来的时间，对某人或其指定人或持票人支付一定金额的无条件书面承诺。

各国票据法对本票应当具备的内容的规定大同小异，以中国为例，中国《票据法》规定本票必须记载下列事项：

①标明其为"本票字样";

②无条件支付承诺;

③出票人签字;

④出票日期和地点;

⑤确定的金额;

⑥收款人或其指定人姓名。

(2)本票种类

①一般本票:出票人为企业或个人,票据可以是即期本票,也可以是远期本票。

②银行本票(Casher's Order):出票人是银行,只能是即期本票。

(3)本票票据行为

本票的票据行为中,对于出票、背书、付款等与汇票类似,但是本票还有一些特殊的规定。例如,中国票据法规定:本票只能由银行或其他金融机构签发;出票人必须具有支付本票金额的可靠资金来源;本票自出票之日起,付款期限最长不得超过两个月;本票持票人未按规定期限提示见票的,丧失对出票人以外的前手的追索权。

4.支票

(1)支票的含义和内容

支票(Cheque/Check)是出票人签发,委托办理支票存款业务的银行或者其他金融机构在见票时无条件支付确定的金额给收款人或持票人的票据。

根据各国相关法律规定,支票包括的必要事项如下:

①写明"支票"字样;

②无条件支付的委托;

③出票日期;

④出票人名称及签字;

⑤付款银行名称及地址(未载明付款地点者,付款银行所在地视为付款地点);

⑥付款人;

⑦确定的金额。

(2)支票种类

①记名支票

记名支票(Cheque Payable to Order)是在支票的收款人一栏,写明收款人姓名,如"限付某甲"(Pay A Only)或"指定人"(Pay A Order),取款时须由收款人签章,方可支取。

②不记名支票

不记名支票(Cheque Payable to Bearer)又称空白支票,支票上不记载收款人姓名,只写"付来人"(Pay Bearer)。取款时持票人无须在支票背后签章,即可支取。此项支票仅凭交付而转让。

③划线支票

划线支票(Crossed Cheque)是在支票正面画两道平行线的支票。

划线支票与一般支票不同,划线支票非由银行不得领取票款,故只能委托银行代收票款入账。使用划线支票的目的是为了在支票遗失或被人冒领时,还有可能通过银行代收的线索追回票款。

④保付支票

保付支票(Certified Cheque)是指为了避免出票人开出空头支票,保证支票提示时付款,支票的收款人或持票人可要求银行对支票"保付"。保付是由付款银行在支票上加盖"保付"戳记,以表明在支票提示时一定付款。支票一经保付,付款责任即由银行承担。出票人、背书人都可免于追索。付款银行对支票保付后,即将票款从出票人的账户转入一个专户,以备付款,所以保付支票提示时,不会退票。

(3)支票的票据行为

支票的票据行为中,对于出票、背书、付款行为和追索权的行使,适用各国票据法中对于汇票的相应行为和权利行使的规定;但对支票的特殊规定除外。例如,禁止签发空头支票。

5.3.2 汇付与托收

汇付和托收是国际贸易中常见的货款结算方式。按照资金流向和结算工具的方向划分,国际贸易结算方式可分为顺汇和逆汇两大类。顺汇(Remittance),是由债务人主动将款项交给本国银行,委托银行使用某种结算工具,汇付给国外债权人或收款人。汇付属于顺汇的范畴。逆汇(Honour of Draft/Reverse Remittance)是由债务人以出具票据的方式,委托本国银行向国外债务人收取款项的结算方式。在贸易业务中,信用证项下的押汇、跟单托收以及非贸易中的支票托收都属于逆汇。

1.汇付

(1)汇付方式及其当事人

汇付,又称汇款,是付款人通过银行,使用各种结算工具将货款汇交收款人的一种结算方式。汇付属于商业信用,采用顺汇法。汇付的优点在于手续简便、费用低廉。

汇付的当事人有四个:

①汇款人(Remitter),即付款人,在国际贸易结算中通常是进口人、买卖合同的买方或其他经贸往来中的债务人;

②收款人(Payee),通常是出口人、买卖合同中的卖方或其他经贸往来中的债权人;

③汇出行(Remitting Bank),是接受汇款人的委托或申请,汇出款项的银行,通常是进口人所在地的银行;

④汇入行(Receiving Bank),又称解付行(Paying Bank),是接受汇出行的委托解付款项的银行,汇入行通常是汇出行在收款人所在地的代理行。

(2)汇付的种类

汇款根据汇出行向汇入行转移资金发出指示的方式,可分为三种方式:

①电汇(Telegraphic Transfer,T/T)

电汇是汇出行应汇款人的申请,派发加押电报或电传给在另一国家的分行或代理行(即汇入行)解付一定金额给收款人的一种汇款方式。

电汇方式的优点在于速度快,收款人可以迅速收到货款。随着现代通信技术的发展,银行与银行之间使用电传直接通信,快速准确。电汇是目前使用较多的一种方式,但其费用较高。

②信汇(Mail Transfer,M/T)

信汇是汇出行应汇款人的申请,用航空信函的形式,指示出口国汇入行解付一定金额的款项给收款人的汇款方式。信汇的优点是费用较低廉,但收款人收到汇款的时间较迟。

③票汇(Remittance by Banker's Demand Draft,D/D)

票汇是指汇出行应汇款人的申请,代汇款人开立以其分行或代理行为解付行的银行即期汇票,支付一定金额给收款人的汇款方式。

票汇与电汇、信汇的不同之处在于,票汇的汇入行无须通知收款人取款,而由收款人持票登门取款,这种汇票除有限制流通的规定外,经收款人背书,可以转让流通,而电汇、信汇的收款人则不能将收款权转让。

(3)汇付的应用

在国际贸易中,汇款结算方式多用于预付货款、货到付款。汇付的优点在于手续简便、费用低廉。汇付的缺点是风险大,资金负担不平衡。因为以汇付方式结算,可以是货到付款,也可以是预付货款。如果是货到付款,卖方向买方提供信用并融通资金。而预付货款则由买方向卖方提供信用并融通资金。不论哪一种方式,风险和资金负担都集中在一方。在发达国家之间,由于大量的贸易是跨国公司的内部交易,而且外贸企业在国外有可靠的贸易伙伴和销售网络,因此,汇付是主要的结算方式。

在分期付款和延期付款的交易中,买方往往用汇付方式支付货款,但通常需辅以银行保函或备用信用证,所以又不是单纯的汇付方式了。

2.托收

(1)托收方式及其当事人

托收(Collecting)是出口人在货物装运后,开具以进口方为付款人的汇票(随附或不随付货运单据),委托出口地银行通过它在进口地的分行或代理行代出口人收取货款的一种结算方式。托收属于商业信用,采用的是逆汇法。

托收方式的当事人有以下几个:

①委托人(Principal);

②托收银行(Remitting Bank);

③代收银行(Collecting Bank);

④提示行(Presenting Bank);

⑤付款人(Drawee);

⑥需要时代理(Principal's Representative in Case of Need)。

(2)托收的种类

根据托收时是否向银行提交货运单据,托收分为光票托收和跟单托收两种。

①光票托收

托收时如果汇票不附任何货运单据,而只附有"非货运单据"(发票、垫付清单等),叫光票托收。这种结算方式多用于贸易的从属费用、货款尾数、佣金、样品费的结算和非贸易结算等。

②跟单托收

跟单托收有两种情形：附有商业单据的金融单据的托收和不附有金融单据的商业单据的托收。在国际贸易中所讲的托收多指前一种。

跟单托收根据交单条件的不同，可分为付款交单和承兑交单两种。

付款交单(Documents against Payment,D/P)：是指代收行必须在进口人付款后方能将单据交予进口人的方式。即所谓的"一手交钱，一手交单"。出口人把汇票连同货运单据交给银行托收时，指示银行只有在进口人付清货款的条件下才能交出货运单据。这种托收方式对出口人取得货款提供了一定程度的保证。

承兑交单(Documents against Acceptance,D/A)：指在使用远期汇票收款时，当代收行或提示行向进口人提示汇票和单据，若单据合格进口人对汇票加以承兑时，银行即凭进口人的承兑向进口人交付单据。这种托收方式只适用于远期汇票的托收，与付款交单相比，承兑人交单为进口人提供了资金融通上的方便，但出口人的风险增加了。

(3)托收委托书

出口托收委托书的内容包括：

①代行(Collecting Bank)：出口商在该栏内填写国外代收银行(一般为进口商的开户银行)的名称和地址，这样有利于国外银行直接向付款方递交单据，有利于早收到钱。

如果没有填写或不知道进口方的开户银行，则申请人银行将为申请人选择进口商所在国家或地区的一家银行进行通知，这样出口商收到款项的时间将会较长。

因此出口商最好知道进口商所在的国外开户银行。

②申请人(Applicant)：申请人为出口商，应填写详细的名称、地址、电话、传真号码。

③付款人(Drawee)：付款人为进口商，应填写详细的名称、地址、电话、传真号码。

如果进口商的资料不详细的话，容易造成代收行工作的难度，使出口商收到款项的时间较长。

④汇票的时间和期限(Issue Date and Tenor of Draft)：申请书上的汇票的有关内容要与汇票上的一致。

⑤合同号码(Contract Number)：申请书上的合同号码要与进出口双方签订的商务合同上的号码保持一致。

⑥单据(Documents)：提交给银行的正本和副本的单据名称和数量。

⑦托收条款(Terms and Conditions of Collection)

托收的条款一般包括以下几项内容，如果需要就注明一个标记(×)：

• 收到款项后办理结汇；

• 收到款项后办理原币付款；

• 要求代收方付款交单(D/P)；

• 要求代收行承兑交单(D/A)；

• 银行费用由付款人承担；

- 银行费用由申请人承担;
- 通知申请人承兑汇票的到期日;
- 如果付款延期,向付款人收取 -‰ P. A. 的延期付款利息;
- 付款人拒绝付款或拒绝承兑,通知申请人并说明原因;
- 付款人拒绝付款或拒绝承兑,代收行对货物采取仓储或加保,费用由申请人支付;
- 其他。

(4)托收的运用

托收属于商业信用,银行在办理托收业务时,既没有检查货运单据正确与否或是否完整的义务,也没有承担付款人必须付款的责任。托收虽然是通过银行办理,但银行只是作为出口人的受托人行事,并没有承担付款的责任,进口人不付款与银行无关。出口人向进口人收取货款靠的仍是进口人的商业信用。

如果进口人拒绝付款,除非另有规定,银行没有代管货物的义务,出口人仍然应该关心货物的安全,直到对方付清货款为止。

托收对出口人的风险较大,D/A 比 D/P 的风险更大。跟单托收方式是出口人先发货,后收取货款,因此对出口人来说风险较大。进口人付款靠的是他的商业信誉,如果进口人破产倒闭,丧失付款能力,或货物发运后进口地货物价格下跌,进口人借故拒不付款,或进口人事先没有领到进口许可证,或没有申请到外汇,被禁止进口或无力支付外汇等,出口人不但无法按时收回货款,还可能造成货款两空的损失。如果货物已经到达进口地,进口人借故不付款,出口人还要承担货物在目的地的提货、存仓、保险费用和可能变质、短量、短重的风险;如果货物转售它地,会产生数量与价格上的损失;如果货物转售不出去,出口人就要承担货物运回本国的费用以及承担可能因为存储时间过长被当地政府贱卖的损失等。虽然上述损失出口人有权向进口人索赔,但在实践中,在进口人已经破产或逃逸的情况下,出口人即使可以追回一些赔偿,也难以弥补全部损失。尽管如此,在当今国际市场出口竞争日益激烈的情况下,出口人为了推销商品占领市场,有时也不得不采用托收方式。如果对方进口人信誉较好,出口人在国外又有自己的办事机构,则风险会相对小一些。

托收对进口人比较有利,可以免去开证的手续以及预付押金,还有可以预借货物的便利。当然托收对进口人也不是没有一点风险。如,进口人付款后才取得货运单据,领取货物,如果发现货物与合同规定不符,或者根本就是假的,也会因此而蒙受损失,但总的来说,托收对进口人比较有利。

5.3.3 信用证付款

1.信用证概述

(1)信用证的含义

信用证(Letter of Credit,L/C),是指开证银行应申请人的要求并按其指示向第三方开立的载有一定金额的、在一定的期限内凭符合规定的单据付款的书面保证文件。信用证是国际贸易中最主要、最常用的支付方式。

(2)信用证的特点

信用证有三个特点：

①信用证是一项自足文件(Self-sufficient Instrument)。信用证不依附于买卖合同，银行在审单时强调的是信用证与基础贸易相分离的书面形式上的认证。

②信用证方式是纯单据业务(Pure Documentary Transaction)。信用证是凭单付款，不以货物为准，只要单据相符，开证行就应无条件付款。

③开证银行负首要付款责任(Primary Liabilities for Payment)。信用证是一种银行信用，它是银行的一种担保文件，开证银行对支付负有首要付款的责任。

2.信用证的当事人及其职责

(1)开证申请人(Applicant)

开证申请人是指向银行申请开立信用证的人，在信用证中又称为开证人(Opener)。

义务：根据合同开证，向银行交付比例押金，及时付款赎单。

权利：验、退赎单，验、退货(均以信用证为依据)。

说明：开证申请书有两部分，即对开证行的开证申请和对开证行的声明和保证(申明赎单付款前货物所有权归银行)；开证行及其代理行只负单据表面是否合格之责；开证行对单据传递中的差错不负责；对"不可抗力"不负责；保证到期付款赎单；保证支付各项费用；开证行有权随时追加押金；有权决定货物代办保险和增加保险级别，而费用由开证申请人负担。

(2)开证行(Opening/Issuing Bank)

开证行是指接受开证申请人的委托开立信用证的银行，它承担保证付款的责任。

义务：正确、及时开证，承担付款责任。

权利：收取手续费和押金，拒绝受益人或议付行的不符单据，付款后如开证申请人无力付款赎单时可处理单、货，货不足款时可向开证申请人追索余额。

(3)通知行(Advising/Notifying Bank)

通知行是指受开证行的委托，将信用证转交出口人的银行，它只证明信用证的真实性，不承担其他义务，是出口地所在银行。需要证明信用证的真实性，转递行只负责转交。

(4)受益人(Beneficiary)

受益人是指信用证上所指定的有权使用该证的人，即出口人或实际供货人。

义务：收到信用证后应及时与合同核对，不符者尽早要求开证行修改或拒绝接受或要求开证申请人指示开证行修改信用证；如接受则发货并通知收货人，备齐单据在规定时间向议付行交单议付；对单据的正确性负责，不符时应执行开证行改单指示并仍在信用证规定期限交单。

权利：被拒绝修改或修改后仍不符有权在通知对方后单方面撤销合同并拒绝信用证；交单后若开证行倒闭或无理拒付可直接要求开证申请人付款；收款前若开证申请人破产可停止货物装运并自行处理；若开证行倒闭时信用证还未使用可要求开证申请人另开。

(5)议付银行(Negotiating Bank)

议付银行是指愿意买入受益人交来跟单汇票的银行；是根据信用证开证行的付款保

证和受益人的请求,按信用证规定对受益人交付的跟单汇票垫款或贴现,并向信用证规定的付款行索偿的银行;又称购票行、押汇行和贴现行,一般就是通知行,有限定议付和自由议付。

义务:严格审单,垫付或贴现跟单汇票,背批信用证。

权利:可议付也可不议付,议付后可处理(货运)单据,议付后开证行倒闭或借口拒付可向受益人追回垫款。

(6)付款银行(Paying/Drawee Bank)

付款银行是指信用证上指定付款的银行,在多数情况下,付款行就是开证行。对符合信用证的单据向受益人付款的银行(可以是开证行也可以是受其委托的另家银行)有权付款或不付款;一经付款无权向受益人或汇票善意持有人追索。

(7)保兑行(Confirming Bank)

保兑行是指受开证行委托对信用证以自己名义保证的银行。加批"保证兑付";不可撤销的确定承诺;独立对信用证负责,凭单付款;付款后只能向开证行索偿;若开证行拒付或倒闭,则无权向受益人和议付行追索。

(8)承兑行(Accepting Bank)

承兑行是指对受益人提交的汇票进行承兑的银行,亦是付款行。

(9)偿付行(Reimbursement Bank)

偿付行是指受开证行在信用证上的委托,代开证行向议付行或付款行清偿垫款的银行(又称清算行)。只付款不审单,只管偿付不管退款,不偿付时开证行偿付。

3.信用证的主要内容

信用证目前尚未有统一格式,但其基本内容大致相同。信用证一般包括以下条款:

(1)信用证开证行的资信;

(2)信用证开证日期;

(3)信用证有效期限和有效地点;

(4)信用证申请人和受益人;

(5)信用证号码;

(6)信用证币别和金额;

(7)信用证货物描述;

(8)信用证单据条款;

(9)信用证价格条款;

(10)信用证装运期限;

(11)信用证交单期限;

(12)信用证偿付条款;

(13)信用证银行费用条款;

(14)信用证特别条款;

(15)跟单信用证统一惯例文句。

4. 信用证的分类

(1)以信用证项下的汇票是否附有货运单据划分为跟单信用证及光票信用证。

①跟单信用证(Documentary Credit)是凭跟单汇票或仅凭单据付款的信用证。此处的单据指代表货物所有权的单据(如海运提单等),或证明货物已交运的单据(如铁路运单、航空运单、邮包收据)。

②光票信用证(Clean Credit)是凭不随附货运单据的光票(Clean Draft)付款的信用证。银行凭光票信用证付款,也可要求受益人附交一些非货运单据,如发票、垫款清单等。

在国际贸易的货款结算中,绝大部分使用跟单信用证。

(2)以开证行所负的责任为标准可以分为不可撤销信用证和可撤销信用证。

①不可撤销信用证(Irrevocable L/C)。指信用证一经开出,在有效期内,未经受益人及有关当事人的同意,开证行不能片面修改和撤销,只要受益人提供的单据符合信用证规定,开证行必须履行付款义务。

②可撤销信用证(Revocable L/C)。开证行不必征得受益人或有关当事人同意有权随时撤销的信用证,应在信用证上注明"可撤销"字样。但 UCP500 规定:只要受益人依信用证条款规定已得到了议付、承兑或延期付款保证时,该信用证即不能被撤销或修改。它还规定,如信用证中未注明是否可撤销,应视为不可撤销信用证。

最新的 UCP600 规定不可开立可撤销信用证。

(3)以有无另一银行加以保证兑付为依据,可以分为保兑信用证和不保兑信用证。

①保兑信用证(Conformed L/C)。指开证行开出的信用证,由另一银行保证对符合信用证条款规定的单据履行付款义务。对信用证加以保兑的银行,称为保兑行。

②不保兑信用证(Unconfirmed L/C)。开证行开出的信用证没有经另一家银行保兑。

(4)根据付款时间不同,可以分为即期信用证、远期信用证、假远期信用证。

①即期信用证(Sight L/C)。指开证行或付款行收到符合信用证条款的跟单汇票或装运单据后,立即履行付款义务的信用证。

②远期信用证(Usance L/C)。指开证行或付款行收到信用证的单据时,在规定期限内履行付款义务的信用证。

③假远期信用证(Usance Credit Payable at Sight)。信用证规定受益人开立远期汇票,由付款行负责贴现,并规定一切利息和费用由开证人承担。这种信用证对受益人来讲,实际上仍属即期收款,在信用证中有"假远期"(Usance L/C Payable at Sight)条款。

(5)根据受益人对信用证的权利可否转让,可分为可转让和不可转让信用证。

①可转让信用证(Transferable L/C)。指信用证的受益人(第一受益人)可以要求授权付款、承担延期付款责任的承兑或议付的银行(统称"转让行"),或当信用证是自由议付时,可以要求信用证中特别授权的转让银行,将信用证全部或部分转让给一个或数个受益人(第二受益人)使用的信用证。开证行在信用证中要明确注明"可转让"(Transferable),且只能转让一次。

②不可转让信用证。指受益人不能将信用证的权利转让给他人的信用证。凡信用证中未注明"可转让",即是不可转让信用证。

（6）循环信用证（Revolving L/C）

循环信用证是指信用证被全部或部分使用后,其金额又恢复到原金额,可再次使用,直至达到规定的次数或规定的总金额为止。它通常在分批均匀交货的情况下使用。在按金额循环的信用证条件下,恢复到原金额的具体做法有:

①自动式循环。每期用完一定金额,不需等待开证行的通知,即可自动恢复到原金额。

②非自动循环。每期用完一定金额后,必须等待开证行通知到达,信用证才能恢复到原金额使用。

③半自动循环。即每次用完一定金额后若干天内,开证行提出停止循环使用的通知,自第×天起即可自动恢复至原金额。

（7）对开信用证（Reciprocal L/C）

对开信用证是指两张信用证申请人互以对方为受益人而开立的信用证。两张信用证的金额相等或大体相等,可同时互开,也可先后开立。它多用于易货贸易或来料加工和补偿贸易业务。

（8）背对背信用证（Back to Back L/C）

背对背信用证又称转开信用证,指受益人要求原证的通知行或其他银行以原证为基础,另开一张内容相似的新信用证,背对背信用证的开证行只能根据不可撤销信用证来开立。背对背信用证的开立通常是中间商转售他人货物,或两国不能直接办理进出口贸易时,通过第三者以此种办法来沟通贸易。原信用证的金额（单价）应高于背对背信用证的金额（单价）,背对背信用证的装运期应早于原信用证的规定。

（9）预支信用证/打包信用证（Anticipatory Credit/Packing Credit）

这是指开证行授权代付行（通知行）向受益人预付信用证金额的全部或一部分,由开证行保证偿还并负担利息,即开证行付款在前,受益人交单在后,与远期信用证相反。预支信用证凭出口人的光票付款,也有要求受益人附一份负责补交信用证规定单据的说明书,当货运单据交到后,付款行在付给剩余货款时,将扣除预支货款的利息。

（10）备用信用证（Standby Credit）

备用信用证又称商业票据信用证（Commercial Paper Credit）、担保信用证。指开证行根据开证申请人的请求对受益人开立的承诺承担某项义务的凭证。即开证行保证在开证申请人未能履行其义务时,受益人只要凭备用信用证的规定并提交开证人违约证明,即可取得开证行的偿付。它是银行信用,对受益人来说是备用于开证人违约时,取得补偿的一种方式。

5.3.4 银行保函

1.银行保函的含义及基本内容

银行保函,又称银行保证书（Bank's Letter of Guarantee）,是指银行、保险公司、担保公司或担保人应申请人的请求,向受益人开立的一种书面信用担保凭证,保证在申请人未能按双方协议履行其责任或义务时,由担保人代其履行一定金额、一定时限范围内的某种支付或经济赔偿责任。

银行保函的内容根据交易的不同而有所不同,但通常包括以下内容:

(1)基本栏目:包括保函的编号,开立日期,各当事人的名称、地址,有关交易或项目的名称,有关合同或标书的编号和订约或签发日期等。

(2)责任条款:即开立保函的银行或其他金融机构在保函中承诺的责任条款,这是构成银行保函的主体。

(3)保证金额:是开立保函的银行或其他金融机构所承担责任的最高金额,可以是一个具体的金额,也可以是合同有关金额的某个百分率。如果担保人可以按委托人履行合同的程度减免责任,则必须作出具体说明。

(4)有效期:即最迟的索赔日期,或称到期日(Expiry Date),它既可以是一个具体的日期,也可以是在某一行为或某一事件发生后的一个时期到期。例如:在交货后三个月或六个月、工程结束后 30 天等。

(5)索赔方式:即索赔条件,是指受益人在任何情况下可向开立保函的银行提出索赔。对此,国际上有两种不同的处理方法:一种是无条件的或称"见索赔偿"保函(First Demand Guarantee);另一种是有条件的保函(Accessary Guarantee)。

2.银行保函的当事人及其法律关系

银行保函业务中涉及的主要当事人有三个:委托人(Principal)、受益人(Beneficiary)和担保人(Guarantor),此外,往往还有反担保人、通知行及保兑行等。这些当事人之间形成了一环扣一环的合同关系,他们之间的法律关系如下:

(1)委托人与受益人之间基于彼此签订的合同而产生的债权债务关系或其他权利义务关系。此合同是他们之间权利和义务的依据,相对于保函协议书和保函而言是主合同,是其他两个合同产生和存在的前提。如果此合同的内容不全面,会给银行的担保义务带来风险,因而银行在接受担保申请时,应要求委托人提供他与受益人之间签订的合同。

(2)委托人与银行之间的法律关系是基于双方签订的"保函委托书"而产生的委托担保关系。"保函委托书"中应对担保债务的内容、数额、担保种类、保证金的交存、手续费的收取,银行开立保函的条件、时间、担保期间,双方违约责任,合同的变更、解除等内容予以详细约定,以明确委托人与银行的权利义务。"保函委托书"是银行向委托人收取手续费及履行保证责任后向其追偿的凭证。因此,银行在接到委托人的担保申请后,要对委托人的资信、债务及担保的内容和经营风险进行认真的评估审查,以最大限度降低自身风险。

(3)担保银行和受益人之间的法律关系是基于保函而产生的保证关系。保函是一种单务合同,受益人可以以此享有要求银行偿付债务的权利。在大多数情况下,保函一经开立,银行就要直接承担保证责任。

依保函的性质不同,可分为从属性保函和见索即付保函。见索即付保函是指对由银行出具的,书面形式表示在受益人交来符合保函条款的索赔书或保函中规定的其他条件时,承担无条件的付款责任。

3.银行保函种类

(1)履约保函

在一般货物进出口交易中,履约保函又可分为进口履约保函和出口履约保函。

进口履约保函是指担保人应申请人(进口人)的申请开给受益人(出口人)的保证承诺。保函规定,如出口人按期交货后,进口人未按合同规定付款,则由担保人负责偿还。这种履约保函对出口人来说,是一种简便、及时和确定的保障。

出口履约保函是指担保人应申请人(出口人)的申请开给受益人(进口人)的保证承诺。保函规定,如出口人未能按合同规定交货,担保人负责赔偿进口人的损失。这种履约保函对进口人有一定的保障。

(2)还款保函

还款保函又称预付款保函或定金保函,是指担保人应合同一方当事人的申请,向合同另一方当事人开立的保函。保函规定,如申请人不履行他与受益人订立合同的义务,不将受益人预付或支付的款项退还或还款给受益人,担保人向受益人退还或支付款项。

除上述两种保函外,还可根据其他功能和用途的不同,分为其他种类的保函,如:投标保函、补偿贸易保函、来料加工保函、技术引进保函、维修保函、融资租赁保函、借款保函等。

5.3.5 国际保理业务

1.国际保理业务的含义

国际保理业务(International Factoring)又称国际保付代理、承购出口应收账款业务等,它是商业银行或附属机构通过收购消费品出口债券向出口商提供的一项综合性金融业务,其核心内容是以收购出口债券的方式向出口商提供出口融资和风险担保,其特色在于将一揽子服务综合起来由一个窗口提供,并可根据客户需求提供灵活的服务项目组合。

2.国际保理业务的内容

(1)信用风险保障。如果企业选择了保理服务中的风险保障选项,买家的信用风险将会由银行来承担。在核准的信用额度内,保理可以为企业提供最高达100%的买家信用风险担保,帮助企业拓展国际、国内贸易业务。

(2)应收账款融资。针对被保理的应收账款,可以按预先约定的比率(通常为发票金额的80%,也可以是100%)为企业提供即时的贸易融资。

(3)应收账款管理。帮助企业进行专业的销售账户管理和应收账款催收,为企业即时提供经营管理所需的有关应收账款信息并对买方付款情况进行分析。

3.国际保理业务的利弊分析

(1)国际保理业务为出口商和进口商带来的收益

①风险保障。对出口商来说,进口商的财务风险转由保理商承担,出口商可以得到100%的收汇保障;对进口商来说,单纯凭借公司的信誉和良好的财务表现而获得信贷,无须抵押。

②增加营业额。对进口商来说,对于新的或现有的客户提供更具竞争力的 O/A、D/

A 或 D/P 付款条件,以拓展海外市场,增加营业额;对进口商来说,利用 O/A、D/A 或 D/P 优惠付款条件,以有限的资本购进更多货物,加快资金流动,扩大营业额。

③简化手续。对进口商来说,免除了一般单项交易的烦琐手续;对进口商来说,在批准信用额度后,购买手续简化,进货快捷。

④节约成本。对出口商来说,资信调查、账务管理和追收账款由保理商处理,减轻了业务负担,节约了管理成本;对进口商来说,省去了开信用证和处理繁杂文件的费用。

（2）国际保理业务的不利之处

①国际保理商的风险较大;

②出口商承担的保理费用较高;

③对于商品质量、运输等方面的原因造成的买卖双方的纠纷以致引起拒付,保理商只能等待进出口双方自行解决或通过仲裁机构解决。

5.3.6　各种支付方式选择

在国际贸易业务中,一笔交易的货款结算,可以只使用一种结算方式,也可根据不同的交易商品、交易对象、交易做法等,将两种以上的结算方式结合使用,从而有利于促成交易、安全及时收汇等。

1.主要结算方式比较

在国际贸易中,汇付、跟单托收和跟单信用证是三种主要的、最基本的、最常用的结算方式,如表 5-1 所示。

表 5-1　三种结算方式比较

结算方式		手续	银行收费	买卖双方的资金占有率	买方风险	卖方风险
汇付	预付货款	简单	最小	不平衡	最大	最小
	赊账交易	简单	最小	不平衡	最小	最大
跟单托收	付款交单	稍繁	稍大	不平衡	较小	较大
	承兑交单	较繁	稍大	不平衡	极小	极大
跟单信用证		最繁	最大	较平衡	稍大	较小

2.影响结算方式选择使用的因素

在选择结算方式时,安全因素是首先需要考虑的重要问题,其次是占用资金时间的长短,当然也需要注意具体操作时的手续繁简、银行费用等。此外,下列因素在选择使用何种结算方式的时候具有一定的影响,有时甚至起决定性作用。

（1）客户资信

在国际贸易中,合同能否顺利圆满地得到履行,在很大程度上取决于客户的信用。因此,要在贸易中安全收汇、安全用汇,就必须事先做好对客户的资信调查,以便根据客户的具体情况,选用适当的结算方式。

(2)贸易术语

国际货物买卖合同中采取不同的国际贸易术语,表明各项合同的交货方式和使用的运输方式是不同的,而不同的交货方式和运输方式所适用的结算方式不会完全相同。因此,在选择结算方式时,要注意合同所采取的贸易术语。

(3)运输单据

如果货物通过海上运输,出口商装运货物后得到的运输提单是海运提单,而海运提单属于物权凭证,提单交付给进口商之前,出口商尚能控制货物,故可以选用信用证和托运方式结算货款。如果货物通过航空、铁路、邮政运输时,出口商装运货物后得到的运输单据是航空运单、铁路运单或邮包收据,这些都不是物权凭证,因此在这种情况下,一般不宜做托收。即使采用信用证方式,也大都规定必须以开证行作为运输单据的收货人,以便银行控制货物。

3.各种支付方式的选用

在国际贸易实务中,除采用某一种支付方式之外,有时也可以将各种不同的支付方式结合起来使用。

(1)信用证与汇付相结合

信用证与汇付相结合是指部分货款采用信用证、余额采用汇付方式结算。这种结算方式的结合形式常用于允许交货数量有一定动机幅度的某些初级产品的交易。例如,矿砂、煤炭、粮食等散装货物,买卖合同规定90%的货款以信用证方式付款,其余10%在该货物运抵目的港、经检验核实货物数量后,按实到数量确定余数金额后以汇付方式支付。又如,对于特定商品或特定交易需进口商预付定金的,也有规定预付定金部分以汇付方式支付,其余货款以信用证方式结算。

(2)信用证与托收相结合

信用证与托收结合是指一笔交易货款,部分用信用证方式支付,余额用托收方式结算。这种结合形式的具体做法通常是:信用证规定受益人(出口商)开立两张汇票,属于信用证下的部分货款通过光票支付,而余额则将货运单据附在托收的汇票项下,按即期或远期付款交单方式托收。这种做法,对进口商而言可减少开证金额,少付开证押金,少垫资金;对出口商而言,托收部分虽然有一定风险,但因为有部分信用证的保证,而且货运单据在信用证内规定跟随托收汇票,开证行需等全部货款付清后才能向进口商交单,因而收汇较为安全。但信用证必须订明信用证的种类和支付金额以及托收方式的种类,也必须订明"在全部付清发票金额后方可交单"的条款。

(3)信用证与银行保函相结合

信用证与银行保函相结合用于成套设备或工程承保交易。除了支付货款外,还有预付定金或保留金的收取。一般货款可用信用证支付,预付定金要先开银行保函,保留金的收取可以开保函代替。如果是招标交易,则需投标保函、履约保函、退还预付金保函与信用证相结合。

(4)托收和银行保函相结合

托收与汇付相反,是逆汇。出口商先交货后收款,从而要负担进口商收到货物后拒付而造成的货款两空的风险。因此,采取托收方式对于出口商不利。为了使收取货款有保障,可以让进口商申请开立保证托运付款的保函;一旦进口商没有在收到单据后的规定时间内付款,出口商有权向开立保函的银行索取出口货款。

(5)汇付与银行保函相结合

按照汇付分为预付货款和货到付款两种形式,汇付与银行保函的结合形式也分为两种:

①预付货款时,汇付与银行保函的结合使用

预付货款的结算方式,有利于出口商而不利于进口商。因此,预付货款时,出口商可以先开立银行保函,保证按时交货、交单,否则要向进口商退还预付款。然后,进口商发出汇款,即汇款与保函的结合使用。

②货到付款时,汇付与银行保函的结合使用

货到付款的结算方式有利于进口商而不利于出口商,出口商方面仅用于新产品或者滞销货物的出口,以便在国际市场上打开销路。货到付款时,进口商可以先开立银行保函,保证货到一定付款;然后,出口商发货,即完成了汇付与保函的结合使用。

案例 5-2

信用证软条款

1999 年 8 月份,山东莱芜市 A 公司接到香港 B 公司传真,声称要牛仔布样品。经过协商,决定以 B 公司为中间商,A 公司以 D/P 方式向新加坡 C 公司提供 4 000 码价值 5 280 美元的牛仔布样品,目的港为孟加拉的吉大港。B 公司要求由他们指定船运公司,A 公司不同意。经过交涉,最终指定双方都能够接受的甲船运公司。在给 A 公司的订货传真上,B 公司特别注明:"最好是付运 12 天后再将单据提交银行收款,以避免货尚未运抵孟加拉而单据先到而且要向老板交代、解释的尴尬局面。"

1999 年 12 月 8 日,样品付运。甲船运公司向 A 公司出具的船运提单上,发货人为 A 公司,收货人为"to Order"(按发货人指示),目的港为孟加拉吉大港。但 B 公司又背着 A 公司,买通甲船运公司业务员,另外非法出具一份海运提单,发货人为甲船运公司,收货人为香港乙船运公司,目的地为香港。B 公司特地向甲船运公司强调:"付运后发予我方的船运提单请用快件寄予我司。"

1999 年 12 月 1 日,B 公司向 A 公司开出一笔标的额为 361 761 美元的信用证,起运港为青岛,目的港为孟加拉吉大港。信用证中明确规定:1. 价格条款为 FOB,运费由 B 公司支付;2. 不允许转运;3. 开证申请人出具检验证明(Inspection Certificate),作为正本单据的附件,在议付期限内,检验证明必须由开证行进行确认。

2000 年 1 月 4 日,代收行退回样品正本单据,称 C 公司以该批样品不属于他们为由拒绝付款赎单(后证实 C 公司名称系被 B 公司非法盗用)。A 公司立即与 B 公司联系,B 公司称 C 公司只有一人知道这笔业务,此人可能当时不在家,所以引起误会,要求 A 公司重新将单据寄出。A 公司信以为真,又将单据寄回代收行。

2000 年 1 月 6 日,大货如期装船。这中间有两个细节。一是甲船运公司给 A 公司的货运提单上发货人为 A 公司,收货人为"to Order",目的港为孟加拉吉大港,但下货纸以及私自向 B 公司出具的提单上发货人为甲船运公司,收货人为乙船运公司,目的港为香港。当 A 公司业务员发现货运单据上目的港为香港而非孟加拉吉大港时,曾向甲船运公司提出质疑,甲船运公司答复青岛没有直达吉大港的船,A 公司业务员未予深究;二是 B 公司一再推迟出具检验证明,直到货物全部装船完毕,在 A 公司业务员再三催促下,方出具检验证明匆匆离去。而 A 公司业务员不懂英语,在无法确认检验证明真伪的情况下,仓促准予放货。

2000 年 1 月 18 日,样品正本单据又以客户否认为由第二次退回。A 公司立即要求退回样品,但样品在香港已被 B 公司凭假提单提走。

2000 年 1 月 19 日,开证行向议付行发电文称检验证明系伪造。

2000 年 1 月 24 日,A 公司指示甲船运公司,大货无正本提单绝不允许放货(包括银行担保),以确保货权。但此时大货已在香港凭甲船运公司私自出具的提单提走。后经查实,B 公司与乙船运公司为一丘之貉。

这是一起典型的海事诈骗。此诈骗案之所以得逞,除由于诈骗方 B 公司计划周详、操作严谨、步步为营外,A 公司业务人员素质不高、缺乏应变能力是其重要原因。如,对于 B 公司传真中推迟寄单时间的要求,A 公司业务员未认真推敲客户是否别有用心,而是轻易相信;信用证中明确规定不允许转运,A 公司业务员恰恰忽视了这一关键问题,轻信了 B 公司"没有青岛直达吉大港的船,需在香港挂靠"的谎言;2000 年 1 月 4 日样品单据退回,此时大货尚未付运,若当时有足够的警惕,暂停发大货,损失或可避免;客户直到货物装船完毕方出具检验证明,A 公司业务员在无法辨别检验证明真伪的情况下放货,导致开证行拒付,货款两空。

此外,由于甲船运公司管理上的疏漏,其业务员私自出具两套提单,是使 A 公司丧失货权、遭受巨大损失的关键因素。而由于海关疏忽,未发现货物提单与下货纸上面的发货人、收货人、目的港不一致,准予通关,也是一个原因。

启示有四点:

(1)从事国际贸易应当有足够的警惕性,尤其涉及信用证软条款,更要谨慎操作;

(2)出口争取 CIF 价格,进口争取 FOB 价格,由我方支付海运费,有利于掌握货权,避免损失;

(3)要委托正规可靠的船运公司,防止节外生枝;

(4)一般不要转船。

资料来源:信用证软条款,http://waimao.100xuexi.com/view/examdata/20120609/ec09207d-559c-4160-b957-21b374b924af.html。

本章习题

1. 问题与讨论

(1)简述国际货物买卖合同的特点。

(2)海上运输风险如何分类？

(3)简述影响结算方式选择使用的因素。

(4)海上货物运输保险承保的范围是什么？

(5)海运战争险与基本险的责任起讫有何不同？

2. 单项选择题

(1)书面合同的作用不包括（　　　）。

A.作为合同成立的证据　　　　　　　　B.作为履行合同的依据

C.作为合同生效的条件　　　　　　　　D.货款收付的前提

(2)速遣费由（　　　）支付。

A.租船人　　　　B.船东　　　　C.货代　　　　D.船代

(3)合同中数量条款为"500/MT 10% MORE OR LESS AT SELLER'S OPTIONS"，则卖方交货数量为（　　　）时，不违反合同。

A.400/MT　　　　　　　　　　　　　B.449/MT 或 551/MT

C.450/MT 到 550/MT 之间的任意数量　　D.600/MT

(4)国际货物买卖合同中规定溢短装条款，通常是允许卖方（　　　）。

A.在交货质量上有一定幅度的差异　　　B.在交货数量上有一定幅度的差异

C.在包装规格上有一定幅度的差异　　　D.在交货时间上有一定幅度的差异

(5)（　　　）是合同的序言部分，其中包括合同的名称、订约双方当事人的名称和地址。除此之外，在合同序言部分常常写明双方订立合同的意愿和执行合同的保证。该序言对双方均有约束力。

A.约首　　　　B.约尾　　　　C.本文　　　　D.标题

3. 多项选择题

(1)国际保理业务为出口商和进口商带来的收益有（　　　）。

A.风险保障　　　B.增加营业额　　　C.简化手续　　　D.节约成本

E.方便业务衔接

(2)全部损失可分为（　　　）。

A.完全全损　　　B.推定全损　　　C.共同海损　　　D.单独海损

E.海损

(3)书面合同的格式一般包括（　　　）。

A.约首　　　　B.本文　　　　C.约尾　　　　D.标题

E.抬头

(4)国际贸易结算的方式主要有（　　　）。

A.汇付方式　　　B.托收支付　　　C.信用证支付　　　D.记账支付

E.银行保函

(5)对于信用证与合同关系的表述正确的是（　　　）。

A.信用证的开立以买卖合同为依据

B.信用证的履行不受买卖合同的约束

C. 有关银行只根据信用证的规定办理信用证业务

D. 合同是审核信用证的依据

E. 信用证的履行受买卖合同的约束

案例分析

[案例1]

某年1月8日,原告福建省某轻工业品进出口集团(以下简称福建公司)与被告珠海市保税区某贸易公司(下称珠海公司)签订了一份"代理进口协议书",同时,与被告香港某国际有限公司(下称香港公司)签订了编号为 HY980108 号的外贸进口"订购合同"。各方约定:由原告福建公司代被告珠海公司向珠海市农业银行申请开立信用证,并向被告香港公司购买成品油 19 400 吨(允许5%增减);被告珠海公司保证在信用证付款日之前将货款汇入原告指定的账户。

根据上述合同与协议书,原告于该年1月23日通过珠海市农业银行开立一份号码为131LC98001、受益人为被告香港公司的不可撤销承兑信用证,金额为 165 万美元,货物为成品油1万吨,单价 165 美元/吨,货物数量允许5%增减,见票后90天付款,启运港韩国,目的港中国厦门;信用证要求一式三份的发票和全套正本提单等。信用证开出后的同年2月,被告香港公司通过法国某信贷银行香港分行(下称法国银行)向珠海市农行提交了抬头为某 T 有限公司(承运人)的全套正本提单,金额为 1 732 500 美元的发票和信用证上所要求的其他单据。提单上表明装运港为韩国釜山(ULSAN),承运船为"M/TMAR-OL",目的港为厦门,装运成品油 10 500 吨。承运人 T 公司于1月19日向香港公司签发了清洁提单。珠海市农行经审单后认为香港公司所提交的单据表面与信用证相符,于2月11日对外作出承兑,并决定根据信用证条款要求于同年5月5日付款。被告珠海公司于1月30日向原告出示并提交了盖有公司印章的"货物收据",表示公司已接收了提货单项下所列明的货物。5月5日付款日期到,被告珠海公司不仅没有依合同约定向原告支付信用证项下款项,也不告知该进口货物的去向。两被告仅通过法国银行将信用证付款日期做了两次变更:该年5月7日,法国银行同意付款日期由5月5日延长至6月5日;该年6月8日,法国银行同意付款日期由6月5日延长至9月5日。

原告称,经其调查发现 T 公司原系在香港注册的公司,由于两年前未再注册,在其公司登记的住所地已查无此公司。经厦门海事法院向厦门港监调查,本案所涉提单上所载明的"M/TMAROL"船在该年1月1日至3月1日并未进入厦门港。

基于两被告在交易中的欺诈行为,又鉴于珠海市农行对信用证项下的款项还并未对外支付,原告于同年9月7日向厦门海事法院提交了诉前财产保全的申请书,请求法院作出"止付 LCXX001 号信用证项下的货款"的裁定。厦门海事法院批准了该申请,并于9月9日裁定冻结了该信用证项下的款项共 1 732 500 美元。同年9月25日,原告对被告香港公司和珠海公司向厦门海事法院提起诉讼。

原告诉称:被告香港公司提交伪造提单,被告珠海公司在无货运抵情况下,出具假造

"货物收据",两被告恶意串通,共同侵害原告权利,请求法院判令:(1)原告申请开立的以被告香港公司为受益人,号码为 LCXX001 的信用证项下款项 1 732 500 美元对外不予支付;(2)两被告赔偿原告直接经济损失人民币 55 478.93 元及预期利润损失 25 987.5 美元;(3)诉讼费由两被告承担。

在案件审理过程中,珠海市农行曾致函厦门海事法院,以法国银行已经对其承兑的汇票向香港公司议付、贴现为由,要求解除对该信用证项下款项的冻结,并转交了法国银行提供的有关议付、贴现的凭证。案发次年的 4 月 21 日,法国银行亦向厦门海事法院提交书面异议,并提交了相关议付和贴现的银行文件,要求尽快解除对信用证项下货款的冻结。而原告委托代理人也曾于案发当年 10 月 30 日向厦门海事法院提交了法律意见书,认为法国银行对香港公司的贴现系自担风险的融资行为,是非正当贴现,要求法院继续冻结该信用证项下货款。经查明,原告为开立信用证支付开证费人民币 55 478.93 元。

经审理,厦门海事法院判决如下:

1. 原告福建省某轻工业品进出口集团与被告香港某国际有限公司、珠海市保税区某贸易公司签订的 HY980108"订购合同"、"代理进口协议书"无效。

2. 原告福建省某轻工业品进出口集团申请中国农业银行珠海市分行开立的信用证 LCXXOO1 号信用证项下的货款 1 732 500 美元对外不予支付。

3. 被告香港某国际有限公司赔偿原告开证费损失人民币 55 478.93 元,珠海市某贸易公司承担连带责任。

4. 驳回原告的其他诉讼请求。

资料来源:唐丹青.信用证欺诈案例分析及相关法律问题研究[D].西南政法大学学位论文,2011.

阅读上述案例,回答下列问题:

(1)本案所涉及的各方当事人之间存在着何种法律关系?

(2)从此案例中,你得到了哪些启示?

[案例 2]FCA 下卖方的装货义务

新加坡卢记商业有限公司(以下简称 A 公司)与中国腾飞商贸公司(以下简称 C 公司)订立 CIP(上海)合同,销售白糖 500 吨,由 A 公司向保险公司投保以合同标的价格加 10%为保险金额的一切险(包括仓至仓条款)。为联系货源,A 公司与马来西亚扎拜股份有限公司(以下简称 B 公司)订立 FCA 合同,购买 500 吨白糖,合同约定提货地为 B 公司所在地。2000 年 7 月 3 日,A 公司派代理人到 B 公司所在地提货,B 公司已将白糖装箱完毕并放置在临时敞篷中,A 公司代理人由于人手不够,要求 B 公司帮助装货,B 公司认为依国际惯例,货物已交 A 公司代理人照管,自己已履行完应尽的合同项下的义务,故拒绝帮助装货。A 公司代理人无奈返回,3 日后 A 公司再次组织人手到 B 公司所在地提走货物。但是,在货物堆放的 3 天里,因遇湿热台风天气,货物部分受损,造成 10%的脏包。A 公司将货物悉数交与承运人,承运人发现存在 10%的脏包,欲出具不清洁提单,A 公司为了取得清洁提单以便顺利结汇,便出具保函,许诺承担承运人因签发清洁提单而产生的一切责任。承运人遂出具了清洁提单,A 公司得以顺利结汇,提单和保险单转移至 C 公司手中。7 月 21 日,货到上海港,C 公司检验出 10%的脏包,遂申请上海海事法院扣留承运人的船舶并要求追究其签发不清洁提单的责任。当日货物被卸下,港口管理部门将货物存放在其所属的仓库中,C公司开始委托他人办理排港、报关和提货的手续,从7月21日起至7月24日,已陆续将300吨白糖灌包运往各用户所在地。7月24日晚,港口遭遇特大海潮,未提走的200吨白糖受到浸泡,全部损失。C公司向保险公司办理理赔手续时被保险公司拒绝,理由是C公司已将提单转让,且港口仓库就是C公司在目的港的最后仓库,故保险责任已终止。

法律分析

首先,应明确在A公司与B公司之间的FCA合同中,有关货物10%的损失应由哪一方承担。

如果真如B公司所称,其已履行完合同项下的义务,货物已交由A公司的代理人照管,那么这批货物的风险就应转移给A公司,在这一前提下,A公司代理人当时未装货就返回,B公司自然无义务去进一步承担因不可抗力(台风)造成的货物风险,这10%的货物损失就应由A公司承担。但关键是,B公司真的已履行了其应承担的全部义务了吗?换言之,当A公司首次派人提货,B公司将货物装箱并存放在敞篷中时,B公司是否已经做到了FCA规则中的"将货物置于买方指定承运人或代理人的照管之下"?B公司还需不需要履行装货的义务?这个问题在《国际贸易术语解释通则》1990年版(Incoterms1990)中是比较含糊的,因为该版本仅指出应"以约定方式"或"习惯方式"将货物交由买方指定承运人或代理人照管,而"约定方式"、"习惯方式"是否意味着负责装货呢?如果是,什么情况下FCA合同的卖方应负责装货呢?这些都是存在疑问的问题。

1999年7月,为准确反映国际贸易实务,国际商会修改并出版了Incoterms2000,该版本于2000年1月1日生效。Incoterms2000对Incoterms1990所做的实质修改就涉及FCA条件下卖方的交货义务问题。Incoterms2000FCA术语A4条款添加了如下内容:"交货在以下时候完成:(a)若指定的地点是卖方所在地,则当货物被装上买方指定承运人或代表买方的其他人提供的运输工具时;(b)若指定的地点不是(a)而是其他任何地点,则当货物在卖方的运输工具上,尚未卸货而交给买方指定的承运人或者其他人或由卖方按A3(a)选定的承运人或者其他人的处置时。"可见,Incoterms2000重新规定了FCA术语下装货和卸货的义务:交货地在卖方所在地时,卖方负责装货;交货地在卖方所在地之外时,卖方不负责卸货。另外,按照Incoterms2000FCA术语A5条款的规定,除非买方在卖方按照A4条款规定交货之时受领货物,否则"卖方必须承担货物灭失或损坏的一切风险,直至已经按照A4规定交货为止"。

可见,在本案中,B公司将货物装箱并存放后,并未履行完交货义务,由于交货地在B公司所在地,B公司应负责装货。B公司拒绝履行装货义务导致货物滞留在其所在地,是一种违约行为,而且这意味着货物并未被置于买方指定的代理人的照管之下,这样风险也就未转移给A公司。A公司在3日后自行派人将货物装车并提走,可以视为放弃了要求B公司装货的权利,但在此之前的货物灭失或损坏的一切风险仍应由B公司承担。当台风造成货物10%的损失后,B公司既无权以货物风险已转移给买方为由要求A公司自己承担这10%的损失,也无权以不可抗力为由要求分担这部分损失,而应当承担全部风险,并向 A 公司作出相应的补偿。

其次,关于保函的效力以及承运人签发不清洁提单的责任问题。

在国际贸易中,合同及信用证一般都规定,卖方应提供清洁提单。因为,不清洁提单是货物内在质量不确定的表示,难以转让。故在货物外表状态不良时,卖方(或托运人)往往向承运人出具保函,以换取承运人签发清洁提单,这已成为航运业的习惯做法。

关于保函的效力,《联合国 1978 年海上货物运输公约》(《汉堡规则》)第 17 条第 2 款、第 3 款和第 4 款规定:"根据任何保函或协议,由托运人提出保证赔偿承运人或其代表因未将托运人提供列入提单的项目或货物的外表状况批注保留而签发提单引起的损失,则上述保函或协议对受让提单的任何第三人,包括收货人,均属无效。""这种保函或协议对托运人有效,除非承运人或其代表不批注本条第 2 款所指的保留是有意欺诈信赖提单上对货物的描述而行事的包括收货人在内的第三人,在后面这种情况下,如未批注的保留与由托运人提供列入提单的项目有关,承运人就无权按照本条第 1 款的规定,要求托运人给予赔偿。""如属本条第 3 款所指的有意欺诈,承运人不得享有本公约所规定的责任限额的利益,并且对由于信赖提单上所载货物的说明而行事的第三人,包括收货人所遭受的损失负赔偿责任。"可见,保函对受让提单的包括任何收货人在内的任何第三人,不发生效力,但对于托运人是有效的。若承运人接受保函而签发清洁提单属有意的欺诈,则保函对托运人无效,承运人不仅无权从托运人处取得赔偿,而且要对包括收货人在内的第三人的损失承担无限赔偿责任。但是,只要不是对收货人进行欺诈,则保函在托运人与承运人之间有效,而对第三人不发生效力。

本案中 A 公司以保函换取清洁提单,并不是为了隐瞒货物本身的缺陷,而是为了迅速出口货物,避免货物变质,并及早结汇。承运人接受保函并签发清洁提单,亦非出于欺诈收货人的故意,只是为了解决因货物瑕疵而引起的自己与托运人之间的争议。此时可将保函视为托运人和承运人之间达成的一项保证赔偿协议。由于保函对收货人无效,C 公司有权选择是追究托运人还是承运人的责任。本案中 C 公司选择追究承运人的责任是合理的,也是可行的,因为被扣的承运人的船舶可以保证判决的执行,在海事纠纷实践中有关当事人也多是这样做的。承运人应赔偿因其签发不清洁提单给 C 公司造成的损失,之后再通过保函从 A 公司处获得补偿。

最后,保险公司的保险责任是否在货物进入港门仓库或 C 公司委托他人提货时终止?

按本案保险合同的规定,保险人的保险责任起讫是负"仓至仓"责任,即保险责任始于货物离开保险单记载的仓库或储藏处所,在运输过程中继续有效,直到下列三种情况中的某一种发生为止:

(1)货物已运交保险单所载目的地的受货人或其他最终仓库和储藏处所。

(2)货物在到达保险单所载目的地之前或到达目的地,由被保险人运交任何其他仓库和储藏处所,作为非正常运输过程中的储存,或作为分配或发送的场所。

(3)货物在最终卸货港从海轮完成卸货满 60 日。如果货物在最终卸货港卸下货物后,在保险效力终止前,继续运往保险单所载以外的其他目的地,则保险效力延至为在其他目的地起运之时为止。

本案中被保险货物卸离海轮后,堆存于港口所属仓库,该仓库并非收货人的最终仓库或储藏处所,故在此情况下仓库的控制权属港口当局。被保险人在未提货之前既不能将货物运交任何其他仓库和储藏处所,也不能对货物进行分配或发送,只有在提货后,取得了对货物的现实控制权,才能进行转运、分配或发送。况且,按照上述第三种情况,堆存于港口所属仓库的货物在最终卸货港从海轮完成卸货仅 3 日,远未超过 60 日的期限。可见,尚未提取的货物仍在保险责任期限内。

提单有物权凭证作用,本案中 C 公司持有提单,即享有提单项下的所有权。C 公司委托他人办理排港、报关、提货等手续,发生的是委托代理关系,不属转让提单的行为,提单仍属 C 公司所有,提单项下的货物所有权也未转移,C 公司仍为被保险财产所有人,具有可保利益。

又由于 C 公司投保的为一切险,海潮属一切险范围内,对尚未提取并因海潮受损的 200 吨货物,保险公司有责任赔偿。

资料来源:鲁丹萍.国际贸易理论与实务:习题与实训指导[M].北京:清华大学出版社,2006 年.

阅读上述案例,回答下列问题:

(1)FCA 下卖方应注意哪些问题?

(2)从此案例中,你得到了哪些启示?

第二篇 操作实务篇

第
6
章

国际货物海运及代理实务

📋 本章学习目的

- 了解国际海运货物运输的特点
- 掌握国际海运货物代理业务流程
- 掌握海运运价与运费的计算
- 掌握如何填制海运货运单

国际海运货运代理是指在合法的授权范围内接受货主的委托并代表货主办理有关海运货物的报关、交接、仓储、调拨、检验、包装、装箱、转运、订舱等业务的人。海运货运代理是随着海上贸易的形成、国际贸易运输领域的逐渐扩大、社会分工越来越细发展起来的。海上货物运输业务范围广、头绪多,使得任何一个承运人(船公司)或货主都很难亲自处理好运输业务中每一个环节的具体业务,很多工作需要委托代理人代为办理。本章将着重探讨国际海运货运代理相关的知识。

6.1 国际海上货物运输概述

6.1.1 国际著名的海事组织

随着国际海运业的不断发展,各国政府和非政府组织相继成立了一些政府间国际组织和非政府间国际组织,海运企业间也成立了一些具有经营协作性质的国际组织。这些组织在保证海运安全、建立国际公约和提供海运服务等方面有着重要作用。

1. 政府间的国际组织

国际海事组织(International Maritime Organization,IMO)是联合国在海事方面的一

个技术咨询和海运立法机构,是政府间的国际组织(Inter-government Organization),所有联合国成员国均可成为国际海事组织的会员国,是联合国负责海上航行安全和防止船舶造成海洋污染的一个专门机构,总部设在伦敦。该组织最早成立于 1959 年 1 月 6 日,原名"政府间海事协商组织",1982 年 5 月改为国际海事组织。

国际海事组织理事会共有 40 名成员,分为 A、B、C 三类。其中 10 个 A 类理事为航运大国,10 个 B 类理事为海上贸易量最大的国家,20 个 C 类理事为地区代表。理事会是该组织的重要决策机构。该组织每两年举行一次大会,改选理事会和主席。当选主席和理事国任期两年。

国际海事组织设有海上安全委员会、海上环境保护委员会、法律委员会、便利委员会和技术合作委员会五个委员会;还设有协助海上安全委员会和海上环境保护委员会的散装液体和气体分委会,危险品、固体货物和集装箱运输分委会,消防分委会,无线电和搜寻与救助分委会,航行安全分委会,船舶设计和设备分委会,稳性、载重线和渔船安全分委会,培训和值班标准分委会及船旗国履约分委会九个分委会。

国际海事组织的宗旨是"在与从事国际贸易的各种航运技术事宜的政府规定和惯例方面,为各国政府提供合作机会;并在与海上安全、航行效率和防止及控制船舶造成对海洋污染的有关问题上,鼓励各国普遍采用最高可行的标准"。国际海事组织还负责处理与这些宗旨有关的行政和法律事宜。

2.非政府间的国际组织

除国际海事组织外,还有一些国际航运组织属于非政府间的国际组织(Non-government Organization)。这些非政府间组织都是由航运企业以及与航运有关的机构联合而成的学术性和咨询性的民间团体。因参与的成员众多,它们还能在国际海运政策方面起到协调和咨询的功能。非政府间国际航运组织中比较著名的有:

(1)波罗的海国际海事协会

波罗的海国际海事协会(Baltic and International Maritime Council,BIMCO),成立于 1905 年,总部设在哥本哈根,是世界上最大的航运组织,会员遍布 120 多个国家,有船东、经纪人及保险协会三种正式会员和包括船级社、船厂等在内的副会员;现有约 1 000 家船东会员,控制了世界 60% 之多的船舶运力;通过发行杂志、开展讲座、研讨会等形式,向成员提供全世界港口和海运方面的信息、咨询和培训等服务,颁布反映国际航运总体利益的新法规、政策,制定规范的标准单证,联合船东和有关海运组织,采取一致行动促进航运业的发展。

该协会的宗旨是:保护会员的利益,为会员免费提供情报咨询服务;防止运价投机和不合理的收费与索赔;拟订和修改标准租船合同和其他货运单证;出版航运业务情报资料等。

情报咨询是该协会的基本活动。其服务项目包括:

①预防和解决争端。在现实中,许多本不必要的争端源于错误地使用一些单证,或单证本身不健全、不准确,如果使用 BIMCO 的标准单证就可以防止争端的发生。BIMCO 经常发表一些文章,免费给它的成员一些信息。当它的成员由于某些原因出差错时,可以通过它在海运业的地位来保护它的成员。

②信息服务。作为 BIMCO 的成员,能免费从 BIMCO 的信息库得到港口和航运市场的信息。BIMCO 已建立了 24 小时服务制,有港口情况、冰冻情况、运费率、航运市场报告、燃料价格、BIMCO 修改过的某些条款。BIMCO 平均每天收到来自世界各地的 150 多个咨询。

③出版物。BIMCO 周刊刊登最新加入该组织的成员名单和航运市场信息;BIMCO 公告每年出六期,主要介绍海运业的发展趋势和一些海事案例的判决。

BIMCO 与其他的海运组织联系非常密切。BIMCO 的许多成员国也是 IMO 的成员。BIMCO 是联合国经济及社会理事会和国际气象组织的咨询机构,与联合国贸易与发展会议观察员及国际商社等有合作关系。

(2)国际海事委员会

国际海事委员会(Committee Maritime International,CMI)创立于 1897 年,设在比利时的安特卫普,是一个非政府性组织。

国际海事委员会的宗旨是通过各种适当的方式和活动促进国际间海商法、海事惯例和实践做法的统一,促进各国海商法协会的成立,并与其他具有相同宗旨的国际性协会或组织进行合作。具体包括:

• 促进海商法的实施,使国际海事安全发展。

• 建立海事仲裁委员会,研究处理成员国家间的争端问题。

• 制定海商法案。

国际海事委员会创立以来,草拟了不少国际海事公约,并被国际社会接纳、生效。国际上第一个海上货物运输公约——著名的《海牙规则》——就是由该委员会 1921 年起草,并在 1924 年布鲁塞尔会议上讨论通过的。1968 年又对《海牙规则》进行了修正,成为最终通过的《海牙—维斯比规则》,即《1968 年布鲁塞尔议定书》。此外,比较著名的公约还有《约克·安特卫普规则》、《海上避碰规则》、《船舶碰撞中民事管辖权方面若干规定的国际公约》。

国际海事委员会的组织机构包括:大会是国际海事委员会的权力机构,由所有国际海事委员会的成员组成。大会设主席一人,副主席以及执行秘书长、行政秘书长和财务主任。执行委员会是国际海事委员会的业务执行机构。

(3)国际海运联合会

国际海运联合会(International Shipping Federation,ISF)是一个船东组织,成立于 1909 年。当时是欧洲的船东组织,到 1919 年才成为世界性的船东组织。国际海运联合会在有关海员雇佣和安全的所有问题上代表船东的利益,总部设在伦敦。

国际海运联合会有三个主要目标:其一为会员提供和交流最新的海员雇佣情报。其二根据海员的雇佣发展情况,提出和协调各国船东的意见。其三在讨论处理海员问题的国际论坛上,代表会员的利益与各国政府和工会商洽。

该联合会的工作重点放在劳动标准方面,经常与工会打交道,其主要任务是协调和提出雇主的观点。

国际海运联合会还为国际海事组织、联合国贸易与发展会议、联合国经社理事会担任咨询工作。在国际海事组织中,国际海运联合会主要关心船员的配备和培训工作,参与制定了 1978 年《关于海员培训、发证和值班标准国际公约》。

国际海运联合会主要为船东谋福利,但它与国际劳工组织、国际海事组织合作,积极参加拟订与海员雇佣条件、健康培训和福利有关的重要的国际劳工组织公约和决议;对航运业的发展起着重要的作用。

国际海运联合会有 28 个会员国,拥有船舶的吨位超过世界总吨位的一半,拥有船员超过 50 万人。

(4)国际航运公会

国际航运公会(International Chamber of Shipping,ICS)成立于 1921 年(当时英文名为 International Shipping Conference,1948 年改为现名),是由英、美、日等 23 个国家有影响力的私人船东所组成的协会,协会成员大约拥有 50% 的世界商船总吨位。国际航运公会成立的宗旨是保护本协会内所有成员的利益,就互相关心的技术、工业或者商业等问题交流思想,通过协商达成一致意见,共同合作。

国际航运公会的主要业务包括:①油船、化学品船的运输问题和国际航运事务;②贸易程序的简化;③集装箱和多式联运;④海上保险;⑤制定一些技术和法律方面的政策,便于船舶进行运输。

(5)国际船级社协会

国际船级社协会(International Association of Classification Societies,IACS)是由 10 个国际上知名的船级社在 1968 年 9 月 11 日组合而成的船级社协会。

IACS 负责拟订统一的船舶技术规则和要求,对 IMO 的标准做统一解释,公布有关船舶安全营运和维修准则,为世界上 90% 的商船定级,以及受政府委托处理各种事务。此外,还吸收成员在海上安全、营运等方面的经验,向船东和经营者提供各种准则。

国际船级社协会是 IMO 中唯一能制定和应用规范的具有观察员地位的非政府组织。

国际船级社协会的成员:美国船级社(American Bureau of Shipping,ABS)、法国船级社(Bureau Veritas,BV)、中国船级社(China Classification Society,CCS)、挪威船级社(Det Norske Veritas,DNV)、德国劳氏船级社(Germanischer Lloyd,GL)、韩国船级社(Korean Register of Shipping,KR)、英国劳氏船级社(Lloyd's Register,LR)、日本海事协会(Nippon Kaiji Kyokai,ClassNK/NK)、英国皇家造船师协会(Registro Italiano Navale,RINA)、俄罗斯船级社(Russian Maritime Register of Shipping,RS)。

3.班轮公会与联营体

目前还存在着由国际海运企业成立的具有经营协作性质的国际组织,主要有班轮公会、协商协议、联营体、战略联盟等形式。班轮公会(Liner Conference)与航运联营体(Consortia)是典型的具有经营协作性质的航运企业间的国际组织。

(1)班轮公会

班轮公会是国际海上货物运输中,两个或两个经营同一航线班轮运输的航运公司,为了保护和协调彼此间的权益而组成的国际航运垄断组织,又称水脚公会。世界上第一个班轮公会于 1875 年诞生在英国至加尔各答的航线上,然后发展遍及全世界,到 20 世纪

70 年代初,全世界共有 360 多家班轮公会。

班轮公会成立的目的确定了其两个方面的主要业务:一个方面是属于限制和调节班轮公会内部会员相互间竞争的业务活动;另一个方面则是为了防止或对付来自公会外部的竞争,以达到垄断航线货源目的的业务活动。各班轮公会的具体制度各不相同,但它们的任务基本相同:

①规定共同遵守的最低运价。

②通过对船舶发航次数、船舶吨位和挂靠港口的限制,控制各会员公司投入运输的船舶吨位,或采用货载或收入公摊的办法,以减少或限制会员公司之间的竞争。

③采用折扣、回扣、延期回扣或合同优惠等办法,给货主以一定的优惠,以取得货主的"忠诚",将全部货物交由公会载运,并借以控制货源,对抗会外竞争,排挤会外航运公司,垄断航线上的班轮业务。班轮公会还曾使用过"战斗船",开展运价战,即以一艘类似的船舶,按照同样的航线和班期,压低运价同会外航运公司船舶竞争,直到将这些船逐出公会所经营的航线为止。

由此可见,班轮公会是典型的通过横向联合限制竞争的垄断组织。这种垄断组织对市场竞争具有较大危害性。从经济学的角度来说,它不利于海上自由竞争体制的形成,违背公平竞争的基本原则。但对于资金密集度高、投资回报率低的航运业来说,班轮公会的存在有一定合理性,因为过度竞争导致的运价波动不利于行业发展,对航运业实行反垄断豁免,允许市场形成一定程度的集中,有利于实现规模经济效益,对国际贸易的稳定发展具有积极的促进作用,船货双方均受益。因此,尽管国际航运界和法律界长期以来争论不休,各国反垄断法或公平竞争法仍然给予班轮公会不同程度的反垄断豁免。

欧共体理事会于 1987 年颁行的《欧共体条约》(第 4056/86 号条例)对海运领域的企业竞争行为作出规定,赋予班轮公会反垄断豁免权。该条例规定,在满足一定条件的前提下,班轮公会享有一般豁免权,即公会成员违反有关竞争规则的行为可获得豁免。这是在充分考虑航运业特点的基础上,结合反垄断和发展规模经济的需要采取的协调措施。

美国《1984 年航运法》允许班轮经营人协商确定运价,缔结反竞争协议。《1998 年航运改革法》秉承美国政府对航运业的态度,进一步放松政府管制,允许班轮经营人组建运价同盟,享受反垄断豁免,但国内运输和相关协议不得享受反垄断豁免,并对班轮公会实施有限度的反垄断豁免。此外,美国联邦海事委员会有权对削弱竞争并导致运输服务不合理减少或运输成本不合理提高的协议请求禁止令,使航运市场免受反垄断豁免之害,从而保护本国贸易发展。

但是,进入 20 世纪 70 年代以后,班轮公会遭遇到来自几方面的强有力的挑战。首先,托运人的力量日益壮大,托运人协会在班轮市场中正日益发挥更加重要的作用,极大地限制了公会政策的实施范围;其次,许多国家纷纷制定了对公会不利的法律政策,如1983 年生效的《联合国班轮公会行动守则》规定不得派"战斗船",美国《1984 年航运法》规定公会没有定价权;再次,班轮集装箱化使服务质量差别缩小,船公司单独介入航线的运输并提供高附加值的服务已经成为可能,进而产生了班轮公会的强大竞争对手。据统计,

20 世纪 80 年代中期公会还能控制东西向干线 80%～90% 的货运量,到 80 年代末骤降为 50%左右。种种迹象显示削弱班轮市场垄断性的力量在增强,旧的班轮公会政策体制正面临着前所未有的挑战。当班轮运输市场上存在强大的独立承运人时,在某一航线或某一区域范围内班轮公会与独立承运人之间就可能达成有关运力或运价的稳定协议。20 世纪 80 年代末期至 90 年代初期,世界各主干航线上先后达成了一些公会成员与独立承运人之间的各种稳定协议;在支线运输上,公会内外的船公司也纷纷携起手来,签署有关协定。

2003 年 3 月,欧盟竞争委员会受理欧洲货主协会的诉求,重新审议《欧共体条约》(第 4056/86 号条例),并于 2005 年 12 月 14 日向欧盟部长理事会正式提交《关于撤销班轮公会反垄断豁免权的建议书》。2006 年 9 月 25 日,欧盟部长理事会接受建议,废除第 4056/86 号条例,并宣布自 2008 年 10 月 18 日起取消班轮公会反垄断豁免权,并扩展至其他航运业务领域。

取消反垄断豁免后,船公司无法再像以前那样进行运价沟通与协调,必须根据自身经营情况以及客户需求独立制定运价体系。取消反垄断豁免是为了促进市场竞争,促使船公司加强个性化服务,但实际效果如何有待验证。

(2)航运联营体

国际班轮运输市场上以班轮公会为主要组织形式的旧的体制已越来越难以适应市场新的需要。20 世纪 70 年代,一些船公司开始组织或加入联营行列,出现了公会内部成员公司组成的非独立法人的联营体。

联营体是两个或两个以上主要通过集装箱方式提供国际班轮货物运输服务的船公司之间的协议,该协议可以是关于一条或数条航线的贸易,协议的主要目的是在提供海运服务时共同经营、相互合作、提高服务质量,主要方式是利用除固定价格以外的技术、经营、商业安排等使各自的经营合理化。1995 年,随着欧亚航线几大主要联营体的期满解散,各大班轮公司迅即开始新二轮组合,并将这种联营行动从欧亚航线推广到亚洲/北美航线、欧洲/北美航线,航运联营体由此进入一个新的阶段,即战略联盟。战略联盟的目的和出发点是在一些公司间建立起基于全球范围内的合作协议,其不统一运价,而是通过舱位互租、共同派船、码头经营、内陆运输、集装箱互换、船舶共有、信息系统共同开发、设备共享等各种方式致力于集装箱运输合理运作的技术、经营或商业性协定。

6.1.2 国际班轮船舶营运方式

国际海运船舶的营运方式必须与国际贸易对国际海上运输的要求相适应。因此,为了适应不同贸易合同下的货物运输需要,也为了合理地利用船舶的运输能力,并获得良好的营运经济效益,目前国际海运船舶的营运方式可分为两大类,即定期船运输(班轮运输)和不定期船运输(租船运输)。

1. 班轮运输

班轮运输(Liner Shipping),也称定期船运输,是指船公司将船舶按事先制定的船期表(Liner Schedule),在特定的航线各挂靠港口之间,经常为非特定的众多货主提供规则的、反复的货物运输服务(Transport Service),并按运价本(Tariff)或协议运价的规定计收运费的一种方式。

(1)杂货班轮运输

最早的班轮运输是杂货班轮运输。杂货班轮运输的货物以件杂货为主,还可以运输些散货、重大件等特殊货物。对货主而言,杂货班轮运输具有以下优点:

①能及时、迅速地将货物发送和运达目的港。由于货主和货代能根据船期表预知货物的发运和到达时间,因此能保证货物的供需要求。

②特别适应小批量零星件杂货对海上运输的需要。货主或货代能够随时向班轮公司托运,而不论货物的批量大小,因此可以节省货物等待集中的时间和仓储的费用。

③能满足各种货物对海上运输的要求,并能较好地保证货运质量。

④通常班轮公司都负责转运工作。货主或货代可以要求班轮公司安排货物的转运工作,从而满足货物运输的特殊需要。

(2)集装箱班轮运输

20 世纪 60 年代后期,随着集装箱运输的发展,班轮运输中出现了以集装箱为运输单元的集装箱班轮运输方式。集装箱运输具有运送速度快、装卸方便、机械化程度高、作业效率高、便于开展联运等特点。到 20 世纪 90 年代后期,集装箱班轮运输已逐渐取代了传统的杂货班轮运输。对货主而言,集装箱班轮运输除了具有与杂货班轮相似的优点外,在运输速度、货运质量等方面更具有优势。目前大多数班轮公司不接受小批量的拼箱货。因此,需要集拼经营人来安排小批量的拼箱货运输。

(3)班轮运输的特点

班轮运输与租船运输相比,具有以下一些特点:

①具有"四固定"的特点,即固定航线、固定港口、固定船期和相对固定的费率。这是班轮运输的最基本特征。

②班轮运价内包括装卸费用,即货物由承运人负责配载装卸,承托双方不计滞期费和速遣费。

③承运人对货物负责的时段是从货物装上船起,到货物卸下船止,即"船舷至船舷"(Rail to Rail)或"钩至钩"(Tackle to Tackle)。

④承运双方的权利义务和责任豁免以签发的提单为依据,并受统一的国际公约制约。

2.不定期船运输

(1)不定期船运输概念

不定期船运输,又称租船运输,指没有固定的船舶班期,也没有固定的航线和挂靠港,按照货源的要求和货主对货物运输的要求,安排船舶航行计划,组织货物运输。

租船运输适用于大宗货物运输,有关航线和港口、运输货物的种类以及航行的时间等,都按照租船人的要求,由船舶所有人(船东)确认。租船人与船东之间的权利义务以双方签订的租船合同确定。

(2)租船运输的基本特点

①租船运输是根据租船合同组织运输的,租船合同条款由船东和租船人双方共同商定。

②不定航线;不定船期。船东对于船舶的航线、航行时间和货载种类等按照租船人的要求来确定,提供相应的船舶,经租船人同意进行调度安排。

③租金率或运费率根据租船市场行情来决定。

④租船运输适宜大宗货物运输。

案例6-1

全球集装箱班轮20强

截至2012年9月,全球集装箱班轮20强排名榜的前3名依然是欧洲海运经营大户,即丹麦马士基、瑞士地中海航运和法国达飞(见下表),这三家全球航运欧洲经营大户集装箱船队运力之和相当于全球集装箱船队现有总运力的1/3。中国远洋运输集团(COSCO)集装箱班轮船队运力2009年位居第7位,但在超大型集装箱船舶全部竣工和交付使用后,其旗下船队运力迅速扩大,提升到全球集装箱班轮公司20强排名榜第4位。位居第5名的长荣海运是新集装箱船舶订造的急先锋,订造43艘新集装箱船舶,其运力之和相当于长荣集装箱船队现有总运力的24%。而总部设在新加坡的美国总统轮船集装箱船从2009年的全球20强排名榜中的第5位下降到2012年的第7位。

全球集装箱班轮公司船队运力排名榜20强(截至2012年9月3日)

排名	公司	全球运力份额	总量		自有船		承租船		订造新船	
			TEU	艘数	TEU	艘数	TEU	艘数	TEU	艘数
1	马士基航运	15.80%	2 625 099	630	1 288 571	234	1 336 528	396	457 058	34
2	地中海航运	13.20%	2 189 786	462	1 041 155	194	1 148 631	268	294 060	27
3	达飞航运	8.10%	1 349 621	402	487 761	88	861 860	314	53 214	6
4	中远集运	4.30%	716 331	159	380 298	102	336 033	57	162 089	21
5	长荣海运	4.20%	694 415	180	346 803	89	347 612	91	419 136	43
6	赫伯罗特	3.80%	635 233	141	297 921	60	337 312	81	118 521	9
7	美国总统轮船	3.50%	590 997	133	218 368	45	372 629	88	239 400	23
8	中海集运	3.40%	573 077	150	417 102	90	155 975	60	98 952	12
9	韩进海运	3.40%	562 223	108	267 064	42	295 159	66	191 546	26
10	商船三井	3.10%	512 066	113	240 926	40	271 140	73	87 200	7
11	东方海外	2.60%	431 809	93	271 534	44	160 275	49	132 576	12
12	汉堡南美	2.50%	421 786	101	220 188	44	201 598	57	176 384	28

续表

排名	公司	全球运力份额	总量		自有船		承租船		订造新船	
			TEU	艘数	TEU	艘数	TEU	艘数	TEU	艘数
13	日本邮船	2.50%	410 221	96	300 513	54	109 708	42	52 832	4
14	现代商船	2.20%	366 797	64	100 646	17	266 151	47	90 615	10
15	川崎汽船	2.10%	351 405	73	112 968	20	238 437	53	19 184	2
16	阳明海运	2.10%	343 022	82	206 045	46	136 977	36	65 970	11
17	以星航运	2.00%	326 415	87	152 079	32	174 336	55	148 168	13
18	太平船务	1.80%	300 615	149	181 697	98	118 918	51	75 424	20
19	阿拉伯轮船	1.60%	270 746	46	213 512	28	57 234	18		
20	南美轮船	1.50%	257 271	57	48 178	10	209 093	47	34 400	4

资料来源:中国航务周刊及航贸网

6.1.3 海上货运船舶

由于实践中可能会遇到根据货物种类来选择不同运输船舶的情况,所以,国际货运代理人也应当了解有关海上货运船舶的知识。

1. 干货船

干货船可以分为件杂货船、滚装船、冷藏船、多用途船、干散货船和集装箱船等许多不同类型。国际货运代理实践中经常涉及的是集装箱船。

(1)件杂货船(General Cargo Vessel),也称普通杂货船、杂货船,主要用于运输各种包装和裸装的普通货物。杂货船通常设有双层底,并采用多层甲板以防止货物因堆装过高而被压损;一般设置3～6个货舱,每个货舱设有货舱口,货舱口两端备有吊杆或起重机,吊杆起重量相对较小(通常在2～20吨之间),若配置塔形吊机,则可起吊重件。在国际海上货运中,杂货船的吨位一般在5 000～20 000吨之间。

(2)滚装船

滚装船(Roll on/Roll off Ship:Ro/Ro Ship)是采用将装有集装箱或其他件杂货的半挂车或装有货物的带轮的托盘作为货运单元,由牵引车或叉车直接在岸船之间进行装卸作业形式的船舶。其主要特点是将船舶装卸作业由垂直方向改为水平方向。滚装船上甲板平整全通,下面的多层甲板之间用斜坡道或升降平台连通,以便车辆通行;有的滚装船甲板可以移动,便于装运大件货物。滚装船的开口一般设在船尾,有较大的铰接式跳板,跳板可以35°～40°角斜搭到岸上,船舶航行时跳板可折起矗立。滚装船的吨位大多在3 000～26 000吨之间。

(3)冷藏船

冷藏船(Refrigerated Ship)是将货物置于冷藏状态下进行载运的专用船舶。其货舱为冷藏舱,并有若干个舱室。每个舱室都是一个独立、封闭的装货空间,舱门、舱壁均为气密,并用隔热材料使相临舱室可以装运不同温度的货物。冷藏船上有制冷装置,制冷温度一般为-25℃~0℃。冷藏船的吨位较小,通常为数百吨到几千吨。

(4)多用途船

多用途船(Multi-purpose Ship)是具有多种装运功能的船舶。多用途船按货物对船舶性能和设备等的不同要求可以分为以载运重大件为主的多用途船,兼运集装箱和重大件的多用途船以及兼运集装箱、重大件和滚装货的多用途船三种。

(5)干散货船

干散货船(Dry Bulk Carrier)是运输粉末状、颗粒状、块状等无包装大宗货物的船舶。由于其所运输货物的种类较少,对隔舱要求不高,所以仅设单层甲板,但船体结构较强。为提高装卸效率,货舱口很大。按所载运的货物种类不同,又可分为运煤船(Coal Carrier)、散粮船(Bulk Grain Carrier)、矿石船(Ore Carrier)以及其他专用散装船。

(6)集装箱船

人们通常所说的集装箱船是指吊装式全集装箱船,或称集装箱专用船。吊装式集装箱船是指利用船上或岸上的起重机将集装箱进行垂直装卸的船舶。全集装箱船(Full Container Ship)是一种专用于装载集装箱以便在海上运输时能安全、有效地大量运输集装箱而建造的专用船舶。全集装箱船的结构特点是,一般为大开口、单甲板船,且常为双船壳,以利于集装箱的装载和卸载。船舱内设置格栅结构以固定集装箱,防止集装箱在运输途中发生前、后、左、右方向的移动,从而保证航行安全和货运质量;舷侧设有边舱,可供载燃料或作压载用;甲板上设置了能装载多层集装箱的特殊结构;多采用尾机型。因为在舱内设有永久性的格栅结构,只能装运集装箱而无法装载杂货。全集装箱船上有的带有船用装卸桥,用于装卸集装箱。但目前大多数全集装箱船都依靠港内的装卸桥装卸,故都不设装卸设备。国际上一般以集装箱船载箱量的千位数多少进行分"代",如第四代集装箱船的载箱量为3 000~4 000TEU。现代集装箱船的尺度还根据船宽能否通过巴拿马运河分成三类。第一类巴拿马型船(Panama):这类船舶的船宽在巴拿马运河尺度32.2米限制范围内,在分"代"中的第一代、第二代和第三代集装箱船,都属于这一类船。第二类巴拿马极限型船(Panamax):这类船舶载箱量在3 000~4 000TEU之间,船宽32.2米。第三类超巴拿马型船(Post Panamax):这类船舶载箱量大于4 000TEU,船宽大于32.2米。也有人将超巴拿马型船中载箱量在6 000TEU以上的船舶进一步划分为第四类:特超巴拿马型船(或称超级超巴拿马型船)(Super Post Panamax/Extra Post Panamax)。将来还会有能够通过马六甲海峡的最大尺度的马六甲型集装箱船,这可能是最大的集装箱船舶。

2.液货船

液货船是指载运散装液态货物的船舶,主要有油船、液化气船和液体化学品船三种。

(1)油船

油船(Tanker)是专门载运石油及成品油的船舶。油船有严格的防火要求,在货舱、机舱、泵舱之间设有隔离舱。油舱设有纵舱壁和横舱壁,以减少自由液面对船舶稳性的不利影响。有专门的油泵和油管用于装卸,还有扫舱管系和加热管系。甲板上一般不设起货设备和大的舱口,但设有桥楼。就载重吨而言,油船列世界第一位。世界上最大的油船达60多万载重吨,一般油船的载重在2万~20万吨之间。

(2)液化气船

液化气船(Liquefied Gas Carrier)是专门装运液化气的船舶,可分为液化天然气船(Liquefied Natural Gas Carrier,LNG Carrier)和液化石油气船(Liquefied Petroleum Gas Carrier,LPG Carrier)。液化天然气船按液货舱的结构有独立储罐式和膜式两种。独立储罐式是将柱形、筒形、球形等形状的储罐置于船内,液化气装载于储罐中进行运输。膜式液化天然气船采用双层壳结构,内壳就是液货舱的承载体,并衬有一层由镍合金钢制成的膜,可起到阻止液货泄漏的屏蔽作用。液化石油气船按液化的方法分为压力式、半低温半压力式和低温式三种。压力式液化石油气船是将几个压力储罐装在船上,在高压下维持液化石油气的液态。半低温半压力式和低温式的液化石油气船采用双层壳结构,液货舱用耐低温的合金钢制造并衬以绝热材料,船上设有气体再液化装置。液化气船的吨位通常用货舱容积来表示,一般在6万~13万立方米之间。

(3)液体化学品船

液体化学品船(Chemical Tanker)是载运各种液体化学品,如醚、苯、醇、酸等的专用液货船。液体化学品大多具有剧毒、易燃、易挥发、易腐蚀等特点,因此对防火、防爆、防毒、防腐蚀有很高的要求,所以液体化学品船上分隔舱多、货泵多。船舶有双层底和双层舷侧,翼舱宽度不小于船宽的1/5。载运腐蚀性强的酸类液货时,货舱内壁和管系多采用不锈钢或敷以橡胶等耐腐蚀材料。液体化学品船的吨位多在3 000~10 000吨之间。

6.1.4 海运地理与班轮航线

1.海洋与运河

(1)海洋

地球表面的海洋面积约3.6亿平方千米,占地球表面积的71%,约为陆地面积的2.5倍。海洋的中心部分称为洋,约占海洋总面积的89%,其水温、含盐度不受大陆影响。地球上的海洋被大陆分割成四大块,即太平洋、大西洋、印度洋和北冰洋四大洋。

(2)运河

运河是人工开凿的水道。在国际航运中,运河与海峡一样起着非常重要的作用,运河往往是航行中的咽喉地带,它们把许多重要海区和航线联系起来。运河还能大大缩短航程,提高航运经济效益。最著名的国际运河有苏伊士运河、巴拿马运河、基尔运河、圣劳伦斯水道等。其中的苏伊士运河位于埃及东北部,它连接大西洋和印度洋,大大缩短了从欧洲通往印度洋的航程;目前可通行吃水20.4米、载重25万吨的超级油轮。巴拿马运河贯穿巴拿马国中部,航道水深13.5~26.5米,可通行6.5万吨以下船舶。基尔运河,位于德国东北部,横贯日德兰半岛,沟通波罗的海和北海;可通行吃水9.4米、载重2万吨以下的船舶。

2.班轮航线与港口

船舶在两个或多个港口之间从事货物运输的线路称为航线。海运航线按其不同的要求分为国际大洋航线、地区性的国际航线和沿海航线。根据船舶营运的形式可分为定期船航线和不定期船航线。当前,世界上规模最大的三条主要集装箱航线是远东—北美航线、远东—欧洲、地中海航线和北美—欧洲、地中海航线。

(1)远东—北美航线

远东—北美航线,习惯上也称为跨太平洋航线,该航线实际上可以分为两条航线,一条是远东—北美西岸航线,另一条为远东—北美东岸航线。远东—北美西岸航线主要由远东—加利福尼亚航线和远东—西雅图、温哥华航线组成。其涉及港口主要有亚洲的高雄、釜山、上海、中国香港、东京、神户、横滨等港口和北美西岸的长滩、洛杉矶、西雅图、塔科马、奥克兰港和温哥华港,涉及亚洲的中国、韩国、日本和中国香港、台湾地区以及北美的美国和加拿大东部地区。远东—北美东岸的纽约航线涉及的北美东岸港口主要有美东部地区的纽约、新泽西港、查尔斯顿港和新奥尔良港。

将大洋洲的澳大利亚和新西兰等国家包括在该航线内时,称为泛太平洋航线。

(2)远东—欧洲、地中海航线

远东—欧洲、地中海航线,也称为欧地线。该航线由远东—欧洲航线和远东—地中海航线组成。远东—欧洲航线是1879年由英国4家船公司开辟的世界上最古老的定期航线。欧洲地区涉及的主要港口有荷兰的鹿特丹港,德国的汉堡港、不来梅港,比利时的安特卫普港和英国的费利克斯托港。远东—地中海航线是1972年10月开始集装箱运输的,其地中海地区主要涉及的港口有位于西班牙南部的阿尔赫西拉斯、意大利的焦亚陶罗和位于地中海的中央、马耳他岛南端的马尔萨什洛克港。

(3)北美—欧洲、地中海航线

北美—欧洲、地中海航线,也称为跨大西洋航线。该航线实际包括三条航线:北美东岸、海湾—欧洲航线,北美东岸、海湾—地中海航线和北美西岸—欧洲、地中海航线。

6.1.5 海运货物

凡是经由运输部门承运的一切原料、材料、工农业产品、商品以及其他产品或物品都称为货物(Cargo/Goods)。海运货物则是特指经由海上运输部门承运的货物。

1.货物的分类

(1)按货物装运形态分类

按货物装运形态可分为件杂货和散装货。

件杂货通常是一种按计件形式装运和交接的货物。件杂货包括包装货(Packed Cargo)、裸装货(Unpacked Cargo/Non-Packed Cargo)和成组化货物(Unitized Cargo)。其中包装货物又可按包装形式加以分类。随着件杂货的集装箱化,成组化货物已经与件杂货并列成为单独的一类货物,即集装箱货物(Containerized Cargo)。

散装货通常是一种按计量形式装运和交接的货物。散装货包括干质散装货(Solid Bulk Cargo)和液体散装货(Liquid Bulk Cargo)。

（2）按货物性质分类

按货物的性质不同，一般将货物分为普通货物（General Cargo）和特殊货物（Special Cargo）两大类。

普通货物主要有以下几种：①清洁货物（Clean Cargo）：是指清洁、干燥的货物，也可称为精细货物（Fine Cargo）。如运输保管中不能混入杂质或被玷污的棉纺织品；供人们食用的食品（Food Stuffs）中的糖果、粮食、茶叶；不能受压、易于损坏的易碎品（Fragile Cargo）中的瓷器、玻璃制品等；另外，还有各种日用工业品等。②液体货物（Liquid Cargo）：是指装于桶、瓶、坛等容器内的流质或半流质货物。液体货物在运输过程中，包装容器易破损而使液体滴漏。如油类、酒类、药品和普通饮料等。③粗劣货物（Rough Cargo）：粗劣货物是指具有油污、水湿、扬尘和散发异味等特性的货物。如能散发气味的气味货物（Smelly Cargo）中的生皮、骨粉、鱼粉、烟叶、大蒜等；易扬尘并使其他货物受到污染的扬尘污染性货物（Dusty and Dirty Cargo）中的水泥、炭黑、颜料等。

特殊货物主要有以下几种：①危险货物（Dangerous Cargo）：是指具有易燃、易爆、毒害、腐蚀和放射射线等性质，在运输过程中可能引起人身伤亡和财产毁损，必须按照有关危险货物运输规则的规定进行运输的货物。危险货物还可以进一步分成若干种类和不同等级。②冷藏货物（Reefer Cargo）：是指在常温条件下易腐烂变质和其他需按指定的某种低温条件运输的货物。如易腐性货物（Perishable Cargo）中的需处于冷冻状态运输的肉、鱼、鸡等，处于低温状态运输的水果、蔬菜等。另外，如需处于低温状态下运输的药品等。③贵重货物（Valuable Cargo）：是指价值昂贵的货物。如金、银等贵重金属，货币，高价商品，精密仪器等。④活的动植物（Livestock and Plants）：是指具有正常生命活动，在运输中需要特别照顾的动物和植物。如牛、马、猪、羊等家畜以及其他兽类、鸟类、家禽、鱼类等活的动物，树木等植物。⑤长大、笨重货物（Bulky and Lengthy Cargo，Heavy Cargo）：是指单件货物重量超过一定界限的货物。按港口收费规定和运价本规定，通常将单件重量为 5 吨以上的货物称为重件货物；将长度超过 9 米的货物视为长大件货物。海运货物还可以有其他分类方法，如按货物在船上的装载场所分类、按货物载运状况分类等。

2.货物的计量和积载因数

（1）货物的计量

货物的体积和重量不仅直接影响船舶的载重量和载货容积的利用程度，还关系到有关库场堆放货物时如何充分利用场地面积和仓库空间等问题，而且还可能是确定运价和计算运费的基础，同时与货物的装卸、交接也有直接的关系。货物的计量包括货物丈量和衡重。

货物的丈量又称量尺，是指测量货物的外形尺度和计算体积。货件丈量的原则是：按货件的最大方形进行丈量和计算，在特殊情况下可酌情予以适当扣除，某些奇形货件可按实际体积酌情考虑其计费体积。货物的量尺体积是指货物外形最大处的长、宽、高之乘积。即：

$$V=L\times W\times H$$

式中:V——货物的量尺体积(立方米)

L——货物的最大长度(米)

W——货物的最大宽度(米)

H——货物的最大高度(米)

货物的衡重是指衡定货物的重量,货物的重量可分为净重、皮重和毛重(总重),货物衡重应以毛重计算。在海上货物运输中,货物衡重使用的衡制,即货物重量的计重单位为公吨(Metric Ton,M/T,1 公吨=1 000 千克)。美国有时使用短吨(Short Ton,1 短吨=907 千克),英国则有时使用长吨(Long Ton,1 长吨=1 016 千克)。

(2)货物的积载因数

货物积载因数(Stowage Factor,S. F.)是每一吨货物在正常堆装时实际所占用的容积(包括货件之间正常空隙及必要的衬隔和铺垫所占的空间),单位为立方米/吨,英制为立方英尺/吨。货物积载因数的大小说明货物的轻重程度,反映一定重量货物占据船舶多少舱容,或占多少箱容,或占多少库容。

在件杂货等装船舶货舱或者装集装箱时,应该根据货物的积载因数核算货物占用的舱容或者箱容的情况,此时,还要充分考虑货物在装载时,由于堆装货物技术等原因使货舱或者集装箱的某些空间仍然无法使用,因而损失部分舱容或者箱容。这些无法利用的空间称为亏舱或者亏箱或者空位(Broken Space)。亏舱损失或者亏箱按积载因数核算的占用舱容或者箱容的百分数来表示,该百分数称为亏舱或者亏箱或者空位系数,又称空位率,即亏舱舱容或者亏箱箱容与货物所占舱容或者箱容的百分比。该系数的大小取决于货物的种类、包装形式、堆装方法和质量以及堆装货物的舱位或者集装箱的种类等诸多因素。

6.2 集装箱运输基础知识

本节主要介绍集装箱的概念和集装箱货物的交接方式、整箱货和拼箱货的相关知识。阐述集装箱运输的优点和发展趋势以及集装箱的选择、检查和货物装箱等问题。

6.2.1 集装箱运输的优越性

集装箱班轮运输能在短短的 20 多年间就基本上取代了杂货班轮运输,是由于其与传统的件杂货运输方式相比具有以下优越性:

1.提高装卸效率,减轻劳动强度

集装箱运输扩大了运输单元,规范了单元尺寸,为实现货物的装卸和搬运机械化提供了条件。机械化及自动化的发展明显提高了货物装卸和搬运的效率。例如,在港口普通码头上装卸件杂货船舶,其装卸效率一般为 35 吨/小时,并且需要配备装卸工约 17 人,而在集装箱专用码头上装卸集装箱,其效率可达 50 吨/小时,按每箱载货 10 吨计,生产效率已达 400～500 吨/小时,而只需配备 4 名工人,工效提高了几十倍。在提高装卸效率的同时,工人的体力劳动强度大幅度降低,但也提高了对作业人员的知识和技能的要求。机械化和自动化作业方式的采用,使工人只需从事一些辅助性的体力劳动,人挑的装卸搬运方式已成为历史。

2.减少货损货差,提高货物运输的安全与质量

采用件杂货运输方式时,由于在运输和保管过程中货物不易保护,尽管也可采取一些措施,但货损货差情况仍较严重,特别是在运输环节多、品种复杂的情况下,货物的中途转运换载,使货物混票以及被盗事故屡屡发生。采用集装箱运输方式后,由于采用强度较高、水密性较好的箱体对货物进行保护,因此,货物在搬运、装卸和保管过程中不易损坏,不怕受潮,降低了货物途中丢失的可能性,提高了货物送达的完好率。

3.缩短货物的在途时间,加快车船的周转

集装箱化给港口和场站的货物装卸、堆码的机械化和自动化创造了条件,标准化的货物单元使装卸搬运动作变得简单和有规律,因此,在作业过程中能充分发挥装卸搬运机械设备的能力,便于实现自动控制的作业过程。一方面,机械化和自动化可以大大缩短车船在港站停留时间,加快货物的送达速度。另一方面,由于集装箱运输方式减少了运输中转环节、简化了货物的交接手续,提高了运输服务质量。据航运部门统计,一般普通货船在港停留时间约占整个营运时间的 56%,而集装箱船舶的在港装卸停泊时间可缩短到整个营运时间的 22%。

4.节省货物的运输包装费用,简化理货手续

集装箱箱体作为一种能反复使用的运输设备,能起到保护货物的作用,因此货物运输时的包装费用就可以降低。例如,采用集装箱装运电视机可比原先件杂货运输方式节省约 50% 的包装费用。此外,件杂货由于包装单元较小、形状各异,理货核对较为困难,而采用标准集装箱后,理货时按整箱清点,不仅节省了时间,同时也节约了理货费用。

5.减少货物运输费用

集装箱除了节省船舶运输费用外,由于采用统一的货物单元,使换装环节设施的效能大大提高,从而降低了装卸成本。同时,采用集装箱方式,货物运输的安全性能明显提高,保险费用有所下降。

6.推动包装的标准化

集装箱作为一种大型标准化运输设备的使用,促进了商品包装的进一步标准化。许多包装标准与集装箱的标准相适应。

7.有利于组织多种运输方式的联合运输

集装箱作为一种标准运输单元,使各种运输工具的运载尺寸向统一的、集装箱运输需要的方向发展,任何一种运输方式如果对这种趋势熟视无睹,它将很难融入运输的大系统中去。因此,根据标准化集装箱设计的各种运输工具将使运输工具之间的换装衔接变得更加便利。所以,集装箱运输有利于组织多种运输方式的联合运输,促进了运输合理化的发展。

6.2.2 集装箱

1. 集装箱的定义与标准化

(1)集装箱的定义

国际标准化组织(ISO)对国际标准集装箱作了如下规定：

集装箱是一种运输设备,应具有如下条件：①具有耐久性,其坚固强度足以反复使用；②便于商品运送而专门设计的,在一种或多种运输方式中运输时,无须中途换装；③设有便于装卸和搬运的装置,特别是从一种运输方式转移到另一种运输方式的装置；④设计时应注意到便于货物装满或卸空；⑤内容积为 1 立方米或 1 立方米以上。

一般的,集装箱一词不包括车辆或传统包装。

目前,中国、日本、美国、法国等世界有关国家,都全面地引进了国际标准化组织的定义。除了 ISO 的定义外,还有《集装箱海关公约》(CCC)、《国际集装箱安全公约》(CSC)、英国国家标准和北美太平洋班轮公会等对集装箱下的定义,内容基本上大同小异。

需要注意的是,集装箱是一种必须在取得有关检验机构签发的有效货运证书以后,才能投入营运的运载设备。在国际上营运的集装箱一般都具有固定的符合国际标准化组织和其他国际公约规定的标记、标牌。目前,国际上发放这类证书的权威机构有美国船舶局、德国劳氏船级社、英国劳氏船级社、法国船级社、日本船舶用品检验局、日本海事协会、日本检查协会等。

在集装箱运输中,符合国际标准的集装箱是使货物标准化的装运设备和外包装,是集装箱运输的基本单元。在运输过程中,它既是货物的一部分,又是运输工具的组成部分。在运输过程中使用的集装箱除少数属货主自有箱或租赁箱外,绝大多数是由船公司或其他集装箱运输经营人提供的。

(2)集装箱的标准与规格

为了有效地开展国际集装箱多式联运,必须强化集装箱标准化,应进一步做好集装箱标准化工作。集装箱标准按使用范围分,有国际标准、国家标准、地区标准和公司标准四种。

①国际标准集装箱

国际标准集装箱是指根据国际标准化组织第 104 技术委员会制定的国际标准来建造和使用的国际通用的标准集装箱。

国际标准化组织第 104 技术委员会自 1961 年成立以来,对集装箱国际标准作过多次补充、增减和修改,现行的国际标准为以下系列共 13 种,其宽度均一样(2 438 毫米),长度有四种(12 192 毫米、9 125 毫米、6 058 毫米、2 991 毫米),高度有四种(2 896 毫米、2 591 毫米、2 438 毫米、2 438 毫米)。

集装箱标准化工作早在 1933 年就已开始进行,当时欧洲铁路采用了"国际铁路联盟"的集装箱标准。1957 年,美国霍尔博士首先发表了有关集装箱标准化的设想,并写了许多有关集装箱标准化的著作。1958 年,美国标准协会、美国海运管理署、美国国际运输协会开始集装箱标准化工作。1959 年美国国际运输协会建议采用 8'×8'×20',8'×8'×

40'型集装箱。1964年4月,美国标准协会采用了8'×8'×10',8'×8'×20',8'×8'×30',8'×8'×40'型集装箱为国家标准集装箱。

第104技术委员会是国际标准化组织下的一个专门制定集装箱标准的国际性技术委员会组织,下设3个分委会和8个工作组。分委会分别负责通用集装箱的国际标准化工作、专用集装箱的国际标准化工作和代码、标记和通信的国际标准化工作。1961年第104技术委员会成立后,首先对集装箱规格和尺寸等基础标准进行研究,并于1964年7月颁布世界上第一个集装箱规格尺寸的国际标准。此后,又相继制定了集装箱箱型技术标准、零部件标准以及名词术语、标记代码等标准。目前,第104技术委员会共计已制定了18项集装箱国际标准。

目前使用的国际集装箱规格尺寸主要是第一系列的4种箱型,即A型、B型、C型和D型。另外,为了便于计算集装箱数量,可以20英尺的集装箱作为换算标准箱(Twenty-foot Equivalent Unit,TEU),并以此作为集装箱船载箱量、港口集装箱吞吐量、集装箱保有量等的计量单位。其相互关系为:

40英尺集装箱=2TEU

30英尺集装箱=1.5TEU

20英尺集装箱=1TEU

10英尺集装箱=0.5TEU

另外,实践中人们有时将40平方英尺的集装箱称为FEU(Forty-foot Equivalent Unit)。

②地区标准集装箱

此类集装箱标准,是由地区组织根据该地区的特殊情况制定的,此类集装箱仅适用于该地区。如根据欧洲国际铁路联盟(VIC)所制定的集装箱标准而建造的集装箱。

③公司标准集装箱

某些大型集装箱船公司,根据本公司的具体情况和条件而制定的集装箱船公司标准,这类箱主要在该公司运输范围内使用。如美国海陆公司的35英尺集装箱。

此外,目前世界上还有不少非标准集装箱。如非标准长度集装箱有美国海陆公司的35英尺集装箱、总统轮船公司的45英尺及48英尺集装箱;非标准高度集装箱主要有9英尺和9.5英尺两种高度集装箱;非标准宽度集装箱有8.2英尺宽度集装箱等。

2.集装箱尺寸和重量

ISO对集装箱的尺寸与重量都有明确的规定。

(1)集装箱尺寸

集装箱的尺寸主要是指集装箱的长度、宽度、高度和箱门的有效尺寸。

①集装箱的外部尺寸

外部尺寸即包括集装箱永久性附件在内的最大的长、宽、高尺寸。集装箱外部长、宽、高尺寸的乘积为集装箱的体积。集装箱的外部尺寸主要用于当集装箱装在铁路车辆、卡车上通过桥梁时是否能通得过,当装在船舶的箱格里时是否能装得下,以及集装箱在上述各运输工具之间是否能快速有效地进行换装。

②集装箱的内部尺寸

内部尺寸即按集装箱内接最大矩形平行六面体确定的最大的长、宽、高的净空尺寸，一般不考虑顶角件凸入箱内部分(即内四角的附件凸出件)。

集装箱内部长、宽、高尺寸的乘积，称为集装箱的容积。

集装箱的实际容积为集装箱内部容积减去顶角件凸出在箱内部分的体积。

集装箱内部高度尺寸又分为公称高度尺寸和净空高度尺寸。

公称尺寸是指不计公差，用近似整数表示的集装箱的尺寸。如1A型集装箱的长度为40英尺(实际长度为39.37008英尺)，1C型集装箱的长度为20英尺(实际为19.68504英尺)即谓公称尺寸。

净空尺寸是指集装箱内部不考虑角件凸出部分的尺寸。

③集装箱箱门尺寸

集装箱箱门尺寸是指箱门开口部分的宽度和高度的尺寸。由于箱门上端有门格，故其开口高度比内部的公称高度要小。要求箱门开口的有效尺寸越大越好，尽可能接近于内部尺寸。根据国际标准的规定，集装箱箱门最小开口尺寸见表6-2。

表6-2 集装箱箱门最小开口尺寸

单位:毫米

箱　型	高　度	宽　度
1AA	2 282 以上	2 290 以上
1A、1B、1C、lD	2 130 以上	2 290 以上

(2)集装箱重量

集装箱的重量分自重、载重和额定重量三种。

自重又称空箱质量，以 T 表示。它是包括各种集装箱在正常工作状态下应备有的附件和各种设备，如机械式冷藏集装箱的机械制冷装置及其所需的燃油、台架式集装箱上两侧的立柱、敞顶集装箱上的帆布顶篷等。

载重又称载货质量，以 P 表示。它是集装箱最大容许承载的货物重量(货物质量)，包括集装箱在正常工作状态下所需的货物紧固设备及垫货材料等在内的重量(质量)。

额定重量是指集装箱的空箱重量(空箱质量)和箱内装载货物的最大允许重量(最大允许质量)之和，即最大工作总重量(最大工作总质量)，简称最大总重，以 R 表示。

额定重量减去自重量等于载重量，即 $P=R-T$。

集装箱在装货前，为了使集装箱的容积和重量能充分利用，必须仔细参阅集装箱箱体上标注的各主要参数。

由于集装箱的制造材料和制造厂不同，就是同一种类的集装箱，其尺寸和重量参数也是有不同的，即使是同一种材料、同一制造厂制造的集装箱，其制造时间不同，尺寸和重量参数也有差异。因此，在选用集装箱进行积载时，业务人员必须首先查看集装箱箱体上的具体参数。如表6-3所示。

表 6-3　集装箱内容积和载重量

箱型	干货箱		冷藏箱		开顶箱		框架箱	
	内容积 （立方米）	载重量 （千克）	内容积 （立方米）	载重量 （千克）	内容积 （立方米）	载重量 （千克）	内容积 （立方米）	载重量 （千克）
20 英尺 （6.1 米）	33.1	21 740	27.5	21 135	32.6	21 740		27 800
40 英尺 （12.2 米）	67.7	26 630	58.7	26 580	56.8	26 410		40 250

3.集装箱类型

集装箱分类可以有多种方法,如以制造材料不同或以尺度不同等进行分类。这里以集装箱的用途不同进行分类,以使货代工作人员在工作中可以根据所运输的货物的不同来选择不同类型的集装箱。

（1）干货集装箱

除冷冻货,活的动物、植物外,在尺寸、重量等方面适合集装箱运输的货物,几乎均可使用干货集装箱(Dry Cargo Container)。这种集装箱样式较多,使用时应注意箱子内部容积和最大负荷。特别是在使用 20 英尺、40 英尺集装箱时更应注意这一点。干货箱有时也称为通用集装箱(General Propose Container)。

（2）散装集装箱

散装集装箱(Bulk Container)主要用于运输啤酒、豆类、谷物、硼砂、树脂等货物。散装集装箱的使用有严格要求,如每次掏箱后,要进行清扫,使箱底、两侧保持光洁;为防止汗湿,箱内金属部分应尽可能少外露;有时需要熏蒸,箱子应具有气密性;在积载时,除了由箱底主要负重外,还应考虑到将货物重量向两侧分散;箱子的结构易于洗涤;主要适用装运重量较大的货物,因此,要求箱子自重应比较轻。

（3）冷藏集装箱

冷藏集装箱(Reefer Container)是"装载冷藏货并附设有冷冻机的集装箱"。在运输过程中,启动冷冻机使货物保持在所要求的指定温度。箱内顶部装有挂肉类、水果的钩子和轨道,适用于装载冷藏食品、新鲜水果或特种化工产品等。冷藏集装箱投资大,制造费用是普通箱的好几倍;在来回程冷藏货源不平衡的航线上,常常需要回运空箱;船上用于装载冷藏集装箱的箱位有限;同普通箱比较,该种集装箱的营运费用较高,除因支付修理、洗涤费用外,每次装箱前都应检验冷冻装置,并定期为这些装置大修。

在实际营运过程中,冷藏集装箱的货运事故较多,原因之一是由于箱子本身或箱子在码头堆场存放或装卸时所致;原因之二是发货人在进行装箱工作时,对箱内货物所需要的温度及操作冷冻装置时不够谨慎所致。尽管如此,在世界冷藏货运量中,使用冷藏集装箱方式的比重不断上升,近年来已经超过使用冷藏船运输方式的比重。

（4）敞顶集装箱

敞顶集装箱(Open-top Container),实践中又称开顶集装箱,是集装箱种类中属于需求增长较少的一种,主要原因是货物装载量较少,没有月台、叉车等设备的仓库无法进行装箱,装载较重的货物时还需使用起重机。这种箱子的特点是吊机可从箱子上面进行装卸货物,然后用防水布覆盖。目前,开顶集装箱仅限于装运较高货物或用于代替尚未得到有关公约批准的集装箱种类。

(5)框架集装箱

框架集装箱(Platform Based Container)是以装载超重货物为主的集装箱,省去箱顶和两侧,其特点是可从箱子侧面进行装卸。在目前使用的集装箱种类中,框架集装箱稍有独到之处,这是因为不仅干货集装箱,即使是散货集装箱、罐式集装箱等,其容积和重量均受到集装箱规格的限制;框架集装箱则可用于那些形状不一的货物,如废钢铁、卡车、叉车等。除此之外,相当部分的集装箱在集装箱船边直接装运散装货,采用框架集装箱就较方便。框架集装箱的主要特点有:自身较重;普通集装箱是采用整体结构的,箱子所受应力可通过箱板扩散,而框架集装箱仅以箱底承受货物的重量,其强度很大;出于同样的原因,这种集装箱的底部较厚,所以相对来说,可供使用的高度较小,密封程度差。由于这些原因,该种集装箱通过海上运输时,必须装载舱内运输,在堆场存放时也应用毡布覆盖。同时,货物本身的包装也应适应这种集装箱。

(6)牲畜集装箱

牲畜集装箱(Pen Container),这是一种专门为装运动物而制造的特殊集装箱,箱子的构造采用美国农业部的意见,材料选用金属网,使其通风良好,而且便于喂食,该种集装箱也能装载小汽车。

(7)罐式集装箱

罐式集装箱(Tank Container)专门装运各种液体货物,如食品、酒品、药品、化工品等。货物由液罐顶部的装货孔进入;卸货时,货物由排出孔靠重力作用自行流出,或者由顶部装货孔吸出。

(8)汽车集装箱

汽车集装箱(Car Container),这是专门供运输汽车而制造的集装箱,结构简单,通常只设有框架与箱底,根据汽车的高度,可装载一层或两层。

4.集装箱标志

为了方便集装箱运输管理,国际标准化组织拟订了集装箱标志方案。根据150790—73规定,集装箱应在规定的位置上标出以下内容:

(1)第一组标记:箱主代码、顺序号和核对数,如COSU800121 5。

箱主代码:集装箱所有者的代码,它由4位拉丁字母表示;前3位由箱主自己规定,并向国际集装箱局登记;第4位字母为U,表示海运集装箱代码。例如,中国远洋运输(集团)公司的箱主代码为COSU。

顺序号:为集装箱编号,又称箱号,用6位阿拉伯数字表示,如800121。不足6位时,则在有效数字前用"0"补足6位。如"053842"。

核对数:用于计算机核对箱主代码与顺序号记录的正确性。核对号一般位于顺序号之后,用1位阿拉伯数字表示,并加以方框醒目,如5。

(2)第二组标记:国籍代号、尺寸代号和类型代号。

国籍代号:用 3 位拉丁字母表示,说明集装箱的登记国,例如"RCX"为"中华人民共和国"的代号。

尺寸代号:由 2 位阿拉伯数字表示集装箱的尺寸大小。如 20 表示 20 英尺长、8 英尺高的集装箱。

类型代号:由 2 位阿拉伯数字说明集装箱的类型,其中 00～09 为通用集装箱,30～49 为冷藏箱,50～59 为敞顶式集装箱。

(3)第三组标记:最大总重和自重。

最大总重(Max Gross)又称额定重量,是集装箱的自重和最大允许载货量之和。最大总重单位用千克(kg)和磅(Lb)同时标出。

自重(Tare Weight)是集装箱的空箱重量。

6.2.3 集装箱货物装载方式

1.集装箱的选择与检查

(1)选择集装箱应具备的基本条件

在进行集装箱货物装箱前,首先应根据所运输的货物种类、包装、性质和其运输要求,选择合适的集装箱。所选择集装箱应符合以下基本条件:①符合 ISO 标准;②四柱、六面、八角完好无损;③箱子各焊接部位牢固;④箱子内部清洁、干燥、无味、无尘;⑤不漏水、漏光;⑥具有合格检验证书。

(2)集装箱的选择

在集装箱的选择方面,采用何种规格为宜,应根据货物的情况以及航线上所经港口的条件和运输路线的环境来决定。

一般来说,在货物批量较少的航线上,选用的集装箱规格不宜太大。当然,还得视货物的密度而定,如在进出口货物中轻泡货较多,则以采用规格较大的集装箱为宜。

另外,在决定选用何种规格的集装箱时,还应考虑与国外船公司、货主的合作问题。因为,在进行集装箱货物的国际多式联运中,很有可能与国外船公司进行箱子交换、互用。因此,最好选用国际上广泛使用的集装箱。

开展集装箱的国际多式联运,应以实行"门到门"运输为原则。因此,在使用集装箱运输时,还必须注意到内陆运输的条件。为了适应公路、铁路运输条件的限制,使货运量少、运输条件差的国家和地区也能实现"门到门"运输,可采用"子母箱"运输方法。子母箱运输方法系指子箱的尺寸应与母箱的尺寸紧密配合,在海上运输时可采用大型国际标准箱,而在内陆运输时,则采用小型集装箱运输,等这些国家和地区的集装箱运输得以发展成熟和货运量增大后,逐步完善大型集装箱的"门到门"运输。

选用集装箱时,主要考虑的是根据货物的不同种类、性质、形状、包装、体积、重量以及运输要求采用合适的箱子。首先要考虑的是货物是否装得下,其次再考虑在经济上是否合理,与货物所要求的运输条件是否符合。

(3)集装箱的检查

集装箱在装载货物之前,必须经过严格的检查。一只有缺陷的集装箱,轻则导致货损,重则在运输、装卸过程中造成箱毁人亡事故。所以,对集装箱的检查是货物安全运输的基本条件之一。发货人、承运人、收货人以及其他关系人在相互交接时,除对箱子进行检查外,还应以设备交接单等书面形式确认箱子交接时的状态。货运代理人亲自办理集装箱检查时,通常对集装箱的检查应做到:

①外部检查:对箱子进行六面察看,外部是否有损伤、变形、破口等异样情况,如有即作出修理部位的标志。

②内部检查:对箱子的内侧进行六面察看,是否漏水、漏光、有无污点、水迹等。

③箱门检查:门的四周是否水密,门锁是否完整,箱门能否 270 度开启。

④清洁检查:箱子内有无残留物、污染、锈蚀异味、水湿。如不符合要求,应予以清扫,甚至更换。

⑤附属件的检查:对货物的加固环节,如板架式集装箱的支柱、平板集装箱、敞篷集装箱上部延伸用加强结构等状态的检查。

2.货物装箱的一般方法

随着集装箱运输的不断发展,不同种类、不同性质、不同包装的货物都有可能装入集装箱内进行运输。同时,从事集装箱运输的管理人员以及操作人员不断增多,为确保货运质量的安全,做好箱内货物的积载工作是很重要的。许多货损事故的发生都是装箱不当造成的。货物在集装箱内的堆装、系固等工作看起来似乎比较简单,但由于集装箱货物在整个运输过程中可能涉及多种运输方式,特别是海上运输区段风险更大,货损事故难免发生。货物在箱内积载、装箱不当不仅会造成货损,还会给运输及装卸机械等设备造成损坏,甚至人身伤亡。货物在装入集装箱内时应注意的基本事项有:

(1)不同件杂货混装在同一箱内时,应根据货物的性质、重量、外包装的强度、货物的特性等情况,将货区分开。将包装牢固的货、重件货装在箱子底部,包装不牢的货、轻货则装在箱子上部。

(2)货物在箱子内的重量分布应均衡。如箱子某一部位装载的负荷过重,则有可能使箱子底部结构发生弯曲和脱开的危险,在吊机和其他机械作业时,箱子会发生倾斜,致使作业不能进行。在陆上运输时,如存在上述情况,拖车前后轮的负荷因差异过大,也会在行驶中发生故障。

(3)在进行货物堆码时,则应根据货物的包装强度,决定货物的堆码层数。另外,为使箱内下层货物不致被压坏,应在货物堆码之间垫入缓冲材料。

(4)货物与货物之间,也应加隔板或隔垫材料,避免货物相互擦伤、沾湿、污损。

(5)货物的装载要严密整齐,货物之间不应留有空隙,这样不仅可充分利用箱内容积,也可防止货物相互碰撞而造成损坏。

(6)在目的地开箱卸货时,由于对靠箱口附近的货物没有采取系固措施,曾发生过货物倒塌,造成货物损坏和人身伤亡的事故。因此,在装箱完毕,关箱前应采取措施,防止箱口附近货物的倒塌。

(7)应使用清洁、干燥的垫料(胶合板、草席、缓冲器材、隔垫板),如使用潮湿的垫料,就容易发生货损事故。

(8)应根据货物的不同种类、性质、包装,选用不同规格的集装箱,选用的箱子应符合国际标准,经过严格的检查,并具有检验部门发放的合格证书。

3.特殊货物的装箱要求

(1)超尺度和超重货的集装箱装载

所谓超尺度和超重货是指货物的尺度超过了国际标准集装箱的尺寸而装载不下的货物,以及单件货物重量超过了国际标准集装箱的最大载货重量而不能装载的货物。

一方面,集装箱船的箱格结构和装卸集装箱的机械设备是根据集装箱标准来设计的。因此,如果货物的尺寸、重量超过了这一标准规格,则会对集装箱船的装载和集装箱的装卸作业造成一定的影响。但从另一方面来说,由于集装箱运输的不断发展,货主方面不断提出使用非标准集装箱的要求,这就迫使有关方面研究如何运输这些超尺度和超重货的方法,以满足货主的要求。

①超高货的集装箱装载:如果货物超过了干货集装箱箱门的有效高度,则属于超高货。超高货的运输必须用开顶集装箱,或用板架集装箱装载。超高货的装载运输,给内陆运输、车站、码头、装卸机械、船舶装载等带来许多问题。超高货通过陆上运输时,公路能通过的高度一般都是有限制的,这种限制高度各国规定不一,但在公路交通法规中均有具体规定。由于集装箱码头堆场和车站使用的装卸机械设备,如装卸桥、跨运车、龙门吊等都是按标准集装箱设计的,没有考虑超高货装载的特殊情况,因此无法利用专用吊具装卸超高集装箱。如对超高货进行装卸,必须在装卸机械上临时安装一定的附属工具才能进行装卸。另外,集装箱船装载超高货箱时,只能堆装在舱内或甲板上的最高层。如超高量太大,整个货物的重心高度必然会提高,随之会影响船舶稳性,给海上货物运输带来不安全因素。

②超宽货的集装箱装载:集装箱运输时允许货物在横向突出的距离,首先受到集装箱船箱格结构的限制。在陆上运输时,其超宽的限制不如超高那样严格。装卸机械对超宽的限制则根据所使用的机械设备种类而定,如跨运车,一般对每边超宽10厘米以内的集装箱可从底盘车上卸下,但如超过了10厘米,跨运车则无法作业。

③超长货的集装箱装载:在箱格结构的集装箱船上,船舱内是无法装载超长货的。因为每一个箱格都有横向构件,所以,如必须装运时,也只能装载甲板运输。从集装箱本身条件看,只有板架集装箱才能装载超长货,因板架集装箱可将两端插板取下,装货时,把插板铺在货物下面就可以了。

④超重货的集装箱装载:集装箱装载货物的重量和箱子自重的总重是有限制的,20英尺箱为 20 长吨(20.320 吨),40 英尺箱为 30 长吨(30.480 吨),所有的与其有关的运输工具和装卸机械也都是根据这一总重来设计的。因此,应注意在装箱完毕后,其总重量不能超出上述规定的数值,否则会影响集装箱的安全运输。一旦在装箱完毕后发现已超出了所规定的最大允许重量,应取出一部分货物,因为箱子超重是绝对不允许的。

(2)液体货的集装箱装载

散装的液体货可以利用罐式集装箱运输,这样可以节约大量的包装费和装卸费用。采用罐式集装箱运输液体货物时应注意:

①罐式集装箱本身的结构、性能、箱内面的涂料是否满足货物的运输要求。

②查明集装箱的容量和所允许的载重量的比例与货物比重是否接近一致,当货物比重较大、装载半罐的情况下,在装卸和运输过程中有损罐的危险。

③查明排罐时是否具有必要的设备,这些设备是否适用于箱子的阀门等。

④检查安全阀是否有效。

⑤了解货物的特性,在运输和装卸过程中是否需要加温,以及装卸地是否具有蒸汽源和电源。

⑥了解有关法规是否受其制约等。

(3)冷藏货的集装箱装载

冷藏集装箱所装载的货物可分为冷却货物(Chilled Cargo)和冷冻货物(Frozen Cargo)两种。前者是指一般选定不冻结的温度,或是货物表面有轻微结冻的温度,除香蕉、菠萝为 11~15℃外,其他冷却货物的温度范围在 0~7℃,冷却货物的目的是为了维持货物的呼吸和防止箱内出汗。后者是指将货物冷冻起来运输,其温度通常较低,范围通常在 -20~-11℃不等。

对冷藏货物在运输途中应保持的温度,货主在托运时都应有指示,承运人则应严格遵照执行。双方都应保管好有关该票货物在运输途中所需要的文件,以便发生纠纷后,就温度问题引起争执时有据可依。冷藏货在装箱前,对集装箱和货物都应进行检查:①冷冻装置的启动、运转、停止;②通风孔处于何种状态(开启或关闭);③泄水管是否堵塞;④集装箱本身的气塞性;⑤冷藏货是否达到规定的温度;⑥装箱时,应注意货物不要堵塞冷气通道,天棚部分留有一定间隙;⑦装载期间,冷冻装置应停止运转。

(4)动植物的集装箱装载

一般来说,动植物的检疫应根据出口国的规定进行。同时,还要注意有些国家规定动植物的进口一定要经过检疫人员的检查,并得到许可后才能进口,如得不到许可,则会强制处理(如杀死、烧毁等)。

动植物检疫的对象通常是牛、马、羊、猪和经屠宰后的皮、毛、肉、香肠等。运输该类货物的集装箱有两种,一种是密闭性的,另一种是非密闭性的。装箱时应根据具体的动、植物情况,注意:①集装箱的适货性;②装箱时的环境;③货物所需的备料;④货物的装箱量等。

(5)散装货的集装箱装载

用集装箱装载运输散装货可节省包装费用和装卸费用。散装货通常采用散装集装箱装载,主要用于装载运输小麦、麦芽、谷物、树脂、铅粉等,在该类货物装箱时应注意:①装卸地的装卸设施;②箱型的选定及清扫;③防止因出汗而造成货损;④不同货物的自然特性;⑤箱子应清洁、干燥、无味。

(6)危险货的集装箱装载

危险货采用集装箱装载和运输的要求与非危险货是完全不同的,这是因为考虑到该类货物的物理性、化学性以及运输安全的要求。

危险货采用集装箱装载的要求是:

①不符合"危规"要求的货物,或已破损、渗漏的危险货不得装入箱内。危险货的任何部分不得凸出箱容,装箱后即应关门封锁。

②不应将危险货与不相容的物质装载在同一箱内,除特殊情况由主管当局同意外。

③危险货只有按"危规"中有关规定包装后才能装载集装箱运输。液体货物和非冷藏的压缩气体的装载应得到主管部门的批准。某些干燥的散装危险货,可装载于由主管当局特准制作的用于该种货物运输的集装箱内。

④装载危险物质和其他任何物质的包件,在集装箱内应装紧或有足够的支撑和固定,以适合航行的要求。

⑤当一票危险货物只构成集装箱内容的一部分,最好装载在箱门附近。装入集装箱内的危险货物,应目测其有无损坏,如证实有实质性的损坏,则不宜装箱。

⑥对托运人来说,应在货物托运单上或单独的申报单上保证他所托运的货物已正确地加以包装、标记、标志等内容,并具有适运的条件。对未列明的危险货物还应写明其正确的名称,单证内应确切说明所属的危险货物的类别。运输危险货物时,应准备与运输其他种类货物所需的同样单证,这些单证的格式应填写的具体内容及其所承担的责任由适用于该项运输方式的国际公约和有关法规加以确定。

⑦负责将危险货物装入箱内的工作人员,应提交"装箱证明书",以证实已正确装箱并符合装箱规定。装有危险货物的集装箱,应有规格不少于 250 毫米×250 毫米的国际海上危险货物运输规则类别标志(标牌);应至少有 4 幅这种标志(标牌),并将其贴在外部明显的地方,每侧各一幅,前后端各一幅。集装箱一经认为无危险性,所有危险标志应自箱上去掉或加以遮盖。

⑧装载有危险货物的集装箱,应检查外部有无破损、撒漏或渗漏迹象,一旦发现有破损、撒漏或渗漏的集装箱,在未加以修理和将容器移走前,都不予承运。

⑨装载易于散发、易燃的危险货物集装箱,不应与可能提供水源的冷藏或加热的集装箱装载在同一舱内。

⑩装载危险货物的集装箱卸空后,应采取措施保证集装箱没有污染,而使集装箱不具有危险性。

6.2.4 集装箱货物的交接

1. 整箱货与拼箱货

集装箱运输是将散件货物(Break Bulk Cargo)汇成一个运输单元(集装箱),使用船舶等运输工具进行运输的方式。集装箱运输的货物流通途径与传统的杂货运输有所不同,集装箱运输不仅与传统杂货运输一样以港口作为货物交接、换装的地点,还可以在港口以外的地点设立货物交接、换装的站点(Inland Depot)。

集装箱运输改变了传统的货物流通途径,在集装箱货物的流转过程中,其流转形态分为两种,一种为整箱货,另一种为拼箱货。

(1)整箱货

整箱货(Full Container Load,FCL)是指由发货人负责装箱、计数、积载,填写装箱单,并加铅封的集装箱货物,通常只有一个发货人和一个收货人。

整箱货的拆箱,一般由收货人办理,但也可以委托承运人在货运站拆箱。可是承运人不负责箱内的货损、货差。除非货方举证确属承运人责任事故的损害,承运人才负责赔偿。承运人对整箱货,以箱为交接单位。只要集装箱外表与收箱时相似和铅封完整,承运人就完成了承运责任。在目前的海上货运实践中,班轮公司主要从事整箱货的货运业务。

(2)拼箱货

拼箱货(Less than Container Load,LCL)是指承运人(或代理人)接受货主托运的数量不足整箱的小票货后,根据货类性质和目的地进行分类整理。把去同一目的地的货,集中到一定数量拼装入箱。由于一个箱内有不同货主的货拼装在一起,所以叫拼箱。拼箱货的分类、整理、集中、装箱(拆箱)、交货等工作均在承运人码头集装箱货运站或内陆集装箱转运站进行。

货运代理人或拼箱集运商从事拼箱货运输,具有以下重要作用:首先,可以因由其直接面对客户和承接小批量的货运业务、专门处理相关的货运问题,使班轮公司不再需要为小批量货物专门组织人力和物力、耗费资金和时间、承担风险和责任;其次,可以扩大货运代理企业的活动空间和业务范围,使货运代理企业通过为小批量货物提供良好服务的同时获得回报;再次,可以通过提供拼箱集运的服务,满足货主对于小批量货物在贸易、技术、经济、流通等方面的要求。

2.集装箱货物交接地点与方式

(1)集装箱货物的交接地点

货物运输中的交接地点是指根据运输合同,承运人与货方交接货物、划分责任风险和费用的地点。在集装箱运输中,根据实际需要,货物的交接地点并不固定。

目前集装箱运输中货物的交接地点有船边或吊钩、集装箱堆场、集装箱货运站和其他双方约定的地点(如货主仓库"Door")。

集装箱堆场(Container Yard,CY)是交接和保管空箱和重箱的场所,也是集装箱换装运输工具的场所。

集装箱货运站(Container Freight Station,CFS)是拼箱货交接和保管的场所,也是拼箱货装箱和拆箱的场所。

集装箱堆场和集装箱货运站也可以同处于一处。

(2)集装箱货物的交接方式

在集装箱运输中,根据整箱货和拼箱货货源的不同,其主要的交接方式有:

①门到门交接(Door to Door)

该种货物的交接形式通常是指一个发货人,一个收货人。在由承运人负责内运输时,则在发货人的工厂或仓库验收后,负责将货物运至收货人的仓库或工厂交货。门到门交接的货物都为整箱货。

②门到场交接(Door to CY)

这是一种在发货人的工厂或仓库接收货物并负责运至卸货港集装箱码头堆场交货的交接方式。门到场货物交接方式有时在承运人不负责目的地内陆运输的情况下发生。

③门到站交接(Door to CFS)

这是一种从发货人的工厂或仓库至目的地集装箱货运站的交接方式,即通常是整箱接,拆箱交。

④场至门交接(CY to Door)

这是一种在起运地装船港的集装箱码头堆场接货,并将其运至收货人工厂或仓库交货的交接方式,通常发生在承运人不负责从起运地发货人处至集装箱码头堆场间的内陆运输的情况下。

⑤场到场交接(CY to CY)

这是一种从装船港的集装箱码头堆场至卸船港的集装箱码头堆场的交接方式,通常是整箱货。

⑥场到站交接(CY to CFS)

这是一种从装船港的集装箱码头堆场至目的地的货运站集装箱的交接方式。

⑦站到门交接(CFS to Door)

这是一种从起运地的集装箱货运站至目的地收货人的工厂或仓库的交接方式,经常发生在拼箱接整箱交的情况下。

⑧站到场交接(CFS to CY)

这是一种从起运地的集装箱货运站至目的地集装箱码头堆场的交接方式。

⑨站到站交接(CFS to CFS)

这是一种从起运地的集装箱货运站至目的地的集装箱货运站的交接方式,通常是拼箱接,拼箱交。

实践中海运集装箱货物交接的主要方式为:CY/CY,这是班轮公司通常采用的交接方式;CFS/CFS,这是集拼经营人通常采用的交接方式。

6.2.5 集装箱租赁

通常情况下,集装箱租赁问题仅仅是班轮公司要考虑的问题。但是,国际货运代理企业在充当无船承运人的情况下也可能要拥有自己经营的集装箱,因此就可能涉及集装箱租赁业务。

集装箱租赁业务兴起于 20 世纪 60 年代末。由于集装箱租赁可以使船公司节省因集装箱闲置而发生的非生产时间的损失和管理费用的支出,可以减少集装箱的自然耗损,也可以避免因货物流向流量的不平衡而发生的空箱运输,并减少生产投资,所以很快就得到发展。

1.集装箱的租赁方式

集装箱通常有以下三种租赁形式:

(1)期租

期租即租用一定期间的租赁。租赁时间可长可短,短者为 6 个月,长者可达 5 年,甚至更长。长期租赁视租期届满后对集装箱所有权的处理方法的不同,又可分为金融租赁(又称融资租赁)和实际使用期租赁两种。在前一种情况下,租期届满,集装箱即无偿或作价归租箱人所有;而在后一种情况下,租期届满,租箱人将集装箱归还给出租人,集装箱仍归出租人所有。

(2)程租

程租是指一个单航次或往返航次,或连续几个单航次或往返航次的租赁。所以根据不同的实际情况,集装箱的单位租金会有很大的区别。

在来回程货载不平衡的航线上常采用这种租赁形式,不过,在单航次租箱中,如果交箱地的租箱市场行情高于还箱地的行情,则租箱人除须按约定支付租金外,还须额外支付提箱费和还箱费。

(3)活期租赁

活期租赁又称灵活租赁,它是集装箱租赁公司与租箱人之间签订协议,在规定的租期内租箱人租用集装箱的数量除需保持最低的限额外,可根据租箱人的实际需要随时增减的租箱方式。

对于租箱人来说,活期租赁兼有长期租赁和程租租赁的优点。这种租箱的租期通常为一年,在大量租用集装箱的情况下,租箱人通常都可享受租金回扣的优惠,租金水平甚至可与长期租赁的租金水平相类似。在集装箱货物运量较大,且来回程货运量不平衡的航线上,通常可以采用这种租箱方式。活期租赁的租箱合同中,一般都有租箱人每月提箱和还箱的数量及地点的约定。租金按使用集装箱的天数计算。此外,还会有有关租箱人使用出租公司其他有关设备的约定。

2.租箱合同的主要条款

(1)租箱合同的主要内容

租箱合同是规定承租人与租箱公司之间权利、义务、费用的法律文件。各租箱公司在开展租箱业务时,均制定具有一定固定格式的租箱合同文本,就双方承担的责任、义务、费用等方面的问题作出条款规定,其内容通常涉及:租金,租箱方式,租箱数量与箱型,交箱期与还箱期,租、退箱费用,交、还箱地点,损坏修理责任,保险。

(2)交箱条款

交箱条款主要是制约租箱公司的条款,是指租箱公司应在合同规定的时间和地点将符合合同条件的集装箱交给租箱人。其内容主要有:

①交箱期。交箱期是指租箱公司将箱子交给租箱人的时间。为了给双方都提供一些方便,交箱期通常规定一个期限,一般为 7～30 天。

②交箱量。为了适应市场上箱、货供求关系的变化,合同中对交箱量有两种规定方法:一种是规定的交箱数量(或最低交箱量),另一种是实际交箱量。

③交箱时箱子状况。租箱公司交给租箱人的箱子应符合有关国际公约与标准的规定,同时租箱人还箱时应保证箱子保持和接近原来的状况。为了保证这一点,双方在提箱时箱子的状况是通过双方签署的设备交接单来体现的。在具体操作中,规定租箱人雇用的司机和箱子所在堆场的箱管员、门卫可作为双方代表签署设备交接单。

(3)还箱条款

租箱合同中的还箱条款主要是制约租箱人的条款,是指租箱人应在租用期满后,按合同规定的时间、地点将状况良好的箱子还给租箱公司。其主要内容为：

①还箱时间。还箱时间指规定的还箱日期。如超期还箱，合同一般通过对超期天数加收租金的方式解决；如果可能提前还箱，则要求事先订立提前终止条款，订有该条款时，租箱人可提前还箱；如未订立此条款，即使是提前还箱，租箱人仍需补交提前日数的追加租金。

②还箱地点。租箱人应按合同规定或租箱公司另用书面形式确认的具体地点还箱。在订立合同时，租箱人应尽量使还箱地点与箱子最终使用地点一致或接近，这样可以减少空箱运输费用。

③还箱时箱子状况。租箱人在还箱时应保证箱子外表状态良好，即保证箱子保持提箱时双方签订的设备交接单上说明的状况。该条款一般规定如果还箱时外表有损坏，租箱人应承担修理责任与费用。

租箱合同中一般还规定还箱期满若干天(有的是 30 天)后，租箱人仍未还箱，租箱公司将箱子作为全损处理，租箱人应按合同规定的金额支付赔偿金；在租箱公司未收到赔偿金前，租箱人仍需按实际天数支付租金。

(4)损害修理责任

损害修理责任条款(DPP 条款)，指在承租人支付 DPP 费用的前提下，在归还箱子时，可不对租赁期间箱子的损坏负责，损坏的箱子由租箱公司负责修理。租赁合同中订有 DPP 条款，对承租人来说，可避免一旦发生箱子损坏后所引起的有关修理安排、查核、检验、支付修理费用等繁杂事务，并可节约将受损的箱子运至修理厂的额外费用。习惯上，DPP 只承担比箱子本身价值低的固定限额。

(5)租箱人的义务

关于租箱人的义务，租箱合同中一般都规定：租箱人应该按规定的时间和方式支付租金，以及除租金和 DPP 费用以外的其他有关费用；在租箱期内，租箱人应遵守本国或其他有关国家关于集装箱的法律、法令、法规的规定，承担有关罚款、费用和损失，并在租箱期内与出租公司共同承担《国际集装箱安全公约》规定的检验和修理责任；在租箱期内，租箱人应按规定使用集装箱，不得超负荷装载或长期堆放有损箱体的货物，并应对包括集装箱的清洗、防污、油漆和更换必要的部件在内的维修和保养承担责任；在租箱期内，租箱人须对集装箱的全损和灭失承担责任，对于对第三者造成的责任的损害也须承担责任。除此以外，租箱合同中一般还规定租箱人对于即使是不可抗力，如战争、内乱、政府限制、公敌行为、劳资纠纷、水灾、自然灾害等所造成的集装箱损坏、扣押或没收也不能免责。

(6)租金支付

关于租金支付条款，租箱合同中应对租期、租金及支付方式、交箱和还箱的手续费等作出约定。

①租期：习惯上都以交箱日至还箱日的一段期间作为租期，即从租箱人提箱时起，到还箱时租期截止。在长期租箱的条件下，还箱的时间按合同约定；活期租箱还箱的时间以租箱人将集装箱退还给出租公司的集装箱堆场的时间为准。还箱时，租箱人应按合同规定的时间，向出租公司发出还箱通知。租箱人无权任意延长租期。

②租金：即从租箱人提箱的当日起算，至还箱的次日截止。超过还箱期超期租金按合同约定另行支付，通常为正常租金的一倍。在长期租赁或租箱合同中未订有损害修理条款的情况下，如果集装箱有所损坏，原则上应在损坏修复后才能还箱。但如在合同中订有提前终止条款，则只要租箱人支付提前终止费用，在集装箱进入出租公司的集装箱堆场后，租期即告终止。提前终止费一般相当于5～7天的租金。对于超期还箱，其超期天数的租金通常为正常租金的1倍。

③租金支付方式：关于租金支付方式主要有两种约定方法，既可约定按月支付，也可约定按季支付。租箱人应在收到出租公司发出的支付租金通知后30天内支付租金。如延误支付，应按合同约定的费率支付滞纳金。

④交、还箱手续费：交、还箱手续费是租箱人支付给出租公司，用以抵偿出租公司在集装箱堆场发生的诸如装卸车费、单证费等各项费用。这种费用既可按当地的集装箱堆场规定的费率支付，也可按合同约定的费率支付。

(7)保险条款

保险条款是租箱合同中有关出租公司向租箱人提供集装箱损害修理保险的条款。虽然这一条款常约定出租公司只对租箱人租用的集装箱本身的损害负责，而对于集装箱中装载货物的损害和集装箱运输中涉及第三者的损伤或损害并不负责。但是，保险公司的集装箱保险以集装箱本身的保险为基本险，兼保货物损害赔偿责任和第三者赔偿责任保险的条件下，经过特约，出租公司也可能同意扩大集装箱损害修理保险范围。其具体做法通常是，先针对集装箱本身的损害扩大保险的范围，然后再适当地扩展其他险别的承保，以扩充其补偿的范围，减轻租箱人可能承担的风险。

集装箱损害修理保险，既可采用有限额保险方式，即出租公司有限度地承担集装箱损坏的修理费，如果损坏修理费超过投保的限度，其超过部分由租箱人自负；也可采用全值保险方式，即出租公司按合同规定的承保金额全额负担集装箱损坏的修理费，不过，其最高限额为赔偿全损。当然，在采用上述两种方式中的任何一种方式时，都可能有免赔额的规定，比如有的合同就规定对于259美元以下的损害修理费免赔。

(8)转租

在活期租箱的租赁方式下，租箱人可以将所租用的集装箱转租，而无须办理退租和起租手续。通常的做法是，原租箱人可以与转租的租箱人直接办理集装箱的交接，然后由出租公司的代理人、原租箱人和转租的租箱人及时将交接证明、有关转租集装箱的箱号等资料寄交出租公司。

(9)设备标志的更改

租箱实务中，出租公司一般都会接受租箱人提出的修改原集装箱原有的标志、增加租箱人所需标志的要求。在这种情况下，租箱合同中一般都规定，在租箱人还箱时，必须恢复集装箱的原有标志。如果这种恢复工作由出租公司完成，其费用仍应由租箱人负担。

6.3 班轮货运流程

本节主要介绍班轮运输的主要关系人、船期表、班轮货运程序、集装箱货运流程、班轮货运中使用的单证等内容。

6.3.1 班轮货运流程基础

1. 班轮运输主要关系人

班轮运输中，通常会涉及班轮承运人、船舶代理人、无船（公共）承运人、海上货运代理人、托运人等有关货物运输的关系人。

（1）班轮承运人

班轮承运人，这里指班轮公司，是运用自己拥有或者自己经营的船舶，提供国际港口之间的班轮运输服务，并依据法律规定设立的船舶运输企业。班轮公司应拥有自己的船期表、运价本、提单或其他运输单据。根据各国的管理规定，班轮公司通常应有船舶直接挂靠该国的港口。班轮公司有时也被称为远洋公共承运人（Ocean Common Carrier）。

在从事国际货代业务的实践中，国际海上货运代理人应了解有关班轮公司的情况，以便在必要时从中选择适当的承运人。

案例 6-2

世界著名的集装箱班轮公司

世界上集装箱班轮公司有很多，下面介绍两个班轮公司的概况。

1. 中远集装箱运输有限公司（COSCON），简称中远集运，成立于 1997 年 12 月 29 日，是中远集团（COSCO）所属的专门从事集装箱运输的核心企业。截至 2009 年 6 月，中远集运拥有 140 多艘全集装箱船，总箱位超过 50 万标准箱；公司经营着 80 条国际航线，以及 21 条国内航线，船舶在全球 53 个国家和地区以及 155 个港口挂靠。集装箱运输业务遍及全球，在全球拥有 400 多个代理及分支机构承运能力排名世界前列。

2. 地中海航运公司（MSC）总部设在日内瓦的地中海航运公司目前已上升至世界第二大集装箱班轮公司。

除了以上班轮公司外，还有一些著名的班轮公司，如日本邮船（NYK）、韩进海运（Hanjin）、商船三井（M.O.S.K）、东方海外（OOCL）、海皇/总统轮船（NOL/APL）、长荣（Evergreen）、送飞（CMA）等。

（2）船舶代理人

船舶代理人，这里指船舶代理公司，是接受船舶所有人、船舶经营人或者船舶承租人的委托，为船舶所有人、船舶经营人或者船舶承租人的船舶及其所载货物或集装箱提供办理船舶进出港口手续、安排港口作业、接受订舱、代签提单、代收运费等服务，并依据法律规定设立的船舶运输辅助性企业。由于国际船舶代理行业具有独特的性质，所以各国在国际船舶代理行业大多制定有比较特别的规定。实践中，国际货运代理人经常会与船舶代理人有业务联系。

（3）无船承运人

无船承运人[Non-vessel Operating(Common)Carrier]，也称无船（公共）承运人，这里指经营无船承运业务的公司，是以承运人身份接受托运人的货载，签发自己的提单或者其他运输单证，向托运人收取运费，通过班轮运输公司完成国际海上货物运输，承担承运人责任，并依据法律规定设立的提供国际海上货物运输服务的企业。

（4）海上货运代理人

国际海上货运代理人（Ocean Freight Forwarder），也称远洋货运代理人，这里指国际海上货运代理公司，是接受货主的委托，代表货主的利益，为货主办理有关国际海上货物运输相关事宜，并依据法律规定设立的提供国际海上货物运输代理服务的企业。

海上货运代理人除可以从货主那里获得代理服务报酬外，因其为班轮公司提供货载，所以还应从班轮公司那里获得奖励，即通常所说的"佣金"。但是，根据各国的管理规定（如果有的话），国际海上货运代理人通常无法与班轮公司签订协议运价或服务合同。

（5）托运人

托运人（Shipper），这里指货主企业，在运输合同中是指本人或者委托他人以本人名义或者委托他人为本人与承运人订立海上货物运输合同的人；本人或者委托他人以本人名义或者委托他人为本人将货物交给与海上货物运输合同有关的承运人的人。托运人可以与承运人订立协议运价，从而获得比较优惠的运价。但是，托运人无法从承运人那里获得"佣金"。如果承运人给托运人"佣金"，则将被视为给托运人"回扣"。班轮运输中还会有收货人等关系人。

2. 船期表

班轮船期表（Liner Schedule or Service Schedule）是班轮运输营运组织工作中的一项重要内容。班轮公司制定并公布班轮船期表有多方面的作用。首先是为了招揽航线途经港口的货载，既为满足货主的需要，又体现海运服务的质量；其次是有利于船舶、港口和货物的及时衔接，以便船舶有可能在挂靠港口的短时间内取得尽可能高的工作效率；再次是有利于提高船公司航线经营的计划质量。

班轮船期表的主要内容包括：航线、船名、航次编号、始发港、中途港、终点港的港名，到达和驶离各港的时间，其他有关的注意事项等。

各班轮公司根据具体情况，编制公布的船期表是有所差异的。通常，近洋班轮航线因航程短且挂港少，船公司能较好地掌握航区和挂靠港的条件，以及港口装卸效率等实际状况，可以编制出时间准确的船期表，船舶可以严格按船期表规定的时间运行。远洋班轮航线由于航程长、挂靠港多、航区气象海况复杂，船公司难以掌握航区、挂靠港、船舶在航线上运行可能发生的各种情况，在编制船期表时对船舶运行的时间必然会留有余地。集装箱运输具有速度快、装卸效率高、码头作业基本上不受天气影响等优点，所以，集装箱班轮航线可以编制出较为精确的船期表。

国际海上货运代理人不但应了解班轮船期表的内容,还应该了解在哪里可以查找到船期表,同时要知道班轮船期表所表示的船舶抵、离港时间(ETA,ETD)的准确程度。

6.3.2 班轮货运程序

从事班轮运输的船舶是按照预先公布的船期来营运的,并且船速较高,因此能够及时将货物从起运港发送,而且迅速地将货物运抵目的港。货主则可以在预知船舶抵、离港时间的基础上,组织、安排货源,保障市场对货物的需求。从事班轮运输的船舶又是在固定的航线上(既定的挂靠港口及挂靠顺序)经营并有规则地从事货物运输服务的,因此对于零星的小批量货物的货主,他们同样可以与大批量货物的货主一样,根据需要向班轮公司托运,节省货物等待的时间和仓储费用。另外,用于班轮运输的船舶的技术性能较好,设备较齐全,船员的技术业务水平也较高,所以既能满足普通件杂货的运输要求,又能满足危险货物、重大件等特殊货物的运输要求,并且能较好地保证货运质量。

从事班轮运输的船舶具有一些与其他营运方式不同的基本特点。由于船舶具有固定航线、固定港口、固定船期和相对固定的运价,因此,"四固定"是其最基本的特点。此外,承运人和货主之间权利、义务和责任豁免通常以承运人签发的提单背面条款为依据并受国际公约的制约,即承运人和货主之间在货物装船之前通常并不是书面签订运输合同,而是在货物装船后,由承运人签发记有详细的有关承运人、托运人或收货人的责任、权利和义务条款的提单(偶尔也使用海运单)。在件杂货班轮运输中,承运人对货物的责任期间是从货物装上船起,至货物卸下船止,也就是说,虽然实务中托运人是将货物送至承运人指定的码头仓库交货,收货人在码头仓库提取货物,但除另有约定外,承运人对货物的责任期间仍然是"船舷至船舷"或"钩至钩"。另外,关于装卸费用和装卸时间,则规定为由承运人负责装货作业、卸货作业和理舱作业及全部费用;并且不计算滞期费和速遣费,仅约定托运人和收货人需按照船舶的装卸速度交货或提取货物,否则应赔偿船方因降低装卸速度或中断装卸作业所造成的损失。在集装箱班轮运输中,承运人对货物的责任期间是从装货港接受货物时起至卸货港交付货物时止,通常班轮公司对集装箱的交接方式是CY/CY。

1.货物出运

班轮公司的货物出运工作包括揽货与订舱和确定航次货运任务等内容。货运代理人的货物出运工作则包括安排货物托运手续、办理货物交接等内容。

船公司为使自己所经营的船舶在载重量和载货舱容两方面均能得到充分利用,以期获得最好的经营效益,会通过各种途径从货主那里争取货源,揽集货载——揽货(Canvassion)。通常的做法是在所经营的班轮航线的各挂靠港口及货源腹地通过自己的营业机构或船舶代理人与货主建立业务关系;通过报纸、杂志刊登船期表,以邀请货主前来托运货物,办理订舱手续;通过与货主、无船承运人或货运代理人等签订货物运输服务合同(Service Contract)或揽货协议来争取货源。货运代理人应根据货物运输的需要,从运输服务质量、船期、运价等方面综合考虑后,选择适当的班轮公司。

订舱(Booking)是托运人(包括其代理人、货运代理人)向承运人(班轮公司,包括其代理人)申请货物运输,承运人对这种申请给予承诺的行为。托运人(Shipper)申请货物运输可视为"要约",即托运人希望和承运人订立运输合同意思的表示,根据法律规定,合同订立采取要约—承诺方式,因此,承运人一旦对托运人货物运输申请给予承诺,则货物运输合同订立。

国际海上货物运输合同是指承运人收取运费,负责将托运人托运的货物经海路由一国港口运至另一国港口的合同。因此,海上货物运输合同是一种双务有偿合同,而且应该是一种诺成合同。

在国际贸易实践中,出口商通常会要求以 CIF 价格条件成交,此时,自出口商安排货物运输工作,即出口商承担出口货物的托运工作,将货物交船公司运往国外交进口商,所以订舱工作多数在装货港或货物输出地由出口商办理。但是,如果出口货物是以 FOB 价格条件成交,则货物运输由进口商安排,此时订舱工作就可能在货物的卸货地或输入地由进口商办理。这就是所称的卸货地订舱(Home Booking)。卸货地订舱的货物在实践中也称"指定货"(Buyer's Nominated Cargo)。

确定航次货运任务就是确定某一船舶在某一航次所装货物的种类和数量。承运人承揽货载时,会考虑各票货物的性质、包装和每件货物的重量及尺码等因素。因为不同种类的货物对运输和保管有不同的要求,各港口的有关法律和规章也会有不同的规定。例如,重大件货物可能会受到船舶及装卸港口的起重机械能力影响和船舶舱口尺寸的限制;忌装货物的积载问题;各港口对载运危险货物船舶所作的限制等。而对于货物的数量,船公司也应参考过去的情况,预先对船舶舱位在各装货港间进行适当的分配,定出限额,并根据各个港口情况的变化,及时进行调整,使船舶舱位得到充分和合理的利用。货运代理人应充分认识到船方在确定船舶航次货运任务方面会考虑的问题,否则可能造成不必要的麻烦。

2.装船与卸船

(1)货物装船

集装箱班轮运输中,由于班轮公司基本上是以 CY/CY 作为货物的交接方式,所以集装箱货物的装船工作都会由班轮公司负责。

杂货班轮运输中,除另有约定外,都规定托运人应将其托运的货物送至船边,如果船舶是在锚地或浮筒作业,托运人还应用驳船将货物驳运至船边,然后进行货物的交接和装船作业。对于特殊货物,如危险货物、鲜活货、贵重货、重大件货物等,通常采取由托运人将货物直接送至船边、交接装船的形式。即采取现装或直接装船的方式。

然而,由于在杂货班轮运输中,船舶承运的货物种类多、票数多、包装式样多、挂靠港口多等原因,如果要求每个托运人都将自己托运的货物直接送至码头船边,就可能会发生待装的货物不能按规定的装船先后次序送至船边的情况,从而使装货现场发生混乱,影响装货效率。由此而产生的结果是延长了船舶在港的停泊时间,延误船期,也容易造成货损、货差现象。因此,为了提高装船效率,加速船舶周转,减少货损、货差现象,在杂货班轮运输中,对于普通货物的交接装船,通常采用由班轮公司在各装货港指定装船代理人,由装船代理人在各装货港的指定地点(通常为港口码头仓库)接受托运人送来的货物,办理交接手续后,将货物集中整理,并按次序进行装船的形式,即所谓的"仓库收货,集中装船"的形式。

在杂货班轮运输的情况下,不论接货装船的形式是直接装船还是集中装船,也就是说,不论采取怎样的装船形式,托运人都应承担将货物送至船边的义务,而作为承运人的班轮公司的责任则是从装船时开始,除非承运人与托运人之间另有不同的约定。因此,集中装船与直接装船的不同之处只不过是由班轮公司指定的装船代理人代托运人将货物从仓库送至船边,而班轮公司与托运人之间的责任界限和装船费用的分担仍然以船边货物挂上吊钩为界。从货主角度出发,在集中装船的形式下,当托运人在装货港将货物交给班轮公司指定的装船代理人时,就可视为将货物交给班轮公司,交货后的一切风险都应由船公司负担。但是,根据有关海上运输法规(例如,中国《海商法》第 46 条规定:承运人对非集装箱装运的货物的责任期间,是指从货物装上船时起至卸下船时止,货物处于承运人掌管之下的全部时间。前款规定,不影响承运人就非集装箱装运的货物,在装船前和卸船后所承担的责任达成任何协议)和提单条款的规定,对于件杂货运输,船公司的责任是从本船船边装货时开始的,即使是在"仓库收货,集中装船"的情况下,船公司与托运人之间的这种责任界限并没有改变。也就是说,船公司的责任期间并没有延伸至仓库收货时。虽然装船代理人在接收货物后便产生了如同船公司所负担的那种责任,实际上船公司和装船代理人各自对托运人所应负担的责任仍然存在着一定的界限,即根据船公司和装船代理人之间的约定,在船边装船以前属于装船代理人的责任。

(2)货物卸船

在集装箱班轮运输中,同样由于班轮公司基本上是以 CY/CY 作为货物的交接方式,所以集装箱货物的卸船工作都会由班轮公司负责。

在杂货班轮运输中,理论上卸船就意味着交货,是指将船舶所承运的货物在提单上载明的卸货港从船上卸下,并在船边交给收货人并办理货物的交接手续。

但是,如果由于战争、冰冻、港口罢工等特殊原因,船舶已不可能前往原定的卸货港,或会使船舶处于不安全状态,则船公司有权决定船舶驶往能够安全到达的附近港口卸货。

船方和装卸公司应根据载货清单和其他有关单证认真地组织和实施货物的卸船作业,避免发生误卸(Mislanded)的情况,即避免发生原来应该在其他港口卸下的货物卸在本港的溢卸(Overlanded)和原来应该在本港卸下的货物遗漏的情况。船公司或其代理人一旦发现误卸时,应立即向各挂靠港口发出货物查询单(Cargo Tracer),查清后应及时将货物运至原定的卸货港。提单条款中一般都有关于因误卸而引起的货物延迟损失或货物损坏责任问题的规定:因误卸而发生的补送、退运的费用由船公司负担,但对因此而造成的延迟交付或货物的损坏,船公司不负赔偿责任。如果误卸是因标志不清、不全或错误,以及因货主的过失造成的,则所有补送、退运、卸货或保管的费用都由货主承担,船公司不负担任何责任。

在杂货班轮运输中,对于危险货物、重大件等特殊货物,通常采取由收货人办妥进口手续后到船边接收货物,并办理交接手续的现提形式。但是,如果各个收货人在船抵后都同时来到码头船边接收货物,同样会使卸货现场十分混乱,影响卸货效率,延长船舶在港停泊时间。所以,为使船舶在有限的停泊时间内迅速将货卸完,实践中通常由船公司指定装卸公司作为卸货代理人,由卸货代理人总揽卸货和接收货物并向收货人实际交付货物的工作。因此,在杂货班轮运输中,对于普通货物,通常采取先将货物卸至码头仓库,进行分类整理后再向收货人交付的所谓"集中卸船,仓库交付"的形式。

与装船的情况相同,在杂货班轮运输中,不论采取怎样的卸船交货的形式,船公司的责任都是以船边为责任界限,而且卸货费用也是按这样的分界线来划分的。船公司、卸货代理人、收货人三者之间的相互关系与前述的船公司、装船代理人、托运人三者之间的关系相同。

3.提取货物

在集装箱班轮运输中,大多采用 CY/CY 交接方式;而在杂货班轮运输中,实务中多采用"集中卸船,仓库交付"的形式,并且收货人必须在办妥进口手续后,方能提取货物。所以,在班轮运输中,通常是收货人先取得提货单,办理进口手续后,再凭提货单到堆场、仓库等存放货物的现场提取货物。而收货人只有在符合法律规定及航运惯例的前提条件下,方能取得提货单。在使用提单的情况下收货人必须把提单交回承运人,并且该提单必须经适当正确的背书(Duly Endorsed),否则船公司没有交付货物的义务,但通常只需要交回一份正本提单即可,除非发生对提单有争议、变更卸货港和"电放"的情况。另外,收货人还须付清所有应该支付的费用,如到付的运费、共同海损分担费等,否则船公司有权根据提单上的留置权条款的规定,暂时不交付货物,直至收货人付清各项应付的费用;如果收货人拒绝支付应付的各项费用而使货物无法交付时,船公司还可以经卸货港所在地法院批准,对卸下的货物进行拍卖,以拍卖所得价款充抵应收取的费用。因此,货运代理人应及时与收货人联系,取得经正确背书的提单,并付清应该支付的费用,以便换取提货单,并在办理了进口手续后提取货物。

在已经签发了提单的情况下,收货人要取得提货的权利,必须以交出提单为前提条件。然而,有时由于提单邮寄延误,或者作为押汇的跟单票据的提单未到达进口地银行,或者虽然提单已到达进口地银行,而因为汇票的兑现期限的关系,在货物已运抵卸货港的情况下,收货人还无法取得提单,也就无法凭提单来换取提货单提货。此时,按照一般的航运习惯,收货人就会开具由一流银行签署的保证书,以保证书交换提货单后提货。船公司同意凭保证书交付货物是为了能尽快地交货,而且除有意欺诈外,船公司可以根据保证书将因凭保证书交付货物而发生的损失转嫁给收货人或保证银行。但是,由于违反运输合同的义务,船公司对正当的提单持有人仍负有赔偿一切损失责任的风险。因此,船公司会及时要求收货人履行解除担保的责任,即要求收货人在取得提单后及时交给船公司,以恢复正常的交付货物的条件。实践中,船公司要求收货人和银行出具的保证书的形式和措辞虽各不相同,但主要内容都包括因不凭提单提货,收货人和保证银行同意下列条件:

(1)因不凭提单提取货物,收货人和银行保证赔偿并承担船公司及其雇员和代理人因此承担的一切责任和遭受的一切损失;

(2)对船公司或其雇员或其代理人因此被起诉而提供足够的法律费用;

(3)对船公司的船舶或财产因此被扣押或羁留或遭到这种威胁而提供所需的保释金

或其他担保以解除或阻止上述扣押或羁留,并赔偿船公司由此所遭受的一切损失、损害或费用;

(4)收到提单后换回保证书;

(5)对于上述保证内容由收货人和银行一起负连带责任。

提单上的卸货港(Port of Discharge)一栏内有时会记载两个或两个以上可供货主选择的卸货港名称,这是因为货主在货物装船前尚未确定具体的卸货港,所以在办理货物托运时提出选择卸货港交付货物的申请,并在船舶开航后从提单上所载明的选卸港范围内选定对自己最为方便或最为有利的卸货港,最后在这个港口卸货和交付货物,这种由货主选择卸货港交付的货物称为"选港货"(Optional Cargo)。由于为"选港货"签发的提单中的卸货港一栏内已明示了卸货港的范围,如"Option Kobe/Yokohama",所以收货人在办理提货手续时,只要交出一份提单即可。但是货主必须在船舶自装货港开航后,抵达第一个选卸港之前的一定时间以前(通常为 24 小时或 48 小时),把决定了的卸货港通知船公司及被选定卸货港船公司的代理人,否则船长有权在任何一个选卸港将货物卸下,并认为船公司已履行了对货物运送的责任。

如果收货人认为有必要将货物改在提单上载明的卸货港以外的其他港口卸货交付,则可以向船公司提出变更卸货港的申请。但是,所变更的卸货港必须是在船舶航次停靠港口范围之内,并且必须在船舶抵达原定卸货港之前或到达变更的卸货港(需提前卸货时)之前提出变更卸货港交付货物的申请。由于变更卸货港交付货物是在提单载明的卸货港以外的其他港口卸货和交付货物,所以收货人必须交出全套提单才能换取提货单提货。而且,在船公司根据积载情况,考虑变更卸货港卸货和交付货物对船舶营运不会产生严重影响,并接受货主变更卸货港的申请后;收货人还应负担因这种变更而发生货物的翻舱、倒载费、装卸费以及因变更卸货港的运费差额和有关手续费等费用。

早期,在船公司普遍没有自己的海运单,而又不需要收货人在卸货港以提单换取提货单的情况下,"电放"的做法产生了。"电放"是指在装货港货物装船后,承运人签发提单,托运人再将全套提单交回承运人,并指定收货人,承运人以电讯方式授权其在卸货港的代理人,在收货人不出具提单的情况下交付货物。由于与传统的做法不同,因此托运人和收货人都要出具保函,但收货人不需要履行解除担保的责任。同时,承运人不能交错货,托运人(卖方)应能收到货款,而收货人(买方)应能提到货物,这是"电放"中各方应注意的问题。在使用海运单的情况下,收货人无须出具海运单,承运人只要将货物交给海运单上所列的收货人,就被视为已经做到了谨慎处理。通常收货人在取得提货单提货之前,应出具海运单副本及自己确实是海运单注明的收货人的证明材料。

海运单与提单相比,也具有承运人收到货物的收据和运输合同成立的证明作用,但它不是物权凭证,不得转让。因此,实践中应注意的问题主要有:对一票货物,使用海运单就不再使用提单等单证;海运单必须有记名收货人;海运单通常签发一份正本;收货人提货时不需出具正本海运单,而只要证明其是海运单中的收货人;在收货人向承运人请求提货之前,只要符合要求,托运人有权改变收货人的名称。

4.杂货班轮货运单证流转程序

(1)杂货班轮货运单证

在班轮运输中,从办理货物托运手续开始,到货物装船、卸船,直至货物交付的整个过程,都需要编制各种单证。这些单证是在货方(包括托运人和收货人)与船方之间办理货物交接的证明,也是货方、港方、船方等有关单位之间从事业务工作的凭证,又是划分货方、港方、船方各自责任的必要依据。

班轮运输使用的单证中,有的受国际公约和各国国内法规的约束,有的则是按照港口当局的规定和航运习惯而编制使用的。尽管这些单证种类繁多,而且因各国港口的规定会有所不同,但主要单证是基本一致的,并能在国际航运中通用。集装箱班轮运输中使用的一些单证与杂货班轮运输中使用的单证相同,只不过是在单证中另外加上有关集装箱运输的内容而已,当然,集装箱班轮运输还使用一些专门的单证。目前国际上通用的主要单证有:

①在装货港编制使用的单证:

A.托运单是指由托运人根据买卖合同和/或信用证的有关内容向承运人或他的代理人办理货物运输的书面凭证。经承运人或其代理人对该单的签认,即表示已接受这一托运,承运人与托运人之间对货物运输的相互关系即告建立。

B.装货联单。在杂货班轮运输的情况下,托运人如果以口头形式预订舱位,而船公司对这种预约表示承诺,运输合同关系即告建立。这种以口头形式订立的合同也符合法律的规定,但是,国际航运界的通常做法则是由托运人向船公司提供详细记载有关货物情况及对运输要求等内容的装货联单。

例如,目前中国各个港口使用的装货联单的组成不尽相同,但是,主要都是由以下各联所组成:托运单(Booking Note,B/N)及其留底联(Counterfoil)、装货单(Shipping Order,S/O)、收货单(Mate's Receipt,M/R)等。

而船公司或其代理人接受承运后,便予以编号并签发装货单。

签发装货单时,船公司或其代理人会按不同港口分别编装货单号(因为最终的提单号基本上都是与装货单号相同的),装货单号不会重复,也不会混港编号。签发装货单后,船、货、港等方面都需要有一段时间来编制装货清单、积载计划、办理货物报关、查验放行、货物集中等装船的准备工作。因此,对每一航次在装货开始前一段时间应截止签发装货单。若在载至签发装货单日(Closing Date)之后,再次签发装货单,则称之为"加载"。通常只要还没有最后编妥积载计划,或积载计划虽已编妥,但船舶的舱位尚有剩余,并且不影响原积载计划的执行时,船方都会设法妥排"加载"。不过,在确定截单日或安排"加载"时,船方和货方都应注意相关国家法律规定。

装货单亦称下货纸,是托运人(实践中通常是货运代理人)填制交船公司(实践中通常是船舶代理人)审核并签章后,据以要求船长将货装运的凭证。由于托运人必须在办理了货物装船出口的海关手续后,才能要求船长将货物装船,所以装货单又常称为"关单"。当每一票货物全部装上船后,现场理货员即核对理货计数单的数字,在装货单上签注实装数量、装船位置、装船日期并签名,再由理货长审查并签名,证明该票货物如数装船无误,然后随同收货单一起交船上大副,大副审核属实后在收货单上签字,留下装货单,将收货单退给理货长转交托运人(或货运代理人)。

收货单是指某一票货物装上船后,由船上大副(Chief Mate)签署给托运人的作为证明船方已收到该票货物并已装上船的凭证。所以收货单又称为"大副收据"或"大副收单"。托运人取得了经大副签署的收货单后,即可凭以向船公司或其代理人换取已装船提单。大副在签署收货单时,会认真检查装船货物的外表状况、货物标志、货物数量等情况。如果货物外表状况不良、标志不清,货物有水渍、油渍或污渍等情况,数量短缺、货物损坏时,大副就会将这些情况记载在收货单上。这种在收货单上记载有关货物外表状况不良或有缺陷的情况称为"批注"(Remark),习惯上称为"大副批注"。有大副批注的收货单称为"不清洁收货单"(Foul Receipt);无大副批注的收货单则为"清洁收货单"(Clean Receipt)。

托运人取得收货单后,即可凭以要求船公司签发提单。提单具有货物收据、物权凭证和运输合同已存在的功能,因此,它是班轮运输中最重要的单证之一。

C.装货清单(Loading List)是根据装货联单中的托运单留底联,将全船待运货物按目的港和货物性质归类,依航次靠港顺序排列编制的装货单的汇总单。装货清单的内容包括船名、装货单编号、件数、包装、货名、毛重、体积及特种货物对运输的要求或注意事项的说明等。

装货清单是大副编制积载计划的主要依据,又是供现场理货人员进行理货,港口安排驳运、进出库场以及掌握托运人备货及货物集中情况等的业务单据。当有增加或取消货载的情况发生时,船方(通常是船舶代理人)会及时编制"加载清单"(Additional Cargo List)或"取消货载清单"(Cancelled Cargo List),并及时分送各有关方。

D.载货清单(Manifest,M/F),亦称"舱单"。是在货物装船完毕后,根据大副收据或提单编制的一份按卸货港顺序逐票列明全船实际载运货物的汇总清单。其内容包括船名及国籍、开航日期、装货港及卸货港,同时逐票列明所载货物的详细情况。

载货清单是国际航运实践中一份非常重要的通用单证。船舶办理报关手续时,必须提交载货清单。载货清单是海关对进出口船舶所载货物进出国境进行监督管理的单证,如果船载货物在载货清单上没有列明,海关有权依据海关法的规定进行处理。载货清单又是港方及理货机构安排卸货的单证之一。

E.货物积载图。出口货物在货物装船前,必须就货物装船顺序、货物在船上的装载位置等情况制订一个详细的计划,以指导有关方面安排泊位、货物出舱、下驳、搬运等工作。这个计划以图表的形式来表示,即用图表的形式表示货物在船舱内的装载情况,使每一票货物都能形象具体地显示其在船舱内的位置。该图表就是通常所称的积载图(Stowage Plan)。在货物装船以前,大副根据装货清单上记载的货物资料制订货物积载计划。但是,在实际装船过程中,往往会因为各种客观原因,使装货工作无法完全按计划进行。例如,原计划的货载变动;货物未能按时集港而使装船计划改变,造成积载顺序与原计划不同等情况。这样,就造成货物实际在舱内的积载位置与原来的计划不一致。当然,在装船过程中,对原计划的改动原则上都应征得船长或大副的同意。当每一票货物装船后,应重新标出货物在舱内的实际装载位置,最后绘制成一份"货物积载图"。

F. 危险货物清单。即专门列出船舶所载运全部危险货物的明细表。其记载的内容除装货清单、载货清单所应记载的内容外,特别增加了危险货物的性能和装船位置两项。为了确保船舶、货物、港口及装卸、运输的安全,包括中国港口在内的世界上很多国家的港口都专门作出规定,凡船舶载运危险货物都必须另行单独编制危险货物的清单。按照一般港口的规定,凡船舶装运危险货物时,船方应向有关部门申请派员监督装卸。在装货港装船完毕后由监装部门签发给船方一份"危险货物安全装载书"(Dangerous Cargo Safe Stowage Certificate),这也是船舶载运危险货物时必备的单证之一。

另外,有些港口对装卸危险货物的地点、泊位,甚至每一航次载运的数量,以及对危险货物的包装、标志等都有所规定。因此,船公司和货主对各国有关装卸危险货物的规定都应事先有所了解,以免日后发生不必要的麻烦。除上述主要单证外,为了提高运输效率和效益,还会使用其他一些单证,如重大件清单(Heavy and Lengthy Cargo List)、剩余舱位报告(Space Report)、积载检验报告(Stowage Survey Report)等。

②在卸货港编制使用的单证

A. 过驳清单(Boat Note)。指采用驳船作业时,作为证明货物交接和表明所交货物实际情况的单证。过驳清单是根据卸货时的理货单证编制的,其内容包括驳船名、货名、标志、号码、包装、件数、卸货港、卸货日期、舱口号等,并由收货人、卸货公司、驳船经营人等收取货物的一方与船方共同签字确认。

B. 货物溢短单(Overlanded & Shortlanded Cargo List)。指一票货物所卸下的数字与载货清单上所记载的数字不符,发生溢卸或短卸的证明单据。

C. 货物残损单(Broken & Damaged Cargo List)。指卸货完毕后,理货员根据卸货过程中发现的货物破损、水湿、水渍、渗漏、霉烂、生锈、弯曲变形等情况记录编制的,证明货物残损情况的单据。货物残损单必须经船方签认。

以上三种单据通常是收货人向船公司提出损害赔偿要求的证明材料,也是船公司处理收货人索赔要求的原始资料和依据。所以,船方在签字时会认真进行核对,在情况属实时才会给予签认;在各方对单证记载内容意见不一致时,应尽量协调,以取得一致意见;经协商不能取得一致意见时,船方也可能在单证上作出适当的保留批注。货主在获取以上三种单据时,应检查船方的签字。

D. 提货单(Delivery Order,D/O)。亦称小提单,是收货人凭以向现场(码头仓库或船边)提取货物的凭证。其内容包括船名、货名、件数、数量、包装式样、标志、提单号、收货人名称等。

提货单的性质与提单完全不同,它只不过是船公司指令码头仓库或装卸公司向收货人交付货物的凭证,不具备流通及其他作用。因此,提货单上一般记有"禁止流通"(Non-negotiable)字样。

(2)货运单证流程

杂货班轮货运及主要货运单证流程如下:

①托运人向船公司在装货港的代理人(也可直接向船公司或其营业所)提出货物装运申请,递交托运单(Booking Note),填写装货联单。

②船公司同意承运后,其代理人指定船名,核对装货单与托运单上的内容无误后,签发装货单,底联留下后退还给托运人,要求托运人将货物及时送至指定的码头仓库。

③托运人持装货单及有关单证向海关办理货物出口报关、验货放行手续,海关在装货单上加盖公章后,货物准予装船出口。

④船公司在装货港的代理人根据留底联编制装货清单送船舶及理货公司、装卸公司。

⑤大副根据装货清单编制货物积载计划,交代理人分送理货、装卸公司等按计划装船。

⑥托运人将经过检验及检量的货物送至指定的码头仓库准备装船。

⑦货物装船后,理货长将装货单交大副,大副核实无误后留下装货单并签发收货单。

⑧理货长将大副签发的收货单转交给托运人。

⑨托运人持收货单到船公司在装货港代理人处付清运费(预付运费情况下)换取正本已装船提单。

⑩船公司在装货港的代理人审核无误后,留下收货单签发已装船提单给托运人。

托运人持已装船提单及有关单证到议付银行结汇(在信用证支付方式下),取得货款,议付银行将已装船提单及有关单证邮寄开证银行。

货物装船完毕后,船公司在装货港的代理人编妥出口载货清单送船长签字后向海关办理船舶出口手续,并将载货清单交船随带,船舶起航。

船公司在装货港的代理人根据已装船提单副本编制出口载货运费清单连同已装船提单副本、收货单送交船公司结算代收运费,并将卸货港需要的单证寄给船公司在卸货港的代理人。

船公司在卸货港的代理人接到船舶抵港电报后,通知收货人船舶到港日期,做好提货准备。收货人到开证银行付清货款取回已装船提单(在信用证支付方式下)。

卸货港船公司的代理人根据装货港船公司的代理人寄来的货运单证,编进口交货清单及有关船舶进口报关和卸货所需的单证,约定装卸公司、理货公司,联系安排泊位,做好接船及卸货准备工作。

船舶抵港后,船公司在卸货港的代理人随即办理船舶进口手续,船舶靠泊后即开始卸货。

收货人持正本已装船提单向船公司在卸货港的代理人处办理提货手续,付清应付的费用后,换取代理人签发的提货单。

收货人办理货物进口手续,支付进口关税。

收货人持提货单到码头仓库或船边提取货物。

6.3.3 集装箱班轮货运流程

1.整箱货出口货运代理业务流程与单证

(1)业务流程

①委托代理

在集装箱班轮货物运输过程中,货主一般都委托货运代理人为其办理有关的货运业务。货运代理关系的建立也是由作为委托人的货主提出委托、由作为代理人的国际货运代理企业接受委托后建立。在货主委托货运代理时,会有一份货运代理委托书。在订有长期货运代理合同时,可能会用货物明细表等单证代替委托书。

②订舱

货运代理人接受委托后,应根据货主提供的有关贸易合同或信用证条款的规定,在货物出运之前的一定时间内,填制订舱单向船公司或其代理人申请订舱。船公司或其代理人在决定是否接受发货人的托运申请时,会考虑其航线、船舶、运输要求、港口条件、运输时间等方面能否满足运输的要求。船方一旦接受订舱,就会着手编制订舱清单,然后分送集装箱码头堆场、集装箱空箱堆场等有关部门,并将据此安排办理空箱及货运交接等工作。在订舱时,货运代理人会填制"场站收据"(Dock Receipt,D/R)联单、预配清单等单据。

③提取空箱

在订舱后,货运代理人应提出使用集装箱的申请,船方会给予安排并发放集装箱设备交接单(Equipment Interchange Receipt,EIR)。凭设备交接单,货运代理人就可安排提取所需的集装箱。在整箱货运输时,通常是由货运代理人安排集装箱卡车运输公司到集装箱空箱堆场领取空箱;但也可以由货主自己安排提箱。无论由谁安排提箱,在领取空箱时,提箱人都应与集装箱堆场办理空箱交接手续,并填制设备交接单。

④货物装箱

整箱货的装箱工作大多由货运代理人安排进行,并可以在货主的工厂、仓库装箱或是由货主将货物交由货运代理人的集装箱货运站装箱。当然,也可以由货主自己安排货物的装箱工作。装箱人应根据订舱清单的资料,核对场站收据和货物装箱的情况,填制集装箱货物装箱单(CLP)。

⑤整箱货交接

由货运代理人或发货人自行负责装箱并加封志的整箱货,通过内陆运输运至承运人的集装箱码头堆场,并由码头堆场根据订舱清单,核对场站收据和装箱单接收货物。整箱货出运前也应办妥有关出口手续。集装箱码头堆场在验收货箱后,即在场站收据上签字,并将签署的场站收据交还给货运代理人或发货人。货运代理人或发货人可以凭经签署的场站收据要求承运人签发提单。

⑥换取提单

货运代理人或发货人凭经签的场站收据,在支付了预付运费后(在预付运费的情况下),就可以向负责集装箱运输的人或其代理人换取提单。发货人取得提单后,就可以去银行结汇。

⑦装船

集装箱码头堆场或集装箱装卸区根据接受待装的货箱情况,制订装船计划,等船靠泊后即行装船。

(2)整箱货主要出口货运单证

①货主委托货代办理运输事宜的单证

该类单证可分为基本单证和特殊单证。

基本单证,即通常每批托运货物都需具备的单证,包括出口货运代理委托书、出口货物报关单、外汇核销单、商业发票、装箱单、重量单(磅码单)、规格单等包装单证。

特殊单证是在基本单证以外,根据国家规定,按不同商品、不同业务性质、不同出口地区需要向有关主管机关及海关交验的单证,如出口许可证、配额许可证、商检证;动植物检疫证、卫生证明;进料、来料加工手册,危险货物申请书,包装证,品质证,原产地证书等。

②场站收据联单

班轮运输以集装箱运输为主,为简化手续即以"场站收据"联单作为集装箱货物的托运单。"场站收据"联单通常是由货代向船公司或其代理人订舱。因此托运单也就相当于订舱单。

现以一式十联的"场站收据"联单为例,介绍其各联的用途。

第一联,货主留底:托运单由货主缮制后将此联留存,因此列第一联。

第二联,船代留底:该联上盖有货主的公章或订舱章,船代据以缮制载货清单,船公司据以编制预配图。

第三联,运费通知①:船代在此联上批注运价,作为船代结算部门办理运费结算的参考依据。

第四联,运费通知②:货代向发货人办理运费结算的参考依据。

第五联,装货单:又称场站收据副本、关单,船代在此联上盖"订舱章",表示确认接收发货人的订舱;海关凭此联接受出口报关申报。

第五联,(附页)缴纳出口货物港务申请书:由港区核算应收之港务费用。

第六联,(浅红色)场站收据副本大副联:为理货单据,表示大副已代表船方接收了单据上的货物。一般由理货公司签署后将此联留存。

第七联,(黄色)场站收据(正本):又称收货单,货物装货完毕后,由大副签字和批注,即表示所列货物已装上船,所以此联又叫"大副收据"。装船结束后,船舶代理凭此联签发已装船提单。

第八联,货代留底:此联由货运代理公司留存以备查询。

第九联,配舱回单①。

第十联,配舱回单②。

配舱后交还发货人,发货人凭此缮制提单,如果货运代理代为统一缮制提单,第九联、第十联就不必退还给发货人了。

以上 1 套 10 张,船公司或其代理接受订舱后在托运单上加填船名、航次及编号(此编号俗称关单号,与该批货物的提单号基本保持一致),并在第五联装货单上盖章,表示确认订舱,然后将第二联至第四联留存,第五联以下全部退还货代公司。

货代将第五联、第五联附页、第六联、第七联共四联拆下,作为报关单证之用;第九联或第十联交托运人(货主)作配舱回执;其余供内部各环节使用。

托运单虽有十联之多,其核心单据则为第五联、第六联、第七联。第五联是装货单,盖有船公司或其代理人的图章,是船公司发给船上负责人员和集装箱装卸作业区接受装货的指令,报关时海关查核后在此联盖放行章,船方(集装箱装卸作业区)凭以收货装船。第六联供港区在货物装船前交外轮理货公司,当货物装船时与船上大副交接。第七联场站收据俗称黄联(黄色纸张,便于辨认),在货物装上船后由船上大副签字(通常由集装箱码头堆场签章),退回船公司或其代理人,据以签发提单。

场站收据的作用如下:A.船公司或船代确认订舱,并在场站收据上加盖有报关资格的单证章后,将场站收据交给托运人或其代理人,意味着运输合同开始执行。B.是出口货物报关的凭证之一。C.是承运人已收到托运货物并开始对其负责的证明。D.是换取海运提单或联运提单的凭证。E.是船公司、港口组织装卸、理货和配载的凭证。F.是运费结算的依据。G.如信用证中有规定,可作为向银行结汇的单证。

③集装箱预配清单

集装箱预配清单是船公司为集装箱管理需要而设计的一种单据,该清单格式及内容,各船公司大致相同,一般有提单号、船名、航次、货名、件数、毛重、尺码、目的港、集装箱类型、尺寸和数量、装箱地点等。货运代理人在订舱时或一批一单,或数批分行列载于一单,按订舱单内容缮制后随同订舱单据送船公司或其代理人。船公司配载后将该清单发给空箱堆存点,据以核发设备交接单及空箱之用。预配清单不是各个港口都使用,并且随着信息技术的进步,该单证的作用会由信息化数据替代。

④集装箱设备交接单

集装箱设备交接单简称设备交接单,是箱管单位、用箱人/运箱人及码头(场、站)经营人相互之间集装箱设备交接的凭证,记载箱体及其附属设备交接时的状态,也是明确各关系人的责任范围和发生经济关系的依据。

设备交接单由相关单位提供。在集装箱货物运输情况下,货运代理人在向船公司或其代理人订妥舱位取得装货单后可凭其向船方领取设备交接单。设备交接单一式六联,上面三联用于出场,印有"OUT出场"字样,第一联盖有船公司或其集装箱代理人的图章,集装箱空箱堆场凭以发箱,第一联、第二联由堆场发箱后留存,第三联由提箱人(货运代理人)留存;设备交接单的下面三联供进场之用,印有"IN进场"字样,该三联是在货物装箱后送到港口作业区堆场时重箱交接之用,其第一联、第二联两联由送货人交付港区道口,其中第二联留港区,第一联转给船方据以掌握集装箱的去向,送货人(货运代理人)自留第三联作为存根。

设备交接单分进场设备交接单和出场设备交接单各三联,分别为:第一联:箱管单位留底联;第二联:码头、堆场联;第三联:用箱人、运箱人联。各联采用不同颜色,以示区别。

设备交接单制度严格要求做到一箱一单、箱单相符、箱单同行。用箱人、运箱人凭设备交接单进出港区、场站,到设备交接单指定的提箱地点提箱,并在规定的地点还箱。与此同时,用箱人必须在规定的日期、地点将箱子和机械设备如同交付时状态还给管箱人或其代理人,对集装箱的超期使用或租用,用箱人应支付超期使用费;对使用或租用期间发生的任何箱子及设备的灭失和损坏,用箱人应承担赔偿责任,相应费用标准也应作出明确规定。

设备交接单有如下内容:

交接单号码:按船公司(船代)编制的号码填列;

经办日期:指制单日期;

经办人:用箱单位的经办人员;

用箱人:一般为订舱的货运代理单位名称;

提箱点:空箱存放地点;

船名、航次、提单号、货物发往地点须与报关单相关项目一致;

经营人:指集装箱经营人,如属船公司营运箱,则填船公司名称;

尺寸、类型:可简写,如 20/DC,意即 20 英尺干货箱;

箱号:指提取空箱箱号;

用箱点:货运代理人或货主的装箱地点;

收箱点:出口装船的港口作业区;

运箱工具:集卡车号;

出场目的/状态:如提取空箱,目的是"装箱",状态是"空箱";

进场目的/状态:如重箱进区,目的是"装船",状态是"重箱";

出场日期:空箱提离堆场日期;

进场日期:重箱进入港口作业区日期。

设备交接单的下半部分是出场或进场检查记录,由用箱人(运箱人)及集装箱堆场/码头工作人员在双方交接空箱或重箱时验明箱体记录情况,用以分清双方责任。

空箱交接标准:箱体完好、水密、不漏光、清洁、干燥、无味,箱号及装载规范清晰;特种集装箱的机械、电器装置正常。重箱交接标准:箱体完好,箱号清晰,封志完整无损,特种集装箱机械、电器装置运转正常,并符合出口文件记载要求。

⑤集装箱装箱单

集装箱装箱单(Container Load Plan,CLP)是详细记载集装箱内货物的名称、数量等内容的单据,每个载货集装箱都要制作这样的单据,它是根据已装进集装箱内的货物制作的。不论是由发货人自己装箱,还是由集装箱货运站负责装箱,负责装箱的人都要制作装箱单。集装箱装箱单是详细记载每一个集装箱内所装货物详细情况的唯一单据,所以在以集装箱为单位进行运输时,是一张极其重要的单据,装箱单记载内容是否准确直接关系到集装箱货物运输安全的保证。

装箱单上主要记载有:箱内货物的名称、数量,箱内积载顺序,船名,航次,收货地,交货地,装货港,卸货港等内容。

集装箱装箱单的主要作用有:

A.在装货地,它是向海关办理申请货物出口手续的代用单据,是载货清单的补充资料。

B.在装卸作业区,它是发货人、集装箱货运站与集装箱堆场之间的货物交接单。

C.在交箱时,它是向承运人通知集装箱内所装货物的明细表。

D.在卸货地,它是据以办理申报关税手续,供集装箱货运站安排拆箱作业的主要单据。

E.发生货损时,它是处理索赔事故的原始单据之一。

F.集装箱装箱单还是承运人计算船舶吃水差和稳定性的依据,是承运人编制集装箱装船计划的依据。

目前各港口使用的装箱单大同小异,上海港使用的集装箱装箱单一式五联,由装箱人(仓库、供货工厂)或装箱站(CFS)于装箱时缮制,其中一联由装箱人留存,四联随箱送装运港区,供港区编制集装箱装船舱位配置计划和船公司或其代理缮制提单等参考。

装箱单记载事项必须与场站收据和报关单据上的相应事项保持一致,否则会引发不良后果。例如,装货港错打与场站收据不符,港区有可能不予配装,造成退关,也有可能配舱错位,以至于到达卸货港时无法从错置的舱架上把集装箱卸下;又如装箱单重量或尺码与报关单或发票不符,船公司按装箱单重量或尺码缮制提单、舱单,出口单位结汇时发生单单不一,不能结汇,此种情况屡见不鲜,主要原因在于发货人托运时未向仓库或工厂取得正确数据,以致产生数字歧义,对此,发货人应加强注意。所装货物如品种不同必须按箱子前部(Front)到箱门(Door)的先后顺序填写。

(3)退关处理

货运代理人代委托单位订妥舱位并可能已办妥通关手续或者货已集港,但在装运过程中因故中止装运叫做退关(Shut Out)。发生退关后除弄清情况、分清责任外,当务之急是迅速做好善后处理。

①单证处理

属于委托单位主动提出退关的,一方面,货运代理人在接到委托方通知后须尽快通知船公司或其代理人以便对方在有关单证上注销此批货物,并通知港区现场理货人员注销场站收据或装货单;另一方面,货运代理人须向海关办理退关手续,将注销的报关单及相关单证(外汇核销单、出口许可证、商检证件、来料或进料登记手册等)尽早取回退还委托方。如不属于委托单位主动提出退关而由于船方、港方或海关手续不完备等各种原因造成退关的,货运代理人在办理以上单证手续前先须通知委托方说明情况并听取处理意见。

②货物处理

A.通关后如货物尚未进入港区,货运代理人须分别通知发货人、集卡车队、装箱点停止发货、派车及装箱。

B.货物已经进入港区,如退关后不再出运,须向港区申请,结清货物在港区的堆存费用把货物拉出港区拆箱后送还发货人。

C.退关后如准备该船下一航次或原船公司的其他航班随后出运,则暂留港区,待装下一航次或其他航班的船(限同一港区作业)。

D.如换装另一船公司的船只,则因各船公司一般只接受本公司的集装箱,此种情况下,须将货物拉出港区换装集装箱后再送作业港区。

退关处理极为麻烦,货运代理人在处理此项工作时需要注意的是:必须抓紧时间,跟踪处理,不可延缓;对委托方提出的退关要求应采取积极配合的态度,但不宜轻率作出承诺,因为现场装船时间很紧、情况多变,往往不易控制;内外各部门、各环节之间除电话联系外,还须作书面通知,从时间界限上划清责任。

2.整箱货进口货运代理业务流程与单证

(1)业务流程

海运代理进口业务是从承揽和接收货物,安排船舶到国外装货港装货,运至国内安排卸货并将货物送交收货人的整个过程。在实际操作中,货运代理仅涉及国内段货物进口报关、内陆运输等业务。而根据委托人在进口贸易条款项下 FOB 货的操作程序,则在以下货代卸货地订舱业务中另行叙述。

①建立委托

因进口货物运输业务的特性,所以货运代理与委托人在发生业务代理关系前,应签订进口货物代理委托协议。进口货运代理委托协议能规范双方的责任和义务,它既是双方处理进口业务的依据,也是双方权益的保障条件之一。进口货运代理委托协议的内容应明确如下事项:

A.委托人法人单位的全称、住址、联系电话、具体联系人。

B.委托人委托货代代理进口业务事项的授权范围。

C.委托方提供进口单证、报关单证的时间范围。

D.代垫费用、货代业务操作费用等进口业务费用的结算标准、结算方式。

E.委托人和货运代理双方商定的其他特定条款。

F.双方的违约责任条款。

G.发生纠纷的法律管辖地条款。

H.协议的有效期限。

I.协议双方法人或法人授权的代理人的签章和签字(公章或合同章)。

②换单报关

货运代理在接受进口货运委托后,应根据委托人提供的提单、海运单副本或电放提单的装运证明等货物运输单证,及时与承运船公司或其在卸货港的船舶代理人取得联系。查询船舶靠港、卸货、换单的准确日期。在船舶代理发出或收到"到货通知书"的最短时间内,凭收货委托人背书的提单或证明收货委托人身份的文件等向船代换取相关进口货物的提货单,或由委托人自行办理进口报关报检,或由货代代理进口报关报检等手续。

③交货转运

在货物进口报关通关验放后,货代或将加盖海关放行章的提货单交委托人由委托人自行安排提箱、运输、拆箱和还箱等事宜;或由货代根据委托要求,安排相关交货、拆箱、还箱等事宜。若涉及转关运输的,则在办理完进境地海关转关运输手续的前提下,安排持有经海关核准的"转关运输准载证"的运输企业负责转关运输。

(2)整箱货主要进口货运单证

①货主委托货代办理进口货运业务单证

这些单证主要包括进口货运代理委托书、进口订舱联系单、提单、发票、装箱单、保险单、进口许可证、机电产品进口登记表以及包括木箱包装熏蒸证明等在内的其他单证。

②交货记录联单

交货记录联单又称小提单。在集装箱班轮运输中普遍采用交货记录联单以代替件杂货运输中使用的提货单。交货记录联单的性质实际上与提货单一样,仅仅是在其组成和流转过程方面有所不同。

交货记录联单标准格式一式五联:到货通知书、提货单、费用账单(蓝色)、费用账单(红色)、交货记录。其流转程序为:

A.船舶代理人在收到进口货物单证资料后,根据舱单制作交货联单,向收货人或通知人发出"到货通知书"。

B.收货人或其代理人在收到"到货通知书"后,向船代结清运杂费后,凭海运正本提单(背书)向船代换取提货单及费用账单、交货记录等四联。提货单经船代盖章方有效。

C.收货人或其代理人持提货单在海关规定的期限内备妥报关资料,向海关申报。海关验放后在提货单的规定栏目内盖放行章。收货人或其代理人还要办理其他有关手续的,亦应办妥手续,取得有关单位盖章放行章后,将提货单、费用账单联留下,作为放货、结算费用及收费依据。在第五联交货记录联上盖章,以示确认手续完备,受理作业申请,安排提货作业计划,并同意放货。

D.收货人及其代理人凭港区或场站已盖章的交货记录联到港区仓库,或场站仓库、堆场提取货物,提货完毕后,提货人应在规定的栏目内签名,以示确认提取的货物无误。交货记录单上所列货物数量全部提完后,场站或港区应收回交货记录联。

E.场站或港区凭收回的交货记录联核算有关费用。填制费用账单一式四联,结算费用。将第三联(蓝色)"费用账单"联留存场站、港区制单部门,第四联(红色)"费用账单"联作为收货人收取费用的凭证。

F.港区或场站将第二联"提货单"联及第四联"费用账单"联、第五联"交货记录"联留存归档备查。

6.4 班轮提单

6.4.1 提单概述

1.提单的定义

提单(Bill of Lading,B/L),是指用以证明海上货物运输合同和货物已经由承运人接收或者装船,以及承运人保证据以交付货物的单证。提单在国际班轮运输中既是一份非常重要的业务单据,又是一份非常重要的法律文件。提单是国际海上货物运输中最具有特色的运输单据。在国际贸易中,提单也起到了贸易单证的作用,是一种有价证券。作为有价证券,提单既是物权证券又是债权证券,它同时代表物权和债权;提单是要式证券,提单上的记载必须依据法律规定而为,提单是文义证券,它所代表的权利以提单上记载的内容为准;提单是准流通证券,它可以通过交付或者背书加交付转让;提单是设权证券,通过签发提单可以创设原本不存在的权利;提单是缴还证券,提单上权利的实现必须以交还提单为要件。

2.提单的作用

根据法律的规定,提单具有以下三项主要的功能或作用:

(1)提单是海上货物运输合同的证明

提单的印刷条款规定有承运人与货物关系人之间的权利、义务,提单也是法律承认的处理有关货物运输争议的依据。因此,有人会认为提单本身就是运输合同。但是,提单并不具有作为经济合同应具备的基本条件,构成运输合同的主要项目诸如船名、开航日期、航线、靠港及其他有关货运条件都是事先公布,而且是众所周知的;至于运价和运输条件也是承运人预先规定的,提单条款仅是承运人单方面制定的,而且,在提单上只有承运人单方的签字。而且合同履行在前,签发提单在后,它只是在履行运输合同的过程中出现的一种证据,而合同实际上是在托运人向承运人或其代理人订舱、办理托运手续时就已成立。确切地说,承运人或其代理人在托运人填制的托运单上盖章时,承、托之间的合同就已成立。所以,将提单称为"海上货物运输合同已存在的证明"更为合理。

当提单转让给善意的第三人(提单的受让人、收货人等)以后,承运人与第三人之间的权利、义务等就按提单条款的规定处理,即此时提单就是第三人与承运人之间的运输合同。

(2)提单是证明承运人已接管货物和货物已装船的货物收据

首先,货物的原始收据不是提单,而是大副收据或者场站收据。

"收货待运提单"是证明承运人已接管货物、具有明显的货物收据功能的单证。

"已装船提单"是在货物装船后,根据货物的原始收据、大副收据等签发的,提单上记载有证明收到货物的种类、数量、标志、外表状况的内容。此外,由于国际贸易中经常使用FOB、CFR和CIF三个传统的价格术语,在这三个传统的装运合同价格术语下,是以将货物装船象征卖方将货物交付给买方,货物装船时间也就意味着卖方的交货时间。因此,提单上还记载有货物装船的时间。用提单来证明货物的装船时间是非常必要的,因为作为履行贸易合同的必要条件,如果卖方未将货物按时装船,银行就不会接受该提单。

(3)提单是承运人保证凭以交付货物的物权凭证

承运人或其代理人在目的港交付货物时,必须向提单持有人交货。在这种情况下,即使是真正的收货人,如果不能递交正本提单,承运人也可以拒绝放行货物。也就是说,收货人是根据提单物权凭证的功能,在目的港以提单交换来提取货物。

提单作为物权凭证的功能是用法律的形式确定的,除非在提单中指明,提单可以不经承运人的同意而转让给第三者,提单的转移就意味着物权的转移,连续背书可以连续转让。提单的合法受让人或提单持有人就是提单上所记载货物的合法持有人。提单所代表的物权可以随提单的转移而转移,提单中所规定的权利和义务也随着提单的转移而转移。即使货物在运输过程中遭受损坏或灭失,也因货物的风险已随提单的转移而由卖方转移给买方,只能由买方向承运人提出赔偿要求。

6.4.2 提单的种类

随着世界经济的发展,国际海上货物运输中所遇到的海运提单种类也越来越多。通常使用的提单为全式提单(Long Form B/L)或称为繁式提单,即提单上详细列有承运人和提单关系人之间权利、义务等条款的提单。此外,还有简式提单(Short Form B/L),即提单上印有"Short Form"字样,而背面没有印刷有关承运人与提单关系人权利、义务条款,或者背面简单列有注明以承运人全式提单所列条款为准的提单。有时信用证会明确规定不接受简式提单。

1. 基本种类

这类提单是指在正常情况下,符合法律要求所使用的提单。由于提单分类的标准不同,因此就有以下多种情况。

(1)以货物是否已装船为标准

①已装船提单

已装船提单(on Board B/L;Shipped B/L)是指整票货由承运人或其代理人向托运人签发的货物已经装船的提单。该提单上除了载明其他通常事项外,还须注明装运船舶名称和货物实际装船完毕的日期。

由于已装船提单对于收货人及时收到货物有保障,所以在国际货物买卖合同中一般都要求卖方提供已装船提单。根据国际商会 1990 年修订的《国际贸易术语解释通则》的规定,凡以 CIF 或 CFR 条件成立的货物买卖合同,卖方应提供已装船提单。在以跟单信用证为付款方式的国际贸易中,更是要求卖方必须提供已装船提单。国际商会 2007 年重新修订的《跟单信用证统一惯例》规定,如信用证要求以海运提单作为运输单据时,银行将接受注明货物已装船提单。

②收货待运提单

收货待运提单(Received for Shipment B/L)简称待装提单或待运提单,是指承运人虽已收到货物但尚未装船,应托运人要求而向其签发的提单。

由于待运提单上没有明确的装船日期,而且又不注明装运船的船名,因此,在跟单信用证的支付方式下,银行一般都不接受这种提单。

(2)以提单收货人抬头为标准

①记名提单

记名提单(Straight B/L)是指提单上的收货人栏中已具体填写收货人名称的提单。提单所记载的货物只能由提单上特定的收货人提取,或者说承运人在卸货港只能把货物交给提单上所指定的收货人。

记名提单,不得转让。记名提单可以避免因转让而带来的风险,但也失去了其代表货物可转让流通的便利。银行一般不愿意接受记名提单作为议付的依据。

使用记名提单,如果货物的交付不涉及贸易合同下的义务,则可不通过银行而由托运人将其邮寄收货人,或由船长随船代交。这样,提单就可以及时送达收货人,而不致延误。因此,记名提单一般只适用于运输展览品或贵重物品,特别是短途运输中使用较有优势,而在国际贸易中较少使用。

②不记名提单

不记名提单(Open B/L;Blank B/L;Bearer B/L)是指在提单"收货人"一栏内不填写任何内容(空白)的提单。

不记名提单,无须背书即可转让。也就是说,不记名提单由出让人将提单交付给受让人即可转让。谁持有提单,谁就有权提货。

③指示提单

指示提单(Order B/L)是指在提单"收货人"一栏内只填写"凭指示"(to Order)或凭某人指示(to the Order of ×××)字样的提单。

指示提单,经过记名背书或空白背书可转让。指示提单除由出让人将提单交付给受让人外,还应背书,这样提单才得到了转让。

(3)以对货物外表状况有无批注为标准

①清洁提单

清洁提单(Clean B/L)是指没有任何有关货物残损、包装不良或其他有碍于结汇的批注的提单。

事实上提单正面已印有"外表状况明显良好"(in Apparent Good Order and Condition)的词句,若承运人或其代理人在签发提单时未加任何相反的批注,则表明承运人确认货物装船时外表状况良好的这一事实,承运人必须在目的港将接受装船时外表状况良好的同样货物交付给收货人。在正常情况下,向银行办理结汇时,都应提交清洁提单。

使用清洁提单在国际贸易实践中非常重要,买方要想收到完好无损的货物,首先必须要求卖方在装船时保持货物外观良好,并要求卖方提供清洁提单。在以跟单信用证为付款方式的贸易中,通常卖方只有向银行提交清洁提单才能取得货款。清洁提单是收货人转让提单时必须具备的条件,同时也是履行货物买卖合同规定的交货义务的必要条件。

②不清洁提单

不清洁提单(Unclean B/L;Foul B/L)是指承运人在提单上加注有货物及包装状况不良或存在缺陷,如水湿、污损、锈蚀等批注的提单。承运人通过批注,声明货物是在外表状况不良的情况下装船的,在目的港交付货物时,若发现货物损坏可归因于这些批注的范围,从而减轻或免除自己的赔偿责任。在正常情况下,银行将拒绝给不清洁提单办理结汇。

实践中,当货物及包装状况不良或存在缺陷时,托运人会出具保函,并要求承运人签发清洁提单,以便能顺利结汇。由于这种做法掩盖了提单签发时的真实情况,因此承运人将会承担由此而产生的风险。承运人凭保函签发清洁提单的风险有:

A. 承运人不能以保函对抗善意的第三方,因此承运人要赔偿收货人的损失;然后承运人根据保函向托运人追偿赔款。

B. 如果保函具有欺骗性质,则保函在承运人与托运人之间也属无效,承运人将独自承担责任,不能向托运人追偿赔款。支付方式下,银行一般都不接受这种提单。

C. 承运人接受了具有欺骗性质的保函后,不但要承担赔偿责任,而且还会丧失责任限制的权利。

D. 虽然承运人通常会向"保赔协会"(Protection and Indemnity Club,P&I Club)投保货物运输责任险,但如果货损早在承运人接受货物以前就已经发生,则"保赔协会"是不负责任的,责任只能由承运人自负。

E. 如果承运人是在善意的情况下接受了保函,该保函也仅对托运人有效。但是,托运人经常会抗辩。货物的损坏并不是包装表面缺陷所致,而是承运人在运输过程中没有履行其应当适当、谨慎地保管和照料货物的义务所致。因此,承运人要向托运人追偿也是很困难的。

当然,实践中承运人接受保函的情况还是时有发生的,这主要是因为当事人根据商业信誉会履行自己的保证。

(4)按不同的运输方式划分

①直达提单

直达提单(Direct B/L)又称直运提单,是指货物从装货港装船后,中途不经转船,直接运至目的港卸船交与收货人的提单。

直达提单上不得有"转船"或"在××港转船"的批注。凡信用证规定不准转船者,必须使用这种直达提单。如果提单背面条款印有承运人有权转船的"自由转船"条款者,则不影响该提单成为直达提单的性质。

使用直达提单,货物由同一船舶直运目的港,对买方来说比中途转船有利,它既可以节省费用、减少风险,又可以节省时间、及早到货。因此,通常买方只有在无直达船时才同意转船。在贸易实务中,如信用证规定不准转船,则买方必须取得直达提单才能结汇。

②转船提单

转船提单(Transhipment B/L)是指货物从起运港装载的船舶不直接驶往目的港,需要在中途港口换装其他船舶转运至目的港卸货,承运人签发这种提单称为转船提单。

在提单上注明"转运"或"在××港转船"字样,转船提单往往由第一程船的承运人签发。由于货物中途转船增加了转船费用和风险,并影响到货时间,故一般信用证内均规定不允许转船;但直达船少或没有直达船的港口,买方也只好同意转船。

③联运提单

联运提单(Through B/L)是指由第一承运人所签发的,表明提单项下货物需经联合采用包括海运方式在内的两种或两种以上不同的运输方式,方能运抵目的地的提单。

联运提单虽是由第一承运人签发的,但其对所有的承运人都有约束力。联运提单中通常都采用"分段负责制",并相应地载有"分段负责条款"。按照分段负责制,各承运人仅对其自己经营的船舶所承担的提单项下货物的运输负责。运费由第一承运人统一收取,然后依照各承运人所承担的运输量来分配。

(5)以提单签发人不同为标准

①班轮公司所签提单

班轮公司所签提单,即班轮提单(Liner B/L),是指在班轮运输中,由班轮公司或其代理人所签发的提单。在集装箱班轮运输中,班轮公司通常为整箱货签发提单。

②无船承运人所签提单

无船承运人所签提单(NVOCC B/L)是指由无船承运人或其代理人所签发的提单。在集装箱班轮运输中,无船承运人通常为拼箱货签发提单,因为拼箱货是在集装箱货运站内装箱和拆箱,而货运站又大多有仓库,所以有人称其为仓/仓提单(House B/L)。当然,无船承运人也可以为整箱货签发提单。

(6)按收费方式划分

①运费预付提单

运费预付提单(Freight Prepaid B/L)是指在运费预付情况下出具的提单。成交CIF、CFR 价格条件为运费预付,按规定货物托运时,必须预付运费。这种提单正面载明"运费预付"字样,运费付后才能取得提单;付费后,若货物灭失,运费不退。

②运费到付提单

运费到付提单(Freight to Collect B/L)以 FOB 条件成交的货物,不论是买方订舱还是买方委托卖方订舱,运费均为到付(Freight Payable at Destination),并在提单上载明"运费到付"字样,这种提单称为运费到付提单。货物运到目的港后,只有付清运费,收货人才能提货。

③最低运费提单

最低运费提单(Minimum B/L)是指对每一提单上的货物按起码收费标准收取运费所签发的提单。

如果托运人托运的货物批量过少,按其数量计算的运费额低于运价表规定的起码收费标准时,承运人均按起码收费标准收取运费,为这批货物所签发的提单就是最低运费提单,也可称为起码收费提单。

2.特殊情况下的提单

这类提单是指在特殊情况下,可能是不符合法律规定或者对货运业务有一定影响时所使用的提单。

(1)以签发提单时间为标准

①预借提单

预借提单(Advanced B/L)是指由于信用证规定的装运期或交单结汇期已到,而货物尚未装船或货物尚未装船完毕时,应托运人要求而由承运人或其代理人提前签发的已装船提单,即托运人未能及时结汇而从承运人处借用的已装船提单。

当托运人未能及时备妥货物,或者船期延误使船舶不能如期到港,托运人估计货物装船完毕的时间可能要超过信用证规定的装运期甚至结汇期时,就可能采取从承运人那里借出提单用以结汇的办法,当然必须出具保函。但是,承运人签发预借提单要冒极大的风险,因为这种做法掩盖了提单签发时的真实情况。许多国家法律的规定和判例表明,一旦货物引起损坏,承运人不但要负责赔偿,而且还要丧失享受责任限制和援用免责条款的权利。

②倒签提单

倒签提单(Anti-date B/L)是指货物装船完毕后,应托运人的要求,由承运人交其代理人签发的提单,但是该提单上记载的签发日期早于货物实际装船完毕的日期。即托运人从承运人处得到的以早于货物实际装船完毕的日期作为提单签发日期的提单。由于是倒填日期签发提单,所以称为"倒签提单"。

由于货物实际装船完毕日期迟于信用证规定的装运日期,若仍按实际装船日期签发提单,肯定影响结汇,为了使签发提单日期与信用证规定的装运日期相吻合,以便结汇,托运人就可能要求承运人仍按信用证规定的装运日期"倒填日期"签发提单。承运人倒签提单的做法同样掩盖了真实的情况,因此也要承担由此而产生的风险责任。但是为了贸易需要,在一定条件下,比如在该票货物已装船完毕,但所签日期是船舶已抵港并开始装货,而所签提单的这票货尚未装船,是尚未装船的某一天;或签单的货物是零星货物而不是数量很大的大宗货;或倒签的时间与实际装船完毕时间的间隔不长等情况下,取得了托运人保证承担一切责任的保函后,才可以考虑签发。

③顺签提单

顺签提单(Post-date B/L)是指货物装船完毕后,承运人或其代理人应托运人的要求而签发的提单,但是该提单上记载的日期晚于货物实际装船完毕的日期。即托运人从承运人处得到的以晚于该票货物实际装船完毕的日期作为提单签发日期的提单。

由于货物实际装船完毕的日期早于有关合同中装运期限的规定,如果按货物实际装船日期签发提单将影响合同的履行,因此托运人就可能要求承运人按有关合同装运期限的规定"顺填日期"签发提单。承运人顺签提单的做法也掩盖了真实的情况,因此也要承担由此而产生的风险责任。

签发倒签、顺签或预借提单,对承运人的风险很大,由此引起的责任承运人必须承担,尽管托运人往往向承运人出具保函,但这种保函同样不能约束收货人。比较而言,签发预借提单比签发倒签提单和顺签提单对承运人的风险更大,因为预借提单是承运人在货物尚未装船,或者装船尚未完毕时签发的。

(2)其他特殊提单

①舱面货提单

舱面货提单(on Deck B/L)是指将货物积载于船舶露天甲板,并在提单上记载"on Deck"字样的提单,也称甲板货提单。

积载在船舱内的货物,即舱内货(under Deck Cargo),比积载于舱面的货物可能遇到的风险要小,所以承运人不得随意将货物积载于舱面运输。但是,按商业习惯允许装于舱面的货物、法律规定应装于舱面的货物、承运人与托运人协商同意装于舱面的货物可以装于舱面运输。

为了减轻风险,买方一般不愿意把普通货物装在舱面上,有时甚至在合同和信用证中明确规定,不接受舱面货提单;银行为了维护开证人的利益,对这种提单一般也予以拒绝。

②合并提单

合并提单(Omnibus B/L)是指根据托运人的要求,将同一船舶装运的同一装货港、同一卸货港、同一收货人的两票或两票以上相同或不同的货物合并签发一份提单。

托运人或收货人为了节省运费,常要求承运人将本应属于最低运费提单的货物与其他另行签发提单的货物合并在一起只签发一份提单。

③分提单

分提单(Separate B/L)是指承运人依照托运人的要求,将本来属于同一装货单上其标志、货种、等级均相同的同一批货物,托运人为了在目的港收货人提货方便,分开签多份提单,分属于几个收货人,这种提单称为分提单。

如有三件货物时,分别为每一件货物签发提单,这样就会签发三份提单。即将相同装货单号下的货物分开签发不同提单号的提单。

只有标志、货种、等级均相同的同一批货物才能签发分提单,否则,会在卸货港理货时增加承运人理货、分标志费用的负担。分提单一般除了散装油类最多不超五份外,其他货物并无限制。

④交换提单

交换提单(Switch B/L)是指在直达运输的条件下,应托运人要求,承运人同意在约定的中途港凭起运港签发的提单换发以该中途港为起运港的提单,并记载有"在中途港收回本提单,另换发以中途港为起运港的提单"或"Switch B/L"字样的提单。

当贸易合同规定以某一特定港口为装货港,而作为托运人的卖方因备货原因,不得不在这一特定港口以外的其他港口装货时,为了符合贸易合同和信用证关于装货港的要求,常采用这种变通的办法,要求承运人签发这种交换提单。

签发交换提单的货物,一般由同一艘船进行直达运输,中途港并不换装;只不过由承运人在中途港的代理人收回原在起运港签发的提单,另签发以中途港为货物起运港的提单而已。

⑤交接提单

交接提单(Memo B/L)是指由于货物转船、联运或其他原因,在不同承运人之间签发的不可转让、不是"物权凭证"的单证。

交接提单只是具有货物收据和备忘录的作用。有时由于一票货物运输会由不同的承运人来运输或承运,为了便于管理,更是为了明确不同承运人之间的责任,就需要制作交接提单。

⑥过期提单

过期提单(Stale B/L)是指由于出口商在取得提单后未能及时到银行议付的提单。

因不及时而过期,形成过期提单,也称滞期提单。在信用证支付方式下,根据《跟单信用证统一惯例》第43条的规定,如信用证没有规定交单的特定期限,则要求出口商在货物装船日起21天内到银行交单议付,也不得晚于信用证的有效期限。超过这一期限,银行将不予接受。过期提单是商业习惯的一种提单,但它在运输合同下并不是无效提单,提单持有人仍可凭其要求承运人交付货物。

6.4.3 提单记载的内容

1.提单正面记载的内容

国际公约和各国国内立法均对提单需要记载的内容作了规定,以保证提单的效力。

提单内容一般包括下列事项:(1)货物的品名、标志、包数或者件数、重量或者体积,以及运输危险货物时对危险性质的说明;(2)承运人的名称和主营业所;(3)船舶名称;(4)托运人的名称;(5)收货人的名称;(6)装货港和在装货港接收货物的日期;(7)卸货港;(8)多式联运提单增列接收货物地点和交付货物地点;(9)提单的签发日期、地点和份数;(10)运费的支付;(11)承运人或者其代表的签字。

2.提单正面和背面的印刷条款

(1)提单正面的印刷条款

①确认条款

该条款是承运人表示在货物或集装箱外表状况良好的条件下接收货物或集装箱,并同意承担按照提单所列条款,将货物或集装箱从装货港或起运地运往卸货港或交货地,把货物交付给收货人的责任的条款。

②不知条款

该条款是承运人表示没有适当的方法对所接收的货物或集装箱进行检查,所有货物的重量、尺码、标志、品质等都由托运人提供,并不承担责任的条款。

③承诺条款

该条款是承运人表示承认提单是运输合同成立的证明,承诺按照提单条款的规定承担义务和享受权利,而且也要求货主承诺接受提单条款制约的条款。由于提单条款是承运人单方拟订的,该条款下货主接受提单,也就表明其接受了提单条款的制约,所以该条款也称代拟条款。

④签署条款

该条款是承运人表明签发提单(正本)的份数,各份提单具有相同效力,其中一份完成提货后其余各份自行失效;以及提取货物必须交出经背书的一份提单以换取货物或提货单的条款。

(2)提单背面的印刷条款

全式提单的背面印有各种条款。提单背面条款可以分为两类,一类是强制性条款,另一类是任意性条款。

强制性条款的内容不能违反有关国际公约、各国国内法律或港口的规定,违反或不符合这些规定的条款无效。

任意性条款是国际公约、各国国内法律或港口规定中没有明确规定,允许承运人自行拟定的条款。这些条款也是表明承运人与托运人、收货人或提单持有人之间承运货物的权利、义务、责任与免责的条款,是解决争议的依据。

此外,提单上还会有承运人以印刷、刻字印章或打字、手写的形式加列的适用于某些特定港口或特种货物运输的条款,或托运人要求加列的条款。提单的背面条款主要有:

①首要条款和提单适用法

首要条款是用以明确提单所适用法律的条款。

②定义条款

定义条款是对与提单有关术语的含义和范围作出明确规定的条款。

③承运人责任条款

承运人责任条款是用以明确承运人承运货物过程中应承担责任的条款。由于提单的首要条款都规定有提单所使用的法律,而有关提单的国际公约或各国的法律规定了承运人的责任,所以凡是列有首要条款或类似首要条款的提单都可以不再以明示条款将承运人的责任列于提单条款之中。

④承运人责任期间条款

承运人责任期间条款是用以明确承运人对货物运输承担责任的开始和终止时间的条款。

⑤承运人赔偿责任条款限制

承运人的赔偿责任限制条款是用以明确承运人对货物的灭失和损坏负有赔偿责任应支付赔偿金时,承运人对每件或每单位货物支付的最高赔偿金额的条款。

⑥特定货物条款

特定货物条款是用以明确承运人对运输一些特定货物时应承担的责任和享有的权利,或为减轻或免除某些责任而作出规定的条款。

在运输一些特殊性质或对运输和保管有特殊要求的货物时,就会在提单中找到相应的条款,如舱面货(Deck Cargo)、活动物、植物(Live Animals and Plants)、危险货物(Dangerous Goods)、冷藏货(Refrigerated Goods)、木材(Timber)、钢铁(Iron and Steel)、重大件(Heavy Lifts and Awkward Cargo)等特定货物。

此外,提单背面还列有许多其他条款:分立契约、赔偿与抗辩、免责事项、承运人的运价本、索赔通知与时效、承运人的集装箱、托运人的集装箱、货方的责任、运费与费用、承运人检查货物、通知与交付、货主装箱的整箱货。

此外,还有共同海损与救助、互有过失碰撞责任、管辖权、留置权条款等。

6.4.4 提单的使用

1.提单的签发

(1)提单的签发人与签署

提单的签发人包括承运人、承运人的代理人和船长。各国有关海上货物运输的法律,都规定船长是承运人的当然代理人,不需经承运人的特别授权便可签发提单。但如提单由承运人的代理人签发,则代理人必须经承运人的合法授权委托。未经授权,代理人是无权签发提单的。

承运人(ABC)本人签发提单显示:ABC AS CARRIER。

代理人(XYZ)代签提单显示:XYZ AS AGENT FOR ABC AS CARRIER。

载货船船长(OPO)签发提单显示:CAPTAIN OPQ AS MASTER。

提单签署的方法除了有传统的手签外,只要没有特殊的规定,如信用证不规定必须手签提单,则就可以采用印鉴、打孔、盖章;或如不违反提单签发地所在国的法律,用任何其他机械或电子的方法。

(2)提单记载内容

提单所记载的内容是否正确无误,不但关系到承运人的经济利益,而且还影响到承运人的信誉。为了使所签发的提单字迹清晰、整洁、内容完整、不错不漏，就要求提单的签发人在签发提单前，必须对提单所记载的，包括提单的各关系人的名称、货物的名称、包装、标志、数量和外表状况等项内容的必要记载事项进行认真仔细的核对、审查，使不正确的内容能得到及时纠正。由于货物的原始收据是杂货运输中的收货单或集装箱运输中的场站收据，所以提单的签发应以收货单或场站收据为依据。

（3）提单的份数和签发

提单有正本提单和副本提单之分，通常所说的提单都是指正本提单。副本提单只用于日常业务，不具有法律效力。

正本提单是一式几份，以防提单遗失、被窃或迟延到达或在传递过程中发生意外事故造成灭失。各国海商法和航运习惯都允许签发数份正本提单，并且各份正本提单都具有同等效力，但以其中一份提货后，其他各份自动失效。由于正本提单是一种物权凭证，可以流通和转让，因此，承运人为防止出现利用多份正本提单进行损害提单当事人利益的非法活动，一是要求收货人凭承运人签发的全套正本提单在目的港提货；二是所有正本提单上注有"承运人或其代理人已签署本提单一式×份，其中一份经完成提货手续后，其余各份失效"等内容。上述注明的原因：①使提单的合法受让人了解全套正本提单的份数，防止流失在外引起纠纷，保护提单持有人的利益。②因信用证通常都规定必须以全套正本提单向银行办理结汇。③在变更卸货港提取货物时，必须提交全套正本提单。

这样在提单上注明了正本提单的份数后，就可使接受提单结汇的银行和在变更卸货港交付货物的船公司的代理人，了解用以办理结汇和提取货物的提单是否齐全。

副本提单的份数视需要而定。虽然它没有法律效力，不能据以提货，但却是装运港、中转港及目的港的代理人和载货船舶不可缺少的补充货运文件，可以补充舱单上不足的内容和项目。

承运人只能在目的港向持有正本提单的人交付货物，如果承运人在目的港以外或向其他人交付了货物，则应向持有正本提单的人承担赔偿责任。

提单的签发是根据大副签署的收货单，在与提单记载的各项内容核对无误后才签发的。如果收货单上有批注，则提单签发人就应如实转批在提单上。

提单上记载的提单签发日期应是提单上所列货物实际装船完毕的日期。集装箱班轮运输中，为了给承运人签发提单提供方便，实践中大多以船舶开航之日（Sailing Date）作为提单签发日期。

为了防止提单遗失、被窃或在转递过程中发生意外事故造成灭失，各国海商法和航运习惯都允许为一票货物签发一套多份正本提单。签发正本提单的份数应分别记载于所签发的各份正本提单上。

正本提单：应标注"Original"字样。当需要表示全套提单中每一份是其中的第几份时，如全套提单一式三份，有少数国家会用"Original"、"Duplicate"和"Triplicate"来分别表示其为全套提单中的第一联、第二联和第三联。但是，由于"Duplicate"、"Triplicate"等字样在其他场合中使用时并不表示正本的意思，所以，为了表示该份正本提单是全套提单中的第几份时，应该使用"First Original"、"Second Original"、"Third Original"等字样，特别是用"2nd Original"和"3nd Original"来代替"Duplicate"和"Triplicate"等字样。标注"Copy"字样的是副本提单。

2.提单的更正

(1)提单的更改

①开船前的提单更正

托运人在开船前要求提单更正时，在不损害承运人、其他托运人的利益，也不违反海关的有关规定下，一般船公司或其代理应予以满足。

②船已驶离，收货人还未提货前的提单更正

托运人在船已驶离但收货人尚未提货前提出要求更正提单时，必须出示书面的正式更改申请书并保证支付由此产生的一切费用，在不损害承运人、其他托运人利益，也不违反海关的有关规定情况下，一般船公司或其代理也应予以满足。

(2)提单的补发

如果提单签发后遗失，托运人提出补发提单，承运人会根据不同情况进行处理。一般是要求提供担保或者保证金，而且还要依照一定的法定程序将提单声明作废。

①正本提单结汇后，在寄送途中遗失。这种情况一旦发生，收货人可在目的港凭副本提单和具有信用的银行出具的保证书提取货物，并依照一定的法定程序声明提单作废，而无须另行补发提单。

②提单在结汇前遗失。这时应由托运人提供书面担保，经承运人或其代理人同意后补签新提单并另行编号。同时把有关情况转告承运人在目的港的代理人，并声明原提单作废，以免发生意外纠纷。

3.提单的转让与背书

提单是"物权凭证"，不论是记名提单、不记名提单，还是指示提单，在凭提单提货或者换取提货单时，收货人都应在提单上记载提货的意思表示。背书是转让提单的手续，指提单的所有人在提单的背面签字盖章，表示转移提单所有权的一种法律行为。

一般认为：由于记名提单不能通过背书转让，因此从国际贸易的角度看，记名提单不具有物权凭证的性质。不记名提单无须背书即可转让，任何人持有提单便可要求承运人放货，对贸易各方不够安全、风险较大，因而很少采用。指示提单可以通过背书转让，适应了正常贸易需要，所以在实践中被广泛应用。

因此，通常所说的"背书"是指"指示提单"在转让时所需要进行的背书。实践中，背书有记名背书、指示背书和不记名背书等几种方式。

(1)记名背书

记名背书，也称完全背书，是指背书人在提单背面写明被背书人(受让人)的名称，并由背书人签名的背书形式。经过记名背书的指示提单将成为记名提单性质的指示提单。

(2)指示背书

指示背书是指背书人在提单背面写明"凭×××指示"的字样，同时背书人签名的背书形式。经过指示背书的指示提单还可以继续进行背书，但背书必须连续。

(3)不记名背书

不记名背书,也称空白背书,是指提单背面仅有背书人的签名,但不记载任何受让人的背书形式。经过不记名背书的指示提单将成为不记名提单性质的指示提单。

以下是实践中会遇到的一些情况:指示提单的收货人一栏通常会记载"TO THE ORDER OF ABC CO.,LTD"或"TO ORDER"字样。前一种情况下,必须由 ABC CO., LTD 首先背书;而后一种情况下,则是由托运人首先背书。因此,ABC CO.,LTD 或托运人分别是不同情况下的第一背书人。背书人除履行签名的手续外,还可写明受让人,如"TO DELIVER TO XYZ CO.,LTD",此时"XYZ CO.,LTD"不能继续背书转让该提单;如果写成"TO DELIVER TO,THE ORDER OF XYZ CO.,LTD",则"XYZ CO.,LTD"还可继续背书转让,且应连续背书。当然,背书人也可不写明受让人,此后的转让可不需背书。

4.提单的缴还

收货人提货时必须以提单为凭,而承运人交付货物时则必须收回提单并在提单上做作废的批注。这是公认的国际惯例,也是国际公约和各国法律的规定。

提单的缴还和注销表明承运人已完成交货义务,运输合同已完成,提单下的债权债务也因而得以解除。

提单没有缴还给承运人时,承运人就必须继续承担运输合同和提单下的义务。如果承运人无提单放货,他就必须为此而承担赔偿责任,即使实际提货的人原本是有权提货的人时也不例外。

6.4.5 国际海上货物运输公约

关于国际海上货物运输合同的国际公约有《海牙规则》、《海牙—维斯比规则》和《汉堡规则》三个著名的公约。

1.《海牙规则》

(1)制定《海牙规则》的背景

20 世纪初在美国、澳大利亚及加拿大相继制定约束国际海上货物运输合同——提单——的国内法时,国际上并无统一的法规,各航运公司提单扩大免责范围,减轻自己义务,滥用"合同自由"原则的现象普遍存在。关于明确承运人的最低义务和责任的要求已成为当时国际贸易有关方面深切关注的问题。但是,第一次世界大战的爆发延缓了制定国际统一规则的时间。国际法协会于 1921 年 9 月在荷兰海牙召开会议,制定了提单规则,供各方选择适用。随之以该规则为基础,于 1924 年 8 月 25 日在比利时召开的由 26 国代表出席的外交会议上制定了《关于统一提单若干法律规定的国际公约》(International Convention for the Unification of Certain Rules Relating to Bills of Loading),又称《海牙规则》(Hague Rules)。《海牙规则》于 1931 年 6 月 2 日起生效。

(2)《海牙规则》的主要内容

《海牙规则》共 16 条,明确规定了承运人最小限度的义务和责任,制止了公共承运人利用契约自由的原则扩大免责范围、任意降低承运人责任和义务的现象,使国际海上件杂货运输有一个统一的法律规定,便于国际贸易的发展。

《海牙规则》的主要内容如下：

①承运人最低限度的义务

A. 提供适航船舶。

承运人有义务在开航前和开航当时恪尽职责，以便使船舶适航；妥善地配备船员，装备船舶和配备供应品；使货舱、冷藏舱和该船其他载货处所能适于并能安全收受、载运和保管货物。

承运人提供适航船舶的义务是指不但船舶本身要适于航行，证书齐全，符合安全航行和各项技术要求，而且船员要配备齐全、配足燃料供应品等。另外，货舱也要适货。做到上述三项，才能称为船舶适航。

B. 妥善管理货物。

承运人应妥善和谨慎地装载、操作、配载、运送、保管、照料与卸载，亦即在海运全过程中对货物要妥善管理。

②承运人的货物运输责任期间

按照《海牙规则》第 1 条"货物运输"的定义，货物运输期间应从货物装船起至卸船完为止的期间。也就是说《海牙规则》有关承运人的义务和责任适用于这一期间。至于装船之前，即承运人在码头仓库接管货物至装上船这一段时间，以及货物卸船后到向收货人交付货物这一段时间，按照《海牙规则》第 7 条规定，可由承运人与托运人就承运人在上述两段期间发生的货物灭失或损坏所应承担的责任与义务，订立任何协议、规定、条件或免责条款。承运人一般在提单上规定免除承运人在上述两段期间的运输责任。

所谓"装上船起至卸下船止"一般可理解为：在使用船舶吊杆装卸货物时则为"钩到钩"期间，亦即货物挂上船舶吊杆的吊钩时起到脱离吊钩时为止。如果使用岸上吊杆或起重机装卸，则以货物越过船舷为界，亦即"舷至舷"期间。

③承运人免责条款

《海牙规则》实行的是不完全过失责任制。关于承运人免责的规定共有 17 项，包括两类：一是过失免责，二是无过失免责。国际海上货物运输责任制度中最受人指责的是《海牙规则》的"过失免责"规定：由于船长、船员、引航员或承运人的雇用人在航行或管理船舶中的行为、疏忽或过失所引起的货物灭失或损坏，承运人可以免除赔偿责任。这种过失免责条款是其他运输方式责任制度所没有的，不但对受害者不公允，而且对统一国际运输责任制度从而创造开展多种运输方式货物联运的更好条件，也是不利的。

承运人无过失免责条款与其他运输方式差别不大，只是增加了一些海运特色而已。无过失免责条款可以再分为以下几个方面：

A. 不可抗力或承运人无法控制的事项方面：有海上危险、天灾战争、公敌行为、暴动和骚乱、政府扣押船舶、检疫限制、罢工和停工八项。

B. 托运人或货方的行为或过失方面：托运人或货主的行为、货物包装不良、货物标志不清或不当，以及货物的性质、固有缺陷四项。

C. 特殊免责条款有三项：第一项是火灾，即使是承运人的雇用人的过失，承运人也不负责，只有在承运人本人的实际过失或知情参与时才不能免责。第二项是"救助或企图救助海上人命或财产",这是对船舶的要求,是海上运输中特有的。第三项是谨慎处理仍不能发现的潜在缺点。

D.总的无过失免责条款:即属于不列明的承运人无过失免责条款。《海牙规则》规定承运人要援引这一项的免责权利时,必须举证证明有关货物的灭失或损坏既非由于承运人的实际过失所致,又非承运人的代理人或雇用人的过失或疏忽所造成的。

④赔偿责任限制

《海牙规则》第8条第5款规定,承运人对货物的灭失或损坏的赔偿责任,在任何情况下每件或每单位不得超过100英镑,但托运人交货前已就该项货物的性质和价值提出声明,并已在提单上注明的则不在此限。随着通货膨胀、货币贬值,英国各方通过协议将赔偿责任限制提高到200英镑。美国生效的《1936年海上货物运输法》规定每件或每一运费责任限制为500美元。

⑤运输合同无效条款

运输合同中的任何条款或协议,凡是解除承运人按《海牙规则》规定的责任或义务,或以不同于《海牙规则》的规定减轻这种责任的,一律无效。这是国际公约拘束提单条款和运输合同条款的重要规定。

⑥托运人的义务和责任

《海牙规则》托运人的义务和责任:

A.托运人应被视为已在装船时向承运人保证,由他书面提供的标志、件数、数量或重量正确无误,否则应赔偿因此对承运人造成的损失;如果承运人有合理依据怀疑托运人提供的上述资料,或者无适当核对方法,便无须在提单上注明。

B.对于装运易燃、易爆或危险货物,托运人应如实申报,否则承运人可以在卸货前的任何时候将其卸在任何地点,或将其销毁,或使之无害而不予赔偿,该项货物的托运人应对于装载该项货物而直接或间接引起的一切损失负责。如果承运人已知该项货物的性质并同意装载,则在该货物对船舶或货物发生实际危险时,亦可将其卸在任何地点或将其销毁,或使之无害,而不负赔偿责任;但如有共同海损,则不在此限。

C.对于任何非因托运人或其代理人、雇用人的过失所引起的使承运人或其船舶遭受的损失,托运人不负责任。

⑦索赔和诉讼时效

货物如有灭失或损坏,收货人应在接收货物之前或当时,将货损通知书面交给承运人或其代理人,否则,就应被视为货物已按提单所述情况交付给收货人的初步证据(Preliminary Evidence)。如果损坏不明显,则货损通知应在交付货物的3天内提交。如果货物交付时已经联合检验,就无须提出书面通知。

除非货物从交付之日或应交付之日起1年内提起诉讼,否则承运人在任何情况下都应免除对灭失或损坏所负的一切责任。

⑧《海牙规则》的适用范围

《海牙规则》第10条规定:"《海牙规则》的各项规定,应适用于在任何缔约国内所签发的一切提单。"

该规则第 5 条规定:"《海牙规则》适用于租船合同,但如果提单是根据租船合同签发的,则它们应符合《海牙规则》的规定。"

按照《海牙规则》的规定,提单上虽注明适用《海牙规则》但该提单不在缔约国内签发时,该提单也不能适用《海牙规则》。

2.《维斯比规则》

(1)制定《维斯比规则》的背景

《海牙规则》自 1931 年生效以来虽然得到海运国家比较广泛的接受,但也暴露了存在的问题。《海牙规则》概括起来存在以下几个问题:①比较有利于承运人;②随着海运技术的发展,海运危险已能相应得到控制,驾驶和管理船舶的过失免责日益受到攻击;③海运件杂货已进入集装箱运输时代,《海牙规则》的规定不可能适应运输发展;④赔偿责任限额太低;⑤适用范围不够广泛;⑥承运人的代理人、雇用人的法律地位和善意受让提单的持有人的法律地位需要予以明确。

针对上述问题,特别是海运现代技术的发展带来的问题,国际海事委员会(CMI)于 1959 年召开会议考虑对《海牙规则》的修改,之后鉴于集装箱运输的发展带来的问题,CMI 于 1963 年在斯德哥尔摩召开的第二届会议讨论了修改草案后,1967—1968 年在布鲁塞尔又召开了外交会议。出席会议的有 53 个国家或地区的代表,制定了《关于修订统一提单若干法律规定的国际公约的议定书》,简称《1968 年布鲁塞尔议定书》。该议定书不能单独使用,而是要和《海牙规则》合起来一起使用,因此就有了《海牙—维斯比规则》。

由于在会议期间代表们到中古时期著名的维斯比的发源地进行了访问,因此就以《维斯比规则》(Visby Rules)来命名这一议定书。

(2)《维斯比规则》的主要内容

《维斯比规则》已于 1977 年 6 月 23 日起生效,截至目前仍只有 30 余个国家或地区加入,此外阿根廷、前联邦德国、利比里亚、前南斯拉夫将《维斯比规则》纳入国内立法。

《维斯比规则》共 17 条,对《海牙规则》的第 3 条、第 4 条、第 9 条、第 10 条进行了修改,其主要修改内容如下:

①明确善意提单受让人的法律地位

对《海牙规则》第 3 条第 4 款提单作为收到该提单所载货物的初步证据之后增加了以下文字:"但是,当该提单已被转与善意行事的第三方时,便不能接受与此相反的证据。"也就是说,对于善意受让提单的人来说,承运人不得提出与提单所载不同的反证,亦即提单所载是最终证据以进一步保护提单的转让、流通和提单受让人或收货人的合法权益。

②关于诉讼时效的延长

其对《海牙规则》第 6 项进行了两项修改:

A. 在第 3 条第 6 款的有关诉讼时效的规定之后,增加"但在诉讼事由发生之后,得经当事方同意,将这一期限加以延长"的规定,明确了可经双方当事人协议延长诉讼期限的规定。

B. 关于追偿期限问题,在第 3 条第 6 款之后加列:"即使在前款规定的 1 年期满之后,只要在受诉讼法院准许期间之内,便可向第三方提起索赔诉讼。但是,准许的时间自提起此种诉讼的人已经解决赔偿案件,或向其本人送达起诉传票之日起算,不得少于 3 个月。"

③关于提高赔偿限额及制定双重限额

《维斯比规则》对《海牙规则》第 4 条第 5 款作了如下重要修改:

A.将每件或每单位的赔偿责任限额提高为 10 000 金法郎或按灭失或受损货物毛重每千克为 30 金法郎,以两者中较高者为准。这一修改不但提高了《海牙规则》每件 100 英镑的限额,而且创造一项新的双重限额,解决了裸装货和轻泡货的限额问题,进一步维护了货主的合法权益。按照这一双重限额计算办法,凡每件货物的重量不足 333.33 千克时以按每件 10 000 金法郎为准,凡超过 333.33 千克时,以每千克 30 金法郎计算。这样,轻泡价高货物的赔偿限额将不比其他运输方式的限额低。1979 年,通过了将金法郎改为特别提款权(Special Drawing Right,SDR)的决定,以 15 个金法郎等于 1 个特别提款权为标准,从而使承运人的赔偿限额变为 666.7 个特别提款权或者每千克 2 个特别提款权,以高者为准,该决议从 1984 年 4 月起生效,凡不能使用特别提款权的国家仍然可以使用金法郎为计算单位。

B.以集装箱、货盘集装的货物,以提单所载该集装箱或货盘内所载货物件数作为计算赔偿限额的件数,如果不在提单上注明件数,则以集装箱或货盘为一件计算。

C.规定了丧失赔偿责任限制权利的条件是:"如经证明,损害是由于承运人故意造成,或是知道有可能会造成这一损害而毫不在意的行为或不作为所引起,则承运人就无权享受责任限制的权利。"

④承运人的雇用人在侵权行为之诉时的法律地位

A.《维斯比规则》规定的抗辩和赔偿责任限制,不论该项诉讼是以合同为依据还是以侵权行为为依据,均适用于就运输合同所载运货物的灭失或损害对承运人提起的任何诉讼。也就是说,侵权行为起诉也要适用运输合同提起的诉讼,以避免货方以侵权行为起诉而达到绕过运输合同的约束。

B.如果诉讼是对承运人的雇用人或代理人(他们不是独立的订约人)提起,他们就有权适用承运人按《维斯比规则》所可援引的各项抗辩或责任限制。

⑤关于公约的适用范围

《维斯比规则》适用范围扩大为:A.货物是从一个缔约国起运;B.本合同须受本公约各项规定或者给予这些规定以法律效力的任何一国立法的拘束。

如上所述,《维斯比规则》对《海牙规则》作了一些有益的修改,使之在一定程度上有利于承运双方而走向利益的均衡,并适应集装箱运输的发展提出要求。但是,在承运人的运输责任方面仍保持《海牙规则》体系,对船长、船员的航海和管理船舶过失免责的规定丝毫没有触动。因此,发展中国家仍迫切要求对《海牙规则》进行根本性的修改。

3.《汉堡规则》

(1)制定《汉堡规则》的背景

《汉堡规则》的正式名称是《1978 年联合国海上货物运输公约》。它的制定过程也是发展中国家在航运领域中争取建立新的经济秩序的斗争之一。1969 年 4 月建立的联合国贸易与发展会议(以下简称贸发会议)的国际航运立法工作组将班轮运输中有关提单的法律问题优先列入了议事日程。20 世纪 70 年代初,贸发会议秘书处组织专家编写了题为"提单"的报告,对《海牙规则》约束的提单及其条款作了剖析,并提出了存在的问题,国际航运立法工作组在 1971 年第二届会议上研究上述报告后作出两项决定:

①应对《海牙规则》和《维斯比规则》进行修改,必要时也可制定一项新的国际公约。

②在审议修改上述规则时,应清除其含混不明确之处,同时建立船、货双方均等的分摊货运风险的运输责任制度。贸易法律委员会经过四年艰苦工作,于 1976 年 5 月草拟了《联合国海上货物运输公约》,草案提交于 1978 年 3 月 6 日至 31 日在汉堡召开的联合国海上货物运输公约外交会议审议通过,由于公约在汉堡制定,又称《汉堡规则》。

(2)《汉堡规则》的主要内容

《汉堡规则》全文共分 7 章 34 条文,在《汉堡规则》的制定中,除保留了《海牙—维斯比规则》对《海牙规则》修改的内容外,对《海牙规则》进行了根本性的修改,是一个较为完备的国际海上货物运输公约,明显地扩大了承运人的责任。其主要内容包括:

①承运人的责任原则

《海牙规则》规定承运人的责任基础是不完全过失责任制,它一方面规定承运人必须对自己的过失负责,另一方面又规定了承运人对航行过失及管船过失的免责条款。而《汉堡规则》确定了推定过失与举证责任相结合的完全过失责任制。规定凡是在承运人掌管货物期间发生货损,除非承运人能证明承运人已为避免事故的发生及其后果采取了一切可能的措施,否则便推定:损失系由承运人的过失所造成,承运人应承担赔偿责任。很明显,《汉堡规则》较《海牙规则》扩大了承运人的责任。

②承运人的责任期间

《汉堡规则》第 4 条第 1 款规定:"承运人对货物的责任期间包括在装货港、在运输途中以及在卸货港,货物在承运人掌管的全部期间。"即承运人的责任期间从承运人接管货物时起到交付货物时止。与《海牙规则》的"钩至钩"或"舷至舷"相比,其责任期间扩展到"港到港"。解决了货物从交货到装船和从卸船到收货人提货这两段没有人负责的问题,明显地延长了承运人的责任期间。

③承运人赔偿责任限额

《汉堡规则》第 6 条第 1 款规定:"承运人对货物灭失或损坏的赔偿,以每件或其他装运单位的灭失或损坏相当于 835 个特别提款权或毛重每千克 2.5 个特别提款权的金额为限,两者之间以其较高者为准。"

《汉堡规则》的赔偿不但高于《海牙规则》,也高于《海牙—维斯比规则》的规定,较之《海牙—维斯比规则》的规定提高了 25%。

④对迟延交付货物的责任

迟延交付货物的责任在《海牙规则》和《维斯比规则》中都没有规定,《汉堡规则》第 5 条第 2 款则规定:"如果货物未能在明确议定的时间内,或虽无此项议定,但未能在考虑到实际情况对一个勤勉的承运人所能合理要求时间内,在海上运输合同所规定的卸货港交货,即为迟延交付。"对此,承运人应对因迟延交付货物所造成的损失承担赔偿责任。而且在第 3 款还进一步规定,如果货物在第 2 款规定的交货时间满后连续 60 天内仍未能交付,有权对货物灭失提出索赔的人可以认为货物已经灭失。《汉堡规则》第 6 条第 1 款还规定:"承运人对迟延交付的赔偿责任,以相当于迟延交付货物应支付运费的 2.5 倍的数额为限,但不得超过海上货物运输合同规定的应付运费总额。"

⑤承运人和实际承运人的赔偿责任

《汉堡规则》中增加了实际承运人的概念。当承运人将全部或部分货物委托给实际承运人办理时,承运人仍需按公约规定对全部运输负责。如果实际承运人及其雇用人或代理人的疏忽或过失造成货物损害,承运人和实际承运人均需负责,在其应负责的范围内,承担连带责任。这种连带责任托运人既可向实际承运人索赔,也可向承运人索赔,并且不因此妨碍承运人和实际承运人之间的追偿权利。

⑥托运人的责任

《汉堡规则》第 12 条规定:"托运人对于承运人或实际承运人所遭受的损失或船舶遭受的损坏不负赔偿责任。除非这种损失或损坏是由于托运人、托运人的雇用人或代理人的过失或疏忽所造成的。"这意味着托运人的责任也是过失责任。但需要指出的是,托运人的责任与承运人的责任的不同之处在于承运人的责任中举证由承运人负责,而托运人的责任中,托运人不负举证责任,这是因为货物在承运人掌管之下,所以也同样需要承运人负举证责任。

⑦保函的法律地位

《海牙规则》和《维斯比规则》没有关于保函的规定,而《汉堡规则》第 17 条对保函的法律效力作出了明确的规定,托运人为了换取清洁提单,可以向承运人出具承担赔偿责任的保函,该保函在承、托人之间有效,对包括受让人、收货人在内的第三方一概无效。但是,如果承运人有意欺诈,对托运人也属无效,而且承运人也不再享受责任限制的权利。

⑧索赔通知及诉讼时效

《海牙规则》要求索赔通知必须由收货人在收到货物之前或收到货物当时接交。如果货物损失不明显,则这种通知限于收货后 3 日内提交。《汉堡规则》延长了上述通知时间,规定收货人可在收到货物后的第一个工作日将货物索赔通知送交承运人或其代理人,当货物灭失或损害不明显时,收货人可在收到货物后的 15 天内送交通知。同时还规定,对货物迟延交付造成损失,收货人应在收货后的 60 天内提交书面通知。

关于诉讼时效,《汉堡规则》第 20 条第 1 款和第 4 款分别规定:"按照本公约有关运输货物的任何诉讼,如果在两年内没有提出司法或仲裁程序,即失去时效。""被要求赔偿的人,可以在时效期限内任何时间,向索赔人提出书面声明,延长时效罚限,还可以再一次或多次声明再度延长该期限。"可见,《汉堡规则》与《海牙规则》和《维斯比规则》的有关规定相比,索赔和诉讼时效期间既作了延长,又体现了其更为灵活的特点。

⑨管辖权和仲裁的规定

《海牙规则》、《维斯比规则》均无管辖权的规定,只是在提单背面条款上订有由船公司所在地法院管辖的规定,这一规定显然对托运人、收货人极为不利。《汉堡规则》第 21 条规定,原告可在下列法院选择其一提起诉讼:A. 被告的主要营业所所在地;无主要营业场所时,则为其通常住所所在地;B. 合同订立地,而合同是通过被告在该地的营业场所、分支或代理机构订立；C. 装货港或卸货港；D. 海上运输合同规定的其他地点。

除此之外，海上货物运输合同当事人一方向另一方提出索赔之后，双方就诉讼地点达成的协议仍有效，协议中规定的法院对争议具有管辖权。

《汉堡规则》第 22 条规定，争议双方可达成书面仲裁协议，由索赔人决定在下列地点之一提起：A. 被告的主要营业所所在地，如无主要营业所，则为通常住所所在地；B. 合同订立地，而合同是通过被告在该地的营业所、分支或代理机构订立；C. 装货港或卸货港。

此外，双方也可在仲裁协议中规定仲裁地点。仲裁员或仲裁庭应按该规则的规定来处理争议。

⑩规则的适用范围

该规则适用于两个不同国家之间的所有海上货物运输合同，并且海上货物运输合同中规定的装货港或卸货港位于其一缔约国之内，或备选的卸货港之一为实际卸货港并位于某一缔约国内；或者，提单或作为海上货物运输合同证明的其他单证在某缔约国签发；或者提单或作为海上货物运输合同证明的其他单证规定，合同受该规则各项规定或者使其生效的任何国家立法的管辖。

同《海牙规则》一样，《汉堡规则》不适用于租船合同，但如提单根据租船合同签发，并调整出租人与承租人以外的提单持有人之间的关系，则适用该规则的规定。

6.4.6 海运单

1. 海运单概述

（1）海运单的发展

随着各国经济的发展以及经济全球化的趋势，国际贸易的内涵与形式也在不断地变化。为了适应国际贸易的变化，就要求国际海上运输中的承运人在技术和制度方面，其中也包括单据方面作出相应的变化。一般来说，较为简易的贸易程序，会使得更多的客户愿意来做生意，所以简便的运输程序是决定世界贸易发展速度的重要因素之一。另外，世界上的货物运输不但已从传统的单一运输方式发展到了国际多式联运"门到门"的先进运输组织方式，还融入了现代物流的理念。在国际海上货物运输中是否一定还要使用提单？在某些情况下，能否用其他单证来代替提单以满足实际需要？在人们早已熟悉和习惯的航空货物运输、公路货物运输和铁路货物运输中均是在没有"物权凭证"的情况下，凭运单进行交货的，多年的实践证明这是可行的。因此，在货主不需要转让运输途中货物的情况下，就可以选择使用海运单，而不需要签发提单。

由于采用海运单提货比提单更及时、更安全、更简便，20 世纪 70 年代后期，使用海运单的国家越来越多。目前，在欧洲采用海运单的国家较为普遍，主要有：英国、比利时、丹麦、法国、德国、爱尔兰、意大利、荷兰、西班牙、瑞典和俄罗斯等；北美洲的加拿大将海运单主要用于集装箱货物运输，而美国则采用记名提单，也相当于海运单（根据美国提单法的规定，采用记名提单交付货物时，不必要求收货人提供提单，只需收货人证明自己是提单上所载明的收货人即可）；南美洲的巴西亦采用海运单；亚洲的日本、中国已采用海运单；大洋洲的澳大利亚正准备采用；非洲的尼日利亚对海运单十分感兴趣，正在收集资料，了解情况,并在考虑如何修改有关的法律条文,以使海运单的采用能得到法律上的认可和保护。

(2)海运单的概念与作用

海运单(Sea Way Bill,SWB),又称运单(Way Bill,W/B),是证明海上货物运输合同和货物已经由承运人接管或装船,以及承运人保证将货物交给指定收货人的一种不可转让的单证。

海运单是发货人和承运人之间订立海上货物运输合同的证明,又是承运人接管货物或者货物已经装船的货物收据。但是,海运单不是转让流通的单据,不是货物的"物权凭证"。所以,海运单具有以下两个重要作用:①它是承运人收到货物,或者货物已经装船后,签发给托运人的一份货物收据;②它是承运人与托运人之间订立海上货物运输合同的证明。

(3)海运单与提单的区别与联系

①提单是货物收据、运输合同的证明,也是物权凭证;海运单只具有货物收据和运输合同这两种性质,它不是物权凭证。

②提单可以是指示抬头形式,可以背书流通转让;海运单是一种非流动性单据,海运单上标明了确定的收货人,不能转让流通。

③海运单和提单都可以做成"已装船"形式,也可以是"收妥备运"形式。海运单的正面各栏目的格式和缮制方法与海运提单基本相同,只是海运单收货人栏不能做成指示性抬头,应缮制确定的具体收货人。

④提单的合法持有人和承运人凭提单提货和交货,海运单上的收货人并不出示海运单,仅凭提货通知或其身份证明提货,承运人凭收货人出示适当身份证明交付货物。

⑤提单有全式提单和简式提单之分,而海运单是简式单证,背面不列详细货运条款,但载有一条可援用海运提单背面内容的条款。

⑥海运单和记名提单,虽然都具有收货人,但不作背书转让。但事实上,记名提单不具备物权凭证的性质。所以,虽然在有些国家收货人提货需要出具记名提单,但在有些国家,比如美国,只要能证明收货人身份也可以提货。因此,记名提单在提货时和海运单无异。

(4)海运单优点

在一定条件下,海运单具有迅捷、简便、安全的特点。

①对发货人

对发货人而言,在以下方面比较方便:

A.海运单不一定寄给收货人;

B.节省邮费;

C.免除了业务员对提单的检查,同时也免除了对其他配套的物权单证的检查;

D.发货人可向客户(收货人)提供更简易、更迅速的服务;

E.整个单据程序得到了改进,从而提高了市场的竞争力;

F.当货物尚未放行时,可视需要将海运单交货改为提单交货,海运单可由发货人改签提单发给新的收货人(例如,原市场丧失,另找到了新买主),因为此时货物仍在船公司的控制之下。

②对承运人

对承运人而言,在交货方面减少了风险。海运单的交货条件不取决于海运单的呈递,也无须遵守单据手续,承运人只要将货物交给海运单上所列明的收货人或其授权的代理人,就视为已经做到了谨慎处理,相信已将货物交给了合适的有关部门。

③对收货人

对收货人而言,在以下几个方面比较有利:

A.可免除因等海运提单而招致的延迟提货。

B.可免除为防止交错货物而向承运人出具银行担保。如果使用提单,收货人必须凭正本提单提货,正本提单晚到或丢失时,则不得不求助于银行提供保证金或担保函,同时还必须承担保费或偿付保证金利息。

C.免除业务员对延误的提单及转运中丢失的提单的检查。

D.不再产生滞期费、仓租费。

④在单证风险方面

由于海运单的不可转让性,使它成为一种安全的凭证,从而减少欺诈,即使第三者得到丢失的海运单,也不能提取货物,因此对收货人不存在风险。而使用提单时,由于提单是物权凭证,如果丢失被第三者得到,他便有权提取货物,故提单的使用具有一定的风险。

⑤在单证的流转程序方面

由于采用海运单不必递交给收货人,因此有关单据(如保险单和商业发票)可以在装完货后立即发送给有关当事人。而使用提单时必须向收货人递交正本提单,因此上述有关单据,只有在提单签发后才能发送给有关当事人。

2.海运单的使用

(1)海运单的使用

海运单由于其不可转让的特性,所以适用于货物在运输途中,货方无转卖货物意图的场合,适用范围原则上已没有地区限制,适用对象包括无船承运人、跨国公司、母子公司之间或其他不需要提单的海上货物运输,但货方必须事先申请。在不需要对付款和提货作出保证的情况下(例如,收货人是托运人的国外代理、子公司或联营公司,买卖双方是进行计账贸易的相关实体等情况下),海运单已被诸多航运和贸易发达的国家接受并使用,并且将海运单作为结汇单证,也逐渐被接受并使用。

(2)海运单使用注意事项

海运单使用时应注意以下问题:

①签发运单的要求。对同一票货物不得同时签发海运单和提单;在使用海运单而不使用提单时,海运单仍是根据双方一致同意的条件(如运费预付或到付、待运或已装船等)来签发的。

②签发运单份数。通常,只签发一份正本海运单。一套海运单一般有一正三副,其中正副各一本交发货人,其余一份副本由装货港代理保存,一份副本随船或以其他方式交卸货港代理。

(3)海运单流转程序

①在收到货方要求使用海运单的申请后,承运人应先审核货方的资信、货量等有关情况,与货方签订有关协议,将收货人或其代理人的公司名称及签章、签名备案,并通知承运人在卸货港代理;承运人签发海运单给托运人。

②承运人在船舶抵达卸货港前向海运单上记名的收货人发出到货通知书。到货通知书表明这批货物的运输是根据海运单进行的。

③收货人在目的地出示有效身份证件证明其确系海运单上记载的收货人,并将其签署完的到货通知书交给承运人的办事机构或当地代理人,同时出示海运单副本。

④承运人或其代理人签发提货单给收货人。

⑤一旦这批货物的运费和其他费用结清,同时办好海关等所有按规定应办理的手续,收货人就可以提货。

6.5 班轮运价与运费

6.5.1 运价与运价本

1. 运价与运费

运价是调节航运市场状态的关键因素,是平衡运力与运输需求关系的杠杆。市场经济中,航运资源的分配、调整、发展完全取决于航运市场和运价机制的作用,价值规律发挥着调节供求关系、资源分配的导向作用。运价不仅是航运企业而且也是货代企业最为关心的问题。但是,运价的市场平均水平不是取决于某一个企业的愿望,而主要看市场当时的供求关系。了解运价理论的基本内容,掌握市场的价格变化规律及其运作模式,这是货运代理企业管理人员所必备的一项基本知识。

运价(Freight Rate)是承运单位货物而付出的运输劳动的价格,即单位货物的运费。海上运输价格,简称为海运运价。

运费(Freigh)是承运人根据运输合同完成货物运输后从托运人处收取的报酬。运费等于运价与运量之积。

2. 运价本

运价本(Tariff),也称费率本或运价表,是船公司承运货物向托运人据以收取运费的费率表的汇总,运价本主要由条款和规定、商品分类和费率三部分组成。

承运人有时会在提单中列入有关运价本的条款,用以说明承运人的运价本的作用。因为提单的正面和背面条款虽已很多,但却是固定格式,因而不可能经常改变。同时,运输合同下各项费用的收取,结算的依据还会与具体港口的特殊要求相对应,并随市场的变化而变化。所以,承运人会用运价本的形式对此作出规定。货运代理人应充分注意承运人运价本的内容和变化。

按运价制定形式不同,运价本可以分为等级费率本和列名费率本。

（1）等级费率本

等级费率本中的运价是按商品等级来确定的。这种运价是按照货物负担运费能力的定价原则，首先根据货物价格，将货物划分为若干等级；之后确定不同等级的货物在不同航线或港口间的不同等级的运价。同一等级的商品在同一航线或港口间运输时，使用相同的运价。这种运价的运价表附有"商品分级表"。在计算运费时，首先根据商品的名称在"商品分级表"中查找出该商品所属等级，再从该商品的运输航线或运抵港口的"等级费率表"中查找该级商品的费率。

商品分类部分按其英文字母顺序排列，在每一商品后面注明商品等级。费率表部分按航线划分，制定每一航线与商品等级相对应的集装箱和杂货费率。随着集装箱运输的发展，货物等级差别越来越小，现在几个等级货物的运价基本或完全相同，商品的分类也趋于简单。

（2）列名费率本

列名费率本，也称单项费率运价本，其中的运价是根据商品名称来确定的。对各种不同货物在不同航线上逐一确定的运价称为单项费率运价。按照货物名称和航线名编制的这种运价表也称商品运价表。所以，根据货物名称和所运输的航线，即可直接查出该货物在该航线上运输的运价。

在商品运价表中，对每一个商品都给定一个运价。列名费率本在商品分类部分的商品后面注明了商品编号，费率部分则按编号列出每一编号的商品的不同目的地费率。根据商品的种类确定费率的理论也是货物负担运费能力定价原则。在这种运价本中，每一种货物的运价都很明确，但运价本使用不方便、查阅量大，且新产品必须随时登记新运价。

6.5.2 班轮运价原理

1. 班轮运价特点

班轮运价的特点主要表现在：

（1）班轮运输的运价水平较高

班轮运输的特点决定了从事班轮经营的船舶的技术性能较好，船龄较低，船速较快。为满足各种货物的装运要求，船舱及货物运输设备齐全。所以，船舶的造价也高。

班轮运输是按公布的船期表中的时间和挂靠港口次序派遣船舶的，有时难以保证在每一挂靠港开航时都能使船舶达到满舱满载。为开展揽货业务，保证船舶装载率和整个班轮经营业务的顺利进行，通常需要在航线的各挂靠港口委托代理或设置揽货机构，这就增加了营运管理费用。

无论船舶是否满载，船舶的港口使费，如吨税、引航费、拖轮费、停泊费、系解缆费等营运可变费用仍然存在。

所有以上因素，使得班轮运输的单位成本较高。按照成本定价原则，承运人要从收取的运费中补偿较高的运输成本，并取得合理利润，所以班轮运价就被确定在一个较高的水平上。

（2）货物对运费的负担能力较强

班轮运输的货物一般以制成品或半成品为主,基本上无初级原材料,通常为高附加值货物。所以,其运费负担能力较强,班轮运费占商品价值的比重仍较小。所以,较高的班轮运价符合负担能力定价原则,是托运人所能接受的。

(3)班轮运价在时间上相对稳定

班轮运输服务一般不以特定的客户为对象,因此,班期、航线、挂靠港口、运价等均是以货物的普遍运输需求为依据制定的。班轮运价一般是根据平均运输成本、运力与需求的供给关系、市场竞争形势以及定价的基本原则等多种因素,对可能承运的各类货物分别制定运价,并用运价本的形式公布。尽管根据这些因素的变化,经常会作出一定的调整,但基本运价在一定时期内通常还是会保持相对稳定。两次运价调整的最短间隔时间要有15个月。

为了应对航运市场的风险,班轮公司一般将偏高确定运价,或针对某些特殊情况采用加收"附加费"的办法。

(4)班轮运价是一种垄断价格

很长一段时期内,国际海上班轮运输中的班轮运输航线都由班轮公会所控制。班轮公会在运价和其他营运活动方面所作出的各种规定比较严格,对会员公司具有强有力的约束。通常,公会都拥有统一的班轮运价,各会员公司按统一的运价计收运费;或制定最低运价标准,各会员船公司只能按高于该最低运价标准计收,而不能低于这个标准。目前班轮公会的势力已被大大削弱。

(5)班轮运价的制定采用运输成本定价和负担能力定价结合原则

货物负运费能力定价原则虽然对班轮运输的货物普遍适用,但无区别地按同一标准使用这一原则来确定运价,也有失合理性。所以,在使运费的总收入能补偿运输成本的基础上,再按货物的不同价值来确定不同的运价,即采用等级运价是比较合理的。各个班轮公司制定并公布的运价都反映出这种原则。

2.班轮运价的分类

班轮运价主要有两种分类方法。

(1)按运价的制定者划分

按运价的制定者划分,可以有班轮公会运价、班轮公司运价、双边运价和货方运价等。

①班轮公会运价

班轮公会运价由班轮公会制定,供公会的会员航运公司统一使用。这种运价的调整或修改都由班轮公会决定,任何一家会员船公司都无权单独进行调整或修改。这种运价在公会内部是一种具有垄断性的运价。这种价格在内部起着避免竞争的作用,而对于外部则是进行竞争的主要手段。

②班轮公司运价

班轮公司运价是由经营班轮运输的船公司自行制定并负责调整或修改的运价。无论是参加班轮公会的航运公司,还是非班轮公会公司,任何一家都公布自己的运价表。当然,同一班轮公会的航运公司的运价表一般是一致的。对于班轮公司自行制定的运价,货方可以在托运货物时提出意见,但解释权和决定权仍然在航运公司。

　　③双边运价

　　双边运价是由承运人和托运人双方共同商议确定的,并对双方产生约束力的运价。对于运价的调整或修改,须经双方协商,任何一方都无权单独加以变更。

　　④货方运价

　　货方运价是由货方(托运人)制定,承运人接受采用的运价。货方有权对运价进行调整和修改,但在运输合同洽谈时,需要与船方协商,确定实际执行的运价。

　　通常能够制定和调整运价的货方都是拥有大量稳定货源的大宗货主或货主集团,能常年向船公司提供货载。货方有较大的运价谈判权。

　　(2)按运价制定形式划分

　　按运价制定形式划分,有单项费率运价和等级运价,还有航线运价。

　　航线运价是指不分运输距离的长短,只按航线、货物名称或等级确定的运价。与航线运价相对应的是递远递减的距离运价。

　　3.影响运价的主要因素

　　运价水平的变动受许多因素影响,这些因素主要包括运输成本、航运市场结构、承运的货物、航线以及港口状况等。

　　(1)运输成本

　　运输作为一种劳动服务,在完成运输生产过程中,所发生的生产耗费总和称为运输成本。按价值与价格的关系,运输成本是影响运价的主要因素。

　　影响海上运输成本的因素较多,结构复杂。一般认为航次成本应包括船舶的资本成本、航次营运成本和航次变动成本。

　　①船舶的资本成本

　　船舶的资本成本,是购买船舶的实际成本,是船舶最基本的成本,包括贷款、利息和税金等。在进行航次估算时,基于年度资本成本计算。年度资本成本可以等值为折旧费用,而年度折旧额是船舶的资本成本与船舶的经济寿命之比,进一步地可以算出船舶的每天折旧额。从短期来看,可以将资本成本视为固定成本。

　　②航次营运成本

　　航次营运成本,是为保持船舶适航状态所需要的经常性的维持费用。无论船舶航行与否,为其营运必须支出费用,因此也称为营运费用,它不随特定航次变化。包括的因素有:船员工资及其他有关费用(培训费、劳动保险、福利费)等,船舶保险费、保赔费等,船舶维持费用(油漆费、备件费用、检修费)等,润滑油费,物料费,营业管理费。

　　③航次变动成本

　　航次变动成本,是船舶为从事特定航次的运输所发生的费用。包括:燃料费、港口使费(如代理费、航道费、吨税、靠泊费等)、引水费和拖轮费、货物装卸费、运河通行费、速遣费和赔偿费、船员航行津贴等。

　　(2)航运市场的结构与竞争

　　航运市场结构是影响运价的主要因素之一。不同的市场结构对运价产生不同的影响。班轮运输市场曾是寡头垄断的市场,市场运价长期由班轮公会所垄断。现在班轮公会内部控制力已明显削弱,再加上集装箱运输的普遍开展,这种市场已走向衰亡。

集装箱班轮运输市场在总体规模上由少数规模较大的船公司所垄断。参与经营活动的运输集团或大型航运公司可以根据其经营规模与在市场上的占有额,自行决定公司在各航线的运价。而且,运价已成为集装箱运输市场中各大航运公司竞争的焦点。

在寡头垄断的情况下,为避免各船公司之间的激烈竞争而引起的运价战,市场内的很多公司往往会组成各种不同形式的航运卡特尔,形成班轮运输市场的结构模式。

集装箱运输市场内的航运卡特尔,主要采取班轮公会、班轮公会与班轮公会之间的协议、公摊协议、联营协议和君子协议等几种形式。

这些卡特尔的存在,尽管减少了某个区域航线,或某一航线,或某航线的一个方向上的竞争,但是,根本的市场性质未变,运价的决策机制未变。

(3)货物

货物种类、数量也是影响运价水平的重要因素。不同货物具有不同的性质与特点,影响船舶载重量和舱容的利用,运价标准也就不同,可能发生的额外费用必须反映到运价中。

较稳定的货流和大批量货源能使定期船具有较高的舱位利用率和较好的运费收入。

货物装卸的特殊要求,货物受损的难易程度,货物遭受偷盗的可能性太小等都会在运价中得到反映。

(4)航线及港口条件

不同的航线有着不同的航行条件,对船舶运输成本的影响也就不同。航线距离、气象条件、安全性等也会在运价中得到反映。

对运价构成影响的港口条件包括港口的装卸费率、港口使用费、港口装卸设备、泊位条件、装卸效率、管理水平、拥挤程度以及安全性等。

(5)运输合同条款

运输合同中所定的运输条件,如运费支付方式、费用承担责任、承运人的责任区间等,都会影响到运价的高低。

还有一些其他因素对海运运价产生影响,如航运服务质量、企业自身的经营目标、市场竞争形式的变化等。

6.5.3 运费计算

1.运费结构

班轮运费包括基本运费和附加运费两部分。基本运费是对任何一种托运货物计收的运费;附加运费则是根据货物种类或不同的服务内容,视不同情况而加收的运费。

(1)基本运费

基本运费(Basic Freight)是指对运输每批货物所应收取的最基本的运费,是整个运费的主要构成部分。它根据基本运价(Basic Freight Rate)和计费吨计算得出。基本运价按航线上基本港之间的运价给出,是计算班轮基本运费的基础。基本运价的确定主要反映了成本定价原则,确定费率的主要因素是各种成本支出。

基本运价有多种形式,如普通货物运价、指定商品运价、等级运价、集装箱运价等。而根据货物特性等所确定的特别运价有军工物资运价、高价货运价、冷藏运价、危险品运价、甲板货运价、小包裹运价等。

（2）附加运费

附加运费（Surcharge or Additional）是全程运费中应收运费的主要部分，是根据航线上的各基本港之间进行运输的平均费用水平向普通货物收取的费用。而实际上，经常有一些需要特殊处理的货物、需要加靠非基本港或转船接运的货物需要运输；即使是基本港之间的运输，也因为基本港的自然条件、管理规定、经营方式等情况的不同而导致货物运输成本的差异。这些都会使班轮公司在运营中支付相应的费用。为了使这些增加开支得到一定的补偿，需要在基本运费的基础上，在计算全程运费时计收一定的追加额。这一追加额就构成了班轮运费的另一组成部分——附加运费。

同时，航运市场的兴衰会永远受到世界经济形势和贸易情况的左右；航运市场的竞争会影响承运人的经营状况。为了在特定情况下保持一定水平的收益，应对各种不稳定因素引起的额外成本支出，承运人就需要通过附加费的形式，按照合理分担有关费用的定价原理确定附加运费。

附加运费的种类主要有：

①燃油附加费

燃油附加费（Bunker Adjustment Factor，BAF；Bunker Surcharge，BS）是由于燃油价格上涨，使船舶的燃油费用支出超过原核定的运输成本中的燃油费用，承运人在不调整原定运价的前提下，为补偿燃油费用的增加而增收的附加费。实践中，英文还称其为 Fuel Adjustment Factor，即 FAF。

当燃油价格回落后，该项附加费亦会调整直至取消。燃油费用在船公司的经营成本中占有较大比重，燃油价格上涨直接增加了经营成本。燃油价格的长期上涨所带来的运输成本增加会在一定时期内的基本运价调整中得到反映。所以，燃油附加费一般是用来应对短期的燃油价格变动的。

②港口附加费

港口附加费（Port Additional）是由于港口装卸效率低，或港口使费过高，或存在特殊的使费（如进出港要通过闸门等）都会增加承运人的运输经营成本，承运人为了弥补这方面的损失而加收的附加费。

③港口拥挤附加费

港口拥挤附加费（Point Congestion Surcharge）是由于港口拥挤，船舶抵港后需要长时间待泊而产生额外的费用，为补偿船期延误损失而增收的附加费。

④转船附加费

转船附加费（Transshipment Additional）是运输过程中货物需要在某个港口换装另一船舶运输时，承运人增收的附加费。

转运一次就会产生相应的费用，如换装费、仓储费以及二程船（接运船舶）的运费等，一般这些费用均由负责第一程船运输的承运人承担，并包括在所增收的转船附加费内。

⑤超长附加费

超长附加费(Over Length Additional)是由于单件货物的外部尺寸超过规定的标准,运输时需要特别操作,从而产生额外费用,承运人为补偿这一费用所计收的附加费。

货物的长度超过规定后,会增加装卸和运输的难度,影响船期,增加支出。在运价本中,一般长度超过 9 米的件杂货就可能要有这一附加费。

超长附加费是按长度计收的,而且长度越长其附加费率越高。如果超长货物需要转船时,则每转船一次,加收一次。

⑥超重附加费

超重附加费(Heavy Lift Additional)是指每件商品的毛重超过规定重量时所增收的附加运费。

由于单件货物的重量超过规定标准时,在运输中需要特别的捆绑、铺垫以及影响装卸工作等,所以承运人对单件货物重量超过一定标准的货物要加收该附加费。通常承运人规定货物重量超过 5 吨时就要增收超重附加费。

超重附加费是按重量计收的,而且超重重量越大,其附加费率越高。如果超重商品需要转船时,则每转船一次,加收一次。

如果单件货物既超长又超重,则两者应分别计算附加费,然后按其中收费高的一项收取附加费。

⑦选港附加费

选港附加费(Optional Surcharge)又称选卸附加费,即选择卸货港所增加的附加费。

由于买卖双方贸易的需要,有些货物直到装船时仍不能确定最后卸货港,要求在预先指定的两个或两个以上的卸货港中,待船舶开航后再作选定。这样,就会使整船货物的积载变得困难,甚至会造成舱容的浪费。在集装箱班轮运输中选择卸货港已很少被船公司接受。

此外,还有很多附加费,如洗舱附加费(Cozening Fee)、变更卸货港附加费(Alteration of Discharging Port Additional)、绕航附加费(Deviation Surcharge)、高峰附加费(Peak Season Surcharge)、战争险附加费(War Risk Surcharge)、冰冻附加费等。

2.计费标准

(1)基本概念

①计费标准。班轮运费的计费标准(Freight Basis)也称计算标准,是指计算运费时使用的计算单位。

②运费吨。运费吨是计算运费的一种特定的计费单位。通常,取重量和体积中相对值较大的为计费标准,以便对船舶载重量和舱容的利用给予合理的费用支付。

③起码运费。起码运费(Minimum Rate;Minimum Freight),也称起码提单,是指以一份提单为单位最少收取的运费。

承运人为维护自身的最基本收益,对小批量货物收取起码运费,用以补偿其最基本的装卸、整理、运输等操作过程中的成本支出。不同的承运人使用不同的起码运费标准,件杂货和拼箱货一般以 1 运费吨为起码运费标准,最高不超过 5 运费吨;有的以提单为单位收取起码运费,按提单为标准收取起码运费后不再加收其他附加费。

（2）计费标准

在班轮运输中，主要使用的计费标准是按容积和重量计算运费；但对于贵重商品，则按货物价格的某一百分比计算运费；而对于某些特定的商品，也可能按其某种包装状态的件数计算运费，或者按承运人与托运人双方临时议定的费率（Open Rate）计收运费等，按临时议定的费率计收运费多用于低价商品的运输。

在集装箱运输中有按每一个集装箱计算收取运费的规定量，此时，根据集装箱的箱型、尺寸规定不同的费率（Box Rate）。

承运人制定的运价表中都具体规定了各种不同商品的计算运费标准。航运界通用的符号有：

①W（Weight）：表示该种货物应按其毛重计算运费。

②M（Measurement）：表示该种货物应按其尺码或体积计算运费。

③W/M：表示该货物应分别按其毛重和体积计算运费，并最终选择其中运费较高者收取。

④Ad. Val.：表示该种货物应按其 FOB 价格的某一百分比计算运费。由于运价是根据货物的价格确定的，所以又称为从价运费。

⑤W/M or Ad. Val.：表示该种货物应分别按毛重、体积和其 FOB 价格的某一百分比计算运费，并最终选择其中运费高者收取。

⑥W/M plus Ad. Val：表示这种货物除应分别按其毛重和体积计算运费，并选择其中运费较高者外，还要再加收按货物 FOB 价格的某一百分比计算的运费。

在运价表中，计算单位为运费吨，既有重量吨也有尺码吨。不同国家或地区采用不同的单位制。但目前各国都趋向采用国际单位制，以 t（公吨，简称吨）和 m³（即立方米）为计费单位。

3. 运费计算

（1）集装箱货物运费

①集装箱货物运费基本结构

集装箱货物在国际多式联运下，由于承运人对货物的风险和责任有所扩大，因此，集装箱的运价一般包括从装船港承运人码头堆场或货运站至卸船港承运人码头堆场或货运站的全过程费用，如由承运人负责安排全程运输，所收取的运价中还应包括内陆运输的费用。但从总的方面来说，集装箱运价仍由海运运价加上各种与集装箱运输有关的费用组成，这是集装箱运价构成的基本概念。

A. 海运运费（E）

从集装箱船舶运输公司的优越性来看，如将海上运费当作运输的等价物，那么，集装箱船可收取高于普通船运输的运费。但从目前的收费情况看，除有特殊规定外，基本上仍是按所运货物的运费吨所规定的费率计收，这与普通船货物运费的计收方法基本一致。目前，集装箱货物运费计收所依据的运价本主要有两种，一种是班轮公会运价本，另一种是船公司运价本。

B. 堆场服务费（B）

堆场服务费也称码头服务费,包括在装船港堆场接收出口的整箱货,以及堆存和搬运至装卸桥下的费用。同样,在卸船港包括从装卸桥下接收进口箱,以及将箱子搬运至堆场和堆存的费用,也一并包括在装卸港的有关单证费用。堆场服务费一般分别向发货人、收货人收取。

C. 码头装卸费(C)

码头装卸费是对集装箱在码头装卸过程中的收费。可以按照集装箱装卸(中转)包干费率收取,也可分项收取。

D. 拼箱服务费(D)

拼箱服务费包括为完成下列服务项目而收取的费用:将空箱从堆场运至货运站,将装好货的重箱从货运站运至堆场(装船港),将重箱从堆场运至货运站(卸船港),理货,签发场站收据、装箱单,在货运站货物的正常搬运,装箱、拆箱、封箱、做标记,一定期限内的堆存,必要的分票与积载,提供箱子内部货物的积载图。

E. 集散运输费(F)

集散运输又称支线运输,是由内河、沿海的集散港至集装箱出口港之间的集装箱运输。一般情况下,集装箱在集散港装船后,即可签发集装箱联运提单,承运人为这一集散而收取的费用称为集散运输费。

F. 内陆运输费(A)

承运人按货主的要求在所指定的地点间进行实箱或空箱运输所收取的费用等。

②不同交货方式下的费用结构

在集装箱整箱货、拼箱货流转过程中,其货物交货方式有 9 种,这样每一种交接方式下的费用结构也有所不同。

A. 拼箱货—拼箱货(LCL—LCL)

运费＝拼箱服务费＋装船港堆场服务费＋装船港装卸费＋海运运费＋卸船港堆场服务费＋卸船港装卸费＋拼箱服务费。

B. 整箱货—整箱货(FCL—FCL)

a. 门—门

运费＝出口国内陆运输费＋出口国集散运输费＋装船港堆场服务费＋装船港装卸费＋海运运费＋卸船港装卸费＋卸船港堆场服务费＋进口国集散运输费＋进口国内陆运输费。

b. 门—场

运费＝出口国内陆运输费＋出口国集散运输费＋装船港堆场服务费＋装船港装卸费＋海运运费＋卸船港装卸费＋卸船港堆场服务费。

c. 场—场

运费＝装船港堆场服务费＋装船港装卸费＋海运运费＋卸船港装卸费＋卸船港堆场服务费。

d. 场—门

运费＝装船港堆场服务费＋装船港装卸费＋海运运费＋卸船港装卸费＋卸船港堆场服务费＋进口国集散运输费＋进口国内陆运输费。

C. 拼箱货—整箱货(LCL—FCL)

a. 站—场

运费＝拼箱服务费＋装船港堆场服务费＋装船港装卸费＋海运运费＋卸船港装卸费＋卸船港堆场服务费。

b. 站—门

运费＝拼箱服务费＋装船港堆场服务费＋装船港装卸费＋海运运费＋卸船港装卸费＋卸船港堆场服务费＋进口国集散运输费＋进口国内陆运输费。

D. 整箱货—拼箱货(FCL—LCL)

a. 门—站

运费＝出口国内陆运输费＋出口国集散运输费＋装船港堆场服务费＋装船港装卸费＋海运运费＋卸船港装卸费＋卸船港堆场服务费＋拼箱服务费。

b. 站—场

运费＝装船港堆场服务费＋装船港装卸费＋海运运费＋卸船港装卸费＋卸船港堆场服务费＋拼箱服务费。

必须说明,上述是集装箱运费组成的一般概念。目前,有些港口习惯上对整箱货在堆场至堆场交货时不另收堆场服务费,因为这部分费用实际上已加到海运运费里了。此外,在集装箱运价中,某些航线还出现总包干费率的计算方法,即在该费率中包括了一切附加费用,方便了运费的计算。

另外,有些航线采用包箱费率,即按箱子的类型规定每一种箱子的包干运价。这种包箱费率一般分商品包箱费率和均一包箱费率两种。前者按不同商品和不同类型的箱子规定各种不同的包箱费率,后者不管箱内装什么商品(危险品除外),按不同类型箱子规定包箱费率。应说明的是包箱费率为整箱货,其运价可以是总包费率,也可以是包箱费率加各种附加费。包箱费率是国际航运竞争的产物,这种费率较低,是对货主在托运整箱货运输时的一种优惠,也是船公司揽货的一种手段。

③集装箱运费计算

目前,集装箱货物海上运费计算基本上分为两大类,一类是沿用件杂货运费计算方法,即以每运费吨为单位(俗称散货价),另一类是以每个集装箱为计费单位(俗称包箱价)。

A. 件杂货基本费率加附加费

基本费率:参照传统件杂货运价,以运费吨为计算单位,多数航线上采用等级费率。

附加费:除传统件杂货所收的常规附加费外,还要加收一些与集装箱货物运输有关的附加费。

B. 包箱费率(Box Rate)

这种费率以每个集装箱为计费单位,常用于集装箱交货的情况,即 CFS—CY 或 CY—CY 条款,常见的包箱费率有以下三种表现形式:

FAK 包箱费率(Freight for All Kinds):即对每一集装箱不细分箱内货类,不计货量(在重要限额之内)统一收取的运价。

FCS包箱费率(Freight for Class):按不同货物等级制定的包箱费率,集装箱普通货物的等级划分与杂货运输分法一样,仍是1~20级,但是集装箱货物的费率级差远小于杂货费率级差,一般低级的集装箱收费高于传统运输,高价货集装箱低于传统运输;同一等级的货物,重货集装箱运价高于体积货运价。可见,船公司鼓励人们把高价货和体积货装箱运输。在这种费率下,拼箱货运费计算与传统运输一样,根据货物名称查到等级,计算标准,然后去套相应的费率,乘以运费吨,即得运费。

FCB包箱费率(Freight for Class or Basis):这是按不同货物等级或货类以及计算标准制定的费率。

(2)杂货班轮运费

杂货班轮计算运费的基本步骤是:

①根据装货单留底联或托运单查明所运货物的装货港和目的港所属的航线。注意的项目有:目的港或卸货港是不是航线的基本港,是否需要转船,是否要求直达;如果有选卸港,则写清选卸港的个数和港名。

②了解货物名称、特性、包装状态,是否为超重或超长货件、冷藏货物。

③从货物分级表中查出货物所属等级,确定应采用的计算标准。如属未列名货物,则参照性质相近货物的等级及计算标准计算,并作出记录以便日后进一步验证是否需要更正所属等级。

④查找所属航线等级费率表,找出该等级货物的基本费率。

⑤查出各项应收附加费的计费办法及费率。

⑥列式进行具体计算:

班轮运费=基本运费+各项附加运费

班轮运费=总货运量×基本运费率×(1+附加费率)

[例6-1]出口货物一批,计400箱,每箱重50千克,体积为60厘米×40厘米×30厘米,由天津装船去伦敦/鹿特丹/汉堡港口。查该货为8级,计费标准为W/M,基本费率为60美元/运费吨,另有燃油附加费20%,选港附加费每运费吨2美元,港口附加费10%。求该批货物的运费。

解:M=0.6×0.4×0.3×400=28.8(立方米)

即货物体积重量为28.8运费吨。

W=400×0.05=20(公吨)=20运费吨<28.8运费吨

所以按体积重量作为计算运费的标准。

运费=基本运费+附加运费=60×28.8×(1+20%+10%)+2×28.8=2 304(美元)

该批货物的运费为2 304美元。

[例6-2]从中国大连运往某港口一批货物,其FOB价值为5 000美元。计收运费标准W/M plus Ad.Val,共200箱,每箱毛重25千克;每箱体积为49厘米×32厘米×19厘米,基本运费率每运费吨60美元加1.5%,特殊燃油附加费率为5%,港口拥挤费为10%,试计算200箱应付多少运费。

解：W＝25×200＝5 000(千克)＝5(运费吨)

M＝0.49×0.32×0.19×200＝5.958(立方米)＝5.96(运费吨)

Ad. Val＝5 000×1.5‰＝75(美元)；因为 M＞W，所以采用 M 计算运费。

运费＝60×(1＋5％＋10％)×5.96＋75＝486.2(美元)，即 200 箱应付运费 486.2 美元。

[例 6-3]某公司出口箱装货物一批，报价为 CFR 利物浦每箱 35 美元，英国商人要求改报 FOB 价。该批货物的体积为 45 厘米×40 厘米×25 厘米，每箱毛重为 35 千克，商品计费标准为 W/M，基本运费为 120 美元/运费吨，并加收燃油附加费 20％，货币贬值附加费 10％。问：该公司应如何报价？

解：W＝35 千克＝0.035(运费吨)；M＝0.45×0.40×0.25＝0.045(运费吨)

因为 M＞W，所以采用 M 计算运费。

运费＝基本运费×(1＋附加费率)×运费吨

　　　＝120×(1＋20％＋10％)×0.045＝7.02(美元)

FOB 价格＝CFR 价格－运费＝35－7.02＝27.98(美元)，即该公司应报 FOB 价为每箱 27.98 美元。

[例 6-4]某轮从中国广州港装载杂货人造纤维，体积为 20 立方米、毛重为 17.8 公吨，运往欧洲某港口，托运人要求选择卸货港鹿特丹或汉堡，鹿特丹和汉堡都是基本港口，基本运费率为 USD80.0/FT，三个以内选卸港的附加费率为每运费吨加收 USD3.0，"W/M"。问：(1)该托运人应支付多少运费(以美元计)？(2)如果改用集装箱运输，海运费的基本费率为 USD1 100.0/TEU，货币附加费 10％，燃油附加费 10％。改用集装箱运输时，该托运人应支付多少运费(以美元计)？

解：(1)按照散货装运：由于 W＝17.8 公吨，M＝20.0 运费吨，

运费＝(80.0＋3.0)×20.0＝1 660.0(美元)，

即按照散货装运该批货物，托运人支付运费 1 660 美元。

(2)若改用集装箱装运：选用 1 个 TEU 即可。

运费＝(1＋10％＋10％)×1 100＝1 320(美元)，

即如果选用集装箱装运该批货物，托运人支付运费 1 320 美元。

由计算结果可知，该批货物改用集装箱运输可节省运费。

6.6 不定期船运输组织

6.6.1 租船运输基本知识

1.租船运输基本概念

(1)租船运输

租船运输是相对于班轮运输的另一种海上运输经营方式，其既没有固定的船舶班期，

也没有固定的航线和挂靠港,而是按照货源的要求和货主/承租人对货物运输的要求,安排船舶航行计划,组织货物运输。因此,租船运输又被称为不定期船运输。

对于批量较大、货物价值相对较低的大宗散货而言,货主往往采用租船运输的方式。

(2)租约

由于租船运输涉及的航线往往都是不固定的,因此在租船运输过程中,货物所有人是在一个世界性的大市场中寻找适当的船舶,而船舶所有人同样也是在全球范围内承揽货物,这样洽谈租船业务的双方就租船业务涉及的运输条件及相应的条款进行商定,包括租期、挂靠港、租金或运费以及双方的责任与义务等,签订租船合同。承租双方所签订的租船合同也称租约。一旦船舶所有人与货物所有人签订了租船合同,那么双方就要受到该合同的约束;而这份租船合同不仅是双方履行义务和享有权利的保证,同时是双方处理合同执行过程中所出现问题的依据。

(3)合同当事人

租船合同的当事人是指对租船合同的履行享有权利和承担义务及责任的人。航次租船合同的当事人应当是船舶出租人和船舶承租人。为此租船合同中须列明船舶出租人和船舶承租人的名称、住址和主要营业场所地址。

①船舶出租人

船舶出租人是指根据租船合同的规定,向承租人出租船舶或者船舶的部分舱位,从事货物运输的人(如航次租船)或者将船舶出租给承租人,由承租人从事货运经营的人(如定期租船和光船租船)。

租船运输的出租人既可能是将自有船舶用于租船运输的船舶所有人,也可能是以定期租船或光船租船甚至航次租船的形式将租用的船舶再次用于租船运输的船舶经营人。船舶所有人是指将其所拥有的船舶进行出租的人,同时又经常被称作船东(Ship Owner)。二船东是指在以定期租船或光船租船甚至航次租船的形式租进的船舶被承租人转租的情况下,此时原租约中的承租人就成为新租约中的出租人,因而被称为二船东(Despondent Owner)。

②船舶承租人

船舶承租人是指根据租船合同的规定,从船舶出租人租进船舶或者船舶的部分舱位的人。在租船实务中,船舶承租人也被称为租船人或租家。

(4)租船经纪人

①租船经纪人的概念

航运市场中存在着大批专门从事船舶的租赁、订舱、买卖、保险等中介业务的航运经纪人,其中专门从事租船订舱等经纪业务的经纪人,被称为租船经纪人。

租船经纪人熟悉租船市场行情,精通租船业务,同时由于他们掌握市场动态,作为当事双方的桥梁与纽带,在为委托人提供市场信息、资信调查及其他信息咨询服务、促成合同的顺利签订、减少委托人事务上的烦琐手续,以及为当事双方斡旋调解纠纷等方面起到了积极作用。

②租船经纪人的身份

在租船市场上,租船经纪人包括:

A. 船舶出租人经纪人:指根据船舶出租人的授权和指示,代表船舶出租人利益在租船市场上从事船舶出租或承揽货源的人。

B. 船舶承租人经纪人:指根据承租人的授权和指示,代表承租人利益在租船市场上为承租人洽租合适船舶的人。

C. 双方当事人经纪人:指以中间人身份尽力促成船舶出租人和承租人双方达成船舶租赁交易,从中赚取佣金的人。

③租船业务洽谈的方式

租船经纪人进行租船业务洽谈的方式有两种。

第一种方式是由船舶出租人和承租人各自指定一个租船经纪人,由其代表各自委托人的利益进行洽谈。这时,双方租船经纪人处于代理人的地位,完全在委托人的授意下,代表其利益进行谈判,在就租船业务所及的条件共同达成一致意见,并征得各自委托人的同意后,代表委托人在租船合同上签字。

第二种方式是船舶出租人和承租人共同指定一个租船经纪人进行洽谈。这时,租船经纪人就是居间人。在这种情况下,船舶出租人和承租人一般在居间人在场的条件下进行面谈,租船经纪人不再代表任何一方的利益,而是利用自己的知识,协调洽谈双方的意见,促成谈判达成合约。

④租船经纪人的佣金

在正常的情况下,只要租船经纪人为某项租船业务签订了船舶合同,就可以获得佣金。有关佣金的支付有三种规定:

A. 如果合同规定"佣金在签订合同时支付"(on Signing the Contract),则无论合同的执行情况如何,租船经纪人均可获得佣金。

B. 如果合同规定"佣金在货物装运时支付"(on Shipment of Cargo),则当合同于货物装运前被解除时,租船经纪人不能获得佣金。

C. 如果合同规定"佣金在赚取运费时支付"(on Freight Earned),则租船经纪人只能在租船合同得以履行且船舶出租人获得运费后,方可获得佣金。

2.租船运输的特点

租船运输中,船舶的营运是根据船舶出租人与承租人双方签订的租船合同来进行的,船舶所有人提供的是货物运输服务,而承租人则是按约定的租金率或运价支付运费。因此,区别于班轮运输,租船运输具有以下特点:

(1)按照船舶出租人与承租人双方签订的租船合同安排船舶航线,组织运输;没有相对于定期班轮运输的船期表和航线。

(2)租船运输适合于大宗散货运输,货物的特点是批量大、附加值低、包装相对简单。因此,租船运输的运价(或租金率)相对班轮运输而言较低。

(3)舱位的租赁一般以提供整船或部分舱位为主,主要是根据租约来定。另外,承租人一般可以将舱位或整船再转租给第三人。

(4)承运人与船舶出租人之间的权利和义务、船舶营运中的风险、船舶港口使费、装卸费及船期延误等有关费用的负担责任根据租船合同的规定。

（5）租船运输中的提单的性质不完全与班轮运输中的提单的性质相同，它一般不是一个独立的文件，对于承租人和船舶出租人而言，仅相当于货物收据。这种提单要受租船契约约束，银行不愿意接受这种提单，除非信用证另有规定。当承租人将提单转让给第三人时，提单起着权利凭证的作用；而在第三人与船舶出租人之间，提单则是货物运输合同的证明。

3. 租船市场

（1）租船市场的概念

租船市场是需求船舶的承租人和提供船舶运力的出租人协商洽谈租船业务、订立租船合同的场所。这只是狭义租船市场或有形租船市场的定义，而广义的租船市场是指需求船舶的承租人和提供船舶运力的出租人的交易关系，交易的对象是作为租赁对象的船舶的运力。它通常设立在世界上货主和船东汇集、外贸和运输繁荣发达的地方。

（2）租船市场的作用

租船市场对于迅速促成船舶出租人和承租人双方的租船业务发挥了重要的作用，归纳起来，主要有以下四个方面：

①专门为船舶所有人和货主提供各种租船业务机会，使双方无须亲自进行谈判，通过租船经纪人接触、洽谈，办理签约等租船业务。

②租船市场能快速迅捷并且高效地为船舶所有人和货主成交租船业务。租船市场上有分布在全球的大量的船舶所有人和货主，以及业务水平较高的租船经纪人，从而形成了一个世界性的网络。在这个网络中，快速的通信工具得以使用，进一步节省了大量的时间，可以保证快捷高效地为承租双方提供服务。

③调节世界航运的平衡。由于国际贸易的不平衡带来了货流的不平衡性，有了这样的租船市场，就可以最大化地调整这个不平衡的市场。

④为船舶所有人和货主提供大量的租船市场信息、资料等动态行情。

案例 6-2

世界主要租船市场

目前，世界上主要的租船市场有：

（1）英国伦敦租船市场

英国伦敦的波罗的海商业航运交易所（the Baltic Mercantile and Shipping Exchange）是公认的世界上历史最悠久、租船业务最多的散杂货租船市场。波罗的海商业航运交易所的主要业务包括租船、船舶买卖、粮食和油料作物种子交易以及航空租机交易等。

（2）美国纽约租船市场

纽约租船市场是仅次于伦敦租船市场的世界第二大租船市场。纽约租船市场上的主顾是谷物、铁矿石、煤炭进出口商以及希腊和挪威的船东。成交的船舶主要是油船、散装粮船和其他干散货船。

（3）北欧租船市场

北欧租船市场包括挪威的奥斯陆、瑞典的斯德哥尔摩、德国的汉堡、荷兰的鹿特丹等专业化船舶租船市场，以租赁特殊的高技术船舶为主，如冷藏船、液化石油气船、滚装船等。在租船方式上以长期期租为主。

（4）亚洲租船市场

亚洲租船市场包括日本东京、中国的香港和上海及东南亚的新加坡等租船市场，成交的主要是短程近洋运输船舶的租赁。

资料来源：世界上的主要租船市场，http://www.jfreight.cn/baikeinfo.asp? id=1398。

6.6.2 租船运输的经营方式

在租船实务中，由于承租人所要运输的货物可能是一次性的、单向的，也可能是长期的、往返的，此外承租人有时并不是要运输自己的货物，而是租进一条船舶，进行揽货运输，这样就带来了在租船市场上租船运输方式的多样性。

目前，航运业主要的租船运输经营方式有航次租船（Voyage Charter；Trip Charter）、定期租船（Time Charter；Period Charter）、光船租船（Bare-boat Charter；Demise Charter）等基本形式，还有包运租船（Contract of Affreightment，COA）和航次期租（Time Charter on Trip Basis，TCT）等形式。其中最基本的租船运输的经营方式是具有运输承揽性质的航次租船。

1. 航次租船

（1）航次租船的概念

航次租船又称"航程租船"、"程租船"或"程租"，是指由船舶出租人向承租人提供船舶或船舶的部分舱位，在指定的港口之间进行单向或往返的一个航次或几个航次用以运输指定货物的租船运输方式。

航次租船是租船市场上最活跃、最为普遍的一种租船方式，对运价水平的波动最为敏感。在国际现货市场上成交的绝大多数货物（主要有液体散货和干散货两大类）通常都是通过航次租船的方式运输的。

在航次租船的情况下，船长由船舶出租人（船东）任命，船舶由作为船舶出租人的代理人的船长管理，船舶的营运调度仍由船舶出租人负责，船舶仍归船舶出租人占有和支配。承租人只负责完成货物组织、支付运费。在这种意义上，航次租船合同与班轮运输合同一样，都是以承揽货物运输为目的的运输合同。

（2）航次租船的形式

航次租船中，根据承租人对货物运输的需要，而采取不同的航次数来约定航次租船合同。航次租船方式可分为下列几种形式：

①单航次租船

单航次租船是指船舶出租人与承租人双方约定，提供船舶完成一个单程航次货物运输的租船方式。船舶出租人负责将指定的货物从起运港运往目的港，货物运抵目的港卸船交付货物后，船舶出租人的运输合同义务即告完成。

②往返航次租船

往返航次租船是指船舶出租人与承租人双方约定,提供船舶完成一个往返航次的租船方式。

有时,返航航次的出发港及到达港并不一定与往返航次的相同。也就是说,同一船舶在完成一个单航次后,会根据货物运输需要在原卸货港或其附近港口装货,返回原装货港或其附近港口。卸货后,往返航次租船结束,船舶出租人的合同义务完成。从实质上讲,一个往返航次租船包括了两个单航次租船。由于很少有货主可以保证往返航程上均有货载,所以这种租船方式主要运用在当一个货主只有去程货载,而另一个货主有回程货载时,两个货主联合起来向船舶出租人按往返航次租用船舶。在这种情况下,因为船舶出租人在回程货载上有了保证,可避免回程空航,在运价方面承租人可获得一定的优惠。

③连续单航次租船

连续单航次租船是指船舶出租人与承租人约定,提供船舶连续完成几个单航次的租船运输方式。被租船舶在相同两港之间连续完成两个或两个以上的单航次运输后,航次租船合同结束,船舶出租人的合同义务完成。

这种运输经营方式主要应用于某些货主拥有数量较大的货载,一个航次难以运完的情况下。在连续单航次租船中,连续单航次租船合同可按单航次签订若干个租船合同,也可以只签订一个租船合同。在只签订一个租船合同的情况下,合同中适用于第一个航次的各项条件和条款同样适用于以后的各航次。但是,须在合同中注明船舶第一航次的受载日期和后续的航次数,也可以为后续航次规定受载日期等。在不影响航次任务完成和下一航次受载期的情况下,船舶可以承揽其他回程货载,搭载航行。

④连续往返航次租船

连续往返航次租船是指船舶出租人与承租人约定,提供船舶连续完成几个往返航次的租船运输方式。

被租船舶在相同两港之间连续完成两个以上往返航次运输后,航次租船合同结束,船舶出租人的合同义务完成。由于作为承租人的货方很难同时拥有较大数量的往程和回程货载,这种运输经营方式在实务中较少出现。

(3)航次租船的特点

航次租船运输首先要进行航次租船合同的签订。航次租船合同中的条款反映船舶所有人和承租人的意愿,规定了各自的义务,且在开展航次租船运输时必须践行。因此,航次租船合同是一项详细记载双方当事人的权利和义务以及航次租船各项条件和条款的承诺性运输契约。

航次租船的特点主要表现在:

①特定船舶、特定货物、特定港口和特定航线。在航次租船合同下,对于履行货物运输的船舶和要装运的货物,装货港和卸货港以及航线都作出专门的规定。通常情况下,都由指定的船舶在指定的装货港来装运指定的货物,按照约定的或者习惯的或者地理上的航线运至指定的卸货港。

②航次租船合同是确定船舶出租人与承租人的权利、义务和责任的依据。航次租船

合同的船舶出租人和承租人完全处于同等的谈判地位,根据租船市场行情和其他条件进行讨价还价,商谈合同条款。航次租船合同的船舶出租人不是公共承运人,而是专门承运人,即承运与其签订租船合同的承租人的货物。

③承租人负责完成货物的组织,并支付运费及相关的费用。

④船舶出租人占有和控制船舶,负责船舶的营运调度、配备和管理船员;负责船舶营运所支付的费用,这些费用包括船舶资本费用(船舶成本、船舶资本借贷偿还、资本金利息)、固定营运费用(船员工资和伙食、船舶物料、船舶保养费用、船舶保险费用、润滑油、企业事务费用等)和可变营运费用(燃料费、港口使费、引水费、合同规定的装卸费、其他费用)。

(4)航次租船的租期

航次租船租期的长短取决于完成一个航次或几个航次所花费的时间,但航次租船并不规定完成一个航次或几个航次所需的时间。在这段时间内,船舶出租人与承租人之间按航次的不同阶段分别承担着不同的风险,一般将其分为四个阶段。

①预备航次阶段

预备航次是指为完成航次租船合同的货物运输,船舶前往装货港准备装货的航次。在船舶抵达装货港前,船舶在出租人的控制之下,船舶所发生的风险和费用由船舶出租人承担。

航次租船运输合同在"预备航次"阶段就开始执行了,即预备航次是租船合同规定的船舶出租航次的一部分,合同中关于船舶出租人权利和义务的规定,同样适用于预备航次。

对于船舶所有人应"尽速派遣船舶"的义务,在航次租船合同中通常都有明确的规定,如"船舶必须尽速航行开往装货港"。因此,除非合同中另有明确规定或属于船舶所有人免责的范围,例如,船舶在开往装货港的预备航次途中发生碰撞,或因驾驶疏忽造成船舶搁浅等,否则,因船舶所有人没有尽速派遣船舶,如为节省燃油,指示船长减速航行,致使船舶发生延误而不能在租船合同规定的时间抵达装货港,该船舶所有人则被认为是违反了合同中承诺的保证性义务。据此,承租人有权提出损失赔偿。

因为预备航次是航次租船合同的一部分,所以在预备航次中,由于航次租船合同免责条款规定的事由发生,致使船舶延迟到达装货港,给承租人造成损失的,船舶所有人可以提出免责的抗辩。

②装货阶段

装货阶段是指船舶抵达、停靠装货港后,待泊和装货的整个阶段。在这一时间段上的风险主要是船舶延误所造成的损失。如果船舶延误是由船舶出租人造成的,则由其承担相应的延误损失风险;如果是由承租人所造成的,则应由承租人承担延误风险。

③航行阶段

航行阶段是指船舶装货离港后,抵达卸货港前的整个阶段。在这段时间内,船舶和货物均处在船舶出租人的控制之下,因此,所发生的一切风险和费用通常由船舶出租人承担。

④卸货阶段

卸货阶段是指船舶抵达、停靠卸货港后,待泊和卸货的整个阶段。在这一时间段内所发生的风险的处理原则与装货阶段的原则相同。

2.定期租船

(1)定期租船的概念

定期租船又称"期租船"或"期租",指船舶所有人将特定的船舶,按照租船合同的约定,在约定的时间内租给承运人使用的一种租船运输方式。

这种租船方式以约定的使用期限为船舶租期,而不以完成航次次数多少来计算。在租期内,承租人既可以利用租用的船舶进行不定期船货物运输,也可以投入班轮运输,还可以在租期内将船舶转租,以取得运费收入或谋取租金差额。在定期租船中,租期的长短完全由船舶出租人和承租人根据实际需要约定,少则几个月,多则几年,或更长的时间。

与航次租船相比,在定期租船中,虽然船长、船员也是由船舶所有人任命,船舶也是由作为船舶所有人的代理人的船长进行管理,船舶所有人仍可通过船长对船舶行使占有权。但是,由于定期租船在租期内船舶是由承租人使用的,由承租人负责营运调度,揽货订舱不再是船舶所有人的事情,因而定期租船不再完全是一种承揽运输的营运方式。一方面,船舶所有人将船舶交由租船人使用,包含了一定成分的财产租赁的性质;另一方面,船舶所有人仍然对船舶拥有占有权,对驾驶和管理船舶负有责任,而且当承租人本身就是货主时,船舶所有人就是承运人,这时,定期租船具有运输承揽的性质。

定期租船的承租人既有一些大型企业或实力较强的贸易机构,通用租用船舶进行自有货物的运输;也有一些航运公司,通用租用船舶从事货物运输,以便弥补自身船队的运力不足。大型企业或实力较强的贸易机构往往拥有稳定的货源,有着长期的运输需求,对租船市场的租金水平有着一定影响。

(2)定期租船的特点

①船舶出租人负责配备船员,并负担其工资和伙食。

②承租人在船舶营运方面拥有对船长、船员的指挥权,有权要求船舶出租人予以撤换。

③承租人负责船舶的营运调度,并负担船舶营运中的可变费用,包括燃料费、港口使费、引水费、货物装卸费、运河通行费、租船合同规定的其他费用等。

④船舶出租人负担船舶营运的固定费用,包括船舶资本的有关费用、船用物料费、润滑油费、船舶保险费、船舶维修保养费等。

⑤船舶租用以整船出租,租金按船舶的载重吨、租期以及商定的租金率计收。

⑥租约中往往订有有关交船和还船以及停租的规定。

此外,在期租情况下,租金率在租期内一般比较稳定,货载的运输不受或较少受运输市场价格波动的影响。定期租船方式下,被租船完全处于承租人的使用和控制下。所以,除因船舶不能处于适航状态外,其他情况所造成的营运风险一般均由承租人承担。

3.光船租船

(1)光船租船的概念

光船租船又称船壳租船,是指船舶出租人向承租人提供不配备船员的船舶,在约定的时间内由承租人占有、使用和营运,并向出租人支付租金的一种租船方式。

这种租船方式实质上是一种财产租赁方式,船舶出租人不具有承揽运输的责任。在租期内,船舶出租人只提供一艘空船给承租人使用,船舶的配备船员、营运管理、供应,以及一切固定或变动的营运费用都由承租人负担。船舶出租人在租期内除了收取租金外,对船舶和其经营不再承担任何责任和费用。

(2)光船租船的特点

①船舶出租人提供一艘适航空船,不负责船舶的运输。

②承租人配备全部船员,并负有指挥责任。

③承租人以承运人身份负责船舶的经营及营运调度工作,并承担在租期内的时间损失,包括船期延误、修理等。

④承租人负担除船舶的资本费用外的全部固定及变动成本。

⑤以整船出租,租金按船舶的载重吨、租期及商定的租金率计算。

⑥船舶的占有权从船舶交予承租人使用时起,转移至承租人。

(3)光船租购

近年来,航运实践中在办理光船租船时,最常见的是使用"购买选择权租赁条件"。在这种条件下,承租人在租赁合同规定的租期届满时,享有购买该船舶的选择权。附带有这种条件的光船租船合同中,通常对租期届满时的船舶价格事先确定,并规定这一船价在租期内平均分摊,与按期支付的租金一并缴纳。这是一种分期购买船舶的方法,它对于那些缺乏足够资金一次性购买船的承租人来说,是一种获得运力的机会,也是较容易地获得银行贷款的有效手段。这种光船租船方式就被称作光船租购。

4.包运租船

(1)包运租船的概念

包运租船是指船舶出租人向承租人提供一定吨位的运力,在确定的港口之间,按事先约定的时间、航次周期和每航次较为均等的运量,完成合同规定的全部货运量的租船方式。

这种租船方式是在连续单航次程租船的运营方式的基础上发展而来的,与连续单航次程租船相比,一方面包运租船不要求一艘固定的船舶完成运输,船舶出租人在指定船舶上享有较大的自由;另一方面包运租船并不要求船舶一个接着一个航次完成运输,而是规定一个较长的时间,只要满足包运租船合同对于航次的要求,在这段时间内,船舶出租人可以灵活地安排运输,对于两个航次之间的时间,船舶出租人完全有权自由地安排一些额外的运输。

对船舶出租人而言,包运租船时货运量大,较长时间内有较充足的货源,基本保障了稳定的运费收益;而且包运租船中,船舶出租人可根据自有的船舶运力灵活地安排船舶;在保证按合同规定完成货物运输的前提下,船舶出租人通过对船舶的适当调度,可利用航次间的多余时间装运其他货物,提高运力利用率,从而获得更大的经营效益。

对承租人而言,包运租船可以保证在较长时间内满足货物的运输需求,而且在较大程度上摆脱租船市场行情变动所带来的影响,确保运力将货物运往最终市场,从而保障生产或销售活动的正常进行。

(2)包运租船的特点

①包运租船合同中一般不确定某一船舶,仅规定租用船舶的船级、船龄及其技术规范等。

②租期的长短取决于运输货物的总运量及船舶的航次周期所需的时间。

③货物主要是运量较大的干散货或液体散装货物。承租人通常是货物贸易量较大的工矿企业、贸易机构、生产加工集团或大型国际石油公司。

④航次中所产生的航行时间延误风险由船舶出租人承担,而对于船舶在港点装卸货物期间所产生的延误,与航次租船相同,一般是通过合同中的滞期条款来处理,通常是由承租人承担船舶在港的时间损失。

⑤运费按船舶实际装运货物的数量及约定的运费费率计收,通常采用航次结算。

⑥装卸费用的负担责任划分一般与航次租船方式相同。

5.航次期租船

目前,国际航运实践中还经常使用一种介于航次租船和定期租船之间的租船方式,即"航次期租",又称为日租船。

航次期租是指由船舶出租人向承租人提供船舶,在指定的港口之间,以完成航次运输为目的,按实际租用天数和约定的日租金率计算租金的租船运输经营方式。

航次期租的特点是没有明确的租期期限,而只确定了特定的航次。

航次期租结合了期租和航次租船的特点,从而形成其独具特色的租船方式。对于承租人来说既可以避免期租过程中的风险,诸如缺少长期、固定的货源等;又可以保护商业机密,由于装卸港代理均由租船人指派,故船东基本上无法了解货物的详细情况,而且在船舶装载能力许可的条件下,可以尽可能地多装货,以获取更大的利润。对于船东来说,采用这种租船方式,最大的益处是减少风险,这主要是指船舶港口作业及等泊等时间风险,所有这些风险都由租船人承担。

由于航次期租是建立在定期租船和航次租船基础上的一种边缘型的租船方式,对于航次期租的处理方法,在法律上往往是依据该航次租期的长短,租期较长的认定为具有较多的定期租船的性质,而按照定期租船的办法予以处理;租期较短的往往被认为更多的具有航次租船的性质,尽管船舶出租人收取的不是运费,而是租金,也往往会考虑航次租船的一些要求。当然,总体而言,应该说,这种租船方式仍是以期租作为基础,融合了航次租船的性质,费用和风险则按期租方式处理。

上述五种租船方式的区别主要体现在船舶出租人和承租人对船舶的支配权、占有权的不同,从船舶出租人对船舶的支配、占有程度的强弱来看,五种租船方式的排序为包运租船、航次租船、航次期租、定期租船、光船租船。

承租人在以上述五种租船方式的任何一种方式租用船舶后,除租船合同明确规定不允许承租人转租船舶于第三者外,承租人有权将租用船舶再次转租。在存在转租的情况下,出租人和承租人都必须按照他们之间所签订的合同履行义务。

案例 6-3

CIF 到岸价格下的海运欺诈分析

CIF 是 Cost Insurance and Freight 的缩写,同 FOB 一样,是国际贸易中最常用的价格术语。

国际商会(ICC)在其第 460 号出版物,即 INCOTERMS 1990 中曾规定:卖方必须负责租船、订舱,在货物装船后取得 Clean B/L;订立货物保险合同,支付保费,取得保险凭证;自负费用和风险,办理货物的出口清关手续。从表面上看,CIF 的买方除了付款赎单外,就是在目的港坐等提货。但仔细分析一下,不难发现其中的奥妙。INCOTERMS 1990 中,卖方只需按通常条件订立运输合同,而"通常条件"是一个事实问题。对卖方而言,"通常条件"即是低廉的运费。因此,他可以不顾船东的信誉、船舶的状况,只要货物能装上船就万事大吉。卖方只需按保险条款中最低责任的保险险别投保,如 PICC(中国人民财产保险股份有限公司)货物保险中的平安险(FPA)。至于加保战争险、罢工险等,买方须通知卖方,并自负费用。老实说,像 CIF 这种凭几张纸打交道,而不注重同信誉良好的卖方交易,是什么事都有可能发生的。许多国际骗子利用买方的松懈,钻 CIF 这种贸易方式的空子,到处招摇撞骗。

文件诈骗

1990 年,孟加拉遭受水灾,该国通过港商与中国粮油进出口公司上海公司签订了一份 8 000 吨大米的买卖合同,CIF 价约为 170 万美元。信用证开出后,港商将全套制作精美的单证在日本一家银行顺利结汇,提单由巴西一家班轮公司签发,承运船名为"罗里达"号。然而,"罗里达"号却一直未往孟加拉卸货。后经调查发现,其实在签单日该船尚在欧洲营运。结果,孟加拉政府自认倒霉——付出 170 万美元加上一大笔律师费。

有人要问,银行在结汇时不是要审单吗?国际商会 UCP400 规定,银行审查文件时,只要文件表面相符,就须放款。换言之,对文件诈骗,银行不承担任何责任。在英国,银行即便明知文件是虚假的,也无权拒付。该规定源自 1983 年的"United City Merchants V. Royal Bank of Canada"。当时,在该案中,当受益人到银行结汇时,银行发现实际装运期较信用证规定的装运期晚,因而拒付。但第二天,同样单证议付时却发现提单日期已符合 L/C 的装运期,银行以文件诈骗为由,确认拒付,双方随即对簿公堂。贵族院认为上述情况有两种可能:(1)打字时,将日期错打;(2)船长签错。贵族院最后判定,除非银行能证明受骗人参与欺诈,否则银行无权拒付。此判例对打击欺诈极为不利。然而,从另一角度看,贵族院也没有错。但凡金融中心的形成,均与银行资信息息相关,如果银行动辄拒付,是不利于金融稳定的。

船东欺诈

卖方将货物装上船后,货物的风险自越过船舷开始就转移给买方。如果船东是见利忘义之徒,买方很可能面临第二种欺诈——船东欺诈。有时,CIF 买方会突然收到船东的指示,要求买方支付一笔款以供加燃油之用,否则,要将船开到中东将货贱卖。碰到这种情况,买方左右为难,如果给,怕是个无底洞;如果不给,又怕船东恼羞成怒,真将货卖掉而血本无归。更有甚者,一些船东在港装完货后,就销声匿迹。据 ICC 统计,最高峰时,一个月中有 4 船货在黎巴嫩失踪。载货船大都是旧船,货被卖掉后,船或被拆掉,或被改名。现在,船公司大多是单船公司,破产是没有任何后顾之忧的。

防患于未然

国际刑警对种种诈骗束手无策。为防患于未然,笔者认为,在国际贸易颇为萧条的今天,对于此类诈骗只能未雨绸缪,防患于未然。

首先,做买卖前,着力调查卖方的资信。否则,合同一订立,买方基本是领了死签。

其次,如果未能同一流资信的卖方做交易,买方就要想方设法控制船舶。而在 CIF 下,买方就船舶的国籍、船龄、船舶状况等无选择权。换言之,买方争取 FOB 对防止诈骗极为有利。因为,结汇单证最重要的是提单。FOB 下,买方可随时与船东联系,了解船舶动态,可赶在骗子结汇前,申请禁止令(Injunction)禁止骗子去结汇或禁止银行付款;再者,买方在租船时,也很容易了解船东的资信,可有效地防止船东的欺诈。

再次,在采用 CIF 价格订立合同时,买方可以以保证货物的到达或规定船舶开航后的一段时间为结汇的条件,但该合同已不再属于真正意义上的 CIF 合同。

作为一名业务人员,只懂外贸或仅通航运,有可能会挂一漏万,真正高水平的业务人员,总能利用各种贸易术语的长处,尽力避免种种漏洞,CIF 和 FOB 的选择就是最好的证明。要想在国际贸易这一难度高、风险大的行业中立于不败之地,要重视对信息情报的收集。

资料来源:如何应对 CIF 贸易术语下的欺诈行为?,http://www.tradelawchina.com/fanzhapian/HTML/1093.html。

本章习题

1. 问题与讨论

(1)国际著名的海事组织有哪些?各自的宗旨是什么?

(2)国际海运船舶的营运方式有几种?

(3)简述班轮运输的概念、分类和特点。

(4)简述租船运输的概念和基本特点。

(5)世界海运主要集装箱航线有哪几条?

(6)海运货物是如何分类的?

(7)简述货物积载因数的概念和作用。

(8)简述 ISO 对集装箱的定义。集装箱的交接方式有哪几种?

(9)集装箱租赁方式有几种?各有哪些优缺点?

(10)班轮运输的关系人有哪些?

(11)什么是海运提单?如何理解海运提单是物权凭证?

2. 单项选择题

(1)出口人完成装运后,凭以向船公司换取已装船提单的单据是(　　)。

A.订舱单　　　　　　B.大副收据　　　　C.货运收据　　　　D.装船清单

(2)在国际海上货物运输中,若按照货物重量或体积或价值三者中较高的一种计收海运运费,航船公司运价表内以(　　)表示。

A."W/M"　　　　　　　　　　　B."W/M plus Ad. Val."

C."W/M or Ad. Val."　　　　　　D."Ad. Val."

(3)目前在国际航运租船市场中,通常都采用比较有影响的标准租船合同格式。统一杂货租船合同(Uniform General Charter),简称"金康(GENCON)合同"属于(　　)。

A.航次租船合同　　B.定期租船合同　　C.光船租船合同　　D.航次期租合同

(4)航次租船合同中的"解约日"通常是指(　　)。

A.出租人有权解除合同的日期　　　　B.承租人有权解除合同的日期

C.出租人实际解除合同的日期　　　　D.承租人实际解除合同的日期

(5)海运提单签发日期应该是(　　)。

A.开始装货日期　　　　　　　　B.装货完毕的日期

C.大副收据签发的日期　　　　　　D.船舶起航日期

(6)在国际海上货物运输中使用指示提单,且提单中收货人记载为"TO ORDER"的情况下,当该提单背书转让时,应当由(　　)首先背书。

A.承运人　　　　　B.托运人　　　　C.收货人　　　　D.通知人

3.多项选择题

(1)期租船的特点主要有(　　)。

A.船东负责配备船员并负担其伙食

B.承租人有对包括船长在内船员的指挥权

C.承租人负责船舶调度和船舶的营运费用

D.租金按船舶的载重吨计算,每吨若干元由双方商定

E.船东负责配备船员并负担其工资

(2)《维斯比规则》和《海牙规则》对海运承运人规定的两大基本义务是(　　)。

A.开航和管货义务　　B.适航和管船义务　　C.适航和管货义务　　D.管船和管货义务

E.开航和试航义务

(3)在航次租船合同下,下列(　　)费用由船舶出租人承担。

A.船员工资　　　　B.港口使费　　　　C.船舶燃料费　　　　D.船舶物料

E.船员伙食费

(4)下列(　　)条款通常会出现在航次租船订租确认书中。

A.运费支付和运费率　　　　　　B.租金支付和租金率

C.装卸时间　　　　　　　　　D.交船/还船地点

E.装卸费用

(5)在国际海上集装箱货物运输中,场站收据的作用包括(　　)。

A.是出口货物报关的凭证之一

B.是承运人已收到托运货物并开始对其负责的证明

C. 是换取海运提单或联运提单的凭证

D. 是船公司、港口组织装卸的凭证

E. 是船公司、港口组织理货和配载的凭证

案例分析

2004 年 8 月 25 日,日本 THP 公司作为买方与香港罗氏有限公司作为卖方签订了两份热轧钢卷买卖合同,价格条件均为成本加运费至日本某港。上述买卖合同项下的货物在上海港装上被告所属的"通盛"轮后,承运人向托运人签发了两套正本清洁提单。2004 年 9 月 25 日,承运船舶抵达日本 FUNABASHI 港开始卸货,卸货时 THP 公司发现上述两套提单项下的热轧钢卷存在严重变形、锈蚀、刮擦等损坏现象,遂于 2004 年 10 月 1 日就两套提单项下的货损向承运人提交了索赔通知,并委托检验人日本海事鉴定协会对货物进行了检验,检验报告认为,钢卷的破裂、压缩系由于航程中未得到充分绑扎的货物的积载倒塌和位移所造成的,而海水损坏是由于航程中海水从不充分密闭的舱口盖进入货舱,加上由于船员的疏忽而导致的 9 月 27 日雨水进入货舱所造成的。货损发生后,原告日本 AIU 保险公司作为该批货物的保险人受理了作为被保险人的 THP 公司的保险索赔,2004 年 12 月 29 日通过三井住友银行向 THP 公司支付了 113 490 654 日元的赔款,并取得了 THP 公司签署的解除责任及权益转让书。据罗氏公司出具的商业发票及保单的记载,该批货物的日本卸货港到岸价值为 267 826 471 日元,该批货物的货损金额为 86 707 125 日元。因此原告请求法院判令被告赔偿上述货物损失 86 707 125 日元及利息,以及货损检验费用 656 100 日元。

但被告承运人辩称:原告未能举证证明货物是在被告承担的责任期间发生了变形、锈蚀、刮擦的客观事实,也未能证明这些变形、锈蚀、刮擦导致货物的用途和功能发生变化并导致贬值;本航次货物包装、绑扎均由托运人负责,航次途中货物在舱内倒塌属于托运人过失造成的,被告对此可能造成的损失不承担责任;收货人在卸货港处理货物时,并没有通知承运人,收货人处理货物的方法、结果的客观性均存在疑问。

辽宁省高级人民法院认为,虽然原告提供了日本海事检验协会的报告以证明货物损坏的原因及实际损失,但其当时仅是对货损的原因进行检验,并未对货物的残损程度进行及时鉴定;而对货物残损的检验在货物卸离船一个月以后进行,因此该检验报告检验的时间超出了承运人的责任期间,也不能反映承运人责任期间货物的实际状况。另外,大部分货物的开卷检查均非检验人进行而是由检验申请人自己进行;且检验人进行的所有钢卷开卷检查报告均未对货物的锈蚀面积、锈蚀程度、钢板的材料厚度的变化及力学性能的变化有任何描述,而仅是依据申请人对货物的出售所得收入作为货物残值来计算货物的残损,既未考虑市场因素对货物出售价格的影响,也未考虑切割费、搬运费等费用与货损的联系,该报告对货物残损鉴定的结论既无事实依据亦无法律依据,因此,法院不予认定。

案件分析:

本案件就是一个典型的由于承运人管货不当而导致的代位索赔纠纷案。在本案中,

承运人在装运港接受了货物并签发了清洁提单,则有义务妥善、谨慎地装载、搬移、积载、运输、保管、照料和卸载所运货物,在目的港向收货人交付与提单记载相符的完好货物,并对在其责任期间非法定免责事由发生的货物严重变形、锈蚀、刮擦等的损坏应承担赔偿责任。而原告依据保险合同赔付了被保险人,并取得被保险人出具解除责任及权益转让书,即取得了代位求偿权,原告有权向承运人因其管货不当而造成的货损进行索赔。

然而,由于海运运输路途远、时间长、货物属性限制等不确定因素的存在,因此很多时候很难辨清货损是否是由于承运人管货不当产生的,因此就导致本代位求偿案中纠纷的产生。而纠纷焦点主要体现在以下几个方面:

首先,检验鉴定的效力问题。在本案中,虽然 THP 公司在卸货时发现热轧钢卷存在严重变形、锈蚀、刮擦等损坏现象,于是进行了一定的检验鉴定,但是日本海事检验协会出具的报告只是一份调查检验报告,而未对货物受损造成的损失进行评估、定损。正确的方法应该是根据开卷的情况来判断多少面积的钢板可以作为原来的用途,多少无法作为原来用途需要进行加工处理,或改做其他用途以及相应的贬值率,但是该报告均未提及,而仅是根据申请人提供的销售价格来确定货物的残值和计算折损率,并认为该价格就是公正的、合理的,这与进出口商品鉴定的常理相悖。

其次,货物性质对鉴定的影响。作为原料产品的热轧钢卷一般都不需要包装而仅仅是简单的捆扎,通常暴露在空气中,和雨水淋湿造成的锈蚀对产品本身没有什么影响,只有长时间受海水作用所造成的锈蚀才会对卷钢造成酸洗次数增加、材料厚度减小等损失,日本海事检验协会的报告并没有对由于锈蚀对钢板厚度影响的描述;而根据当时国内及日本钢铁市场的数据分析,当时日本钢铁市场的大环境已经出现了供不应求,本案中受水湿造成的损失率已经被钢材上涨的市场因素相抵消,如果日本货主放弃这批货物,完全可以通知承运人,甚至将货物运回中国处理,用最合理的价格和方式将损失降低。

最后,检验程序的有效性问题。在本案中,原告对货物残损的检验系在货物卸离船一个月以后进行,且大部分货物的开卷检查均非检验人进行而是由检验申请人自己进行,因此该检验报告检验的时间超出了承运人的责任期间,也不能反映承运人责任期间货物的实际状况。

据此,法院认为日本海事检验协会出具的检验鉴定报告对货物残损鉴定结论既无事实依据亦无法律依据,从而不予认定,驳回原告的诉讼请求。

资料来源:李媛媛.海运保险中由承运人管货不当引起的代位求偿案例分析[J].流通经济,2011:137-138.

阅读上述案例,回答下列问题:

(1)从此案例中,你得到了哪些启示?

(2)海运保险中,承运人管货应注意哪些问题?

第 **7** 章

国际货物空运及代理实务

📋 **本章学习目的**

- 了解国际航空货物运输的特点
- 掌握国际航空货物代理业务流程
- 掌握航空运价与运费的计算
- 掌握如何填制航空货运单

　　国际航空货物运输是指以航空器作为运输工具,根据当事人订立的航空运输合同,无论运输有无间断或者有无转运,运输的出发地点、目的地点或者约定的经停地点之一不在本国境内,而将运送货物至目的地并收取报酬或提供免费服务的运输方式的统称。航空货运代理公司作为货主和航空公司之间的纽带和桥梁,可以是货主的代理,代替货主向航空公司办理托运或提取货物的手续;也可以是航空公司的代理,代替航空公司接收货物,出具航空公司的主运单和自己的分运单。本章主要介绍航空货运代理的有关知识。

7.1 国际航空货物运输概述

7.1.1 国际航空货运的特点

1.运送速度快

　　从航空业诞生之日起,航空运输就以快速而著称。到目前为止,飞机仍然是最快捷的交通工具,常见的喷气式飞机的经济巡航速度大都在每小时 850～900 千米左右。快捷的交通工具大大缩短了货物的在途时间,对于那些易腐烂、变质的鲜活商品,时效性、季节性强的报刊、节令性商品,抢险、救急品的运输,这一特点显得尤为突出。可以这样说,快速加上全球密集的航空运输网络才有可能使从前可望而不可即的鲜活商品开辟远距离市场,使消费者享有更多的利益。

运送速度快,在途时间短,也使货物在途风险降低,因此许多贵重物品、精密仪器也往往采用航空运输的形式。当今国际市场竞争激烈,航空运输所提供的快速服务也使得供货商可以对国外市场瞬息万变的行情即刻作出反应,迅速推出适销产品占领市场,获得较好的经济效益。

2. 不受地面条件影响,深入内陆地区

航空运输利用天空这一自然通道,不受地理条件的限制。对于地面条件恶劣、交通不便的内陆地区非常合适,有利于当地资源的出口,促进当地经济的发展。

航空运输使本地与世界相连,对外的辐射面广,而且航空运输相比公路运输与铁路运输,占用土地少,对寸土寸金、地域狭小的地区发展对外交通无疑是十分适合的。

3. 安全、准确

与其他运输方式相比,航空运输的安全性较高,1997 年,世界各航空公司共执行航班 1 800 万架次,仅发生严重事故 11 起,风险率约为三百万分之一。航空公司的运输管理制度也比较完善,货物的破损率较低,如果采用空运集装箱的方式运送货物,则更为安全。

4. 节约包装、保险、利息等费用

由于采用航空运输方式,货物在途时间短、周转速度快,企业存货可以相应地减少,一方面有利于资金的回收、减少利息支出,另一方面企业仓储费用也可以降低;又由于航空货物运输安全、准确,货损、货差少,保险费用较低;与其他运输方式相比,航空运输的包装简单,包装成本减少。这些都构成企业隐性成本的下降,收益的增加。

当然,航空运输也有自己的局限性,主要表现在航空货运的运输费用较其他运输方式更高,不适合低价值货物;航空运载工具——飞机的舱容有限,对大件货物或大批量货物的运输有一定的限制;飞机飞行安全容易受恶劣气候影响等等。但总的来讲,随着新兴技术得到更为广泛的应用,产品更趋向薄、轻、短、小、高价值,管理者更重视运输的及时性、可靠性,相信航空货运将会有更大的发展前景。

7.1.2 国际航空货运组织

1. 国际民用航空组织(International Civil Aviation Organization, ICAO)

1944 年 11 月 1 日至 12 月 7 日,52 个国家在美国芝加哥举行国际民用航空会议,签订了《国际民用航空公约》,并决定成立过渡性的临时国际民用航空组织。1947 年 4 月 4 日"芝加哥公约"生效。国际民用航空组织正式成立,5 月 13 日成为联合国的一个专门机构,简称国际民用航空组织。

国际民用航空组织是负责国际航空运输的技术、航行及法规方面的机构,其宗旨和目的是发展国际航行的原则和技术,促进国际航空运输的规划和发展,其具体任务有:

(1)确保全世界民航事业安全和有秩序地发展;

(2)满足全世界人民从航空事业中获得安全与经济的效用;

(3)鼓励各国为发展国际民航事业的航路、航站及助航设备而努力;

(4)鼓励用于和平用途的航空器的设计和操作技术的发展；

(5)确保各缔约国权利获得完全的尊重,并在国际民航方面获得平等的机会；

(6)避免各缔约国间的差别对待；

(7)促进国际民用航空器的飞行安全；

(8)促进各国和平交换空中通过权；

(9)促进各国民航事业的全面发展。

2. 国际航空运输协会(International Air Transport Association,IATA)

国际航空运输协会(简称国际航协)是一个由世界各国航空公司所组成的大型国际组织,总部设在加拿大的蒙特利尔,执行机构设在日内瓦。和监管航空安全和航行规则的国际民航组织相比,它更像是一个由承运人(航空公司)组成的国际协调组织,管理在民航运输中出现的诸如票价、危险品运输等问题。

国际航空运输协会的宗旨是"为了世界人民的利益,促进安全、正常和经济的航空运输,扶植航空交通,并研究与此有关的问题";"为直接或间接从事国际航空运输工作的各空运企业提供合作的途径";"与国际民航组织及其他国际组织协力合作"。

协会的基本职能包括:国际航空运输规则的统一、业务代理、空运企业间的财务结算、技术上合作、参与机场活动、协调国际航空客货运价、进行航空法律工作、帮助发展中国家航空公司培训高级和专门人员。

3. 国际航空电讯协会(Society International de Telecommunication Aeronautiques,SITA)

SITA 是一个专门承担国际航空公司通信和信息服务的合资性组织,1949 年 12 月 23 日由 11 家欧洲航空公司的代表在比利时的布鲁塞尔创立。

SITA 经营着世界上最大的专用电信网络,由 400 多条中高速线路相互连接 210 个通信中心组成。各航空公司的用户终端系统通过各种不同形式的集中器连接至 SITA 的网状干线网络。SITA 的网络由四个主要的系统构成,即:数据交换和接口系统、用户接口系统、网络控制系统和取贮转发报系统。

此外,SITA 还建立并运行着两个数据处理中心。一个位于美国的亚特兰大的旅客信息处理中心,主要提供自动订座、离港控制、行李查询、航空运价和旅游信息;另一个设在伦敦的数据处理中心,主要提供货运、飞行计划处理和行政事务处理业务。

7.1.3 国际航空货运业务分类

1. 班机运输

班机运输(Scheduled Airline)指具有固定开航时间、航线和停靠航站的飞机。通常为客货混合型飞机,货舱容量较小、运价较贵,但由于航期固定,有利于客户安排鲜活商品或急需商品的运送。

由于班机运输有固定的航线、挂靠港和固定的航期,并在一定时间内有相对固定的收费标准,对进出口商来讲可以在贸易合同签署之前预期货物的起运和到达时间,核算运费成本,合同的履行也较有保障,因此成为多数贸易商的首选航空货运形式。特别是货运业竞争加剧,航空公司为体现航空货运的快速、准确的特点,不断加强航班的准班率(航班按时到达的比率),强调快捷的地面服务,在吸引传统的鲜活、易腐货物、贵重货物、急需货物的基础上,又提出为企业特别是跨国企业提供后勤服务的观点,正努力成为跨国公司分拨产品、半成品的得力助手。

但另一方面,不同季节同一航线客运量的变化也会直接影响货物装载的数量,使得班机运输在货物运输方面存在很大的局限性。

总的来说,班机运输具有如下特点:

(1)班机由于固定航线、固定停靠港和定期开飞航,因此国际间货物流通多使用班机运输方式,能安全迅速地到达世界上各通航地点。

(2)便利收、发货人可确切掌握货物起运和到达的时间,这对市场上急需的商品、鲜活易腐货物以及贵重商品的运送是非常有利的。

(3)班机运输一般是客货混载,因此,舱位有限,不能使大批量的货物及时出运,往往需要分期分批运输。这是班机运输的不足之处。

2.包机运输

包机运输是指航空公司按照约定的条件和费率,将整架飞机租给一个或若干个包机人(包机人指发货人或航空货运代理公司),从一个或几个航空站装运货物至指定目的地。包机运输适合于大宗货物运输,费率低于班机,但运送时间则比班机要长些。

包机运输方式可分为整包机和部分包机两类。

(1)整包机

整包机即包租整架飞机,指航空公司按照与租机人事先约定的条件及费用,将整架飞机租给包机人,从一个或几个航空港装运货物至目的地。

包机人一般要在货物装运前一个月与航空公司联系,以便航空公司安排运载和向起降机场及有关政府部门申请、办理过境或入境的有关手续。

包机的费用一次一议,随国际市场供求情况变化。原则上包机运费是按每飞行千米固定费率核收费用,并按每飞行千米费用的80%收取空放费。因此,大批量货物使用包机时,尽量争取来回程都有货载,这样费用比较低。若只使用单程,运费则比较高。

(2)部分包机

部分包机,指由几家航空货运公司或发货人联合包租一架飞机或者由航空公司把一架飞机的舱位分别卖给几家航空货运公司装载货物。部分包机用于托运不足一架整飞机舱位但货量又较重的货物。

部分包机与班机的区别:

①时间比班机长,尽管部分包机有固定时间表,但往往因其他原因不能按时起飞。

②各国政府为了保护本国航空公司利益,常对从事包机业务的外国航空公司实行各种限制。如包机的活动范围比较狭窄、降落地点受到限制,需降落到指定地点外的其他地点时,一定要向当地政府有关部门申请,经当地政府有关部门同意后才能降落(如申请入境、通过领空和降落地点等)。

总的来说,包机运输具有如下优点:

（1）解决班机舱位不足的矛盾；

（2）货物全部由包机运出，节省时间和多次发货的手续；

（3）弥补没有直达航班的不足，且不用中转；

（4）减少货损、货差或丢失的现象；

（5）在空运旺季缓解航班紧张状况；

（6）解决海鲜、活动物的运输问题。

3.集中托运

集中托运指集中托运人(Consolidator)将若干批单独发运的货物组成一整批，向航空公司办理托运，采用一份航空总运单集中发运到同一目的站，由集中托运人在目的地指定的代理收货，再根据集中托运人签发的航空分运单分拨给各实际收货人的运输方式，也是航空货物运输中最为普遍的一种运输方式，是航空货运代理的主要业务之一。与货运代理人不同，集中托运人的地位类似多式联运中的多式联运经营人。他承担的责任不仅仅是在始发地将货物交给航空公司、在目的地提取货物并转交给不同的收货人，还承担着货物的全程运输责任，而且在运输中具有双重角色。他对各个发货人负货物运输责任，地位相当于承运人；而在与航空公司的关系中，他又被视为集中托运的一整批货物的托运人。

（1）集中托运的特点

①节省运费：航空货运公司的集中托运运价一般都低于航空协会的运价。

②提供方便：将货物集中托运，可使货物到达航空公司到达地点以外的地方，延伸了航空公司的服务，方便了货主。

③提早结汇：发货人将货物交与航空货运代理后，即可取得货物分运单，可持分运单到银行尽早办理结汇。

集中托运方式已在世界范围内普遍开展，形成较完善、有效的服务系统，为促进国际贸易发展和国际科技文化交流起到了良好的作用。

（2）集中托运的具体做法

①对每一票货物分别制定航空运输分运单，即出具货运代理的运单(House Airway Bill, HAWB)。

②将所有货物区分方向，将目的地相同的同一国家、同一城市进行集中，制定出航空公司的总运单(Master Airway Bill, MAWB)。总运单的发货人和收货人均为航空货运代理公司。

③打出该总运单项下的货运清单(Manifest)，即此总运单有几个分运单，号码各是什么，其中件数、重量各多少等等。

④把该总运单和货运清单作为一整票货物交给航空公司。一个总运单可视货物具体情况随附分运单(也可以是一个分运单，也可以是多个分运单)。如：一个 MAWB 内有 10 个 HAWB，说明此总运单内有 10 票货，发给 10 个不同的收货人。

⑤货物到达目的地站机场后，当地的货运代理公司作为总运单的收货人负责接货、分拨，按不同的分运单制定各自的报关单据并代为报关、为实际收货人办理有关接货送货

事宜。

⑥实际收货人在分运单上签收以后,目的站货运代理公司以此向发货的货运代理公司反馈到货信息。

(3)集中托运的限制

①集中托运只适合办理普通货物,对于等级运价的货物,如贵重物品、危险品、活动物以及文物等,不能办理集中托运。

②目的地相同或临近的可以办理,如某一国家或地区,其他则不宜办理。例如:不能把去日本的货发到欧洲。

7.1.4 民用航空运输飞机与集装设备

1. 民用航空运输飞机

(1)民用航空运输飞机的分类

①按机身的宽窄分类

窄体飞机:窄体飞机的机身宽约 3 米,旅客座位之间有一个走廊,这类飞机往往只在其下货舱装运散货。常见的窄体飞机有 A318、A319、A320、A321、B707、B717、B727、B737、B757、F100、DC—8、DC—9、MD90、AN—72/74 等。

宽体飞机:宽体飞机的机身较宽,客舱内有两条走廊,三排座椅,机身宽一般在4.72米以上,这类飞机可以装运集装货物和散货。常见的宽体飞机有 A300—B、A310、A330、A340、B747、B767、B777、IL—86、IL—96、L1011、DC—10、MD—11、AN—124 等。

一般飞机主要分为两种舱位:主舱、下舱,但波音 747 分为三种舱位:上舱、主舱、下舱。

②按飞机使用用途分类

民用航空运输飞机按使用用途不同可以分为全货机、全客机和客货混用机。

全货机:主舱及下舱全部载货。

全客机:只在下舱载货。

客货混用机:在主舱前部设有旅客座椅,后部可装载货物,下舱内也可以装载货物。

(2)民用航空运输飞机的装载限制

①重量限制

飞机制造商规定了每一货舱可装载货物的最大重量限额。

②容积限制

由于货舱内可利用的空间有限,因此,这也成为运输货物的限制条件之一。

③舱门限制

由于货物只能通过舱门装入货舱内,货物的尺寸必然会受到舱门的限制。

④地板承受力

飞机货舱内每一平方米的地板可承受一定的重量,如果超过它的承受能力,地板和飞机结构很有可能遭到破坏。

在实际操作中,可以按照公式:

$$地板承受力=\frac{货物的重量}{地板接触面积}$$

计算出地板承受货物的实际压强,如果超过飞机的地板承受力最大限额,应使用2～5厘米厚的垫板,加大底面面积,可以按照公式:

$$垫板面积=\frac{货物的重量}{地板承受力限额}$$

2.航空货物运输中的集装设备

利用集装器运输可以提高装卸效率、提升运输质量、节省包装费用,更是开展多式联运的必然要求。

(1)空运集装器设备分类

①按集装器是否注册,可以分为注册的飞机集装器和非注册的飞机集装器。

注册的飞机集装器是国家有关部门授权生产的,可以看作飞机的一部分,适宜于飞机结构和飞行安全。而未经注册的飞机集装器,仅适用于某些特定机型的特定货舱,一般不允许装入飞机主货舱,使用时应特别小心。

②按种类,集装器可划分为集装板和网套、结构与非结构集装棚、集装箱。

集装板是带有中间夹层的硬铝合金制成的平板,具有标准尺寸,四边带有卡锁,通过专门的网套来固定货物。

除了板和网外,为保护飞机内壁、充分利用空间,还可在货物和网套之间增加一个非结构的轻金属棚罩,这就构成了非结构的集装棚。结构的集装棚具有固定在底板上的外壳,不需网套固定。

集装箱类似于结构集装棚,按照使用范围,又可分为空陆联运集装箱、主货舱集装箱、下货舱集装箱,以及一些特殊用途的集装箱(保温集装箱等),应根据货物性质和机型合理选用。

(2)集装设备识别代码

在集装器的面板和四周均印有集装器的识别代码,一个集装器对应一个代号。集装器代码由 5 个部分组成。第一位字母表明集装器的类型,如 A 代表注册的飞机集装器,P 代表注册的飞机集装板;第二位字母表示集装器的底板尺寸,如 K 表示底板尺寸为153 厘米×156 厘米;第三位字母表示集装器的外形或适配型,如 E 表示适用于 B747、A310、DC10、L1011 下货舱无叉眼装置的半型集装箱;4～8 位的数据是集装器的序号;最后两位是集装器所属航空公司的 IATA 两个代码,如 CZ 代表中国南方航空公司。

7.1.5 国际航空货运代理业务流程

航空货物运输代理的业务流程对于货运代理从业人员非常重要,只有熟悉整套流程,才能监控货物运输的全过程,对突发事件进行有效处理,确保货物安全、及时送达收货人,从而更好地为客户服务。

国际航空货运代理的业务流程主要包括两个部分:出口业务流程和进口业务流程。出口流程的起点是接受客户委托,从发货人手中接货,终点是货交航空公司或代航空公司在机场进行地面操作业务的机场货运站;进口流程的起点是从航空公司或机场货运站接货,终点是货交给收货人。

1.出口运输代理业务流程

航空货物出口运输代理业务流程,是指航空货运代理公司在从托运人手中接货,直接把货交给航空公司或机场货站这一过程中,对物流、信息流、单证流和资金流的控制和管理,所需通过的环节、办理的手续以及必备的单证准备。空运出口运输代理业务主要包括以下环节:市场营销→委托运输→审核单证→预配仓→预定仓→接单接货→配舱→订舱→制单→报关报检→出仓单→提板箱与装货→签单→交接发运→航班跟踪→信息传递→费用结算。

(1)市场营销

市场营销在整个出口运输代理业务流程中处于核心地位,销售业绩的好坏直接影响货运代理的生存与发展。货运代理市场竞争的日益加剧,使得对营销员的素质要求越来越高。营销员不仅要对本公司的业务流程非常熟悉,而且知识面要广、信息交流要及时,在变化多端的市场面前,要能迅速地把握时机、抢占先机。销售时,需及时向出口单位介绍本公司的代理业务范围、服务项目、各项收费指标,特别是优惠运价、服务优势等。

在货运代理公司与出口单位就出口运输代理事宜达成协议后,一般需向发货人提供"国际货物委托书"。对于长期出口或出口货运量大的单位,货运代理公司一般都与之签订有长期的代理协议。

(2)委托运输

发货人发货前,首先需要填写委托书,即货物委托书,并加盖公章,作为货主委托代理公司承办航空货物运输的依据。

委托书(Shipper's Letter of Instruction,SLI)是托运人用于委托承运人或其代理人填开货运单的一种表单,其上面列有填开货运单所需的各项内容,托运人必须逐项认真填写。

(3)审核单证

代理人首先对委托人填写的托运书进行审核,包括目的港名称或目的港所在城市名称,运费支付方式,货物毛重,收发货人姓名、地址、电话/传真等。托运人签字处一定要有托运人签字或盖章。

审核的单证还应包括报关报检所需的各项单证,如发票、装箱单、报关单、外汇核销单、商检证、进料/来料加工核销本等。审核主要是清点单证是否齐全,检查其填写是否规范、正确。

(4)预配舱

货运代理人对所接受的货物进行汇总,依据各个客户报来的预报数据,计算出各航线的总件数、总量、体积,按照客户的出运要求和货物情况,以及不同机型对板箱的重量和高度要求,制订预配舱方案,同时为每票货配上运单号。

(5)预定舱

代理人根据预配舱方案,按航班号、日期打印出总运单号、件数、重量、体积,向航空公司预定舱。之所以称预配舱、预定舱,是因为此时货物可能还没有进仓库,客户的预报数据和实际数据会有所差别,需要再作调整。

(6)接单接货

接单是指代理人在订妥舱位后,从收货人手中接受已经审核确认的货物出口所必需的一切单证。

接货是指代理人与货主进行空运出口货物的交接,并将货物运送到自己海关监管仓库。

接货一般与接单一起进行。接货时应根据发票和装箱单清点货物,核对货物的数量、品名、合同号或唛头等是否与货运单上的一致,检查货物外包装是否符合运输要求、有无残损等。

(7)货物包装的一般要求

①不得用带有碎屑、草末等的材料做包装,如草袋、草绳、粗麻包等。包装的内衬物,如锯末、纸屑等不得外漏。

②外部不能有突出的棱角,也不能有钉、钩、刺等。包装外部需整洁、干燥,没有异味和油迹。

③托运人应在每件货物的包装上写明收货人与托运人的姓名和地址。包装表面不能书写时,可写在纸板、木牌或布条上,再拴挂在货物上。填写时字迹必须清楚、明晰。

④包装材料要良好,不得用腐朽、虫蛀、锈蚀的材料。无论是木箱还是其他容器,必要时可有塑料、铁箍加固。

⑤收运有限定条件的货物,如活动物、鲜活易腐物品、危险品等特种货物,其包装应符合该货物特定的运输要求和承运人有关规定。

⑥接货后,应检查货物是否贴有标记,同时给每件货物贴上标签。

A.标记。在货物外包装上由托运人书写的有关事项和记号,包括托运人、收货人姓名、地址、联系电话、传真,合同号,操作注意事项等。

B.标签。根据标签的作用,可分为识别标签、特种货物标签和操作标签。识别标签标明货物的货运单号码、始发地、经停地、目的地、件数、重量等,按使用的不同,有挂签和贴签两种。特种货物标签是说明特种货物性质的各类识别标志,按照特种货物种类的不同,分为活动物标签、危险品标签、鲜活易腐物品标签。操作标签说明货物储运过程中的注意事项,如易碎品、不得倒置、防潮等。

凡是特种货物必须贴特种物品标签。运输中需特殊处理的需贴上相应的操作指示标签,以保证货物运输的安全和质量。普通货物只需贴或悬挂识别标签,对于集中托运、有分运单的货物,除贴航空公司的识别标签外,还需贴一张代理公司出具的分标签。

(8)配舱

正式配舱时,所有需出运的货物都已入库。代理人需核对货物的实际件数、重量、体积与委托书上预报数量的差异,对预配舱单进行修改,合理配载,低密度货物与高密度货物混匀装载,制作正式的配舱单。

（9）订舱

依据配舱单,对所接受的空运货物正式向航空公司提出运输申请并订妥舱位。订舱需根据发货人的要求或货物本身的特点进行。一般而言,急件货物、大宗货物、鲜活易腐货物、危险品、贵重物品等,必须订妥舱位,而且尽量预订直达航班的舱位;而对于非紧急的零散货物,可以预订转运航班的舱位,甚至不事先订妥舱位。

订妥舱位后,航空公司签发舱位确认书,同时为集装器领取凭证,已备装货。

（10）制单

制单是指填制航空货运单,包括总运单和分运单。填制航空货运单是出口业务中最重要的环节,运单填制正确与否,直接关系到货物能否及时、准确地运达目的地。运单的填写应严格符合单货一致的要求,有关货运单的详细内容和重要作用将在后面的章节中重点介绍。

（11）报关报检

报检是指根据出口商品的种类和性质,按照进出口国家或地区的有关规定,对其进行商品检验、卫生检验、动植物检验等。

出口报关是指发货人或代理人在货物发运前,向出境海关办理出口手续的过程。海关审单无误后,海关关员在总运单正本上加盖放行章,货物方可出仓发运。

（12）出仓单

正式的配舱单制定后就可着手编制出仓单。出口仓库依据出仓单制订出舱计划,安排货物出舱,与装板箱环节交接。

（13）提板箱与装货

货运代理凭航空公司出具的集装器领取凭证,向航空公司箱板管理部门申领板、箱及相应的塑料薄膜和网套。货运代理公司可以在自己的仓库、场地装板、装箱,也可在航空公司指定的场地装货。

（14）签单

航空货运单在盖好海关放行章后还需到航空公司签单,接受航空公司再次审核,只有签单确认后才允许将单、货交给航空公司。

（15）交接发运

交接发运是指货运代理人按订妥舱位的航班时间,依据航空公司的规定,向航空公司或机场货站交单交货,由航空公司安排航空运输。

交单是指将随机单据和应承运人留存的单据交给航空公司。随机单据主要包括第二联航空运单正本、分运单、发票、装箱单以及品质鉴定书等。

交货是指与航空公司办理与单据相符的货物的交接手续。航空公司审单验货后,将货物存入其出口仓库内,同时将单据交吨控部门,已备配载。

（16）航班跟踪

由于航空运输受天气等因素的影响,在单、货交接给航空公司后,货运代理还需对航班、货物进行跟踪,以备及时处理各种不正常的运输情况。尤其是对于需中转的货物,代理人在货物出运后,应主动向航空公司了解联程航班的信息,确认中转情况。

(17)信息传递

在整个出口货物的操作过程中,代理人应及时将各种信息传递给收货人,做好信息服务。向其提供订舱信息、报关信息、货物的交换信息,以及货物在运输过程中的跟踪信息。与此同时,在货物发运后,把应交发货人留存的单据(包括第三联航空运单正本、盖有海关放行章的出口货物报关单、出口收汇核销单等)交付发货人。

对于集中托运货物,还应将到货预告发给目的地代理,以便其做好接货与分拨处理准备。

(18)费用结算

出口代理完成后,货运代理公司需要与各相关方结算费用,主要涉及与发货人、承运人和国外代理人三方结算。

与发货人结算费用,即是向发货人收取航空运费、地面运输费用以及各种服务费和手续费。

与承运人结算费用,即是向承运人支付航空运费,同时收取代理佣金。

与国外代理结算费用,包括国外代理收取并退还给发货方代理的到付运费,以及发货方代理支付给国外代理的手续费及产生的其他相关费用。

2.进口运输代理业务流程

航空货物进口代理业务流程,是指货运代理公司对于空运货物从入境到提取或转运,整个流程所需通过的环节,办理相关手续以及准备相关单证的全过程。进口代理业务大致包括以下环节:代理预报→接单接货→理货与仓储→理货→到货通知→制单→进口报关→收费与发货→送货与转运。

(1)代理预报

接受国外货运代理人发来的各项预报信息,包括运单,航班号,货物件数、重量、品名、收货人等,做好所有接单接货前的准备工作。

(2)接单接货

空运货物入境时,与货物相关的单据(运单、发票、装箱单等)也随机到达,运输工具即货物处于海关监管下。航空公司的地面代理卸货后,将货物存入其海关监管仓库内,同时根据运单上的收货人及地址寄发取单、提取通知。

货运代理公司在与机场货站办理单、货交接手续时,应根据总运单即交接清单核对实际货物。若发现有单无货或有货无单的现象,应及时告知机场货站,进行查询处理,若发现货物短缺、破损或其他异常情况,应向机场货站索要商务事故记录,作为与实际收货人处理索赔事宜的依据。

(3)理货与仓储

货运代理公司与机场货站办理完按照重货、轻货、单票货、混载货、危险品、贵重品、鲜活易腐品等分门别类,分别堆存、进仓。同时登记每票货的存储区号,输入电脑。

(4)理货

按照集中托运货物和单票直单货物、不同收发代理、不同的实际收货人、收货人所在的特殊监管区域、运费预付与到付等进行单证分类。

集中托运货物需要把每票总运单下的分运单分理出来,审核与到货情况是否一致,每份分运单对应的货物分别处理。单票直单货物则无须分拨。

(5)到货通知

单据分类整理好后,代理人应尽早、尽快、妥善地给实际收货人寄发到货通知,告知其货物已到,提请货主配齐有关单证,速办报关、提货手续。

(6)制单

制单即是依据运单、发票以及证明货物合法进口的有关批准文件,填制进口货物报关单。制单一般是在收到客户的回复及确认,并获得必备的批文和证明后进行。有批文存放在货运代理处的长期合作的客户单位以及不需要批文和证明的,可直接制单。

(7)进口报关

进口报关,即是向海关申报办理货物进口手续,是进口运输代理中最关键的环节。只有在向海关申报并经海关验放后,货物才能提出海关监管仓库。进口报关一般包括初审、审单、征税、验放四个环节。

(8)收费与发货

在办完进口报关报验手续后,货主即可凭盖有海关放行章、检验检疫章的进口提货单到货物所属监管仓库付费提货。货主提货前,应先结清相关费用(到付运费、垫付费、单证费、报关费、仓储费等);对于长期合作的货主,一般都与货运代理公司签订有财务付费协议,按月或按季结账,可以先提货后付款。

(9)送货与转运

货运代理公司也可接受客户委托,在办理完相关手续后,通过送货上门或转运业务,直接把货物送达收货人手里。

办理转运业务有两种方式:一种是在办理完清关手续后转运;一种是不在进境地海关办理清关手续,而是办理转关及监管运输手续后,在另一设关地点办理进口海关手续。无论何种方式均需由最终目的地代理公司协助收回相关费用,同时应支付一定比例的代理佣金给代理公司。

7.2 航空运价、运费和货运单

7.2.1 航空运价与运费

1.运价

运价(Rate)又称费率,是指承运人对所运输的每一单位重量的货物所收取的自始发地机场到目的地机场的航空运费。

(1)货物运价的货币单位

用以公布航空货物运价的货币称运输始发地货币。货物运价一般以运输始发地的本国或本地区货币公布,有的国家或地区以美元代替其本国或本地区货币公布。

以美元公布货物运价的国家或地区视美元为当地货币。运输始发地销售的航空货运单的任何运价、运费均应为运输始发地货币,即当地货币。

(2)货物运价的有效期

销售航空货运单所使用的运价应为填制货运单之日的有效运价,即在航空货物运价有效期内适用的运价。

2.运费

航空运费(Weight Charges)是指航空公司将一票货物自始发地机场运至目的地机场所应收取的航空运输费用。该费用根据每票货物所适用的运价和货物的计费重量计算而得。每票货物是指使用同一份航空货运单的货物。

航空费用仅指运输始发地机场至目的地机场间的运输货物的航空费用,不包括机场与市区之间或同一个城市两个机场之间的承运人或代理人向托运人收取的地面运输费及其他费用。

3.其他费用

其他费用(Other Charges)是指承运人、代理人或其他部门收取的与航空货物运输有关的费用。在组织一票货物运输的全过程中,除了航空运输外,还包括地面运输、仓储、制单、国际贸易中的报关报检环节,提供这些服务的部门所收取的费用即为其他费用。

7.2.2 计费重量

计费重量(Chargeable Weight)是指用计算货物航空运费的重量。货物的计费重量或者是货物的实际毛重,或者是货物的体积重量,或者是较高重量分界点的重量。

1.实际毛重

货物的实际毛重(Actual Gross Weight)是指包括货物包装在内的货物重量。为提高精确度,在称重时可保留至千克后面两位小数。

一般情况下,对于高密度货物,应该考虑其实际毛重可能会成为计费重量。

2.体积重量

(1)定义

按照国际航协规则,将货物的体积按照一定的比例折合成的重量,称为体积重量(Volume Weight)。

由于货舱容积的限制,一般对于低密度货物(轻泡货物)考虑其体积重量可能成为计费重量。

(2)轻泡货物

轻泡货物是指每千克体积超过6 000立方厘米或366立方英寸的货物。

(3)计算方法

体积重量的折算,以每6 000立方厘米或366立方英尺合成1千克。例如,在以厘米为单位时,体积重量(kgs)=货物体积/6 000(kg)。

体积重量的计算分为以下几个步骤:

①无论货物的形状是否为规则的长方体或正方体,均丈量其最长、最宽、最高边的长度,量至厘米后一位小数(英寸后带一个分数)。

②将量得的三边四舍五入进整。

③将三边相乘得出货物体积。

④按照 IATA 规则进行折算。

⑤有计费重量的进位方法将得出的体积重量进位。

3.计费重量

一般的,采用货物实际毛重与货物的体积重量两者比较取高者;但当货物按较高重量分界点的较低运价计算的航空运费较低时,则以较高重量分界点的货物起始重量作为货物的计费重量。

国际航协规定国际货物计费重量以 0.5 千克为最小单位,重量位数不足 0.5 千克的按 0.5 千克计算;0.5 千克以上不足 1 千克的,按 1 千克计算。例如:

103.001 千克→103.5 千克

103.502 千克→104.0 千克

当使用同一份运单,收运两件或两件以上可采用同样种类运价计算运费的货物时,其计费重量规定如下:

计费重量为货物总的实际毛重与总的体积重量两者较高者。同上所述,较高重量分界点重量也可能成为货物的计量重量。

7.2.3 最低运费

最低运费(Minimum Charge)是指一票货物自始发地机场至目的地机场航空运费的最低限额。

货物按其适用的航空运价与其计费重量计算所得的航空运费,应与货物最低运费相比,取高者。

7.2.4 货物航空运价、运费的货币进整

1.货币代号

从 1990 年 1 月 1 日起,货物航空运价、运费使用 ISO 制定的货币代号。货币代号由3 个字母组成,前两位是国家或地区两字代码,第三位是货币的简称,如人民币代号为CNY,日元为 JPY。

2.货币的进整

货物航空运价即运费的货币进整,因货币的币种不同而不同。各国或地区货币的进整单位公布在《规则手册》(TACT Rules)中,进位规则分为最低运费和除最低运费以外的运费两种。

进位时,将运费计算到进整单位的下一位,然后按半数进位法进位,达到进位单位一半则入,否则舍去。以人民币的进位规定为例:最低运费进位单位为"5",除此之外的运价即航空运费的进位单位均为"0.01"。

采用进整单位的规定,主要用于填制航空货运单。销售航空货运单时,所使用的运输始发地货币,按照进整单位的规定计算航空运价与运费。

7.2.5 航空运价分类

1.运价分类

(1)按制定途径划分

国际货物运价按制定途径的不同可划分为协议运价和国际航协运价。

协议运价是一种优惠运价,是指航空公司与托运人签订协议,托运人保证每年向航空公司交运一定数量的货物,航空公司向托运人提供一定数量的运价折扣。目前航空公司使用的大多是协议运价。

国际航协运价是指在 TACT 上公布的运价。

(2)按公布的形式划分

国际货物运价按分布形式的不同,可分为公布直达运价和非公布直达运价。

公布直达运价是承运人直接公布的从运输始发地机场至目的地机场间的直达运价。按货物性质又可分为普通货物运价、指定商品运价、等级货物运价和即装货物运价。

非公布直达运价按运价组成可分为比例运价和分段相加运价。

①普通货物运价

普通货物运价(General Car Rate)是指运输除等级运价和指定商品运价以外的货物所适用的运价,可分为 45 千克以下货物运价和 45 千克以上各个重量等级的运价。

②指定商品运价

指定商品运价(Specific Commodity Rate)是指自指定的始发地至指定的目的地间公布的低于普通货物运价的特定商品运价。这类运价的每一公布运价都有一个最低重量的限制,使用时应遵守规定。

③等级运价

等级运价(Class Rate)是指在指定区域内或地区之间实行的高于或低于普通货物运价的少数几种商品运价。这类运价以普通货物作为基数,附加或附减一定百分比。

④集装货物运价

集装货物运价(Unitized Consignments)是指适用于货物装入集装器交运而不另加包装的特别运价。

2.运价分类代号

IATA 对每一种类的运价都规定了一个运价代号,具体如下:

M	Minimum Charge	最低运价
N	Normal Rate	45 千克以下普通货物运价
Q	Quantity Rate	45 千克以上普通货物运价
C	Specific Commodity Rate	指定商品运价
R	Class Rate Reduction	等级运价附减
S	Class Rate Surcharge	等级运费附加

这些运价分类代号在航空货运单的销售工作中,主要用于填制货运单运费计算栏的"RATE CLASS"一栏。

7.2.6 航空运费的计算

1. 国际货物运价使用的一般规定

(1)使用顺序

优先使用协议运价;如果没有协议运价,使用公布直达运价;如果没有协议运价和公布直达运价,使用比例运价;最后采用分段相加运价(最低组合)。

(2)货物运价应为填开货运单当日承运人公布的有效货物运价。

(3)货物运价的使用必须严格遵守货物运输路线的方向性,不可反方向使用运价。

(4)使用货物运价时,必须符合货物运价注释中的要求和规定条件。

2. 公布直达运价的使用

公布直达运价是指承运人直接在运价资料中公布的从运输始发地至运输目的地的航空运价。

运价的公布形式有 N、Q45 等运价结构,也有 B、K 运价结构(欧洲内特有的运价结构)。N 运价,即 Normal General Cargo Rate,指的是标准的普通货物运价;Q 运价则为 Quantity Rate,指的是重量等级运价。

指定商品运价与普通货物运价同时公布在《空运货物运价手册》(*Tact Rates Books*)中。等级货物运价计算规则在《规则手册》中公布,需结合《空运货物运价手册》一起使用。

公布的直达运价的使用:

(1)除起码运费外,公布的直达运价都以千克或磅为单位。

(2)航空运费计算时,应首先适用特种货物运价,其次是等级货物运价,最后是普通货物运价。

(3)如按特种货物运价或等级货物运价或普通货物运价计算的货物运费总额低于所规定的起码运费时,按起码运费计收。

(4)承运货物的计费重量可以是货物的实际重量或者是体积重量,以高的为准;如果某一运价要求有最低运量,而无论货物的实际重量或者是体积重量都不能达到要求时,以最低运量为计费重量。

(5)公布的直达运价是一个机场至另一个机场的运价,而且只适用于单一方向。

(6)公布的直达运价仅指基本运费,不包含仓储等附加费。

(7)原则上,公布的直达运价与飞机飞行的路线无关,但可能因承运人选择的航路不同而受到影响。

(8)运价的货币单位一般以起运地当地货币单位为准,费率以承运人或其授权代理人签发空运单的时间为准。

公布直达运价的运价结构如表 7-1 所示。

表 7-1　直达运价的运价结构

Date/Type	Note	Item	Min. Wight	Local Curr
BEIJING, CN　BJS				
Y. RENMINBI　CNY　KGS				
TOKYO　JP				
M　　230.00				
N　　37.51				
45　　28.13				
0008　　300	18.80			
0300　　500	20.61			
1093　　100	18.43			
2195　　500	18.80			

注：第一栏，Date/Type——公布运价的生效或失效日期以及集装器运价代号；本栏中若无特殊标记，说明所公布的运价适用于在本手册有效期内销售的 AWB。

第二栏，Note——相对应运价的注释，填制货运单时，应严格按照注释所限定的内容执行。

第三栏，Item——指定商品运价的品名编号。

第四栏，Min. Wight——使用相对应运价的最低重量限额。

第五栏，Local Curr——用运输始发地货币表示的运价或最低运费。

3. 普通货物运价（General Cargo Rate，GCR）

（1）定义、代号及一般规则

普通货物运价是指除了等级货物运价和指定商品运价以外的适合于普通货物运输的运价。该运价公布在《空运货物运价手册 4》（*Tact Rates Books Section* 4）中。

一般的，普通货物运价根据货物重量不同，分为若干个重量等级分界点运价。

例如，"N"表示标准的普通货物运价，指的是 45 千克以下的普通货物运价（如无 45 千克以下运价时，N 表示 100 千克以下普通货物运价）。同时，普通货物运价还公布有"Q45"、"Q100"、"Q300"等不同重量等级分界点的运价。这里"Q45"表示 45 千克以上（包括 45 千克）普通货物的运价，依此类推。对于 45 千克以上的不同重量分界点的普通货物运价均用"Q"表示。

用货物的计费重量和其适用的普通货物运价计算而得的航空运费不得低于运价资料上公布的航空运费的最低收费标准（M）。

这里，代号"N"、"Q"、"M"在 AWB 的销售工作中，主要用于填制货运单运费计算栏中"Rate Class"一栏。

（2）运费计算

[例 7-1]由北京运往东京一箱服装，毛重 31.4 千克，体积尺寸为 80 cm×70 cm×60 cm，计算该票货物的航空运费。公布运价如表 7-2 所示。

表 7-2 航空运价

BEUING	CN	BJS	
Y. RENMINBI	CNY	KGS	
TOKYO	JP		
M	230.00		
N	32.51		
45	28.13		

解:体积(Volume):80 cm×70 cm×60 cm＝336 000 cm³

体积重量(Volume Weight):336 000 cm³÷6 000 cm³/kg＝56.0 kg

毛重(Gross Weight):31.4 kg

计费重量(Chargeable Weight):56.0 kg

适用运价(Applicable Rate):GCR Q28.13CNY/KG

航空运费(Weight Charge):56.0×28.13＝CNY1 575.28

此票货物的航空运费为 CNY1 575.28。

[例 7-2]北京运往新加坡一箱水龙头接管,毛重 35.6 千克,计算其航空运费。公布运价如表 7-3 所示。

表 7-3 航空运价

BEUING	CN	BJS	
Y. RENMINBI	CNY	KGS	
SINGAPORE	SG		
M	230.00		
N	36.66		
45	27.50		
300	23.46		

解:(1)按实际重量计算:

毛重(Gross Weight):35.6 kg

计费重量(Chargeable Weight):36.0 kg

适用运价(Applicable Rate):GCR N 36.66CNY/KG

航空运费(Weight Charge):36.0×36.66＝CNY1 319.76

(2)采用较高重量分界点的较低运价计算:

计费重量(Chargeable Weight):45.0 kg

适用运价(Applicable Rate):GCR Q 27.50CNY/KG

航空运费(Weight Charge):27.50×45.0＝CNY1 237.50

(1)与(2)比较,取运费较低者,即航空运费为 CNY1 237.50。

[例 7-3]由上海运往日本大阪一件洗发香波样品 5.3 千克,计算其航空运费。公布运价如表 7-4 所示。

表 7-4　航空运价

SHANGHAI	CN	SHA	
Y. RENMINBI	CNY	KGS	
OSAKA	JP		
M	230.00		
N	30.22		
45	22.71		

解：毛重(Gross Weight)：5.3 kg

计费重量(Chargeable Weight)：5.5 kg

适用运价(Applicable Rate)：GCR N30.22 CNY/KG

航空运费(Weight Charge)：5.5×30.22＝CNY166.21

最低运费(Minimum Charge)：CNY230.00

此票货物的航空运费为 CNY230.00。

4.指定商品运价

(1)定义及代号

指定商品运价是指适用于自规定的始发地至规定的目的地运输特定品名货物的运价。

通常情况下,指定商品运价低于相应的普通货物运价。就其性质而言,该运价是一种优惠性质的运价。鉴于此,指定商品运价在使用时对于货物的起讫地点、运价使用期限、货物运价的最低重量起点等均有特定的条件。

使用指定商品运价计算航空运费的货物,其航空货运单的"Rate Class"一栏,用字母"C"表示。

(2)指定商品运价传统的分组和编号

在《空运货物运价手册 2》(*Tact Rates Books Section 2*)中,根据货物的性质、属性以及特点等对货物进行分类,共分为十大组,每一组又分为十个小组。同时,对其分组形式用四位阿拉伯数字进行编号。该编号即为指定商品货物的品名编号。

(3)指定商品运价的使用规则

在使用指定商品运价时,只要所运输的货物满足下述三个条件,则运输始发地和运输目的地就可以直接使用指定商品运价：①运输始发地至目的地之间有公布的指定商品运价;②托运人所交运的货物品名与有关指定商品运价的货物品名相吻合;③货物的计费重量满足指定商品运价使用时的最低重量要求。

(4)运费计算

计算步骤：①先查询运价表,如有指定商品代号,则考虑使用指定商品运价;②查找《空运货物运价手册》的品名表,找出与运输货物品名相对应的指定商品代号;③如果货物的计费重量超过指定商品运价的最低重量,则优先使用指定商品运价;④如果货物的计费重量没有达到指定商品运价的最低重量,则需要比较计算。

[例 7-4]北京运往大阪 20 箱鲜蘑菇共 360.0 千克,每件体积长、宽、高分别为 60 cm

×45 cm×25 cm,计算航空运费。公布运价如表 7-5 所示。

表 7-5　航空运价

BEIJING	CN	BJS	
Y.RENMINBI	CNY	KGS	
OSAKA	JP		
M	230.00		
N	37.51		
45	28.13		
0008	300	18.80	
0300	500	20.61	
1093	100	18.43	
2195	500	18.80	

解:查找《空运货物运价手册》的品名表,蘑菇可以使用 0008(新鲜蔬菜和水果)的指定商品运价。由于货主交运的货物重量符合"0850"指定商品运价使用时的最低重量要求,运费计算如下:

体积(Volume):60 cm×45 cm×25 cm×20=1 350 000 cm^3

体积重量(Volume Weight):1 350 000 cm^3÷6 000 cm^3/kg=225 kg

计量重量(Chargeable Weight):360.0 kg

适用运价(Applicable Rate):SCR 0008/Q300 18.80 CNY/kg

航空运费(Weight Charge):360.0×18.80=CNY6 768.00

此票货物的航空运费为 CNY6 768.00。

注:在使用指定商品运价计算运费时,如果其指定商品运价直接使用的条件不能完全满足,例如货物的计费重量没有达到指定商品运价使用的最低重量要求,使得按指定商品运价计得的运费高于按普通货物运价计得的运费时,则按低者收取航空运费。

[例 7-5]上例中,如果货主交运 10 箱蘑菇,毛重为 180.0 千克,计算其航空运费。

(1)按指定商品运价使用规则计算:

实际重量(Actual Gross Weight):180.0 kg

计费重量(Chargeable Weight):300.0 kg

适用运价(Applicable Rate):SCR0008/Q300 18.80 CNY/kg

航空运费(Weight Charge):300.0×18.80=CNY5 640.00

(2)按普通运价使用规则计算:

实际重量(Actual Gross Weight):180.0 kg

计费重量(Chargeable Weight):180.0 kg

适用运价(Applicable Rate):GCR/Q45 28.13CNY/kg

航空运费(Weight Charge):180.0×28.13=CNY5 063.40

对比(1)与(2),取运费较低者,即航空运费为 CNY5 063.40。

5.等级货物运价

(1)定义与货物种类

等级货物运价是指在规定的业务区内或业务区之间运输特别指定的等级货物的运价。

IATA 规则规定,等级货物包括以下各种货物:活动物,贵重货物,书报杂志类货物,作为货物运输的行李,灵柩,骨灰,汽车等。

(2)运价代号及使用规则

等级货物运价是在普通货物运价基础上附加或附减一定百分比的形式,附加或附减规则公布在《规则手册》中,运价的使用须结合《空运货物运价手册》一同使用。

通常附加或不附加也不附减的等级货物用代号 S(Surcharged Class Rate)表示,附减的等级货物用代号 R(Reduced Class Rate)表示。

IATA 规定,对于等级货物运输,如果属于国际联运,并且参加联运的某一承运人对其承运的航段有特殊的等级货物百分比,即使运输起讫地点间有公布的直达运价,也不可以直接使用。此时,应采用分段相加的办法计算运输始发地至运输目的地的航空运费。此项规则在此将不详细说明。

以下所述的各种等级货物运价均为运输始发地至运输目的地之间有公布的直达运价,并且可以直接使用情况下的运价计算。

6.贵重货物运价

(1)贵重货物的含义

在一批货物中,含有下列物品中的一种或多种为贵重货物:①声明价值毛重每千克超过(或等于)1 000 美元的货物;②稀有贵重金属及制品(黄金、铂金、铱金、锇金等);③合法的银行钞票、有价证券、股票、旅行支票及高额邮票等;④宝石及饰物(红宝石、蓝宝石、绿宝石等);⑤手表(用金、银、铂等制成的手表)。

(2)运价

贵重货物(Valuable Cargo)的运价为:所有 IATA 地区按普通货物 45 千克以下运价的 200% 收取。

例外,IATA 一区与三区之间且经北或中太平洋(除朝鲜半岛至美国本土各点外),1 000 千克或 1 000 千克以上贵重货物的运费,按普通货物 45 千克以下运价的 150% 收取(150% of the Normal GCR)。

(3)最低运费

贵重货物的最低运费按公布最低运费的 200% 收取,同时不低于 50 美元或其等值货币。

[例 7-6]Routing:Beijing,CHINA(BJS)to London,GB(LON)

Commodity:Gold Watch

Gross Weight:32.0 kg

Dimensions:1 Piece60 cm×50 cm×40 cm,

公布运价如表 7-6 所示。

表 7-6　航空运价

BEIJING CN BJS	
Y. RENMINBI CNY　KGS	
LONDON　GB	
M	320.00
N	63.19
45	45.22
300	41.22
500	33.42

解:运费计算如下:

体积(Volume):60 cm×50 cm×40 cm=120 000 cm³

体积重量(Volume Weight):120 000 cm³÷6 000 cm³/kg=200 kg

计费重量(Chargeable Weight):32.0 kg

适用运价(Applicable Rate):S 200% of the Normal GCR

200%×63.19CNY/kg=126.38CNY/kg

航空运费(Weight Charge):32.0×126.38=CNY4 044.16,

因此,运费为 CNY4 044.16。

7. 书报杂志类运价

(1)货物的范围

书报杂志类货物包括报纸、杂志、图书、目录、盲人读物及设备。

(2)运价

①IATA 一区内、IATA 一区与二区之间:45 千克以下的货物运价的 67%。

②所有其他地区:45 千克以下的货物运价的 50%。

③最低运费按公布的最低运费的 M 收取。

④可以使用普通货物的较高重量点的较低运价。

[例 7-7]Routing:Beijing,CHINA(BJS)to ROME,IT(ROM)

Commodity:Books

Gross Weight:980.0 kgs

Dimensions:20 Pieces70 cm×50 cm×40 cm each

公布运价如表 7-7 所示。

表 7-7　航空运价

BEUING CN BJS	
Y. RENMINBI CNY　KGS	
ROME　IT	
M	320.00
N	45.72
45	37.98
100	36.00
500	31.26
100	028.71

解:运费计算如下:

体积(Volume):70 cm×50 cm×40 cm×20＝2 800 000 cm³

体积重量(Volume Weight):2 800 000 cm³÷6 000 cm³/kg＝466.67 kg＝467.0 kg

计费重量(Chargeable Weight):980.0 kg

适用运价(Applicable Rate):R 50％ of the Normal GCR

50％×45.72CNY/kg＝22.86CNY/kg

航空运费(Weight Charge):980.0×22.86＝CNY30 968.00

因此,航空运费为 CNY30 968.00。

8.作为货物运输的行李运价(Baggage Shipped as Cargo)

(1)运价的适用范围

①在 IATA 二区内(全部航程为欧洲分区例外);

②在 IATA 三区内(至或从美国领地除外);

③在 IATA 二区与三区之间(至或从美国领地除外);

④在 IATA 一区与三区之间(至或从美国、美国领地至或从格陵兰岛例外);

⑤从 IATA 三区至 IATA 一区。

(2)运价

所有 IATA 地区:45 千克以下的货物运价的 50％。

(3)最低运费按公布的最低运费的 M 收取

(4)可以使用普通货物较高重量点的较低运价

[例 7-8]Routing:Beijing,CHINA(BJS)to Tokyo,JAPAN(TYO)

Commodity:Personal Effects

Gross Weight:25.0 kg

Dimensions:1 Pieces 70 cm×47 cm×35 cm

公布运价如表 7-8 所示。

表 7-8　航空运价

BEIJING CN BJS Y. RENMINBI CNY KGS	
TOKYO JP	
M 230.00	
N 37.51	
45 28.13	

解:运费计算如下:

体积(Volume):70 cm×47 cm×35 cm＝115 150 cm³

体积重量(Volume Weight):115 150 cm³÷6 000 cm³/kg＝19.19 kg

计费重量(Chargeable Weight):25.0 kg

适用运价(Applicable Rate):R 50％ of the Normal GCR

50％×37.51CNY/kg＝18.755CNY/kg＝18.76CNY/kg

航空运费（Weight Charge）：25.0×18.76＝CNY469.00

因此，航空运费为 CNY469.00。

9. 混运货物运价（Mixed Consignments）

混运货物亦称混载货物或集合货物，是指使用同一份货运单运输的货物中，包含有不同运价、不同运输条件的货物。

（1）混运货物的物品范围

混运货物的物品范围中不得包括：贵重货物、活动物、尸体、骨灰、外交邮袋、作为货物的行李、机动车辆（电力自动车辆除外）。

（2）申报方式与计算规则

①整体申报整批货物的总重量（或体积）。

计算规则：混运的货物被视为一种货物，将其总重量确定为一个计费重量。运价采用适用的普通货物运价计算运费。

②分别申报每一种类货物的件数、重量、体积及货物品名。

计算规则：按不同种类货物适用的运价与其相应的计费重量分别计算运费。

③如果混运货物使用一个外包装将所有货物合并运输，则该包装物的运费按混运货物中运价最高的货物的运价计收。

（3）声明价值

混运货物只能按整票（整批）货物办理声明价值，不得办理部分货物的声明价值，或办理两种以上的声明价值。所以，混运货物声明价值费应按整票货物总的毛重计算。

（4）最低运费

混运货物的最低运费，按整票货物计收。即无论是分别申报还是不分别申报的混运货物，按其运费计算方法计得的运费与货物运输起讫地点间的最低收费标准比较，取高者。

10. 比例运价和分段相加运价

如果货物运输的始发地至目的地没有公布直达运价，则可以采用比例运价和分段相加运价的方法构成全程直通运价，计算全程运费。

（1）比例运价（Construction Rate）

当货物运输始发地至目的地无公布直达运价时，比例运价采用货物运价手册中公布的一种不能单独使用的运价附加数（Add-on Amount），与已知的公布直达运价相加构成非公布直达运价，此运价称为比例运价。

①使用要求

《空运货物运价手册》中所列的比例运价分为三类：A. 普通货物的比例运价，用"GCR"表示；B. 指定商品的比例运价，用"SCR"表示；C. 集装箱的比例运价，用"ULD"表示。

②使用原则

用比例运价与公布直达运价相加时，必须严格遵守下列原则：只有相同种类的货物运价才能组成始发站至目的站的货物运价。例如，A. 普通货物比例运价只能与普通货物运价相加;B.指定商品的比例运价只能与指定商品的运价相加;C.集装箱的比例运价只能与集装箱的运价相加。

③注意事项

• 比例运价只适合于国际运输,不适合于当地运输;

• 采用比例运价构成直达运价,比例运价可加在公布运价的两端,但每一端不能连加两个以上的比例运价;

• 当始发地或目的地可以经不同的运价组成点与比例运价相加组成不同的直达运价时,应采用最低运价;

• 运价的构成不影响货物的运输路线。

(2)分段相加运价(Combination of Rates and Charges)

①内涵

对于相同运价种类,当货物运输的始发地至目的地无公布直达运价和比例运价时,只能采用分段相加的办法,组成运输起讫地点间的运价,一般采用最低组合运价。分段分为分段相加运价和分段相加运费。

对于采用不同的运价种类,组成分段相加运价,必须严格按《规则手册》3.8.2的运价相加规则进行组合:

A.运输起讫地点间的运价由相同种类、相同重量分界点运价直接相加构成则为分段相加运价(其中可能涉及货币换算),该运价乘以货物的计费重量即构成全程航空运费。

B.如果运输起讫地点间的运价是采用不同种类运价或虽采用相同种类运价,但采用不同的重量等级分界点,则称为分段相加运费。

采用分段相加运价构成全程运费,在航空货运单的运费计算栏中,应在"NO. Pieces RCP"一栏的货物件数下面,填上运价组成点城市的英文三字代码。

②国际货运分段相加运价的相加规则

国际货运分段相加运价规则如表7-9所示。

表7-9   国际货运分段相加运价规则表

运价类别	可相加运价
国际普通货物运价 (International GCR)	普通货物比例运价(Construction Rates or GCR) 国际普通货物运价(International GCR) 国内运价(Domestic Rates) 过境运价(Transborder Rates)
国际指定商品运价 (International SCR)	指定商品运价(Construction Rates for SCR) 国内运价(Domestic Rates) 过境运价(Transborder Rates)
国际等级运价 (International Class Rates)	国内运价(Domestic Rates) 过境运价(Transborder Rates)

从表7-9中可以看出,国际指定商品不可以与国际指定商品运价相加;国际等级货物运价不可以与国际等级货物运价相加。否则,将违背某种国际指定商品运价与国际等级

货物运价的特定含义,从而破坏了运输起讫地点间的运价体系。

根据运价组成表,可采用左列运价和右列相加,也可采用右列运价和左列相加,以构成始发地至目的地的分段相加运价。国内运价和过境运价在组成分段相加运价时具有普遍性,其运价则受到一定的限制。

如果货物运输起讫地点间无公布直达运价且比例运价无指定商品运价,而运输的货物属于指定商品,按分段相加组成办法,可以采用以下两种计算方法:A.按普通货物比例运价计算;B.按分段相加的指定商品运价计算。

由于属于不同运价种类,比较计算时应考虑优先使用指定商品运价的原则,还应兼顾货物的重量是否满足指定商品运价的最低重量限制。总之,通过比较,计算出较低的航空运费。

国际航空货物运输中,航空运费是指自运输始发地至运输目的地之间的航空运输费用。在实际工作中,对于航空公司或其代理人将收运的货物自始发地(或从托运人手中)运至目的地(或提取货物后交给提货人)的整个运输组织过程,除发生航空运费外,在运输始发站、中转站、目的站经常发生与航空运输有关的其他费用。

11. 运价的使用顺序举例

(1)如果有协议运价,则优先使用协议运价。

(2)在相同运价种类、相同航程、相同承运人的条件下,公布直达运价应按下列顺序使用:

①优先使用指定商品运价。如果指定商品运价条件不完全满足,则可以使用等级货物运价和普通货物运价。

②其次使用等级货物运价。等级货物运价优先于普通货物运价使用:

A.如果货物可以按指定商品运价计费,但如果因其重量没满足指定商品运价的最低重量要求,则可以采用指定商品运价计费与普通货物运价计费结果相比较,取低者。如果该指定商品同时又属于附加的等级货物,则只允许采用附加的等级货物运价和指定商品运价的计费结果比较,取低者,不能与普通货物运价比较。

B.如果货物属于附减的等级货物,即书报杂志类或者作为货物运输的行李,其等级货物计费则可以与普通货物运价计算的运费相比较,取低者。

(3)如果运输两点间无公布直达运价,则应使用非公布直达运价:①优先使用比例运价构成全程直达运价;②当两点间无比例运价时,使用分段相加办法组成全程最低运价。

7.2.7 航空运输中的其他费用

国际货物运输托运人或收货人除了支付航空运费外,还应支付在始发地或目的地发生的其他费用,包括地面运输费用、保管费用、仓储费用、声明价值附加费用、代垫付款、代垫付款手续费等,每项费用填入航空货运单时都有其费用代码。下面介绍几种常用的其他费用。

(1)货运单费

货运单费(Documentation Charges)又称航空货运单工本费,是填制航空货运单的费用。航空公司或其代理人销售或填制货运单时,该费用包括逐项逐笔填制货运单的成本。对于航空货运单工本费,各国的收费水平不尽相同。依《运价规则》4.4 及各航空公司的具体规定来操作。货运单费应填制在货运单的"其他费用"一栏中,用两字代码"AW"(Airway Bill,AW)表示。按《华沙公约》等有关公约,国际上多数 IATA 航空公司做如下规定:

①由航空公司来销售或填制航空货运单,此项费用归出票航空公司(Issuing Carrier)所有,表示为 AWC。

②由航空公司的代理人销售或填制货运单,此项费用归销售代理人所有,表示为 AWA。

(2)垫付款和垫付费(Disbursements and Disbursements Fees)

①垫付款。垫付款是指在始发地机场收运一票货物,所发生的其他费用到付。这部分费用仅限于货物地面运输费、清关处理费和货运单工本费。

此项费用需按不同的其他费用的种类代号、费用归属代号(A 或 C)及费用金额一并填入货运单的"其他费用"一栏。例如,"AWA"表示代理人填制的货运单,"CHA"表示代理人代替办理始发地清关业务,"SUA"表示代理人将货物运输到始发地机场的地面运输费。

②垫付费。垫付费是因垫付款的数额而确定的费用。垫付费的费用代码为"DB",按《运价规则》规定,该费用归出票航空公司所有。在货运单的其他费用栏中,此项费用应表示为"DBC"。

垫付费的计算公式:

垫付费＝垫付款×10%

但每一票货物的垫付费不得低于 20 美元或等值货币。

(3)危险品处理费(Charges for Shipments of Dangerous Goods-handling)

在国际航空货物运输中,对于收运的危险品货物,除按危险品规则收运并收取航空运费外,还应收取危险货物收运手续费,该费用必须填制在货运单"其他费用"栏内,用"RA"表示费用种类,《运价规则》规定,危险品处理费归出票航空公司所有。

在货运单中,危险品处理费表示为"RAC"。

(4)运费到付货物手续费(Charges Collect Fee,CC Fee)

在国际货物运输中,当货物的航空运费及其他费用到付时,在目的地的收货人,除支付货物的航空运费和其他费用外,还应支付到付货物手续费。

此项费用由最后一个承运航空公司收取,并归其所有。一般 CC Fee 的收取,采用目的站开具专门发票,但也可以使用货运单(此种情况在交付航空公司无专门发票,并将 AWB 作为发票使用时使用)。

以中国为例,运至中国的运费到付货物,到付运费手续费的计算公式及标准如下:

到付运费手续费＝(货物的航空运费＋声明价值附加费)×2%

各个国家 CC Fee 的收费标准不同。在中国,CC Fee 最低收费标准为 100 元人民币。

（5）声明价值附加费

当托运人托运的货物,毛重每千克价值超过 20 美元或其等值货币时,可以办理货物声明价值,托运人办理声明价值必须是一票货运单上的全部货物,不得分批或者部分办理。托运人办理货物声明价值时,应按照规定向承运人支付声明价值附加费。

声明价值附加费的计算公式为:

$$声明价值附加费=[货物声明价值-(货物毛重×20 美元)]$$

注:20 美元应折算为当地货币。

7.2.8 航空货运单

1. 航空货运单的定义及作用

（1）货运单的定义

航空货运单（Airway Bill）由托运人或者以托运人的名义填制,是托运人和承运人之间在承运人的航线上运输货物所订立合同的初步证明。

航空货运单包括有出票航空公司标志的航空货运单和无承运人任何标志的中性货运单。航空公司的标志部分包括:承运人名称、承运人总部地址、承运人图案标志、承运人的票证代号以及包括检查位在内的货运单序号。

每本货运单都有一个货运单号码,它是查询货物运输情况的重要依据,也是组织运输必不可少的依据。货运单号码的前三位是航空公司的票证结算代码,直接确定航空货运单的所有人——出票航空公司。

（2）货运单使用的一般规定

① 货运单不可转让（not Negotiable）

货运单仅作为货物航空运输凭证,其所有权属于出票航空公司,不得通过背书等方式转让,这是与海运提单的本质区别。

② 货运单的有效期

货运单填开并经托运人（或其代理人）和承运人（或其代理人）签字后即开始生效。当货物运至目的地,收货人提取货物并在货运单的交付联上签字时,货运单作为运输凭证,其有效期宣布结束,但作为运输合同,其法律依据的有效期应为自运输停止之日起两年。

③ 同一张货运单上填开货物限制

一张货运单只能用于一个托运人在同一时期、同一地点托运的由承运人承运的,运往同一目的站同一收货人的一件或多件货物。

集合运输货物分运单应由集中托运人自行备制,不得使用承运人的货运单。

（3）货运单的构成

以中国为例,国际航空货运单由一式 12 联组成,包括三联正本,六联副本和三联额外副本。航空货运单各联的分发如表 7-10 所示。

表 7-10　航空货运单各联的分发

序　号	名称及分发对象	颜　色
A	Original 3（正本 3，给托运人）	浅蓝色
B	Copy 9（副本 9，给代理人）	白色
C	Original 1（正本 1，交出票航空公司）	浅绿色
D	Original 2（正本 2，给收货人）	粉红色
E	Copy 4（副本 4，提取货物收据）	浅黄色
F	Copy 5（副本 5，给目的地机场）	白色
G	Copy 6（副本 6，给第三承运人）	白色
H	Copy 7（副本 7，给第二承运人）	白色
I	Copy 8（副本 8，给第一承运人）	白色
J	Extra Copy（额外副本，供承运人使用）	白色
K	Extra Copy（额外副本，供承运人使用）	白色
L	Extra Copy（额外副本，供承运人使用）	白色

其中，正本 3 的托运人联，在货运单填制后，交给托运人作为托运货物及费用预付时交付运费的收据。同时也是托运人与承运人之间签订的有法律效力的运输文件。

（4）货运单的用途

作为主要货物运输文件的货运单具有以下作用：

①是承运人与托运人之间缔结运输契约的书面证明；

②是承运人收取货物的证明文件；

③是运费结算的凭证及运费收据；

④是承运人发送、交付和联运货物的凭证；

⑤是办理报关手续的证明文件；

⑥是托运人要求承运人办理保险的证明。

（5）填开货运单责任

根据《华沙公约》、《海牙规则》和承运人运输条件的规定，货运单应由托运人填制。承运人或其代理人根据托运人的请求填写航空货运单，在没有相反证据的情况下，应当视为代托运人填写，因此，托运人应当对货运单的真实性负责。由于货运单所填内容的不正确、不完全致使承运人或任何人遭受损失，托运人应负责任。

托运人在承运人填开完毕的货运单上签字就代表托运人已接受货运单正本背面的合

同条件和运输条件。

2.航空货运单的种类

在集中托运的情况下,存在着两种航空货运单,一种是主运单,另一种是分运单。

(1)分运单

在进行集中托运时,代理人首先从各个托运人处收取货物,在收取货物时,需要给托运人一个凭证,这个凭证就是分运单。一次分运单是代理人与托运人之间交接货物的凭证。

分运单上托运人栏和收货人栏填写的都是真正的委托人和收货人。

(2)主运单

代理人把来自不同收货人的货物集中到一起向航空公司订舱,交给航空公司运输,代理人和航空公司之间也需要一个凭证,这个凭证就是主运单。主运单是代理人与承运人间交接货物的凭证,也是承运人组织货物运输全过程的依据。

主运单上记载的货物托运人和收货人分别为始发地和目的地的代理人,即集中托运商和分拨代理商。

3.航空货运单的填制

(1)货运单的填制要求

填开货运单要求使用英文打字机或计算机,用英文大写字母打印,各栏内容必须准确、清楚、齐全,不得随意涂改。

货运单已填内容在运输途中需要修改时,必须在修改项目的旁边注明修改货运单的空运企业名称、地址、日期。修改时,应同时将剩余的各联一同修改。

货运单的各栏中,有些栏目印有阴影。其中,有标题的阴影栏目仅供承运人填写使用,没有标题的阴影栏目除非承运人有特殊需要,一般不需填写。

(2)各栏目的填写说明

①货运单号码(the Airway Bill Number)

货运单号码应清晰地印在货运单的左右上角以及右下角。包括:航空公司票证代号、货运单序号及检验号。

②货运单所属承运人的名称及地址(Issuing Carrier's Name and Address)

此处一般印有出票航空公司的标志、名称和地址。

③始发站机场(Airport of Departure)

在货运单左上角的航空公司票证代号打印始发站机场 IATA 三字代码(如不知道机场代码,可打印机场所在城市的 IATA 三字代码)。

④正本联说明(Reference to Originals)

本栏无须填写。

⑤契约条件(Reference to Conditions of Contract)

本栏一般情况下无须填写,除非承运人需要。

⑥托运人栏(Shipper)

A. 托运人姓名和地址(Shipper's Name and Address)

本栏打印托运人姓名(名称)、地址、国家或地区以及托运人电话、传真。

B. 托运人账号(Shipper's Account Number)

此栏不需填写,除非承运人需要。

⑦收货人

A. 收货人姓名和地址(Consignee's Name and Address)

此栏打印收货人姓名(名称)、地址、国家或地区以及收货人的电话、传真。

B. 收货人账号(Consignee's Account Number)

此栏仅供承运人使用,一般不需填写,除非最后的承运人需要。

⑧填开货运单的承运人的代理人栏(Issuing Carrier's Agent)

A. 名称和城市(Name and City)

此栏打印向承运人收取佣金的国际航协代理人的名称或所在机场或城市。

B. 国际航协代号(Agent's IATA Code)

代理人在非货账结算区(Non-CASS Areas),此栏打印国际航协 7 位数字代号;代理人在货账结算区(CASS Areas),则打印国际航协 7 位数字代号,后面 3 位 CASS 地址代号,及 1 位检验号。

C. 账号(Account No.)

此栏一般不需填写。

⑨运输路线(Routing)

A. 始发地机场和所要求的运输路线(Airport of Departure and Requested Routing)

此栏打印与栏中一致的始发地机场名称,以及所要求的运输路线。

注:此栏中应打印始发地机场或所在城市的全称。

B. 运输路线和目的地(Routing and Destination)

至:按照运输路线,依次在各栏中打印第一、第二、第三转运点的 IATA 三字代码。如果是直达航班,则在各栏中打印第一、第二、第三承运人的 IATA 两字代码。

目的地机场(Airport of Destination):打印最后承运人的目的地机场全称(如果该机场有多个飞机场,不知道机场名称时,可用城市全称)。

航班/日期(Flight/Date):本栏一般不需填写,除非参加运输的各有关承运人需要。

⑩财务说明(Accounting Information)

此栏打印有关财务说明事项。

A. 付款方式

此栏打印运费的支付方式:现金、支票或其他方式。

B. MCO 号码

MCO 付款时,只能用于作为货物运输的行李运输,此栏应打印 MCO 号码,换取服务金额,以及旅客的客票号码、航班、日期及航程。

注:代理人不接受托运人使用 MCO 作为付款方式。

C. 退运货物

货物到达目的站无法交付收货人而需退运的,应将原始货运单号码填在为退运货物所填开的新货运单的本栏内。

⑪货币(Currency)

此栏打印运输始发地的 ISO 货币代号。除"目的地国家(或地区)收费栏"内的款项外,货运单上所列明的金额均按该货币支付。

⑫运输代号(CHGS Code)

供承运人用,本栏一般不需要填写,仅供电子传送货运单信息时使用。

⑬运费(Charges)

A.航空运费和声明价值附加费的预付/到付(WT/VAL)。货运单上这两项费用必须全部预付或全部到付,用在相应栏中打"×"来表示。

B.在始发站的其他费用预付或到付。

⑭供海关用声明价值(Declared Value for Customs)

此栏打印货物报关时所需的商业价值金额;如果货物没有商业价值,此栏必须打印"NCV"字样。

⑮供运输用声明价值(Declared Value for Carriage)

此栏打印托运人申报的货物运输声明价值金额;如果托运人没有申明价值,此栏必须打印"NVD"字样。

⑯保险金额(Amount of Insurance)

承运人向托运人提供代办货物保险业务时,此栏打印托运人投保的金额。

承运人不提供此项服务或托运人不要求投保时,此栏必须打印"×××"符号。

⑰储存注意事项(Handling Information)

A.填写货物在运输、仓储中需要特殊处理的事项

需要特殊处理的事项如:货物上的标志、包装方法,货运单所附文件等。

B.危险品的填写

如果是危险物品,有两种情况:一种需要附托运人的危险物品申报单,则本栏应打印"DANGEROUS GOODS AS PER ATTACHE SHIPPER'S DECLARATION"字样,对于要求装货机的危险物品还应打印"CARGO AIRCRAFT ONLY"字样。另一种是不需要附危险品申报单的货物,则应打印"SHIPPER'S DECLARATION NOT REQUIRED"。

⑱货物运价细目(Consignment Rating Details)

一票货物中如含有两种或两种以上按不同运价类别计费的货物,则应分别填写,每填写一项另起一行。如果含有危险品,则该危险物品应列在第一项。

A.件数/运价组合点(No of Pieces RCP)

此栏打印货物件数,使用非公布直达运价计算运费时,在件数的下面还应打印运价组合点城市的 IATA 三字代号。

B.毛重(Gross Weight)

此栏打印货物的实际毛重(以千克为单位时可保留至小数点后两位)。

C.重量单位(Kg/L)

若货物以千克为单位,此栏打印代号"K";若货物以磅为单位,此栏打印代号"L"。

D. 运价等级(Rate Class)

此栏根据需要打印下列代号:

M	Minimum Charge	最低运价
N	Normal Rate	45 千克以下普通货物运价
Q	Quantity Rate	45 千克以上普通货物运价
C	Specific Commodity Rate	指定商品运价
R	Class Rate Reduction	等级运价附减
S	Class Rate Surcharge	等级运费附加

E. 商品品名编号(Commodity Item No.)

使用指定商品运价时,此栏打印指定商品品名代号;使用等级货物运价时,此栏打印附加或附减运价的比例(百分比)。

F. 计费重量(Chargeable Weight)

此栏打印与运价相应的货物计费重量。

G. 运价/运费(Rate/Charge)

此栏打印与运价代号相应的运价;当使用最低运费时,此栏与运价代号"M"对应,打印最低运费。

H. 总计(Total)

此栏打印计费重量与适用运价相乘后运费金额;如果是最低运费或集装货物基本运费,本栏与运费/内金额相同。

I. 货物品名和数量(Nature and Quantity of Goods)

本栏应按要求打印、尽可能地清楚、简明,要一目了然。a. 打印货物品名(用大写英文字母)。b. 当一票货物中含有危险物品时,应分别打印,危险物品应列在第一项。c. 活体动物运输,本栏内容应根据 IATA 活体动物运输规定打印。d. 对于集合货物,本栏应打印"Consolidation as Per Attached List"。e. 打印货物的体积,用长×宽×高表示。

J. 总件数

此栏打印运费计算栏中各组货物的件数之和。

其他,如总毛重:打印各组货物毛重之和;总计:打印各组货物运费之和。

⑲其他运费(Other Charges)

此栏打印始发地运输中发生的其他费用。

⑳预付(Prepaid)

A. 预付运费(Prepaid Weight Charge)

此栏打印货物计费重量计得的货物运费。

B. 预付其他费用总额(Total other Prepaid Charges)

根据有关栏内的其他费用金额打印。

C. 预付声明价值附加费(Prepaid Valuation Charge)

如托运人申报货物运输声明价值,则此栏打印计得的声明价值附加金额。

D. 预付税款(Prepaid Tax)

此栏打印适用税款。

E. 预付总额(Total Prepaid)

此栏打印所有预付款项的总额。

㉑到付(Collect)

此栏填制方法与预付相同,在相应栏中对应打印所有到付款项。

㉒托运人证明栏(Shipper's Certification Box)

此栏打印托运人名称,并请其在本栏内签字或盖章。

㉓承运人填写栏(Carrier's Certification)

A. 填开日期(Executed on Date)

此栏按日、月、年顺序打印货运单的填开日期。

B. 填开地点(at Place)

此栏打印填开地机场或城市的全称或缩写。

C. 填开货运单的承运人或其代理人签字(Signature of Issuing Carrier or It's Agent)

填开货运单的承运人或其代理人在本栏中签字。

㉔仅供承运人在目的地使用(for Carrier's Use only at Destination)

本栏不需打印。

㉕用目的地国家或地区货币付费

A. 货币兑换比价(Currency Conversion Rate)

此栏打印目的地国家或地区货币代号,后面是兑换比率。

B. 目的地国家或地区货币支付费额(CC Charges in Dest. Currency)

将运费总额,使用相应的货币换算比率折算成目的地国家或地区货币,打印在本栏目内。

C. 目的地费用(Charges at Destination)

最后承运人将目的地发生费用金额,包括利息等打印在本栏内。

D. 到付费用总额(Total Collect Charges)

此栏打印"目的地国家或地区货币付费额"、"目的地费用"内的费用金额之和。

7.3 不正常运输、变更运输及责任与赔偿

不正常运输是指货物在收运及运输过程中由于运输事故或工作差错等出现了不正常的情况。

1. 不正常运输的货物种类和代号

不正常运输的货物种类和代号如表 7-11 所示。

表 7-11　不正常运输的货物种类和代号

货物种类	英文名称	代　号
卸下,拉货	Offloaded	OFLD
漏(少)装	Shortshipped	SSPD
漏卸(运过境)	Overcarried	OVCD
贴错标签货物	Mislabeled Cargo	
标签脱落	Missing Label	
少收货物	Missing Cargo	MSCA
多收货物	Found Cargo	FDCA
少收货运单	Missing AWB	MSAW
多收货运单	Found AWB	FDAW
破损	Damage	

2.货物破损

货物破损有两种情况,一种是货物的破裂、损坏或短缺等明显可见的损坏;另一种是货物的内损,即货物外包装完好而内装货物破损,这种破损只有收货人提取后,开箱检查才能发现。

货物破损处理方法:收运时拒绝收运。

(1)出港操作时:

①轻微破损(内物未损坏):加固包装,继续运输。

②严重破损(内物损坏):停止运输,通知发货人,征求处理意见。

(2)进港操作时:填开不正常运输记录,通知装机站和始发站。

(3)交接中转货物时:

①轻微破损:在中转舱单的备注栏内说明情况。

②严重破损:拒绝转运。

3.无人提取货物

货物到达目的地 14 天后,由于下列原因造成无人提取时,成为无人提取的货物。

(1)货运单所列地址无此收货人或收货人地址不详。

(2)收货人对提取货物通知不予答复。

(3)收货人拒绝提货。

(4)收货人拒绝支付有关款项。

(5)出现了其他一些影响正常提货的问题。

(6)对于无人提取的货物通知发出无法交付货物通知单(IRP),通知始发地出票航空公司和代理人,由其联系托运人,征询处理意见。货物到达后 90 天内仍未获得答复的,应将货物交送海关处理。

4. 变更运输

(1) 变更运输的范围

托运人在交运货物后、收货人在提取货物之前,有权对其货物运输作出变更。

① 费用方面

· 将运费预付改为运费到付,或将运费到付改为运费预付;

· 更改垫付款数额。

注:托运人不得对货物的声明价值与保险金额进行修改。

② 运输方面

· 货物在途或托运人尚未要求索取货运单和货物,运输始发地将货物撤回;

· 在任何经停站停止货物运输;

· 更改收货人;

· 将货物退回始发地机场;

· 更改目的地。

(2) 变更运输的前提

托运人要求变更运输时,应书面提出申请,出示货运单正本并保证支付由此所产生的一切费用。对于托运人变更运输的要求,在收货人尚未提货或尚未要求索取货运单和货物,或者拒绝提货的前提下,始发地方可予以接受。

托运人不得要求将一张货运单上所列的部分货物变更运输,也不得要求将整批货物分批变更运输。托运人变更运输的请求不得损害承运人及其他托运人的利益。

(3) 变更运输处理

按运输变更是否由于托运人主观原因所致,变更运输可分为自愿变更和非自愿变更。由于托运人的原因改变运输,称为自愿变更运输。由于天气、机械故障、货物积压、禁运和承运人的其他原因而改变已订妥的航班和运输路线,称为非自愿变更运输。

① 托运人自愿变更运输的处理

A. 货物发运前

货物发运前,托运人要求更改付款方式或垫付数额时,承运人应收回原货运单,重新填开新货运单,根据情况补收或退回运费,并按有关航空公司的收费标准向托运人收取变更运输手续费、货运单费等。

托运人在货物发运前要求退运时,承运人应收回货运单正本,扣除已发生的各项费用(地面运输费用、退运手续费等)后将余款退回托运人。

B. 货物发运后提取前

货物发运后,在收货人提货前,托运人要求变更付款方式或垫付款数额时,承运人应重新核算费用,与原费用核对,多退少补,填写货物运费更改通知单(CCA),并按有关航空公司的规定向托运人收取运输手续费。

货物发运后,若托运人要求变更运输,除应根据上述有关规定办理外,还应及时与有关航站联系,在得到相关航站的复电证实后可予以办理。运输变更意味着运费将发生变化,应向托运人多退少补运费,并收取变更运输手续费。

注:托运人的要求不能执行时,承运人应当立即通知托运人。

托运人在办理货物托运手续后要求变更运输时,承运人不退还声明价值附加费。

②托运人非自愿变更运输处理

只有填开货运单的承运人和货运单上所列的承运人才有权变更运输。

发生托运人非自愿变更运输时,承运人应当采取一切可能的措施,按照货物运输安全、迅速、可靠的原则,尽快将货物运送到目的地,并按照下列规定处理运输费用:

A.在始发地退运货物,退还全部运费。

B.在经停站变更目的地,运费多退少不补。

C.在经停站将货物运回始发地,退还全部运费。

D.在经停站改用其他运输工具将货物运至目的地,超过部分由承运人承担。

5.责任划分

有关国际航空货运运输的条约主要是《统一国际航空运输某些规则的公约》。该公约共有八个文件,总称《华沙体制》。在这八个文件中,主要又以下列三个文件作为基础:《华沙公约》、《海牙规则》和《蒙特利尔第四号协议书》。在确定国际航空运输中的责任和赔偿方面,亚洲各国主要采用《华沙体制》相关规定。

(1)承运人的责任与免责

①承运人的责任

《华沙公约》第十八条、第十九条对承运人的责任作出了明确的规定:

· 对于任何已登记的行李或货物因毁灭、遗失或损坏而产生的损失,如果造成这种损失的事故是发生在航空运输期间,承运人应负责任。

· 上款所指航空运输的意义,包括行李或货物在承运人保管下的期间,不论是在航空站内、在航空器上或在航空站外降落的任何地点。

· 航空运输的期间不包括在航空站以外的任何陆运、海运或河运阶段。但是如果这种运输是为了履行空运合同,是为了装货、交货或转运,任何损失都应该被认为是在航空运输期间发生事故的结果,除非有相反证据。

· 承运人对旅客、行李或货物在航空运输过程中因延误而造成的损失应负责任。

· 而在赔偿金额上,按照公约的规定,货物没有办理声明价值的,承运人按实际损失的价值进行赔偿,但赔偿责任以每千克250法郎(约合20美元)为限;已办理声明价值并支付了声明价值附加费的,则按声明价值赔偿。公约同时规定,如经证明损失是由于承运人及其雇佣人员或代理人员故意造成或明知可能造成损失而漠不关心的行为或不行为所致,则不适用于责任限额的规定。

②承运人的免责

按照公约规定,如承运人证明他和他的代理人为了避免损失,已经采取了一切必要的措施,或不可能采取这种措施时,承运人不承担责任。具体而言,对于下列原因造成的货物损失,承运人可免除责任:

· 不可抗力,如:自然灾害、战争行为、武装冲突。

- 货物的属性或本身的缺陷所引发的损失,如:动物的自然死亡、鲜活易腐货物的自然变质。
- 承运人或其受雇人以外的人包装不善。
- 政府有关部门实施的与货物出入境和过境有关的行为。
- 承运人已采取措施但无法制止货物损害,如:机械故障。
- 托运人或收货人过失。

(2)托运人、收货人的权利与义务

对于托运人、收货人的权利,《华沙公约》规定:托运人在履行运输合同所规定的一切义务的条件下,有权在起运地航空站或目的地航空站将货物取回,或在途中经停时终止运输,或在目的地或运输途中交给非航空货运单上所指定的收货人,或要求将货物退回起运地航空站,但不得因为行使这种权利而使承运人或其他托运人遭受损害,并且应该偿付由此产生的一切费用。收货人于货物到达目的地,并在缴付应付款项和履行航空货运单上所列的运输条件后,有权要求承运人移交航空货运单并发给货物。如有损坏情况,应在发现损坏后立即向承运人提出异议,最迟在收到货物后 14 天内提出。

托运人、收货人在享有权利的同时,也应承担相应的责任。《华沙公约》规定:

对于在航空货运单上所填货物的项目和声明的正确性,托运人应负责任。托运人应对提供的项目和声明不合规定、不正确或不完全而使承运人或承运人对之负责的任何其他人遭受的一切损失负责。

托运人应提供各种必需的资料,并将必需的单证附在航空货运单后面,以便在货物交付收货人以前完成海关、税务或公关手续。除非由于承运人或其代理人的过失,这种资料或单证的缺乏、不足或不合规所造成的任何损失,应由托运人对承运人负责。承运人对这种资料或单证是否正确或完备没有检查的义务。

案例 7-1

从货主视角看航空货运

现在,航空货运业的通行模式是代理人向航空公司预订舱位并进行结算。然而,这种模式往往忽视了运输三角中最重要的一方——货主的利益。在实际操作中,航空公司和代理人控制了大部分的话语权。

负面影响很多

众所周知,货物有可能出现意外的丢失(特别是在转运途中),也有可能出现破损,客户常抱怨货物在地上滞留的时间远大于在空中的运输时间。虽然大多数货主不得不接受这样的现实,但航空货运服务中存在的诸多负面因素,已经让一些客户从空运转向海运。

毋庸置疑,燃油附加费是最主要的负面因素之一。美国货主的贸易联盟——全国产业运输联合会副总裁彼得·盖蒂认为:"现在,航空货运价格不灵活,航空公司对经济下滑和油价下降的反应速度过慢。"

欧洲货主协会也认同上述观点:"由于运量下降,运价已降到了合理范围内,但燃油价格始终是客户最重要的考虑因素。2005 年,油价水平是每桶 40 美元,燃油附加费仅为每千克30美分。而今年年初,油价水平仅为每桶30美元,货主却需要为每千克货物支付60~70美分的附加费。我们希望燃油费能够随着油价下跌而相应下降。"

安保规章,特别是美国的安保条例是货主们关注的又一个重要因素。比例高达50%的出口货物必须通过安检或者扫描,但是美国政府并未明示这50%到底是飞机载货量的一半,还是所有代理、地面操作或是机场货物的50%,抑或是每批货物的50%。安保规章对货主这一群体的限制正在加剧。

由于加拿大的许多出口货物需要通过卡车运输到美国机场,加拿大出口商也相应受到了美国安保措施的影响。"如果你是'已知货主',那么货物将不需要安检。"加拿大东芝公司负责海关和运输的主管约翰·奥瑞利表示。发运鲜货的货主承受的损失最大。位于波士顿的东岸海鲜公司总裁兼CEO迈克尔指出:"如果我们有一箱海产品货物需要安检,那么整个冷链都会破裂,从而危害到整批货物的卫生状况。一般通过整个安检需要5个小时,而到那时,龙虾已经死了。"

当然,航空公司和代理人对安检措施不承担责任,但他们应该通过设计合理的流程、确保尽早取得所有必需的数据并递交给当局等措施,来努力降低货物损失。

紧俏的运力

航空公司可以控制的另外一个因素是运力。阿尔发协会(Alpha Association),一家在世界范围内开展业务的英国贸易公司的老板大卫认为:"某些航线上的舱位短缺,会造成真正的麻烦。例如英国至非洲航线只有3家主要航空公司运营,如果他们将宽体飞机调成窄体飞机,那我们就遭殃了。我们必须要求代理人提前1周或更长时间订舱位。如果货物不能按计划运输,代理人需要组织其他货物填满舱位。我们虽然并不需要为没有利用的舱位付费,但如果多次出现这种情况,代理人就会放弃我们的生意。"

运力短缺也可以解释为什么加拿大公司会通过卡车运货到美国机场;为什么欧洲的货主会发现,他们的货物从另外一个国家起运。

如果运送危险品的话,舱位就更难找了。麦克·佩是一家飞机零件的全球供应公司——Aero Inventory的物流经理,他指出:"通常,危险品只能通过全货机运输,我们很难找到合适的舱位。"随着航空公司更多地使用小型全货机,市场上的可用运力正在减少。为了获得所需要的舱位,货主往往需要同航空公司保持良好的关系。

在世界的其他地方,情况更糟。不仅航空公司对现有机队进行评估后在不断缩减货机和宽体客机的投入,而且机场的基础设施也让航空公司的操作更加困难。由于2008年纽约肯尼迪机场和纽瓦克机场的延误激增,美国联邦航空管理局(FAA)已宣布计划拍卖上述机场的起降时刻。这一决定虽然受到纽约和新泽西港口委员会(PANYNJ)的反对,并在2008年12月付诸法律,使得拍卖计划遭到推迟,但是这一行动仍未结束。这一拍卖计划要求航空公司对他们已经拥有的起降时刻进行竞拍。PANYNJ预计,这将会导致成本上升12%,并会造成纽约出发的运力缩减。

在其他地区如加拿大,机场每年的投入主要针对旅客,而不是货物。约翰·奥瑞利指出:"如果在基础设施投入和服务提升等方面没有发生明显的变化,加拿大的航空货运产业就无法发展壮大。作为进口商,我们在多伦多、温哥华和一些地区机场需要更多的服务。多伦多的起降费是北美最高的，也是世界上收费最高的机场之一，这对货运经营没有好处。"

确保货运链条的完整

确保文件环节完整正确，需要货主、代理人和航空公司各方的通力合作。Aero Inventory 在大部分航线上依靠代理 Kuehne & Nagel 进行文件检查，但是在美国使用的是联邦快递公司(Fed Ex)，因此需要依靠自己的供应商进行文件操作。麦克·佩解释说："我们在美国拥有 500 家供应商，如果有一家不能正确录入数据，当遇到海关时我们就会有麻烦。"

鲜货的文件则更为棘手，最大的挑战来自卫生部门的要求。文件在美国获得通过后必须跟着货物走，如果不能和货物一起运达，货物就会被搁置；如果货物出现问题，文件也会被扣留。在任何一种情况下，鲜货都会死。运输鲜货如此棘手，因此东岸海产品公司干脆成立了自己的代理公司。

航空业在运输鲜货方面已经大有提升。十几年前，大部分机场没有冷库，对于鲜货运输也没有优先程序保证。但目前，欧洲通过立法已经提高了进出欧洲处理货物的程序。

鲜花运输往往更加麻烦。Flora Holland 公司的进口经理阿诺德如此评论："我们的确看到了好的变化，但是仍有改进的空间。我们的鲜花需要保持 2℃的恒温，但在机场、停机坪或是飞机上，货物往往需要承受高达 20℃的高温。如果冷链不能贯穿全程，就很难将温度降下来，特别是在货物到达欧洲后。"

阿诺德要求代理能保证在鲜花到达后立即放入冷库，在进出机场的运输过程中，将鲜花放在 2℃～5℃的车中。鲜花应在最后 1 分钟装到飞机上，装机前使用隔热布、隔热毯等设施保护鲜花。飞机也应该始终保持一定的温度。"即使你使用专门的货机，也并不是每一个雇员都知道如何正确操作。航空货运的过程总是充满风险。"

这就是 Flora Holland 和许多同业者都在尽可能多地将鲜花转向海运的原因。虽然海运并不适合运输所有的鲜花种类，但的确有许多品种的鲜花在通过长达两周的海运后到达时的状态，要比仅需几个小时的空运状态还要好。

此外，货物丢失后的赔偿很低。麦克·佩说："我们在货物丢失后拿到的赔偿数额少得可怜。航空公司利用《蒙特利尔条约》和《华沙条约》作保护，我们获得的赔偿一般仅为每千克 20 美元。为此，我们需要另外购买保险，和保险公司再走一遍全套的索赔程序。我们做下来往往一无所获，即使货物损失不是我们的过错。"

看来，提高货物处理效率的最好方法是建立起良好的关系。但是这对那些零散货主和无法做到这点的货主意味着什么？难道不应该是每位货主都应享受到良好的服务吗？难道不应该每名雇员都通过培训，正确掌握处理特殊货物和文件的方法吗？在绝大部分时间里，即使是航空公司的老主顾，也对这个行业能否安全、快捷高效地运输自己的货物缺乏足够的信心。如果客户将货物转向海运，航空货运行业只有在自己身上寻找原因了。

资料来源：从货主视角看航空货运，http://bbs.02156.cn/thread-51005-1-1.html。

本章习题

1. 问题与讨论

(1)简述航空运价的分类与分类代号。

(2)简述航空运价的使用顺序。

(3)变更运输包括哪些范围？应该如何处理？

(4)简述航空货运单的用途。

(5)航空货运代理的主要优势和职能是什么？

(6)空运货物直接运输和集中托运有何区别？

(7)航空货运单的限制有哪些？

2. 单项选择题

(1)托运人在航空货物发运后,可以对货运单上( )作变动。

A. 运费到付改为运费预付　　　　　　B. 收货人和目的站

C. 声明价值　　　　　　　　　　　　D. 保险金额

(2)某国际航空货物运单上的"Rate Class"一栏印有"N",说明( )。

A. 该票货物的计费重量达到 45 千克

B. 该票货物的计费重量没有达到 45 千克

C. 该票货物采用最低运费

D. 该票货物没有采用较高点的运价

(3)在 IATA 运价体系中,在相同航程、相同承运人的条件下,公布直达运价应优先使用( )。

A. 普通货物运价　　B. 指定商品运价　　C. 等级货物运价　　D. 集装货物运价

(4)在航空运输中,缩写"CCA"表示( )。

A. 运费到付　　　　　　　　　　　B. 货物运费更改通知书

C. 货运账目清算系统　　　　　　　D. 集装器

(5)航空运单下承运人的责任限额通常为毛重每千克( )。

A. 2SDR　　　　　B. 8.33SDR　　　　　C. 16.66SDR　　　　　D. 17SDR

3. 多项选择题

(1)在国际航空货物集中托运的情况下,航空货运单分为主运单和分运单。下列关于主运单和分运单的表述,( )是不正确的。

A. 主运单是国际航空货运代理人与承运人交接货物的凭证

B. 分运单是国际航空货运代理人与发货人交接货物的凭证

C. 在主运单中托运人栏和收货人栏都是实际的托运人和收货人

D. 在分运单中托运人栏和收货人栏都是实际的托运人和收货人

E. 主运单包括分运单

(2)航空集装器包括( )。

A. 集装板　　　　　　B. 结构集装棚　　　　C. 非结构集装棚　　　D. 集装箱

E. 网套

(3)在国际航空货物运输中,装运货物时应考虑到飞机本身的装载限制,这些限制因素包括(　　　)。

A. 最大重量限制　　　B. 机舱容积限制　　　C. 舱门限制　　　　　D. 地板承受力限制

E. 货物种类

(4)国际航空集装器代号通常由前面 3 个字母、中间 4 位数字和后面 2 个字母组成。有关它们的说明表述正确的是(　　　)。

A. 前 3 个字母依次表示集装器的类型、底板尺寸、外形和适配型

B. 中间 4 位数字表示集装器的序号

C. 最后 2 个字母表示集装器所属的所有人、注册人

D. 最后 2 个字母表示集装器的生产方

E. 中间 4 位数表示集装器的类型

(5)以下物品中属于贵重货物的有(　　　)。

A. 金锭　　　　　　　B. 旅行支票　　　　　C. 镀金首饰　　　　　D. 工业钻石

E. 玉石

案例分析

　　1999 年 6 月,浙江某出口公司与印度某进口商达成一笔总金额为 6 万多美元的羊绒纱出口合同,合同中规定的贸易条件为 CFR NEW DELHI BY AIR,支付方式为 100% 不可撤销的即期信用证,装运期为 1999 年 8 月间自上海空运至新德里。合同订立后,进口方按时通过印度一家商业银行开来信用证,通知行和议付行均为国内某银行,信用证中的价格术语为"CNF NEW DELHI",出口方当时对此并未太在意。他们收到信用证后,按规定发运了货物,将信用证要求的各种单据备妥交单,并办理了议付手续。然而,国内议付行在将有关单据寄到印度开证行后不久即收到开证行的拒付通知书,拒付理由为单证不符:商业发票上的价格术语"CFR NEW DELHI"与信用证中的"CNF NEW DELHI"不一致。得知这一消息后,出口方立即与进口方联系要求对方付款赎单;同时通过国内议付行向开证行发出电传,申明该不符点不成立,要求对方按照 UCP500 的规定及时履行偿付义务。但进口方和开证行对此都置之不理,在此情况下,出口方立即与货物承运人联系,其在新德里的货运代理告知该批货物早已被收货人提走。在如此被动的局面下,后来出口方不得不同意对方降价 20% 的要求作为问题的最后解决办法。

　　资料来源:空运方式下的信用证风险防范,http://info. china. alibaba. com/news/detail/v0-d5428735.html。

　　阅读上述案例,回答下列问题:

　　(1)试分析本案中造成出口方陷入被动局面的根本原因。

　　(2)如何防范此类风险?

第
8
章

国际货物陆运及代理实务

本章学习目的

- 了解国际货物陆运及代理的内涵
- 了解国际货物陆运的现状
- 了解国际货物陆运法律及法规

国际货物陆运代理是进行国际物流必不可少的环节,陆运主要通过铁路运输和公路运输来实现,本章介绍分析国际货物陆运代理相关知识。

8.1 国际公路货物运输

8.1.1 国际公路货物运输的基本概念

公路运输(Road Transportation)是现代运输的主要方式之一,同时,也是构成陆上运输的两个基本运输方式之一。公路运输既是一个独立的运输体系,又是连接铁路车站、港口和机场集散物资的重要手段,是连接铁路运输、水路运输和航空运输起端和末端不可缺少的运输方式。公路运输一般是以汽车作为运载工具,所以它实际是公路汽车运输。

国际公路货物运输是指国际货物借助一定的运载工具,沿着公路做跨及两个或两个以上国家或地区的移动过程,以实现货物的贸易交接,并根据相关国家的法律、法规完成货物的报关、报检、纳税等手续。

1.公路货物运输的特点

货物运输可采用公路、铁路、水路、航空、管道运输等多种方式,公路运输与这些运输方式相比较,有如下几个方面的特点:

(1)公路运输的优越性:①适应性强;②灵活性好;③直达性能好,可以实行门到门服务;④运输速度较快,便于周转流通;⑤投资少,见效快;⑥可以广泛参与联合运输。

(2)公路运输的局限性:①运价较高;②载重量较少;③平均运程较短。

2.国际公路货物运输的特点

国际公路货物运输除了具有上述一般公路运输的特点外,又具有自身的特点,主要表现在以下几个方面:(1)政治性强;(2)政策性强;(3)纵横关系复杂;(4)时间性强,风险较大。

3.汽车货物运输的类别

(1)整批货物运输

整批货物运输是指托运人一次托运的货物,其计费重量在3吨以上或不足3吨的,但按其性质、体积、形状等需要由一辆汽车运输。

(2)零担货物运输

零担货物运输指托运人一次托运的货物,其计费重量在3吨及3吨以下。零担货物运输按其性质和运输要求,可分为普通零担货物和特种零担货物。普通零担货物是指适于零担汽车运输的一等、二等、三等普通货物。特种零担货物分长、大、笨重零担货物,危险、贵重零担货物,以及特种鲜活零担货物等。

(3)特种货物运输

同普通货物相比,特种货物运输是指运输货物本身的性质特殊,在装卸、储存、运送过程中有特殊要求,以保证货物完整无损及安全性。一般需要以大型汽车或挂车以及罐装车、冷藏车、保温车等车辆运输,这种货物运输又分为长、大、笨重货物运输,贵重货物运输,鲜活易腐货物运输和危险品货物运输四种。每种又分为若干类,各种运输都有不同的要求和不同的运输方法。

(4)集装箱汽车运输

以集装箱为单位办理托运且由专用汽车载运的,为集装箱汽车运输。

(5)包车货物运输

包车货物运输是指把车辆包给托运人安排使用的货物运输方式。包车货运通常有两种形式:①计程包车,即运费按货物运输里程结算;②计时包车,指按包车时间结算运费。

计时运输主要适用于以下情况:不易计算货物重量、运距;货物性质、道路条件限制车辆不能按正常速度运行;装卸次数频繁或时间过长;需托运人自行确定车辆开停时间;大型汽车及挂车运输。

4.国际汽车货物运输业务

国际汽车货物运输业务按其工作性质,大致可分为以下六类:

(1)出口物资的集港运输

集港运输是指出口商品由产地至外贸中转仓库,由中转仓库至港口仓库,由港口仓库至船边(铁路专用线或航空港收货点)的运输。

(2)货物的疏港运输

疏港运输是指按出口货物代理人的委托,将进口货物由港口送达指定交货地点。

（3）国际多式联运的首末段运输

国际多式联运的首末段运输是指国际多式联运国内段的运输，即将出口货物由内陆装箱点装运至出运港；将进出口货物由港口运至最终交货地的运输。

（4）边境公路过境运输

经向海关申请办理指定车辆、驾驶员和边境路线，在海关规定的地点停留，接受海关监管和检查，按有关规定办理报检。完税、放行后运达目的地的运输。

（5）特种货物运输

超级笨重货物、危险品、鲜活货物等的运输，要使用专门车辆并向有关管理部门办理准运证方可起运。

（6）"浮动公路"运输

"浮动公路"运输，即利用一段水运衔接两段陆运，衔接方式采用将车辆开上船舶，以整车货载完成这一段水运，到达另一港口后，车辆开下继续利用船运的联合运输形式。浮动公路运输又称车辆渡船方式，这种联合运输的特点是在陆运与水运之间，不需将货物从一种运输工具上卸下再转换到另一种运输工具上，而仍利用原来的车辆作为货物载体。其优点是两种运输工具之间有效衔接，运输方式转换速度快，而且在转换时，不触碰货物，因而有利于减少或防止货损，也是一种现代化运输方式。

8.1.2 国际公路货物运输操作实务

1.国际公路货物运输合同

（1）国际公路货物运输合同的概念

国际公路货物运输合同是指合同中规定的接管和交付货物的地点位于不同国家，承运人以营运车辆进行货运，托运人支付运费并明确合同双方当事人权利、义务关系的合同。其中，营运车辆是指用于国际货运公路营运的机动车、拖挂车、拖车和半拖车等公路交通运输工具。国际公路货运合同的当事人是托运人和承运人。承运人的代理人、受雇人或其他受雇为履行合同服务的人员，在承运人授权范围或雇佣范围内的行为，视同承运人本人的行为，由承运人承担所产生的一切权利和义务。

代托运人与承运人订立国际公路货运合同，须有托运人的授权委托证明，在托运人授权范围内所为的一切行为，直接由托运人承担其权利义务。

（2）公路货物运输合同的确认

在国际公路货运业务中，运单即运输合同，运单的签发则是运输合同成立的体现。《国际公路货物运输合同公约》（CMR）中对运单所下的定义是：运单是运输合同，承运人收到货物的初步证据和交货凭证。

①公路货物运输合同以签发运单来确认。

在国际公路货运业务中，常常把运单视为运输合同而不另订运输合同。运单对发货人和收货人和承运人都具有法律效力，也是贸易进出口货物通关、交接的重要凭证。

国际公路货运合同是双务合同，必须由合同双方当事人的意思表示一致，合同方可成立。合同应当是合法行为，应符合有关的国际规则，如《汉堡规则》和有关国家的法律，不得妨害社会公共秩序,不得损害他人利益。

②发货人根据货物运输的需要与承运人签订定期或一次性运输合同。

运单视为运输合同成立的凭证。当待装货物在不同车内或装有不同种类货物或数票货物,发货人或承运人有权要求对使用的每辆车、每种货物或每票货物分别签发运单。

③公路货物运输合同自双方当事人签字或盖章时成立。

当事人采用信件、数据电文等形式订立合同的,可以要求签订确认书,签订确认书时合同成立。

(3)国际汽车联运货物运单的内容与组成

①运单组成

国际汽车联运货物运单为一式三份,都需要发货人和承运人签字或盖章。其中,一份交给发货人;一份随货物同行,作为通关以及交接的凭证;一份由承运人留底。

②主要内容

国际汽车联运货物运单共计22个栏目,填写时要求用钢笔或圆珠笔清楚填写,或者打印,或者盖戳记。1~12栏以及16栏由发货人填写,18栏和20栏由收货人填写,其他由承运人填写。

运单应至少包括下列20项内容:

- 运单签发日期和地点;
- 发货人的名称和地址;
- 承运人的名称和地址;
- 货物接管地点、日期以及指定的交货地点;
- 收货人的名称和地址;
- 货物品名和包装方法,如属危险货物,应说明其基本性质;
- 货物件数、特征标志和号码;
- 货物毛重或以其他方式表示的量化指标;
- 与运输有关的费用(运费、附加费、关税和从签订合同到交货期间发生的费用);
- 办理海关手续和其他手续所必需的托运人的通知;
- 是否允许转运的说明;
- 发货人负责的费用;
- 货物价值;
- 发货人关于货物保险给予承运人的指示;
- 交付承运人的单据清单;
- 运输起止期限;
- 双方权利义务;
- 违约责任;
- 仲裁庭选择条款及法律适用;
- 合同文本及效力。

2.货物的发运

发运货物要与运单记载的内容一致,不得夹带、隐瞒与运单记载不相符的货物。需办理准运或审批、检验手续的货物,发货人应将准运证或审批文件提交给承运人,并随货物同行。

货物包装要符合运输要求,没有约定或者约定不明确的,可以协议补充。出口货物的包装必须符合出口货物要求,并有标记、唛头。对包装方式不能达成协议的,按通用的方式包装;没有通用方式的,应在足以保证运输、搬运装卸作业安全和货物完好的原则下进行包装。发货人应根据货物性质和运输要求,按国家规定及国际要求正确使用运输标志和包装储运图示标志。

运输过程中需要饲养、照顾的动植物、尖端精密产品、稀有珍贵物品、文物等,发货人要派人随车押运。大型特型货物、危险货物、贵重物品是否押运,发货与承运双方进行协商。除上述货物外,发货人要求押运时,需经承运人同意。

押运人员的姓名以及其他必要的情况应填写在运单上,不能随意换人顶替,押运人员每车1人,免费乘车。有押运人员时,运输途中发生的货损、货差,承运人不负责损失赔偿责任。

3.货物承运与交接

(1)承运

承运人不得超限超载。运输路线由承运人与发货人共同确定,一旦确认不得随意更改,如果承运人不按约定路线运输,额外费用由承运人自己承担。运输期限由承运和发货双方共同约定并在运单上注明,承运人必须在规定时限内运达。

(2)货物的交接

承运人在运输约定货物之前要对货物核对,如果发现货物和运单不符或者可能会给运输带来危险的,不得办理交接手续。

货物运达目的地前,承运人要及时通知收货人做好交接准备;如果是运输到国外,则由发货人通知;如果是零担货物,在货到24小时内通知。

承运人与发货人之间的交接,如果货物是单件包装,则按件交接;如果货物采用集装箱以及其他有封志的运输方式,按封志交接;如果是散装货,则按磅交接或按双方协商的方式交接。

货物运达目的地以后,收货人应凭借有效单证接收货物,不得无故拒绝接收;否则要承担由此造成的一切损失。涉外运输如发生上述情况,应由发货人解决并赔偿承运人的损失。

货物在交给收货人时,双方对货物的重量或者内容如有疑义,均可以提出查验或者复核,费用由责任方承担。

4.货物的保险与保险运输

货物运输有两种投保方式:货物保险和货物保价运输,采取自愿投保原则,由发货人自行确定。货物保险由发货人向保险公司投保,也可委托承运人代办。

货物保价运输是指按保价货物办理承运手续,在发生货物赔偿时,按收货人声明价格及货物损坏程度予以赔偿的货物运输。发货人按一张运单发运的货物只能选择保价或不保价。收货人选择货物保价运输时,申报的货物价值不得超过货物本身的实际价值,保价运输为全程保价,按一定比例收取保价费。

5.运输合同的变更与解除

(1)允许变更和解除的情况

①不可抗力因素;

②合同当事人一方原因,在合同约定的期限内无法履行运输合同;

③合同当事人一方违约,导致合同不可能或者没有必要履行;

④合同当事人协商同意解除或变更合同的,可以变更或解除;如果是承运人提出的,承运人要退还已经收取的费用。

(2)发货人提出变更或解除合同

在货物没有交付收货人之前,发货人可以要求终止运输,返还货物,变更目的地或者要求把货物交给其他收货人,但应当赔偿承运人因此受到的损失。

(3)不可抗力因素下的变更和解除

如果因为不可抗力因素,导致货物在运输过程中受阻,发生了装卸、接运、保管等费用:

①所有费用由发货人承担,承运人要退回未完成的运输费用;

②回运时,回程运费免收;

③发货人要求绕道运输,额外费用按实际收取;

④货物在受阻地需要存放,保管费用由发货人负担。

(4)逾期提货

货物到达目的地后,承运人知道收货人的,应及时通知收货人,收货人逾期提货的,应向承运人支付保管费用。

8.2 国际铁路货物运输

铁路运输是现代化运输业的主要运输方式之一,已经有 150 多年的历史。它与其他运输方式比较,具有运量大、速度快、安全可靠、运输成本低、运输准确性和连续性强、受气候影响较小等一系列特点,在国际货物运输中起着非常重要的作用。

8.2.1 国际铁路货物联运的概念和特点

凡在跨及两个或两个以上国家铁路的货物运输中,由参加国铁路共同使用一份运送票据,在由一国铁路向另一国铁路移交货物和车辆时,不需要收货人参加,并以连带责任办理货物的全程铁路运输,称为国际铁路货物联运(International Railway Through Goods Traffic),简称国际铁路联运。

1.国际铁路联运的特点

(1)涉及面广

凡是办理国际联运,每运送一批货物都要涉及两个或两个以上国家;有时还要通过与《国际货协》有关的国家,向与《国际货协》无关的西北欧国家办理转发送,才能完成全程的运送工作,最后运到目的地。

(2)运输条件高

由于国际联运参加国多,涉及多个国家的铁路、车站和国境站,有时还有收转人参加,这就要求每批货物的运输条件如包装、转载、票据的编制、添附文件及车辆使用都要符合有关国际联运的规章、规定,否则将造成货损、货差、延迟交货等运输事故。

(3)运输时间短、成本低

国际铁路联运的始发站和最终目的站大多是内陆车站、收货或收货的铁路专用线。货物从发货人的专用线或就近的车站出发,直接到达收货人的专用线或就近的车站。对内陆收发货人来讲,铁路运输时间比海运少,运输成本也比海运低。

2.国际铁路联运的产生和发展

(1)产生背景

19世纪中期,有关国家签订协议开展国际铁路客货联运,1890年欧美国家在瑞士首都伯尔尼签订了《国际铁路运送规则》,并于1893年开始生效。1934年该公约修改后称为《国际铁路货物运送公约》,并于1938年9月开始实行。现在参加该公约的国家已有30多个,在国际铁路货物运输的影响也日益扩大。

(2)发展现状

1951年,由苏联代表提议,起草并通过了《国际货协》和《国际客协》,最初有8个国家参加,1954年中国、朝鲜、蒙古正式参加,随后越南也参加进来。从此,国际铁路联运成为连接亚欧各国客货运输的重要纽带。

3.国际铁路货物联运办理的种别和运输限制

(1)国际铁路货物联运办理种别

国际铁路货物联运办理种别分成整车、零担和大吨位集装箱。

①整车。这是指按一份运单托运的,按其体积或种类需要单独车辆运送的货物。

②零担。这是指按一份运单托运的一批货物,重量不超过5 000千克,按其体积或种类不需要单独车辆运送的货物。但如有关铁路间另有商定条件,也可不适用《国际货协》整车和零担货物的规定。

③大吨位集装箱。这是指按一份运单托运的,用大吨位集装箱运送的货物或空的大吨位集装箱。

(2)国际铁路货物联运的运输限制

①不准运送的货物

• 属于应当参加运送的铁路的任一国家禁止运送的物品。

• 炸弹、弹药和军火(但狩猎和体育用品除外)。

• 爆炸品、压缩气体、液化气体或在压力下溶解的气体、自然品和放射性物质(指《国际货协》附件第2号之附件1中1表、3表、4表、10表中没有列载的)。

• 一件重量不足10千克,体积不超过0.1立方米的零担货物。

• 在换装联运中使用敞车类货物运送的一件重量不足 100 千克的零担货物,但此项规定不适用附件第 2 号《危险货物运送规则》中规定的一件最大重量不足 100 千克的货物。

• 在换装联运中使用不能揭盖的棚车运送一件重量超过 1.5 吨的货物。

②预先商定后才准运送的货物

• 一件重量超过 60 吨;或在换装运送中,运往越南重量超过 20 吨的货物。

• 长度超过 18 米的,运往越南长度超过 12 米的货物。

• 超限货物。

• 在换装运送中用特种平车装运的货物。

• 在换装运送中用专用罐车装运的化学货物。

• 用罐车运往越南的一切罐装货物。

③按特殊规定办理的货物

• 危险货物;

• 押运人押运的货物;

• 易腐货物;

• 集装箱货物;

• 托盘货物;

• 不属于铁路或铁路出租的空、重车;

• 货捆货物。

8.2.2 国际铁路货物联运公约和协定

1.国际公约

(1)国际铁路货物运送公约

《国际货约》是 1980 年欧洲各国在瑞士首都伯尔尼举行的各国铁路代表会议上制定的。1938 年修改时改称《国际铁路货物运送公约》,又称《伯尔尼货运公约》,同年 10 月 1 日开始实行。在第一次和第二次世界大战期间曾经中断,战后又重新恢复,以后为适应国际形势的不断发展变化又屡经修订。参与国共有 24 个:德国、奥地利、比利时、丹麦、西班牙、芬兰、法国、希腊、意大利、列支敦士登、卢森堡、挪威、荷兰、葡萄牙、英国、瑞典、瑞士、土耳其、前南斯拉夫、保加利亚、匈牙利、罗马尼亚、波兰、前捷克斯洛伐克。

①适用范围

适用按联运单托运的,其运程至少通过两个缔约国的领土。

②运输契约

运单是运输契约。

③发货人的权利、义务

发货人对运单记载和声明的正确性负责。发货人应遵守载货限制,按要求包装货物。发货人对包装标记同运单相符负责,否则,承担由此引起的装车不当而带来的损失,并应赔偿铁路损失。发货人可以按规定变更和修改运输合同。

④收货人的权利和义务

交付应付一切费用,并于到达站领取运单和货物。如已证实货物灭失或在规定期限内未到达,收货人有权以本人名义按合同向铁路提出赔偿请求。收货人有权在发货人未支付有关运费或未按规定填写运单时,变更运输合同;如指示货物中途停留,延迟交付货物,将到达货物交与非运单中的指定收货人。

⑤承运人的权利、义务

承运人有权检查运单记载事项是否正确,并可将实际检查结果载入运单上。发货人超装时,有权收取差额运费并对可能产生的损失提出索赔要求。承运人对全程运输负责。对因发货人或收货人的错误、疏忽行为或货物固有缺陷等所致的损害灭失,承运人免责。

⑥关于运费、期限和索赔规定

《国际货约》规定了运费计算标准。索赔应以书面形式提出,诉讼时效为期一年。

(2)国际铁路货物联运协定

《国际铁路货物联运协定》(Agreement on International Railroad Through Transport of Goods)简称《国际货协》,是于 1951 年 11 月由苏联、捷克、罗马尼亚、东德等 8 个国家共同签订的一项铁路货运协定。1954 年 1 月中国参加,其后,朝鲜、越南、蒙古也陆续加入,至此共有 12 个国家加入《国际货协》。《国际货协》是缔约各国发货人、收货人以及过境办理货物联运所共同遵循的基本文件,共设 8 章 40 条,主要内容包括:适用范围、运输契约缔结、托运人的权利和义务、承运人的权利和义务、赔偿请求与诉讼时效等。

①适用范围

适用于缔约国铁路方面之间的国际直通货物联运,对铁路部门、发货人、收货人都有拘束力。但不适用:A. 发、到站都在同一国内,而用发送国列车只通过另一国家过境运送货物;B. 两国车站间,用发送国或到达国列车通过第三国过境运送的;C. 两邻国车站间,全程都用某一方列车,并据这一铁路的国内规章办理货物运送时。

②发货人托运时,要填写运单和运单副本

铁路运输单证用运单。运单是发货人与铁路之间缔结的运输契约,是铁路向收货人收取运杂费用和点交货物的依据。它规定了铁路、发货人和收货人在货运中的权利、义务和责任,因此,运单对上述当事人均有法律约束力。同时,运单又是铁路运输的凭证。但运单不是物权凭证,不能转让,亦不能凭以提货。运单随同货物从始发站至终点站全程附送,最后交给收货人。联运运单副本是贸易双方结算货款的依据。当所运货物或票据丢失时,副本可作为向铁路索赔的证件。运单副本加盖戳记后,证明铁路运输合同订立,并交付发货方凭以结汇。

③托运人的权利、义务

托运人包括发货人和收货人,其主要权利和义务是:

发货人对运单记载和声明事项的正确性承担义务,否则,承担相应的一切后果。发货人对货物包装、标记符合要求负责。按规定计算、支付运费,即发送路铁路国内运价由发货人支付;到达路发生的运费按到达国国内运价由收货人在到站支付;过境铁路运费按《国际货协》统一的过境运价规程计算,在发站或到站由收货人支付。货到站后,收货方应付清运费并领取货物。货物发生重大质变,不能按原用途使用时,收货人有拒绝领取货物的权利。发货人和收货人都有对运送契约变更一次的权利。发货人在发站领回货物,变更到站,将货物返还发站。收货人也可在到达国范围内变更到站或收货人,但变更申请必须在货物尚未从到达国境站上发出时作出;否则,一旦从国境站发出,申请变更无效。变更运输合同应在国内(发出或到达国)按规定交纳一定费用。

④铁路(承运人)的权利和义务

收取运送费用和其他费用,并交付货物和运单。有权检查运单中记载事项的正确性,并对不完全、不准确记载和声明核收罚款。对非承运人过失而引起的货物灭失、损坏、短量不负责任。铁路对于按《国际货协》办妥联运手续的货物负全程运输责任。如果货物发往非国际货协国,铁路应负责按另一种有关协定的运单要求办理运送手续。

⑤赔偿请求与诉讼时效

托运人有权据合同提出赔偿请求,赔偿请求应采用书面形式。由全权代理人、代表提出时,应有发货人或收货人的委托证明书方可。

赔偿请求应列明具体赔偿金额。当请求人是发货人时,则向发送站提出;如由收货人提赔,则应向到达站提出。

索赔不能得到合理解决时,可起诉。提赔和诉讼时效为:9 个月内提出或诉讼;但逾期的请求赔偿和诉讼,应在 2 个月内提出。部分灭失、损坏以及逾期索赔,自交付货物之日起算;全部灭失赔偿,自货物运到期限届满后 30 日内计算。

8.2.3 国际铁路货物联运运单

1.运单的作用

国际铁路货物联运运单是参加国际铁路货物联运的铁路与发货人、收货人之间缔结的运输合同。它体现了参加联运的各国铁路和发货人、收货人之间在货物运送上的权利、义务、责任和豁免,对铁路和发货人、收货人都具有法律效力。

2.联运运单的组成

国际铁路货物联运运单由下列各张组成:

1——运单正本;

2——运行报单;

3——运单副本;

4——货物交付单;

5——货物到达通知单。

此外,还有为发送路和过境路准备的必要份数的补充运行报单。

3.联运运单的填写

运单正面未画粗线的各栏由发货人填写,现将发货人填写的各栏说明如下:

第 1 栏,发货人及其通信地址。

填写发货人的名称及其通信地址,发货人只能是一个自然人或法人。

由中国、朝鲜、越南发货时,准许填写这些国家规定的发货人及其通信地址的代号。

第 2 栏,合同号码。

填写出口单位和进口单位签订的供货合同号码。

第 3 栏,发站。

填写运价规程中所载发站全称。

第 4 栏,发货人的特别声明。

发货人可在该栏中填写自己的声明,例如关于对运单的修改及易腐货物的运送条件等。

第 5 栏,收货人及其通信地址。

注明收货人的名称及其通信地址,收货人只能是一个自然人或法人。从国际货协参加路向未参加国际货协的铁路发货而由站长办理转发送时,则在该栏填写"站长"。

第 6 栏,对铁路无约束效力的记载。

发货人可以对该批货物作出记载,该项记载仅作为对收货人的通知,铁路不承担任何义务和责任。

第 7 栏,通过的国境站。

注明货物应通过的发送路和过境路的出口国境站。如有可能从一个出口国境站通过邻国的几个进口国境站办理货物运送,则还应注明运送所要通过的进口国境站。根据发货人注明的通过国境站确定经路。

第 8 栏,到达路和到站。

在斜线之前,应注明到达路的简称;在斜线之后,应用印刷体字母(中文用正楷粗体字)注明运价规程上到站的全称。运往朝鲜的货物,还应注明到站的数字代号。运往非货协国的货物而由站长办理转发时,记载国际货协参加路最后过境路的出口国境站,并在该站站名后记载:"由铁路继续办理转发送至……铁路……站"。

9～11 栏的一般说明。

填写 9～11 栏事项时,可不受各栏间竖线的严格限制。但是,有关货物事项的填写顺序,应严格符合各栏的排列次序。

第 9 栏,记号、标记、号码。

填写每件货物上的记号、标记和号码。货物如装在集装箱内,则还要填写集装箱号码。

第 10 栏,包装种类。

填写包装的具体种类,如纸箱、木桶等,不能笼统地填"箱"、"桶",如用集装箱运输,则记载集装箱。

第 11 栏,货物名称。

货物名称应按国际货协规定填写,或按发送路或发送路和到达路现行的国内运价规程品名表的规定填写,但需注明货物的状态和特征;两国间的货物运送,可按两国商定的直通运价规程品名表中的名称填写。

在"货物名称"字样下面专设的栏内填写通用货物品名表规定的六位数字代码。

填写全部事项时,如篇幅不足,则应添附补充清单。

第 12 栏,件数。

注明一批货物的件数。

用敞车类货车运送不盖篷布或盖有篷布而未加封的货物,其总件数超过 100 件时,或运送仅按重量不按件数计的小型无包装制品时,注明"堆装",不注件数。

第 13 栏,发货人确定的重量(千克)。

注明货物的总重量。

第 14 栏,共计件数(大写)。

用大写填写第 12 栏中所记载的件数。

第 15 栏,共计重量(大写)。

用大写填写第 13 栏中所载的总重量。

第 16 栏,发货人签字。

发货人应签字证明列入运单中的所有事项正确无误。发货人的签字也可用印刷的方法或加盖戳记处理。

第 17 栏,互换托盘。

该栏内的记载事项,仅与互换托盘有关。

注明托盘互换办法,并分别注明平式托盘和箱式托盘的数量。

第 18 栏,集装箱/运送用具的种类、类型。

在发送集装箱货物时,应注明集装箱的种类和类型。

使用运送用具时,应注明该用具的种类。

第 19 栏,所属者及号码。

运送集装箱时,应注明集装箱所属记号和号码。对不属于铁路的集装箱,应在集装箱号码之后注明大写字母"P"。

使用属于铁路的运送用具时,应注明运送用具所属记号和号码。使用不属于铁路的运送用具时,应注明大写字母"P"。

第 20 栏,发货人负担下列过境铁路的费用。

如发货人负担过境铁路运送费用,填写所负担过境铁路名称的简称。如发货人不负担任何一个过境铁路的运送费用,填写"无"字。

第 21 栏,办理种别。

办理种别分为:整车、零担,大吨位集装箱,并将不需要者画消。

第 22 栏,由何方装车。

发货人应在该栏内注明由谁装车,将不需要者画消。

第 23 栏,发货人添附的文件。

注明发货人在运单上添附的所有文件的名称和份数。

第 24 栏,货物的声明价格。

用大写注明货物价格。

27~30 栏的一般说明。

用于记载使用车辆的事项,只有在运送整车货物时填写。至于各栏是由发货人填写还是由铁路车站填写,则视由何方装车而定。

第 45 栏,铅封个数和记号。

填写车辆或集装箱上施加的封印个数和所有记号。至于铅封的个数和记号,视由何方施封而由发货人或铁路车站填写。

第48栏,确定重量方法。

注明确定重量的方法,例如,"用轨道衡"、"按标准重量"、"按货件上标记重量"等。由发货人确定货物重量时,发货人应在该栏注明确定重量的方法。

第50栏,附件第2号□

根据国际货协附件第2号,托运危险货物时,必须在方框内画对角线。

如果该栏中方框和"附件第2号"字样为黑色,则发货人在根据国际货协附件第2号托运至中华人民共和国、俄罗斯联邦及相反方向过境这些国家的危险货物时,除在运单货物名称下画一横线外,还应同时在运单第一张的货物名称下画一红线。

8.2.4 国际铁路货物联运运费的计算和核收

国际铁路货物联运送费用的计算和核收,必须遵循《国际货协》、《统一货价》以及各国国内现行相关规定。

联运货物运送费用包括货物运费、押运人乘车费、杂费和其他费用。运送费用核收的规定如下:

1. 参加国际货协各铁路间运送费用核收的原则

(1)发送路的运送费用——在发站向发货人或根据发送路国内现行规定核收;

(2)到达路的运送费用——在到站向收货人或根据到达路国内现行规定核收;

(3)过境路的运送费用——按《统一货价》在发站向发货人或在到站向收货人核收。

2. 国际货协参加路与非国际货协铁路间运送费用核收的规定

(1)发送路和到达路的运送费用与1.(1)、1.(2)项相同。

(2)过境路的运送费用,则按下列规定计收。

参加国际货协并实行《统一货价》各过境路的运送费用,在发站向发货人(相反方向运送则在到站向收货人)核收;但办理转发送国家铁路的运送费用,可以在发站向发货人或在到站向收货人核收。

过境非国际货协铁路的运送费用,在到站向收货人(相反方向运送则在发站向发货人)核收。

3. 通过过境铁路港口站货物运送费用核收的规定

从参加国际货协并实行《统一货价》的国家,通过另一个实行统一货价的过境铁路港口,向其他国家(不论这些国家是否参加统一货价)和相反方向运送货物时,用国际货协票据办理货物运送,只能办理至过境港口站为止或从这个站起开始办理。

从参加国际货协铁路发站至港口站的运送费用,在发站向发货人核收;相反方向运送时,在到站向收货人核收。

在港口站所发生的杂费和其他费用,在任何情况下,都在这些港口车站向发货人或收货人的代理人核收。

过境铁路的运送费用,按《统一货价》规定计收。

8.2.5 国际铁路联运出口货物运输流程

1.托运前的工作

在托运前必须将货物的包装和标记严格按照合同中有关条款、国际货协和议定书中条项办理。

(1)货物包装应能充分防止货物在运输中灭失和腐坏,保证货物多次装卸不致毁坏。

(2)货物标记、表示牌及运输标记、货签,内容主要包括商品的记号和号码、件数、站名、收货人名称等。字迹均应清晰、不易擦掉,保证多次换装中不致脱落。

2.货物托运和承运的一般程序

发货人在托运货物时,应向车站提出货物运单和运单副本,以此作为货物托运的书面申请。车站接到运单后,应认真审核,对整车货物应检查是否有批准的月度、旬度货物运输计划和日要车计划,检查货物运单各项内容是否正确,如确认可以承运,车站即在运单上签证时写明货物应进入车站的日期和装车日期,即表示接受托运。发货人按签证指定的日期将货物搬入车站或指定的货位,并经铁路根据货物运单的记载查对实货,认为符合《国际货协》和有关规章制度的规定,车站方可予以承认,整车货物一般在装车完毕时,发站在货物运单上加盖承运日期戳,即为承运。发运零担货物,发货人在托运时,不需要编制月度、旬度要车计划,即可凭运单向车站申请托运,车站受理托运后,发货人应按签证指定的日期将货物搬进货场,送到指定的货位上,经查验过磅后,即交由铁路保管。从车站将发货人托运的货物,连同货物运单一同接受完毕,在货物运单上加盖承运日期戳时,即表示货物已承运。铁路对承运后的货物负保管、装车发运责任。

总之,承运是铁路负责运送货物的开始,表示铁路开始对发货人托运的货物承担运送义务,并负运送上的一切责任。

3.货运单据

(1)国际铁路联运运单(International Through Railway Bill),是发货人与铁路之间缔结的运输契约,它规定了铁路与发/收货人在货物运送中的权利、义务和责任,对铁路和发/收货人都具有法律效力。

(2)添附文件:出口货物必须添附"出口货物明细单"和"出口货物报关单"以及"出口外汇核销单"。另外根据规定和合同的要求还要添附"出口许可证"、品质证明书、商检证、卫生检疫证、动植物检疫证以及装箱单、磅码单、化验单、产地证及发运清单等有关单证。

4.出口货物交接的一般程序

(1)联运出口货物实际交接是在接收路国境站进行的。口岸外运公司接铁路交接所传递的运送票据后,依据联运运单审核其附带的各种单证份数是否齐全、内容是否正确,遇有矛盾不符等缺陷,则根据有关单证或函电通知订正和补充。

(2)报关报验:运送单证经审核无误后,将出口货物明细单截留三份(易腐货物截留两份),然后将有关运送单证送各联检单位审核放行。

(3)货物的交接:单证手续齐备的列车出境后,交付路在邻国国境站的工作人员会同接收路工作人员共同进行票据和货物交接,依据交接单进行对照检查。交接分为一般货物铁路方交接和易腐货物贸易双方交接。

8.2.6 国际铁路联运进口货物运输流程

1. 联运进口货物运输标志的编制

运输标志又称唛头，一般印制在货物外包装上。一般联运进口货物在订货工作开始前，由经贸部统一编制向国外订货的代号，作为收货人的唛头，各进出口公司必须按照统一规定的收货人唛头对外签订合同。

2. 审核联运进口货物的运输条件

联运进口货物的运输条件是合同不可缺少的重要内容，因此必须认真审核，使之符合国际联运和各国国内的有关规章。

审核联运进口货物运输条件的内容主要包括收货人唛头是否正确，商品品名是否准确具体，货物的性质和数量是否符合到站的办理种别，包装是否符合有关规定等。

3. 向国境站寄送合同资料

合同资料是国境站核放货物的重要依据。合同资料包括合同的抄本和它的附件、补充书、协议书、变更申请书、更改书和有关确认函电等。

4. 联运进口货物在国境站的交接与分拨

(1) 联运进口货物交接的一般程序

联运进口货物的交接程序与出口货物的交接程序基本相同。其做法是：进口国境站根据邻国国境站货物列车的预报和确报，通知交接所及海关做好到达列车的检查准备工作。进口货物列车到达后，铁路会同海关接车，由双方铁路进行票据交接，然后将车辆交接单及随车带交的货运票据呈交接所，交接所根据交接单办理货物和车辆的现场交接。海关则对货物列车执行实际监管。

(2) 联运进口货物交接中的几个问题

① 进口合同资料

进口合同资料是国境站核放货物的唯一依据，也是纠正并处理进口货物在运输中出现错乱的重要资料，在收到合同资料后，如发现内容不齐全、有错误、字迹不清，应迅速联系有关进出口公司修改更正。

联运进口货物抵达国境站时，根据合同资料对各种货运单证进行审核，只有单、证、票、货完全相符，才可核放货物。通常联运进口货物货运事故大约有以下几类：

• 合同资料与随车单证不符；

• 单证与货物不符，包括有票无货、有货无票；

• 货物错经国境口岸；

• 货物混装、短装或超过合同规定的数量；

• 货物不符国际货协规定、铁路拒收等。

对上述情况，应本着以下原则处理：因铁路过失造成的，联系铁路处理；因发货人过失造成的，根据合同资料和有关规定认真细致地查验货物，确有可靠依据的可予以纠正，否则联系有关公司处理。

② 联运进口货物变更到站和变更收货人的工作

国际铁路联运货物,根据发货人和收货人的需要,可以提出运输变更。运输变更申请应由发货人或收货人提出。

联运进口货物变更到站、变更收货人时,首先应通过有关进出口公司向国外发货人提出。在国外发货人不同意办理变更时,可向国境站外贸运输机构申请,在国境站办理变更。

联运进口货物变更的受理,应在货物到达国境站前。如由收货人申请变更到站和收货人,则只可在货车开至到达国进口国境站且货物尚未从该站发出时提出变更。

③联运进口货物的分拨与分运

对于小额订货(具有零星分散的特点)、合装货物和混装货物,在双方国境站办妥货物交接手续后,应及时向铁路提取货物,进行开箱分拨,并按照合同编制有关货运单证,向铁路重新办理托运手续。在分运货物时,必须做到货物包装牢固、单证与货物相符,并办清海关申报手续。

如发现货损货差,属于铁路责任的,必须由铁路出具商务记录。

5.运到逾期

(1)运到期限

铁路承运货物后,应在最短期限内将货物运送至最终到站。货物从发站至到站所允许的最大限度的运送时间,即为货物运到期限。

货物运到期限由发送期间、运送期间以及特殊作业时间三部分组成。

(2)发送期间

不论慢运、快运,随旅客列车挂运的整车或大吨位集装箱、由货物列车挂运的整车或大吨位集装箱以及零担一律为一天(昼夜),由发送路和到达站平分。

案例 8-1

集装箱公路联运案例分析

在铁路货物运输中,怎样有效地实现各集装箱办理站的"门到门"运输,是实现铁路物流全过程运输的一个重要环节。德国铁路经过不断改革,探索出了一条集装箱公铁联运的运输方式。

德国运输集装箱的重载汽车由德国、瑞典、意大利、荷兰、法国等不同国家生产,但装载集装箱的拖车标准是一样的,即集装箱拖车可以互换,从而促进了公路集装箱运输在欧洲的发展。

德国铁路改革之初,已经把全德所有铁路货场出售给比利时的 ABX 公司,ABX 公司根据收购德铁货场的具体情况,对市场效益进行分析和重新商业运作,只有极少数货场仍然从事铁路业务,这标志着德国铁路货运几乎不存在与国内管理方式相同的铁路货场。个别铁路货场的公路运输业务由德铁斯廷思物流公司(StinnesAG)的子公司辛克公司(SchenkerAG)办理。德国有 4 500 条专用线和 1 600 个货运作业点,原德铁货场的货运业务现主要由这些专用线和货运点办理。为了抢占运输市场份额,失去铁路货场的德铁为专用线和货运点免费提供计算机和货运软件应用程序,免费维修与保养。

合同的签订

德国铁路集装箱实现专用线或货运点到顾客之间的运输,有靠专用线或货运点自有汽车运输的,也有靠子公司汽车进行运输的。现在,专用线或货运点和汽车运输公司签订了公铁联运运输合同。

运输合同的签订使专用线或货运点拥有重载汽车使用的优先权。专用线或货运点根据日常运输任务,决定需要的汽车数量,不需要保证汽车运输任务。如果某日下午没有集装箱运输任务,只要专用线或货运点工作人员对重载汽车司机说明,重载汽车就可以自由寻找其他运输任务,但是重载汽车明天必须按要求到专用线或货运点接受新的运输任务。

在德国,普通重载汽车空车(不含拖车)的造价是 7.5 万欧元左右,普通重载汽车拖车是 2.3 万~3.9 万欧元。这种价格在德国也是比较贵的。所以,一家普通卡车公司拥有的重载汽车数量不是很多,许多卡车公司只是拥有两三辆。但也有较大的卡车公司,如不来梅的中立运输营业处有限责任公司(NTK)。该公司拥有 70 多辆卡车,但卡车的产权并不属于公司,公司只是将若干个拥有私人卡车的个体进行有效的整合与组织,并且购置一部分拖车,为每辆加入的卡车安装全球卫星定位系统(GPS),以 NTK 的品牌为用户服务。这种方式可以提高品牌效应,提高竞争力。

由于运输公司间的竞争加剧,导致各运输公司之间运输合同的内容也不相同,运输合同没有统一标准的格式。德国很早就制定了《德国承运商人通用标准》,要求运输合同的签订必须在这个框架范围内,具体内容可以补充。

运输的组织

办理集装箱运输的专用线或货运点一般设有重载汽车编排部,负责重载汽车的任务分配和费用清算等,但重载汽车的日常维修与保养、运输服务质量、出现事故的处理费用等,都通过合同由运输公司负责。重载汽车的运输半径一般为 150 千米以内,也有运输半径超过 200 千米的。

重载汽车运输任务的安排。德国铁路"门到门"运输的线路是由不同的运输公司组织安排的,虽然运输公司都宣称自己可以代理德国境内甚至欧洲范围的公铁集装箱"门到门"运输,但是由于各个公司经营线路的侧重点不同,所以存在着运输价格的差别(运输价格在德国是保密的)。

组织集装箱运输的德铁子公司或组织集装箱运输的私营公司在收到客户订单后,根据客户在发、到站取送集装箱的时间要求,及时给发、到站发传真和电子邮件,告知接、送集装箱的运输任务,由发、到站根据时间安排,提前 1 天至 2 天制定行车命令单,便于及早安排运输任务。私营集装箱运输公司的运输程序和德铁很相似,只不过有价格差别。

重载汽车集装箱的装卸。集装箱在专用线或货运点的装卸由专用线或货运点负责,费用由货主出。重载汽车只负责运输到指定地点,不负责装卸,如果集装箱收、发货人没有起重能力,可以申请由到站派车前来装卸,费用是另外收取的。

重载汽车运输费用的清算。重载汽车的清算单据是德铁行车命令单或私营集装箱运输公司的运输任务单据,按照运输最短径路的每千米费率进行清算。首先由德铁组织集装箱运输的公司或私营集装箱运输公司和集装箱货运人清算,然后和发、到站进行清算,发、到站再和重载汽车运输公司清算。由于公路运输最短径路可以查出,运输价率又有规定,所以在这一点上不存在运输费用的分歧。

运输过程中涉及装卸时间,一般情况下,装卸时间在 2 小时以内不收费,如果超出 2 小时将另外收取费用。装卸时间将在行车命令单或运输任务单据上体现,由司机和集装箱收、发货人共同确认。每次重载汽车司机运输完毕,将单据交到重载汽车编排部,一是确认上批任务完成,二是领取下批任务。

2005 年 1 月 1 日起,德国对通过高速公路运输的重载汽车收取一定的费用,这些费用也由集装箱收、发货人承担。

特种货物的运输

运输危险货物和超大货物的集装箱,根据货物的不同,选用的重载汽车也不同。

德国运输普通危险货物的司机必须每 5 年进行一次 30 小时的培训。司机在运输危险货物时,必须配备安全帽、防护镜、铁锹、灭火器等,在集装箱四周必须张贴危险识别标志和国际通用的危险货物代码。

对于放射性或炸药等危险货物,将由经过更严格培训的司机运输,集装箱换装站也是指定的。

如果运输超重的集装箱,就需要选派装载超重集装箱的拖车运输。

根据不同的情况,选用不同的车辆,这需要重载汽车编排部有目的地选择运输合同单位。运输特种集装箱的费用也不同于普通集装箱的运输费用。

资料来源:公路集装箱运输,http://www.ygkd.net/ygkd/2012-06-01/2522.html。

本章习题

1. 问题与讨论

(1)简述公路货物运输的特点。

(2)简述铁路货物运输的特点。

(3)简述国际铁路联运进口货物运输流程。

(4)简述国际铁路联运出口货物运输流程。

(5)国际铁路联运运单正本和副本各有什么作用?

2. 单项选择题

(1)下列(　　)可以及时地提供"门到门"的运输服务。

A. 公路运输　　　　B. 铁路运输　　　　C. 水路运输　　　　D. 航空运输

(2)中国内地对香港地区采用铁路运输时,对外结汇的凭证是(　　)。

A. 中国国内铁路运单　　　　　　　　B. 香港段铁路运单

C. 国际铁路联运运单　　　　　　　　D. 承运货物收据

(3)《国际货协》运单由五联组成,下列(　　)单据的流转程序为:发货人→发站→到站→收货人。

A. 运单正本　　　　　B. 运单副本　　　　　C. 运行报单　　　　　D. 货物交付单

(4)公路零担货物运输系指同一货物托运人托运的货物不超过(　　　)。

A.4 吨　　　　　B.3 吨　　　　　C.2 吨　　　　　D.1 吨

(5)在公路危险货物运输中,凡具有(　　　)等性质,在运输过程中能引起人身伤亡、人民财产受到毁损的货物,均称为危险货物。

A. 燃烧、爆炸、腐烂、毒害、放射性　　　　　B. 燃烧、爆炸、腐蚀、有毒、有害

C. 燃烧、爆炸、毒害、放射性　　　　　D. 腐蚀

(6)铁路始发站在(　　　),开始对承运货物承担有关责任。

A. 收货完毕后　　　　　B. 核对货物后

C. 接到托运人运单申请后　　　　　D. 货运单上加盖承运人承运日期后

3. 多项选择题

(1)国际铁路联运运单具有(　　　)功能。

A. 运输合同证明和物权凭证　　　　　B. 运输合同证明和货物收据

C. 货物收据和货物凭证　　　　　D. 货物收据和流通性

E. 货物收据和物权凭证

(2)货物的门到门运输通常采用公路运输方式,是因为(　　　)。

A. 公路运输的灵活性大　　　　　B. 公路运输的速度快

C. 公路运输的运量大　　　　　D. 公路运输的运货种类多

E. 公路运输的适应性强

(3)以下哪些国际铁路联运规则适用于铁路和发收货人(　　　)。

A.《国际货协》　　　B.《统一货价》　　　C.《货协细则》　　　D.《国境铁路协定》

E.《国际货约》

(4)鲜活货物是指在铁路运输过程中需要采取(　　　)等特殊措施,以防止腐烂变质或病残死亡的货物。

A. 制冷　　　　　B. 加温　　　　　C. 通风　　　　　D. 上水

E. 保温

(5)贸易术语(　　　)要求国际运输最后一程一定是陆运。

A. CPT　　　　　B. DAF　　　　　C. FCA　　　　　D. DDU

E. FOB

案例分析

[案例 1]

　　某棉织厂定期通过公路运输经营人向其批发商发运棉织品。该公路经营人受公共承运人的法律制约,该法律为过失责任制。由于公路经营人雇员的罢工,该厂不得不通过另一公路运输货运代理发运一批棉织品。棉织厂与该货运代理协商了运费率,但未与之订立详细的运输合同(该货运代理属私人承运人),结果运输中部分货物被损坏。棉织厂向

货运代理要求赔偿,遭货运代理拒赔,理由是该货损并非由于其过失或疏忽造成。

回答下列问题:对棉织厂的损失,货运代理是否应承担责任?

[案例 2]

原告:某海洋馆

被告:某物流公司

2005 年 4 月 20 日,原告与被告签订"门到门"运输服务合同,约定被告须在 4 月 28 日前将原告租借的两只海豚从 A 地运至 B 地,运输方式为航空运输,原告负责海豚的包装并预付全部运费。之后,被告向某航空公司预订了 4 月 25 日的航班,原告依约支付了全部费用。但在货物装机前,机长认为海豚的包装方式可能影响飞行安全,故而拒绝配载。

货物被拒后,被告建议预订下一航班,原告考虑到这样会耽误"五一"黄金周期间的海豚表演,没有同意。最后原告提出采用汽车陆运方式,在 4 月 28 日前到达 B 地。被告遂同意了原告的意见,委托当地一家运输公司将两只海豚用汽车运往 B 地,被告与原告各有一名业务人员随同押车,被告支付了本次陆运费用。

4 月 27 日到达 B 地后,两只海豚因路途颠簸并且长期脱水而严重受伤,原告不得不取消了"五一"期间的演出,并花了近两个月的时间救治受伤的海豚。

2005 年底,原告向法院起诉被告违反合同约定,将航空运输方式改变为陆路运输方式,致使海豚长期脱水而受伤,要求被告承担损害赔偿责任共计人民币 90 余万元。

被告辩称,空运改陆运系原告要求,与被告无关;海豚受伤是原告未尽到看护职责所致。

法院经审理认为,原、被告双方签订的"门到门"运输服务合同合法、有效,双方应当按照合同约定全面履行各自义务。被告作为运输服务提供方,有义务按照约定时间和方式将原告委托的货物安全、完好地运抵目的地。同时,作为专业的物流公司,被告应当比原告更具备谨慎判断和合理安排运输方式的能力。由于被告不能提供原告要求变更运输方式以及原告承诺承担因此引起的损害赔偿责任的证据,所以法院最终判决由被告承担海豚的损害赔偿责任,包括海豚治疗费用、原告门票损失费用等共计人民币 20 万元。

资料来源:改变运输方式需三思,http://info.jctrans.com/haiyun/hyal/2006419240827.shtml。

阅读上述案例,回答下列问题:

(1)"门到门"运输服务合同下,承运人需要注意哪些问题?

(2)从此案例中,你得到哪些启示?

第 **9** 章

国际多式联运及代理实务

📖 **本章学习目的**

- 了解国际多式联运的特点
- 掌握国际多式联运的业务流程
- 了解国际多式联运单据及单证业务
- 了解国际多式联运的运费及租箱业务

国际多式联运(International Multimodal Transport)简称多式联运,是在集装箱运输的基础上产生和发展起来的,是指按照多式联运合同,以至少两种不同的运输方式,由多式联运经营人将货物从一国境内的接管地点运至另一国境内指定交付地点的货物运输。国际多式联运适用于水路、公路、铁路和航空多种运输方式。在国际贸易中,由于 $85\% \sim 90\%$ 的货物是通过海运完成的,故海运在国际多式联运中占据主导地位。本章主要介绍国际多式联运的相关知识。

9.1 国际多式联运概述

9.1.1 国际多式联运的含义和特征

一般而言,国际多式联运是指根据一个多式联运合同,采用两种或两种以上的运输方式,由多式联运经营人把货物从一国境内接管货物地点运到另一国境内指定交付货物地点的行为。

上述定义反映了国际多式联运具有以下特点:

- 由国际多式联运经营人承担或组织完成全程运输工作;

- 签订一个运输合同,对货物运输的全程负责;
- 采用两种或两种以上不同的运输方式来完成运输工作;
- 采用一次托运、一次付费、一票到底、统一理赔、全程负责的运输业务;
- 可实现"门到门"运输。

1.国际多式联运合同所适用的规章

(1)适用于专门规定国际多式联运方面的国际公约或惯例,联合国《国际货物多式联运公约》、国际商会《联合运输单证统一规则》等,通常所说的国际多式联运即属于这种情况。

(2)适用于专门规范某种运输方式的国际公约或国内立法。如,在履行航空特快专递、机场到机场航空运输或者港到港海上集装箱运输过程中,都会涉及汽车运输或铁路运输的接送,但这种"陆空联运"或"陆海联运"已明确规定适用于单一运输方式的国际公约或国内立法,因而这种特殊的"多式联运"可以直接由所规定适用的某种运输方式的国际公约或国内立法予以调整,并不涉及对不同运输方式之间法律规范在责任期限、责任限制等方面所存在的冲突进行协调等问题,因此,在联合国《国际货物多式联运公约》和国际商会《联合运输单证统一规则》中均把这种"多式联运"排除在外。

2.货物的种类

目前,绝大多数国际公约或国内立法对国际多式联运货物的种类通常并无限制,既可以是集装箱货物、成组托盘货物,也可以是一般的散杂货等。然而,由于采用集装箱运输的效果最好,故国际多式联运货物通常是指集装箱货物。而且有些国际多式联运法规或惯例专门对国际多式联运货物的种类予以限定。如:西伯利亚大陆桥运输中的货物仅限于国际集装箱货物。

3.国际多式联运的优点

(1)提高运输组织水平;
(2)综合利用各种运输的优势;
(3)实现"门到门"运输的有效途径;
(4)手续简便、提早结汇;
(5)安全迅速;
(6)降低运输成本,节约运杂费用。

9.1.2 多式联运的基本形式

1.法定联运与协议联运

(1)法定联运

法定联运是指与多式联运有关的运输票据、联运范围、联运受理的条件与程序、运输衔接、货物交付、货物索赔程序以及承运人之间的费用清算等均应符合有关国际公约和国家颁布的有关规章,并实行计划运输。

这种多式联运的最基本特征在于其强制性,即承托双方并不需要对国际多式联运合同的条款予以协商,仅需要按照规定办理即可。法定联运实际上属于协作式联运,参与联运的承运人为共同承运人,对货主承担连带责任。

(2)协议联运

协议联运是指法定联运以外的联运。协议联运的最基本特征在于联运的非强制性。在这种联运形式下,联运采用的运输方式、运输票据、联运范围、联运受理的条件与程序、运输衔接、货物交付、货物理赔程序以及承运人之间的利益分配与风险承担均等由双方通过友好协商而定。在实践中,货主往往处于劣势,并不具备与联运经营人协商修改联运协议的能力。因此,为了避免联运经营人损害货主的利益,世界各国制定了规范这种联运形式的国际公约或法律法规。凡联运协议中与这些国际公约或法律法规相抵触的内容均属无效。

2.协作式联运和衔接式联运

根据联运组织方式和体制的不同,联运可分为协作式多式联运和衔接式多式联运两大类。

(1)协作式多式联运

协作式联运,是指两种或两种以上运输方式的不同运输企业按照统一的公约、规章或商定的协议,共同将货物从接管货物的地点运到指定交付货物的地点的联运。

在协作式多式联运下,参与联运的承运人均可受理托运的托运申请、接受货物、签署全程运输单据,并负责自己区段的运输生产,后续承运人除负责自己区段的运输生产外,还需要承担运输衔接工作,而最后承运人则需要承担货物交付以及受理收货人的货损货差的索赔。在这种体制下,参与联运的每个承运人均具有双重身份,对外而言,他们是共同承担人,其中一个承运人或代表所有承运人的联运机构与发货人订立的运输合同,对其他承运人均有约束力,即每个承运货主存在运输合同关系;对内而言,每个承运人不但有义务完成自己区段的实际运输额有关货运组织工作,还应该根据规章或约定协议的规定承担风险和分配利益。

(2)衔接式多式联运

衔接式多式联运是指由一个多式联运经营人综合组织两种或两种以上运输方式的不同运输企业,将货物从接管货物的地点运到指定地点的联运。在实践中,多数联运经营人既可能由不拥有任何运输工具的国际货运代理、场站经营人、仓储经营人担任,也可能由从事某一区段的实际承运人担任。

在衔接式多式联运下,运输组织工作与实际运输生产实现了分离,多式联运经营人负责全程运输组织工作,各区段的实际承运人负责实际运输生产。在这种体制下,多式联运经营人也具有双重身份,对于货主而言,它是全程承运人,与货主订立全程运输合同,向货主收取全程运费及其他费用,并承担承运人的义务;对于各区段实际承运人而言,他是托运人,他与各区段实际承运人订立分运合同,向实际承运人支付运费及其他必要费用。很明显,这种运输组织与运输生产相互分离的形式,符合分工专业化的原则,由多式联运经营人"一手托两家",不但方便了货主和实际承运人,也有利于运输的衔接工作,因此,它是市场上联运的主要形式。

(3)海陆联运、海空联运、陆空联运

①海陆联运

海运与其他运输方式,尤其是与铁路、公路的联运在多式联运中占绝对的主导地位。其中的大陆桥运输、小路桥运输及微桥运输等所谓的路桥运输即是最典型的海陆联运。

②海空联运

海空联运不同于海陆联运,由于空运在运力、运输上有其特点,而且,绝大多数飞机是无法实现海空货箱互换的,加之海空货物的目的地是机场,货物运抵后一般是以航空货物来对待和处理的。正因为如此,海空联运是以航空运输为核心的多式联运,通常由航空公司或航空公司转运人,或者专门从事海空联运的代理人来制订计划,以便满足许多货主对于海空联运抵达时间的要求,即与一般空运一样精确到"×日×时×分"。

③陆空联运

这种联运包括陆空联运(Train-Air/Truck-Air,TA)和陆空陆联运(Train-Air-Truck,TAT)

(4)国际多式联运存在的主要问题

①各国的集装箱标准尚未统一;

②各国集装箱运输发展不平衡;

③国际多式联运的法律问题尚未统一。

9.2 国际货物的多式联运实务

9.2.1 国际货物多式联运的运输组织

国际货物多式联运的运输组织是一个非常复杂的问题,人们所希望的理想运输是"门到门",但是由于诸多因素的影响,特别是对内陆地区集装箱货物运输来说,往往不能达到这种理想状态。这些因素中影响较大的有国际贸易合同所采用的贸易条款、货物批量、集装箱的交接方式、多式联运经营人的类型,以及第一程运输和主要运输区段的运输方式,等等。

组织国际货物多式联运的主要环节包括:

(1)市场调查,开发货源;

(2)多式联运路线的设置;

(3)区段承运人的选择;

(4)代理人的选择;

(5)运输成本的核算与全程统一运费的制定;

(6)多式联运协议、分段运输协议的签订和多式联运单据条款的修订。

9.2.2 国际货物多式联运业务程序及其运作过程

1.国际货物多式联运业务及其操作程序

（1）接受委托

多式联运经营人或代理人根据发货人或其代理人提交的托运单或一式多联的场站收据及其副本（一般为十联单）和自己的运输路线,决定是否接受委托,若不能接受或某些要求无法满足,应及时作出反应,以免承担不必要的法律责任。根据货物多式联运协议和分合同的情况,如果能够接受,则在审核委托单、经双方议定有关事项后"承诺",并填写运输工具的名称、联运单号、船舶航次或其他运输工具的车次、航班等,证明运输合同成立,留下承运人或其代理人的留底联和运费通知联,将其余各联退回,交发货人或其代理人。

（2）提取空箱

国际货物多式联运中使用的集装箱一般应由多式联运经营人提供。这些集装箱的来源,一是多式联运经营人购置的,二是从租箱公司租用的,三是由全程运输的分承运人提供。多数情况是由海上运输区段的分承运人根据海上运输合同而使多式联运经营人获得使用权。

多式联运经营人或其代理人在与托运人签订多式联运合同并接受托运后,即签发集装箱空箱提交单,连同集装箱设备交接单一并交给托运人或其代理人。托运人或其代理人据此到指定的集装箱堆场或集装箱站提取空箱,由发货人或其代理人组织装箱。如果是由多式联运经营人或其代理人或分区段承运人负责装箱,则由装箱的货运站提取空箱。不论由哪一方提取空箱,都必须事先缮制集装箱出场设备交接单。在提箱时,必须向箱站提交空箱提交单,并在箱站检查桥或门口由双方代表在集装箱设备交接单上签字,办理交接手续,并各执一份。

（3）报检报关

出口货物的报关,若联运从港口开始,则在港口报关;若联运从内陆地区开始,就在内陆地区货物装运地附近的海关办理报关,然后转关到出口口岸海关检验放行。出口报关在检验检疫后进行,一般由发货人或其代理人办理通关手续,也可委托多式联运经营人代办,但多式联运经营人要加收报关手续费。

（4）货物装箱

货物装箱分发货人自行装箱和多式联运经营人装箱,发货人自行装箱包括发货人或其代理人提取空箱在发货人自己的工厂或仓库自行装箱;或在发货人代理人的集装箱货运站装箱,由发货人或其代理人请海关人员监施封。所以,在发货人的代理人货运站装箱即使是拼箱,多式联运经营人也按整箱货接收和交付。

多式联运经营人装箱也分在多式联运经营人货运站或其代理人货运站装箱。在区段承运人货运站装箱,不论是拼箱货还是整箱货,均应由发货人或其代理人负责将货物送至指定的货运站,由货运站代表多式联运经营人按多式联运经营人的指示装箱。

无论由谁负责货物装箱,均需由装箱人制作集装箱装箱单,并请海关监装和施封。对于由货主自行装箱的货物,发货人应负责将货物运至双方议定的交箱地点办理交接,多式联运经营人或其代理人在指定地点验收并接受货物后,应在场站收据正本上签章,留下其副本装货单联、收货单联后,将正本退还发货人或其代理人。

(5)办理保险

在国际货物多式联运业务中,由发货人投保货物运输险,多式联运经营人投保货物责任险,集装箱所有人投保集装箱险。若集装箱是多式联运经营人的租箱,集装箱险的投保人视租箱合同而定。货物运输险分全程投保或分段投保,一般由发货人自行投保,或由其代理人作为保险经纪人代其投保,也可由发货人委托多式联运经营人代为办理。

多式联运经营人代为投保货物运输险时,应注意货物买卖合同和信用证规定的险别、保险金额和保险期间。保险单是保险人与被保险人之间订立保险合同的证明文件,当发生保险责任范围内损失时,保险单是保险索赔和理赔的主要依据。

(6)货物运送

多式联运经营人接收货物后,应根据多式联运路线及其区段承运人签订的分区段运输合同交第一程运输的承运人,此实际承运人接收集装箱货物后,向多式联运经营人签发本区段运输单据(提单或运单),并安排装到运输工具上进行第一程运输。此项业务可由多式联运经营人或其代理人以托运人的身份进行,所以,此运输合同或单据的当事人是多式联运经营人和这一区段的承运人。多式联运经营人在分区段运输合同中约定由第一程承运人代为中转时,多式联运经营人应及时通知第二程区段承运人,准备接收货物。

(7)签发单据

多式联运经营人或其代理人接收货物后,在场站收据上签章,发货人或其代理人持由多式联运人经营人签章的场站收据到多式联运经营人或其分支机构或代理人处换取多式联运全程运输单据。在换取单据时发货人应按多式联运合同的约定,交付运费及其他各项应交费用。

多式联运经营人根据多式联运合同的约定负有组织完成全程运输的义务和责任,所以,在接收货物后,按运输线路和分合同的约定通知全程各区段运输实际承运人和各中转、过境环节的分支机构或其代理人,共同协作,做好全程各环节的衔接、协调,处理好运输过程中所涉及的各种服务和运输单据交接,以及信息传递。发货人凭多式联运单据、保险单和发票等信用证要求的有关单据到银行结汇。

(8)中转、过境

按照多式联运的定义和国际惯例的规定,多式联运全程运输属于国际货物运输。因此,在中转站不同运输方式之间的中转,是由多式联运经营人分支机构或其代理人组织,也可由各区段的实际承运人代为办理。另外,尚需在过境或进口国办理货物及集装箱过境或直接进口通知手续,过境国或进口国国内段运输一般是在海关监管下的保税运输,直至到达目的地。

如果货物在目的港交付,则结关应在港口所在地海关进行;如在进口国国内交付,则应在口岸办理海关监管下的保税运输手续,港口海关加封后可运往内陆目的地,然后在内陆目的地海关办理结关手续,由此而产生的全部费用应由发货人或收货人负担。

(9)货物交付

货物运至目的地后,多数情况下放在保税仓库的集装箱堆场或货运站,由目的地代理通知收货人提货。收货人或其代理人需按多式联运合同付清收货人应付的全部费用,凭多式联运单据换取交货记录或提货单,凭此单到进口国海关办理进口结关手续,由提货人凭其通关后盖有海关放行章的有关证明到指定堆场或货运站提取货物。

如果是整箱货物,收货人提箱至拆箱后,负责返还空集装箱;如果是拼箱货物,则凭海关放行手续和提货单在多式联运经营人或其代理人的集装箱堆场或货运站拆箱提货。至此,运输合同终止。

(10)货物事故处理

如果在全程运输中发生了货物灭失、损坏或运输延误,无论是否能确定灭失损坏或延迟发生的运输区段,收货人或发货人均可在有效期内向多式联运经营人提出索赔。多式联运经营人根据多式联运单据条款和双方签订的多式联运合同约定作出赔偿。能确知事故发生的区段和实际责任人时,由多式联运经营人向其追偿;不能确定事故发生的区段时,根据多式联运合同所选定的适用法律或国际规则,或多式联运经营人与分区段承运人的分合同约定处理。如果已对所运货物及责任投保,也可向保险公司索赔,然后,保险公司取得代位求偿权后,可向责任人追赔。如果索赔人和责任人之间不能达成一致,则可在有效诉讼期内,通过协议进行仲裁或向法院提起诉讼。

2.国际货物多式联运业务运作过程

国际货物多式联运业务的运作是由发货人向多式联运经营人提出托运,多式联运经营人根据自己的条件考虑是否可以接受,如双方能够达成共识,则可订立货物多式联运合同,并按照合同约定的时间、地点和方式办理货物交换,多式联运经营人签发多式联运单据。多式联运经营人根据所经营的多式联运路线和与分区段实际承运人所签订的运输协议,确定整箱货或拼箱货的装箱集运方案、制订全程运输计划,把计划转发给中转衔接地点的分支机构或委托的代理人,并与各区段实际承运人订立各区段运输合同,通过这些实际承运人和中转机构组织完成货物的全程运输。从多式联运经营人接收委托的货物时起,先转交第一程实际承运人,再逐段向后续承运人转运。在最终目的地从最后一程承运人手中接收货物后,再向收货人交付。

在与发货人订立多式联运运输合同后,多式联运经营人根据双方协议按全程单一费率收取全程运费和各类服务费、代垫代付费用。在与各区段实际承运人订立各区段实际运输合同时,多式联运经营人需向各区段实际承运人支付各区段运费及其他各项费用;在各中转衔接地点委托代理完成中转衔接服务时,多式联运经营人也需支付委托代理费用和各项代垫代付费用。

9.2.3 国际多式联运运费

1.多式联运费率的构成

尽管国际货物多式联运环节多、情况复杂,因货物交接地点和业务项目的不同而有所

差异,但运费制定的基本原则一般都是以成本为基础的,所以,其费率的构成一般表述为:

联运费率＝运输成本＋经营管理费用＋利润

(1)运输成本

运输成本根据贸易合同中不同的交货条件和不同的运输线路,有不同的计算项目。但是,归纳起来可分为三段进行计算。

①国内段费用

这段运费主要是从陆运段的接货地点至枢纽或机场的运输费用。

②干线运输费用

多式联运经营人为了完成全程的货物运输,要与海上承运人或航空承运人或国际铁路承运人签订区段货物运输合同,货物在这一个国际干线运输所应支付的运输就是干线运输费用。

③国外段费用

这段费用是从货物干线运输的目的港至交货地之间完成货物运输的全部费用,这段费用与国内段费用大体相同。

④集装箱租用费用和保险费用

集装箱租用是指由多式联运经营人提供的集装箱,不论是多式联运经营人本人的,还是租用集装箱出租公司的,或是某一实际承运人提供的,都要支付租用费用。

这里所指的保险费用主要包括集装箱保险费用和多式联运经营人对货物运输的责任保险费。必须注意:货物运输保险费一般由货方自己投保,如果货方委托多式联运人代为投保,应由货物承运人承担保险费及服务费,而不应包含在运输成本中。

(2)经营管理费用

经营管理费主要应包括多式联运经营人与货主、各分支机构、代理人、实际承运人之间的信息、单证传递费用、通信费用,单证成本和单证缮制手续费,以及公司和分支机构职工薪金、生产设备折旧等营业性开支费用,可分别摊入有关的业务项中作为运输成本。

(3)利润

利润是指多式联运经营人预期从该运输路线的货物多式联运中获得的税前利润。计算利润的多少受多种因素制约。从外部因素看,受到行业内竞争和运量多寡的影响;从内部因素看,受到本身经营方针、业务难易以及同行收费标准等因素制约。

2.多式联运运费计费方式

(1)按单一运费制计算运费

单一运费制是指集装箱从托运到交付,所有运输区段均按照一个相同的运费率计算全程运费。在西伯利亚大陆桥运输中采用的就是这种计算方式。一般要求单一费率要有相对的稳定性,并且要有一定的透明度。由于各区段的运费可能发生变化,因此确定单一费率时使用的数据应是较长一段时间内各数据的平均值。

(2)按分段运费制计算运费

分段运费制是按照组成多式联运的各运输区段,分别计算海运、陆运、空运、水运及港站等各项费用,然后合计为多式联运的全程运费,由多式联运经营人向货主一次计收各运输区段的费用,再由多式联运经营人与各区段的实际承运人分别结算。目前大部分多式联运的全程运费均采用这种计算方式。

9.2.4 国际多式联运的租箱业务

集装箱租赁业是一个随着集装箱运输的发展而发展起来的行业,在当今世界上具有相当规模的集装箱出租公司已有 100 多家,目前可供出租使用的集装箱数量约占世界集装箱总数的 50% 左右,这对集装箱运输和多式联运的发展起着重要的促进作用。

1.集装箱租赁的优越性

(1)可避免占用过多的资金;

(2)节省空箱调运费用并可满足联运用箱需求;

(3)避免集装箱的陈旧过时;

(4)降低运输费用,提高多式联运的竞争力。

2.集装箱的租赁方式

(1)期租

集装箱期租是租箱人在一定期间内租用集装箱的融赁方式。在租期内租箱人可以把租来的集装箱像自己拥有的箱子一样自由调配使用。期租可根据租用时间的长短分为长期租赁和短期租赁。

(2)程租

程租是指集装箱的租期由航程时间决定的一种租赁方式,一般有单程租赁和来回程租两种方式。

(3)灵活租赁

灵活租赁是一种在租箱合同有效期内,租箱人可在与出租公司约定的地区灵活地进行提还箱的租赁方式。

9.3 多式联运单据与单证业务

9.3.1 多式联运单据

1.多式联运提单的性质与作用

多式联运单据在实践中一般表现为多式联运提单,其与海运提单的性质和作用基本上是一致的。即多式联运单据是由承运人或其代理人签发的,其作用与海运提单相似,既是货物收据也是运输合同的证明,在单据做成指示抬头或不记名抬头时,可作为物权凭证,经背书可以转让。

多式联运单据表面上和海运提单相仿,但海运提单承运人只是对自己执行的一段负责,而多式联运承运人则对全程负责。海运提单由船公司签发,包括海运在内的全程运输;多式联运单据由多式联运承运人签发,也包括全程运输,但其中可能不包括海运。

与海运提单相同,多式联运提单按是否可以转让可分为两大类,即可转让提单和不可转让提单。而可转让提单又可分为按指示交付或向持单人交付两类。不可转让提单一般为记名提单。

2. 多式联运提单的签发

多式联运经营人在收到货物后,凭发货人提交的收货收据签发多式联运经营人提单,根据发货人的要求可签发可转让或不可转让提单中的任何一种。签发提单前应向发货人收取合同规定的应由其负担的全部费用。

(1)签发提单时应注意的事项

如签发可转让提单,应在收货人栏列明按指示交付或向持单人交付;签发不可转让提单,应列明收货人的名称。

①提单上的通知人一般是在目的港或最终交货地点由收货人指定的代理人。

对签发正本提单的数量一般没有规定,但如应发货人要求签发一份以上的正本时,在每份正本提单上应注明正本份数。

②每份副本均应注明"不可转让副本"的字样,副本提单不具有提单的法律效力。

如签发一份以上的正本可转让提单,各正本提单具有相同的法律效力,而多式联运经营人或其代表如已按其中一份正本提单交货,便视为已履行交货义务,其他提单自动失效。

(2)多式联运提单签发的时间与地点

多式联运提单一般是在多式联运经营人收到货物后签发的,由于联运的货物主要是集装箱货物,因此经营人接收货物的地点可能是集装箱码头或内陆港堆场、集装箱货运站和发货人的工厂或仓库。由于接收货物地点不同,提单签发的时间、地点及联运经营人承担的责任也有较大区别。

①在发货人工厂或仓库收到货物后签发的提单

这种情况属于在发货人的"门"接收货物,场站收据中应注明。提单一般在集装箱装上运输工具后签发。在该处签发的提单意味着发货人应自行负责货物报关、装箱、制作装箱单、联系海关监装及加封,交给多式联运经营人的是外表状况良好、铅封完整的整箱货物。而经营人应负责从发货人工厂或仓库至码头堆场的运输和至最终交付货物地点的全程运输。

②在集装箱货运站收货后签发的提单

在这种情况下,多式联运经营人是在他自己的或由其委托的集装箱货运站接收货物。该货运站可在港口码头附近,也可在内陆地区,接收的货物一般是拼箱运输货物。提单签发时指定的集装箱货运站,由多式联运经营人负责装箱、填制装箱单、联系海关加封等业务,并负责将拼装好的集装箱运至内陆堆场。

③在码头或内陆堆场收货后签发的提单

这种情况属于码头或内陆堆场接收货物,一般由发货人将装好的整箱运至多式联运经营人指定的码头或内陆堆场,由经营人委托的堆场的业务人员代表其接收货物,签发正本场站收据给发货人,再由发货人用该收据至经营人或其代表处换取提单。联运经营人收到该正本收据、收取应收费用后,即应签发提单。

在该处签发提单一般意味着发货人应自行负责货物装箱、报关、加封等工作,并负责这些整箱货物从装箱地点至码头或内陆堆场的内陆运输,而多式联运经营人应负责完成或组织完成货物由该堆场至目的地的运输。

9.3.2 多式联运单证

1. 国际多式联运单证系统的构成

简单地说,国际多式联运单证系统由下述两个部分构成。

(1)在国际多式联运经营人与货主之间流转的单证

这部分单证中最重要的是国际多式联运单证。由于没有适用的国际公约,因此,世界上并不存在国际上认可的、统一的多式联运单证。实务中使用的多式联运单证在商业上是通过订立合同产生的,它既可以是可转让的,也可以是不可转让的,但目前以使用可转让的多式联运提单最为常见。

(2)国际多式联运经营人与各区段实际承运人之间流转的单证

这部分单证采用各区段运输方式所使用的运输单证。

2. 多式联运单证种类

在没有可适用的国际公约的情况下,并不存在国际上认可的作为多式联运单证的合法单证。现在多式联运中使用的单证在商业上是通过合同产生的,可分为以下四类:

(1)波罗的海国际航运公会(Baltic and International Maritime Council,BIMC)制定的 Combidoc。此单证已得到了国际商会的认可,通常为拥有船舶的多式联运经营人所使用。

(2)FIATA 联运提单(FBL)。它是由 FIATA 制定的,供作为经营多式联运的货运代理使用。它也得到了国际商会的认可。

(3)UNCTAD 制定的 Multidoc。它是为了便于实施《国际货物多式联运公约》而制定的,并入了该公约中有关规定。

(4)多式联运经营人自行制定的多式联运单证。目前几乎所有的多式联运经营人都制定了自己的多式联运单证。但考虑到适用性,与 Combidoc、FBL 单证一样,绝大多数单证都并入或采用《ICC 联运单证统一规则》,即采用网状责任制,从而使现有的多式联运单证趋于标准化。

3. 多式联运单证与区段承运人单证在缮制上的区别与联系

在国际多式联运中,多式联运提单与各区段实际承运人签发的单据(提单、运单等)在缮制上既有区别也有联系,具体见表 9-1。

表 9-1 多式联运提单与各区段承运人单据的区别与联系

项目	多式联运提单	各运输区段实际承运人单据(提单、运单等)
收货地	依贸易合同的规定	载运工具的收货地、港、站
装货地	承运船的装货港	承运船的装货港
卸货地	承运船的卸货港	承运人的卸货港
交货地	依贸易合同的规定	承运人工具的卸货地
签单地	收货地或经营人所在地	载运工具的收货地、港、站
托运人	依贸易合同的规定	联运经营人(承运人)或代理
通知人	依贸易合同的规定	联运经营人(承运人)或代理
收货人	依贸易合同的规定	联运经营人(承运人)或代理
类型	一般为指示提单	一般为记名提单
签发人	联运经营人(承运人)	实际承运人
目的地	结汇	货物交接与提货

4.多式联运提单的流转程序

下面以一程是公路运输、二程是海上运输、三程是铁路运输的多式联运为例,说明多式联运经营人签发的多式联运提单几个区段单证的流转程序,如图 9-1 所示。

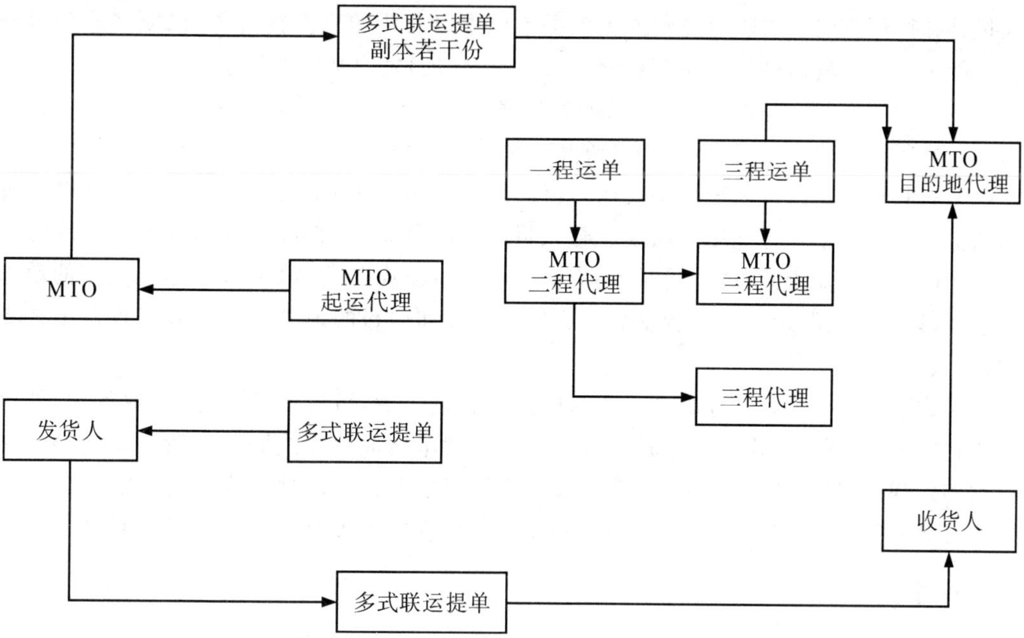

图 9-1 多式联运提单及各区段实际承运人签发运输单证的流转程序

在实际业务中,多式联运提单经营人主要充当全面控制和发布必要指示的角色。以下为多式联运经营人签发的多式联运提单及各区段实际承运人签发的运输单证的流转程序。

多式联运经营人起运地分支机构缮制并签发全程联运提单,其中的正本交给发货人,用于结汇;副本若干份交付多式联运经营人,用于多式联运经营人留底和送交目的地分支机构或代理。

多式联运起运地分支机构或代理将货交一程承运人后,一程承运人签发以多式联运经营人或其起运地分支机构(或代理)为托运人、以多式联运经营人或其二程分支机构(或代理)为收货人的公路运单,运单上应注有全程多式联运提单的号码。多式联运经营人起运地分支机构(或代理)在货物出运并取得运单后,应立即以最快的通信方式将运单、舱单等寄交多式联运经营人二程分支机构或代理,以便二程分支机构或代理能用此提货;与此同时,还应向多式联运经营人提供提单副本以及运载汽车离站时间及预计抵达时间等信息,以便多式联运经营人能全面了解货运进展和向二程分支机构或代理发出必要的指示。

多式联运经营人二程分支机构或代理收到运单后,凭此单从一程承运人(或其代理)处提取货物,并交付二程承运人(或其代理)。二程承运人或其代理收到货物后,签发以多式联运经营人或其二程分支机构(或代理)为托运人、以多式联运经营人或其三程分支机构(或代理)为收货人的提单,提单上应注明全程多式联运提单的号码。多式联运经营人二程分支机构(或代理)在货物出运并取得提单后,应立即以最快的通信方式将正本提单、舱单等寄交多式联运经营人三程分支机构(或代理),以便三程分支机构(或代理)能用此提货;同时,还应向多式联运经营人提供提单副本以及船舶离港报告等,以便多式联运经营人能全面了解货运进展和向三程分支机构(或代理)发出必要的指示。

多式联运经营人三程分支机构(或其代理)收到运单后,凭此从二程承运人(或其代理)处提取货物,并交付三程承运人(或其代理)。三程承运人(或其代理)收到货物后,签发以多式联运经营人或三程分支机构(或代理)在货物出运并取得运单后,应立即以最快的通信方式将运单等寄交多式联运经营人目的地的分支机构(或代理),以便目的地的分支机构(或代理)能用此提货;同时,还应向多式联运经营人提供提单副本以及火车的动态信息等,以便多式联运经营人能全面了解货运进展和向目的地分支机构或代理发出必要的指示。

多式联运经营人目的地的分支机构收到铁路运单后,可凭此从承运人(或代理)处提取货物,并向收货人发出提货通知。收货人付款赎单后取得多式联运经营人签发的全套正本多式联运提单,凭此套正本提单可向多式联运经营人目的地分支机构(或代理)经与多式联运经营人寄交的副本提单核对,并在收取相应的运杂费后,将货物交付收货人。

案例9-1

货运代理人的法律定性及多式联运中集装箱货损区段的确定

原告:东方海外货柜航运有限公司

被告:中国外运江苏集团公司苏州公司

2001年11月18日,华映公司与特灵台湾公司签订了进口3套冷水机组的贸易合同,交货方式为FOB美国西海岸,目的地为吴江。2001年12月24日,买方华映公司就运输的冷水机组向人保吴江公司投保一切险,保险责任期间为"仓至仓条款"。同年12月27日,原告东方海外货柜航运有限公司从美国西雅图港以国际多式联运方式运输了装载于三个集装箱的冷水机组经上海到吴江。原告签发了空白指示提单,发货人为特灵台湾公司,收货人为华映公司。

货物到达上海港后,2002年1月11日,原告与被告以传真形式约定,原告支付被告陆路直通运费、短驳运费和开道车费用等共计9 415元,将提单下的货物交由被告陆路运输至目的地吴江。事实上,被告并没有亲自运输,而由上海吴淞汽车运输服务公司(以下简称"吴淞公司")实际运输,被告向吴淞公司汇付了8 900元运费。同年1月21日货到目的地后,收货人发现两个集装箱破损,货物严重损坏。收货人依据货物保险合同向人保吴江公司索赔,保险公司赔付后取得代位求偿权,向原告进行追偿。原告与保险公司达成了和解协议,已向保险公司作出11万美元的赔偿。之后,原告根据货物在上海港卸船时的理货单记载"集装箱和货物完好",以及集装箱发放/设备交接单(出场联和进场联)对比显示的"集装箱出堆场完好,运达目的地破损",认为被告在陆路运输中存在过错,要求被告支付其偿付给保险公司的11万美元及利息损失。

【裁判】

上海海事法院经审理认为,涉案货物从美国运至中国吴江,经过了海运和陆路运输,运输方式属于国际多式联运。原告是多式联运的全程承运人,也即多式联运经营人,其与被告之间的传真事涉运费等运输合同的主要内容,双方订立的合同应属国际多式联运的陆路运输合同,合同有效成立,被告应按约全面适当地履行运输义务。涉案两个集装箱货物的损坏发生在上海至吴江的陆路运输区段,故被告应对货物在其责任期间内的损失承担赔偿责任。买方也即收货人华映公司与吴江公司之间的保险合同依法成立有效,货损属于货物运输保险单下的保险事故范畴,保险公司对涉案货损进行赔付符合情理和法律规定。原告作为多式联运全程承运人对保险公司承担赔偿责任后有权就其所受的损失向作为陆路运输承运人的被告进行追偿。据此,判决被告向原告赔偿11万美元及其利息损失。被告提起上诉。双方当事人于二审审理过程中达成调解协议,由被告向原告支付11万美元结案。

【评析】

本案的争议焦点主要集中在:

(1)原被告之间的法律关系如何界定?是陆路运输合同关系还是货运代理合同关系?

(2)货物损失是否发生在陆路运输区段,被告是否应承担货损责任?

关于争议一,被告指出,其与原告往来的传真件是代理协议,其根据传真出具的有关运费的发票抬头是货代专用发票,所以双方不存在承托关系,而是货运代理关系,被告作为原告的代理人委托吴淞公司进行实际运输。

其一,虽然被告名义上是一家货运代理性质的公司,但不能仅凭此项来认定被告的真实身份。目前,随着巨型集装箱船的大量应用,货运代理人不断扩展业务范围,货运代理人的角色发生了转变。他已经不单单是传统上接受委托人的委托,就有关货物运输、转运、仓储、保险以及与货物运输有关的各种业务提供服务的货运代理人了。他开始利用自己不经营船舶在经营投入和管理成本方面所具有的竞争优势,承担起承运人的责任,货代成为无船承运人即为示例。所以,根据货运代理人从事的业务范围,货运代理人的真实身份在具体案件中会有不同,并不再一概视为传统的代理人。本案中,尽管吴淞公司为陆路运输的实际承运人,但被告无法以其为货运代理人的抗辩来摆脱自己是区段承运人的地位。

其二,原被告之间往来传真的内容主要涉及的是被告收取内陆运费的事宜,而没有提及货运代理事项。根据合同法理论,合同的性质依合同的实质内容来确定,传真是合同法明确规定的、可以视为书面合同的形式之一,所以关于内陆运费的传真可以作为双方签订的陆路运输合同,真实有效。此外,货代专用发票只是被告业务中开具发票通常的格式化抬头,以此种表面格式来对抗原被告之间的运输合同关系显然过于牵强。

其三,本案中,原告支付给被告内陆运费 9 415 元,而被告最后支付给吴淞公司 8 900 元运费,两者存在差额。被告解释称,其与原告传真中约定的短驳费用事实上没有产生,而将短驳费作为代理费来收取,但该辩称无证据佐证。依笔者之见,货代公司视为承运人时,其与传统的货代公司之间一个显著的区别就是收取的费用性质不同。传统货代公司收取的是佣金,按运费的一定比例计算;而货代公司作为承运人时,收取的费用往往是运费的差价。本案中被告赚取的这笔差额,视为运费的差价比较妥当。

综上而言,原被告之间的法律关系应该是陆路运输合同关系,而不是货运代理关系。

关于争议二,如何确定发生货损的运输区段问题,被告认为没有证据证明涉案货损发生在陆路运输期间。设备交接单仅用于集装箱及集装箱设备(例如冷藏箱的冷冻设备)在交接时是否完好无损的记载;只用于载有货物的重箱在交接时门封上的封志扣是否完好无损的记载,不能证明箱内货物的状况。况且,在货物到达目的地进行检验时,没有依照惯例请承运人和保险人代表到场,检验不公开,检验报告的结论应受到质疑。

在集装箱货物运输中,如本案集装箱中货物是整箱货(FCL),由发货人自己装箱的,承运人在货物装船时一般无法对集装箱内货物的实际状况进行检查。所以,要证明是否有货损发生,通常是看集装箱进出堆场时设备交接单上的记载情况。若集装箱进场和出场的设备交接单上均记载"集装箱及其设备状况良好"且集装箱铅封完好,那么通常推定集装箱内的货物状况良好,承运人在运输过程中没有造成箱内货物的损坏。由此可见,尽管设备交接单的记载有关于集装箱及其设备的状况,但该记载并非与箱内货物的状况毫无关系,在没有相反证据的情况下,该记载可以作为推定箱内货物状况的初步证据。本案的集装箱在卸下船时良好,在陆运出场时也完好无损,而到目的地进场时出现破损,那么自然推定集装箱及箱内的货物损坏发生在陆路运输阶段。此外,在本案中,被告始终回避了一个问题,那就是其运输的集装箱为框架集装箱,货物包装方式为裸装,堆场负责人可以在集装箱进行交接时直接发现货物的表面状况,如在出场前既有破损自然会对在设备交接单上就货物表面状况进行批注。因此,被告的抗辩不能成立。

此外,对于货物损坏的责任确定是一个法律问题,但货物是否遭到损坏则是个事实问题。在对货物进行的几次检验和公估中,即便没有承运人和保险人代表到场,但货物受损的确是一个不争的事实,被告自己也没有否认。

综上可见,集装箱内的货物确实在陆路运输阶段发生了损坏。在运输中,法律规定对承运人责任的归责原则为过错推定责任原则,只要货物在该运输途中发生了损坏,若没有相反的证据,就推定承运人存在过错,必须对自己的过错行为负责。

资料来源:多式联运货损责任莫忽视交接单,http://www.chinawuliu.com.cn/xsyj/200510/18/135116.shtml。

本章习题

1. 问题与讨论

(1)简述多式联运提单签发的注意事项有哪些。

(2)试举例说明多式联运提单的流转程序。

(3)简述多式联运单据和联运提单的区别。

2. 单项选择题

(1)不同运输方式下完成货物运输签发的提单是(　　)。

A. 联运提单　　　　B. 转运提单　　　　C. 多式联运提单　　　D. 直达提单

(2)《联合国国际货物多式联运公约》规定,联运经营人对延迟交货造成损失所负的赔偿责任限额,相当于(　　)。

A. 延迟交付货物运费的 1 倍　　　　　　B. 延迟交付货物运费的 1.5 倍

C. 延迟交付货物运费的 2 倍　　　　　　D. 延迟交付货物运费的 2.5 倍

(3)联运方式是指(　　)。

A. 不同运输方式之间　　　　　　　　　B. 同一种运输方式之间

C. 必须是公路与海运之间　　　　　　　D. 必须是铁路与公路之间

(4)目前,国际上使用的国际多式联运单据大都采用(　　)。

A. 网状责任制　　　B. 统一责任制　　　C. 双重责任制　　　D. 区段责任制

(5)多式联运经营人在网状责任制下,承担的货物运输责任是(　　)。

A. 全程　　　　　　　　　　　　　　　B. 自己运输区段

C. 实际承运人区段外的区段　　　　　　D. 自己控制区段

3. 多项选择题

(1)按照《联合国国际货物多式联运公约》的规定,下列(　　)不是国际多式联运所具有的特点。

A. 签订一个运输合同,采用一种运输方式

B. 签订一个运输合同,采用两种运输方式

C. 签订一个运输合同,国际多式联运经营人承担全程运输组织工作

D. 签订一个运输合同,国际多式联运经营人对货物运输的全程负责

E. 签订一个运输合同,采用多种运输方式

（2）下列（　　）说法是错误的。

A. 多式联运分为国际多式联运与国内多式联运

B. 多式联运采用两种以上不同的运输方式

C. 铁路在国际多式联运中占主导地位

D. 多式联运采用一次托运、一次付费、一单到底、统一理赔、全程负责的运输业务方法

E. 海运在国际多式联运中占主导地位

（3）国际多式联运经营人可以是（　　）。

A. 承运人　　　　　B. 承运人的代理人　C. 发货人　　　　　　D. 收货人

E. 发货人的代理人

（4）国际多式联运具有的优越性主要有（　　）。

A. 手续简便　　　　　　　　　　　B. 节省时间、可靠性

C. 安全性和正确性　　　　　　　　D. 迅速快捷、有利按期交货

E. 节省费用

（5）以下（　　）不属于国际多式联运的基本条件。

A. 至少采用两种运输方式　　　　　B. 至少涉及两个国家

C. 签发一份多式联运合同　　　　　D. 采用一种运输方式

E. 至少涉及一个国家

案例分析

　　青海某经贸有限公司与朝鲜某公司签订了销售合同,合同约定:青海公司向朝鲜某公司出口价值18万美元的印染布。青海公司为履行该合同的交货义务,与天津某海运公司签订了多式联运合同,要求天津公司将货物从天津新港运至朝鲜新义州。在发货时,青海公司应天津公司的要求,向天津公司出具了一个声明,声明表示朝鲜买方为唯一合法的收货人,提单只作为议付单据。货物出运时,天津公司签发了联运提单,该提单托运人提供细目一栏中注有"仅作议付用"字样。青海公司交付货物后,天津公司将涉案货物从海路运至大连后转为公路运至丹东,最后通过铁路运至朝鲜新义州。由于收货人朝鲜公司未向青海公司支付货款,青海公司遭受了18余万美元的损失,如果在朝鲜起诉,拿回钱的希望渺茫,青海公司因其持有全套运输单证,决定向中国海事法院提起诉讼,请求法院判令天津公司承担无单放货的赔偿责任。

　　一审海事法院认为,原告要求涉案运输的承运人天津公司承担无正本提单放货的赔偿责任。根据中国《海商法》的规定,构成无单放货的基础,在于提单具有承运人保证据已交付货物的物权凭证这一功能,而本案所涉提单,因双方在运输合同中约定,朝鲜买方为唯一合法的收货人,提单只作为议付单据。该提单已经丧失了作为交货凭证和物权凭证的功能。因此被告按照联运合同的约定,将货物交付合同指定的收货人后,原告要求承运人天津公司承担赔偿责任,理由显属不当,不应支持。因此判决驳回原告青海公司的诉讼请求。

原告不服提出上诉,二审高级法院认为,本案的运输方式是多式联运,货物是由天津经海路运至大连,最后一段从丹东经铁路运至朝鲜新义州。承运人天津公司提供的铁路运单只能证明其将货物交付铁路运输,不能证明将货物交付给了青海公司指定的收货人。判决撤销了一审法院的判决,判令天津公司赔偿青海公司货款损失18万美元。

天津公司不服二审法院的终审判决,向最高人民法院提起再审申请。再审认为,一审法院适用法律不准确,但判决结果正确。二审法院认定的部分事实不清,适用法律不当。最高法院认为,根据涉案多式联运单证——提单的记载,货物的装货港为天津新港,交货地点为朝鲜的新义州,该案是一起国际多式联运合同纠纷,青海公司是托运人,天津公司是多式联运经营人。由于青海公司凭多式联运合同、提单起诉天津公司,而提单背面均约定适用中华人民共和国的法律,所以该案件的准据法应该是中国法。由于该案涉及的海运段是自天津至大连,不属于国际海上运输,本案在适用法律上不能适用中国《海商法》,应当适用中国《合同法》。根据合同法的规定,货物的毁损、灭失发生在多式联运某一区段的,多式联运经营人的赔偿责任和赔偿限额使用调整该区段运输方式的有关规定。本案纠纷发生在货物交付区段,最后的运输方式是丹东至新义州的铁路运输,故应适用有关铁路运输的有关法律规定。中朝两国虽为《国际铁路货物联运协议》的参加国,但是该协定第二条第三目规定:两邻国车站间,全程都用一国铁路的列车,并按照该路现行的国内规章办理货物运送的,不适用该协定。故该协定不适用本案。现有铁路运输法律法规中亦无承运人有收回正本提单义务的规定。由于双方当事人签订的多式联运合同、提单等均合法有效,货物出口委托书和青海公司签署的声明均可以作为合同的组成部分,其中的提单为不可转让的单据。依据合同中关于唯一收货人为朝鲜真诚公司的约定,天津公司仅负有将货物交付朝鲜公司的合同义务。青海公司主张天津公司负有收回正本提单的义务依据不足。

在终审期间,天津公司提供的中国铁道部有关部门出具的证明,证明货物已经由铁路运输交付给收货人,天津公司已经履行了运输合同约定的义务。再审还认为,根据民事诉讼法规定谁主张、谁举证,青海公司主张被告没有将货物交付给实际收货人,应承担举证责任。依据以上理由,再审撤销了二审的判决,维持了一审的判决。青海公司最终没有得到赔偿。

资料来源:多式联运合同下放货纠纷,http://news.9ask.cn/hshs/huowu/lianyun/200904/168172.html。

阅读上述案例,回答下列问题:

(1)多式联运一般涉及哪些业务环节和业务内容?

(2)此案涉及的多式联运提单在当事人和运输栏上应如何缮制?

(3)天津某海运公司的性质以及应承担的责任是什么?

第三篇　综合篇

第
10
章

国际货运市场营销

📖 **本章学习目的**

- 了解市场营销的含义
- 掌握货运市场需求分析
- 掌握货运产品分析
- 了解货运促销策略

随着生产力水平的提高,商品经济及全球化的发展,就产生了贸易和为贸易服务的运输以及形成了国内、国际市场,国际货运应运而生。国际货物运输是一项复杂、系统、多环节的工程,包括揽货业、内陆运输业、金融、保险、信息服务业、劳务业等在内的整体运销系统,相应的,国际货运市场营销成为必要的经济与运作活动。本章主要介绍国际货运市场营销相关知识。

10.1 市场营销基础

10.1.1 市场营销的含义

市场营销是与现代社会化大生产和市场经济相关联的范畴。市场营销的含义在市场营销的实践过程中不断得到丰富和发展。1985 年美国市场营销协会对市场营销下的定义为:市场营销是关于构想、货物和劳务的设计、定价、促销和分销的规划与实施过程,旨在促成符合个人和组织目标的交换。

对市场营销的含义,可作以下理解:

(1)市场营销中的"市场"是指需求方。

（2）市场营销是企业在变化的营销环境中，旨在通过变潜在交换为现实交换，满足市场需要，从而实现企业任务与目标所进行的与市场有关的一系列管理活动与业务活动。

（3）市场营销不等于推销。推销只是市场营销职能的一部分，并且不是最重要的职能。

（4）市场营销的核心是商品交换。

10.1.2 市场营销观念

市场营销作为一种意识的经营活动，是在一定的经营思想指导下进行的。这种经营思想可称为"经营管理哲学"，它是企业经营活动的一种导向、一种观念，对企业的经营决策、经营方法和经营机制具有很强的指导作用。

1.市场营销观念的含义

市场营销观念是一种以顾客需要和欲望为导向的经营哲学，它把企业的生产经营活动看做是一个不断满足顾客需要的过程，而不仅是制造或销售某种产品的过程，因此也成为需求中心理论，它与推销观念及其他传统的经营思想存在着根本的不同。推销观念是以生产者为中心，以现有产品为出发点，以推销和促销为手段，通过刺激消费，达到扩大销售、取得利润的目的。市场营销观念，则是以市场为中心，以目标顾客的需求为出发点，以协调的整体性活动为基础，集中企业的一切资源和力量，千万百计地比竞争者更好地适应和满足目标顾客的需要，以便长久地占领市场，提高企业的长期盈利能力和经营效益，实现企业的目标。

2.市场营销观念的核心内容

（1）目标营销

任何一个企业都不可能满足市场上所有的需求。企业必须对市场做充分的调查研究，在市场细分的基础上根据自己的资源和条件，确定自己的市场范围即目标市场，针对目标市场需求的具体特征制定出适当的营销策略，取得最好的营销效果。

（2）顾客导向

市场营销观念要求公司从顾客观点出发，而不是从自己的观点出发来辨别目标市场需求。只有适合顾客需要的产品，才能顺利销售出去。

（3）协调的整体性营销

也称整合营销，即以顾客为中心应该是每一个部门共同遵循的宗旨，因此企业必须有整体营销的机制。这包括两方面的含义：一是各种市场营销职能——设计、定价、促销、分销等，必须从顾客观点出发，彼此协调；二是市场营销部门必须与公司的其他部门协调配合。

（4）盈利能力

市场营销观念的目的，是帮助组织达到自己的目标——获得利润。但实现其盈利目标的手段不是一味追求利润本身，而是把获得利润作为满足客户的必然产物。

总之，市场营销观念是商品经济发展史上的全新的经营哲学。在市场营销观念指导下，企业的经营活动不是始于产品生产出来之后，也不是终于产品售出之时，而是包括产前与售后的一系列经营活动。企业一切计划、策略及一切部门都是从目标市场出发,以客户为中心,以满足客户的需要为己任,并通过使客户满足来获取利润。

　　3.市场营销管理过程

　　市场营销管理过程是指企业识别、分析、选择和发掘市场营销机会,以实现其任务和目标的管理过程。该过程包括以下四大步骤:

　　(1)进行市场调研,分析市场机会;

　　(2)进行市场细分,选择目标市场;

　　(3)根据市场需求,确定市场营销组合;

　　(4)管理市场营销活动。

10.2 货运市场需求分析

　　货运市场是供给和需求的统一体。需求方就是广大的货主和客户,而供给方就是众多的货运公司。对一个从事货运业务的企业来说,客户就是服务的对象,也是企业利润的源泉,企业要想在市场经营中取胜,就必须了解目标市场的需求特点,在全面分析的基础上,制定出本企业的经营策略和战略。

10.2.1 货运市场概述

　　国际货物运输是一项系统工程,货物从卖主手中运交买主手中,往往要经过多个环节,包括揽货、洽谈各种运输工具、租船、订舱及内陆支线运输、公路运输、铁路运输等,还要办理装卸、报关、检验、保险及仓储、保管、支付各种费用,在现代运输中还要为客户提供各种信息服务以及包装、流通加工等增值服务。由此形成了以货物运输为中心,以海上运输为主体,包括揽货业、代理业、内陆运输业、金融、保险、信息业、劳务供给业等在内的整体运销系统。

　　大货运市场的概念,是随着集装箱的出现而产生的。20 世纪 50 年代集装箱的出现,给货运市场传统的杂货运输带来一种革命。集装箱运输快速、可靠、可实现门到门运输服务,使运输业中传统的三大问题——安全、快捷、可靠迎刃而解,而且集装箱化班轮运输服务形式规则化、统一化、服务产品同质化,导致海上运输竞争的余地减少。这种情况迫使班轮公司寻找新的出路。于是,国外一些大的班轮公司提出了物流服务的设想,即围绕海上运输服务这一中心,对这之前和之后的内陆运输服务进行渗透,提供内陆运输、配送、仓储保管、包装、流通加工即信息服务。并为了搞好这些服务,还开展了以货物运输为中心的多元化经营,从而使货运市场的内涵和外延方面得到了很大的丰富,也大大扩展了货运企业的经营范围。

　　在货运市场中,需求方即客户,包括国际贸易的买卖双方即收货人、发货人,或其代理人,他们共同组成了大的货运市场的需求方。从宏观上分析货运市场的需求有如下三个方面的特征：

(1)货运需求派生性；

(2)总体需求潜在性；

(3)个别需求差异性和总体需求的规律性。

了解和掌握货运市场总体需求的特征,有利于企业制订战略发展规划及具体的营销计划和营销策略。

10.2.2 客户需求分析

对货运企业来说,市场就是指那些为满足生产和其他服务需要而产生运输需求的客户。在市场营销观念的指导下,市场是一种"至高无上"的力量,是企业一切生产经营活动和营销计划的出发点。由于货物运输功能的特殊性,而使客户需求成为决定企业获利能力的首要因素。

货运市场上客户的需求既包括对船型、舱位、航次、港口、集装箱、运价等方面的物质需求,也包括对运送质量、服务态度及安全性、准确性和购后的满足感等方面的精神需求。在市场经济条件下,物质需求绝大部分都要通过市场获得满足。因此,货运企业必须深入地研究客户需求的特点,才能更好地满足货主需要,在市场竞争中取胜。

1. 客户需求的特点

客户需求,由于受多种主客观因素的影响,因此是复杂多样性的。但从总体上看,各种需求之间存在着某些共性,这就是客户需求的特点。

(1)客户需求的无限扩展性；

(2)客户需求的多层次性；

(3)客户需求的可诱导性；

(4)货物市场客户的分散性。

2. 客户需求层次分析

美国著名心理学家马斯洛于 1954 年提出了著名的动机形成理论,也称为需求层次论。这个理论的基本观点是：人总是有需要和欲望的,并随时有待于满足,需要的是什么,要看已满足的是什么,已满足的需求不会形成动机。只有未满足的需要,才会形成导致行为的动机；人的需要从低级到高级是具有不同层次的,只有当低一级的需要得到相对满足时,高一级的需要才会起主导作用,成为支配人行为的动机。

根据马斯洛的需求层次理论,分析货运市场客户的需求,客户的需求也是分层次的。

第一层次的需求是基本需求,即港到港的服务方式。包括舱位的满足,船期的准确性,货物运送的安全性、正确性,以及可接受的运价等。这些因素是保证客户正常生产、按期履约的基本条件,也是客户的基本需求。

第二层次的需求是标准需求,即门到门的服务方式。集装箱的出现,使客户对运输的需求不再局限于场到场(Port to Port),而是要求货运公司能提供门到门的服务。

门到门运输服务,是指货运企业负责将客户的货物从卖方的工厂或仓库运至买方的工厂或仓库的运输服务形式。它是国际多式联运中的一种货物交换方式,具有减少中间环节、缩短货物运输时间、降低货损货差、降低运输成本、节省运杂费用、安全、快捷等优点。但门到门的服务仍然可以说是一种运输模式,仅限于运输服务。

第三层次的需求是比较满意的需求,即增值服务。随着生产力的发展,社会专业化分工的深化即产业结构的变化,客户的需求不仅突破对"海上运输"需求,而且突破了对"运输"的需求,要求货运公司能提供包装、流通加工、仓储、保管、配送等方面的服务,协助其完成部分生产过程在流通领域中延续的增值服务。

第四层次的需求是理想的需求,即物流服务。即客户不满足于货运公司提供物流中某一环节的服务,而是要求货物公司全面地参与其物流活动过程,向其提供整体的运销服务——物流服务。

物流服务可以说是全方位地参与企业的物流活动,从原料的供给到产品的销售、最大限度地减少客户的库存、加速其资金周转等。因此物流服务的内容比国际多式联运更为广泛,其服务产品更为多样化,不仅仅局限于运输方面,而是综合各种不同的运输方式与物流功能于一体,将运输、储存、装卸、搬运、包装、流通加工、配送、信息处理等功能有机结合,为客户创造最大的便利,使客户专心致力于生产过程的经营和管理。从以上分析可以看出,货运企业要长期吸引客户、保持其强劲的竞争力,必须在市场调研的基础上弄清客户已经满足的需求是什么、现在的需求是什么、潜在需求是什么,想客户之所想,开展目标营销活动。

3.影响客户需求的基本因素

消费者行为取决于他们的需求和欲望,而人们的需求和欲望乃至消费习惯和行为,是在多种因素的影响下形成的。客户需求受以下因素的影响:

(1)经济因素——运价;

(2)运送质量;

(3)社会文化因素。

10.3 货运产品分析

10.3.1 货运服务产品的特征

1.货运服务的含义

货运企业是为广大的客户提供货物运输过程中所需各项服务工作的服务性企业。其产品就是货物运输服务,即货运企业为客户提供国际货物运输及相关业务的综合性服务工作,包括揽货、订舱、配载、仓储、中转、货柜的拆拼箱、海上货物运输、陆上货物运输、航空货物运输、江河货物运输、国际多式联运、"一关三检"、保险、运杂费结算,以及包装、装卸、信息和咨询服务等,以收取报酬的经济活动。

2.货运服务产品的特征

货运产品是典型的服务产品。服务是一种特殊的商品,其使用价值不表现为实物形态的物品,而是表现为以一定的劳务活动来满足他人的某种需要。作为服务产品具有如下特征:(1)无形性;(2)不可分离性;(3)差异性;(4)不可储存性;(5)缺乏所有权。

10.3.2 货运服务质量的主要内容

货运企业作为服务性行业,讲究的是服务质量,服务质量的好坏,决定服务企业的信誉和命运。谁家服务好,满足客户需求和要求,谁就能赢得信誉、吸引客户、保持竞争力。因而,服务性企业必须恪守以客户需求和欲望为导向的经营哲学,把企业的经营活动看作是一个不断满足客户需求的服务过程,以始于客户需求、终于客户满足的服务宗旨做好服务工作。

1.货运服务质量的定义

货运服务质量是指货运企业在一定时期内为客户提供服务的效用及其客户需求的满足程度的综合表现。

客户需求的满意程度取决于客户总价值与客户总成本的比值,比值越大则满意程度越高,反之则低。在总价值和总成本一定的情况下,客户的满意程度取决于客户的预期价值和感受价值的比值,比值越小则满意程度越高,反之则低。

检验货运服务质量的最终标准是以客户满意程度为尺码的,因此,要重视服务中和服务后的客户评价。

2.货运服务质量内容

货运服务质量的好坏直接关系到企业的生存和发展,保证服务质量是货运企业适应市场竞争策略的当务之急。货运服务质量涉及方方面面,综合而言主要包括服务态度、服务技术、服务设施、服务项目、服务时间等方面。

(1)服务态度

服务态度是货运服务质量的重要组成部分,是指服务过程中言行举止的外部表现形式。它是由认知、情感和行为倾向三部分构成的一个有机整体。这三者缺少任何一个要素,都会对服务态度产生决定性的影响。

(2)服务技术

服务技术是评判服务质量的基本标准,是指员工在服务过程中对服务知识和操作技能掌握的熟练程度。服务知识和操作技能是相辅相成的,缺少哪一个都会对服务技术产生根本性的影响,最终导致服务质量的下降。

(3)服务设施

完善而先进的服务设施是现代化货运企业高度发展的一个重要标志,也是为客户提供高效率、高质量的服务所必需的物质基础,是保证服务质量、提高服务水平的重要部分。货运企业只有拥有先进的现代化设施,才能为客户提供优质服务。

(4)服务项目

服务项目是货运服务质量的重要内容之一,是指服务性企业为客户提供的服务范围或服务内容,也即服务企业的业务经营范围。货运公司的主营项目是运输服务,而为了更好地提供货物运输服务,与货运相关业务又是货运企业的兼营项目。主营和兼营项目共同构成货运服务项目。

(5)服务时间

货运服务时间包括两层含义,一层含义是指货运企业为客户提供服务的时间范围,另一层含义是指货运企业为客户提供服务的时间效率。

以上所述服务态度、服务技术、服务设施、服务项目、服务时间构成货运服务质量的主要内容。因此,货运企业要想提高货运服务质量、为客户提供优质的服务,就必须改进服务态度、提高服务技术、完善服务设施、合理化服务项目以及强调服务效率。

3.提高货运服务质量的途径和方法

服务企业使自己区别于其他企业的主要方法之一是持续提供高于竞争对手的服务质量。因此,如何提高服务质量也就成为每个企业都在努力探索和实践的重要课题。

要提高货运服务质量,除满足货运服务质量的内容要求外,还可以从以下几个方面入手:

(1)树立整体质量管理的思想;

(2)做好内部营销工作;

(3)制定高标准的服务规范;

(4)做好有形展示工作;

(5)提高服务质量的两项策略——标准跟进策略和蓝图技巧。

10.4 货运促销策略

10.4.1 促销方式及特点

促销就是营销者向消费者传递有关本企业及产品的各种信息,说服或吸引消费者购买其产品,以达到扩大销售量的目的。促销实质上是一种沟通活动,即营销者(信息提供者或发送者)发出作为刺激消费的各种信息,把信息传递到一个或更多的目标对象(即信息接受者,如听众、观众、读者、消费者或用户等),以影响其态度和行为。常用的促销手段有广告、人员推销、网络营销、营业推广和公共关系。企业可根据实际情况及市场、产品等因素选择一种或多种促销手段的组合。

货运企业的产品是运输服务,由于服务产品本身的特殊性及货运行业的特点和目前市场的现状,货运企业大都采取人员推销的方式。

10.4.2 人员推销基本形式

人员推销主要包括上门推销、柜台推销和会议推销三种形式。

1.上门推销

上门推销是最常见的人员推销形式。它是由推销人员携带产品的样品、说明书和订单等走访顾客,推销产品。这种推销形式可以针对顾客的需要提供有效的服务,方便顾客,故为顾客所广泛认可和接受。此种形式是一种积极主动的、名副其实的"正宗"推销形式。

上门推销可以直接同顾客接触,这就决定了人员推销的优势所在。顾客可以根据推销员的描绘而形成一定的看法和印象。当然,这并不是意味着一个好的推销员就一定可以获得推销的成功,但是,他可以留给顾客一个很重要的第一印象。至少,当顾客要购买时,他最先想起来的可能是这个推销员,接下来是他所属的公司。

(1)上门推销的好处

①给顾客留下好印象,推销员的良好形象容易使顾客"推导"出公司及其产品的良好形象。

②有机会把产品和售后服务卖给愿意购买或租赁它的顾客。

③有机会纠正顾客对本公司及产品的偏见,改善坏印象。

④随时回答顾客提问。

⑤可以从顾客那里得到明确的许诺和预购或预租。

(2)上门推销的要点

①推销人员在介绍、证实产品符合顾客需求的过程中,通过询问顾客对产品的接受程度并相应采取措施,促进顾客接受产品。

②推销人员通过检查推销示范过程中的问题和效果,及时采取措施予以纠正和补救,促使顾客接受产品。

③推销人员在推销过程中不断总结推销进展情况,强调推销产品对顾客的需求满足,进一步推动顾客对产品的接受和认可。

④推销人员通过向顾客提出一系列与推销产品有关的问题,请求顾客作答,逐一达成共识,促使顾客逐步接受推销产品。

⑤推销人员通过把已介绍给顾客并已取得证实的产品留给顾客试用,从而促使顾客接受推销产品。

⑥推销人员在顾客受多种因素影响无法立即接受推销产品时,要学会等待,有时还要经过不少程序和工作才能促使顾客接受。推销人员在等待中,要不断地与顾客接触,经常确认与总结与顾客达成的共识及双方洽谈的过程,以期待经过较长时间的等待和积极的推销,能使更多的顾客接受产品。

(3)上门推销的步骤

①对所推销的产品、售后服务和相关法规、金融政策了如指掌,并携带必不可少的基本文件资料。

②明白无误地向对方介绍你的姓名和你所服务的公司,随后向接待者、秘书和其他人员递上你的名片。

③简要而直接地阐明你此行的目的。

④当被访者乐意同你交谈时,你应聚精会神地倾听。

⑤你请求他们购买你的产品和服务。

⑥如果他们有购买的意向,那么你要尽力得到他们明确的许诺。

(4)上门推销的注意事项

有六个方面是上门推销人员应注意避免的。

①盲目推销

任何商品和服务都有其特定的需求对象和需求时间,推销员选准推销对象,把握好推销时机是推销成功的关键。有些推销员整天忙忙碌碌,路没少跑,话没少说,而收效甚微,原因主要在于他们没有一个明确的推销目标。

②粗鲁无礼

上门推销要给顾客留下良好的第一印象,就必须注意礼节礼貌。

③夸大其词

向顾客介绍商品应实事求是。漫无边际,把你的商品说得完美无缺,顾客未必信任你;相反,适当地陈述商品缺点,反而能取得顾客的信任。如有一推销员向顾客推销一种保健饮料,说它"世界首创,包治百病",这番宣传只会使顾客对这种商品的功效更加怀疑。

④不懂装懂

推销员对所推销的商品应有一个比较全面的了解,只有这样才能回答顾客提出的各种疑问,并解决顾客在商品使用中所出现的问题。但必须承认,推销员对所有的知识不可能样样精通。如果遇到不甚了解的问题,决不能用"大概"、"可能"、"也许"、"差不多"这样的话来搪塞顾客,或故弄玄虚、卖关子,而应实事求是地向顾客解释。如果遇到的顾客是这方面的专家,应虚心向他们学习,以丰富自己的知识。

⑤强行推销

推销应建立在尊重顾客、双方自愿的基础上。一些推销员为了提高自己的推销额,不替顾客着想,而是采取软磨硬泡甚至欺骗的方法强行推销。这样做不但违反了商业道德,损害了顾客的利益,而且也会作茧自缚,损害推销者本身的利益。

⑥一锤子买卖

推销员要提高自己的推销业绩,不仅要通过不懈的努力来扩大自己的销售市场,建立起新的销售网络,还要加强和巩固已有的推销点,使一般的顾客成为熟人,进而成为朋友。上门推销不可能一次成功,经常走访你的老顾客,进行感情上的联络与沟通,他们就可能成为你下次的主顾,同时还会向他的朋友介绍你,帮你挖掘出新的顾客。对购买了你商品的顾客,实行定期跟踪调查,提供售后服务,会使他成为你忠实而长久的顾客。

2. 柜台推销

柜台推销又称门市,是指企业在适当的地点设置固定门市,由营业员接待进入门市的顾客,推销产品。门市的营业员是广义的推销员。柜台推销与上门推销正好相反,它是等客上门式的推销方式。由于门市里的产品种类齐全,能满足顾客多方面的购买要求,为顾客提供较多的购买方便,并且可以保证产品完好无损,故顾客比较乐于接受这种方式。

柜台推销要求营业员在接待顾客时要注意讲究文明用语和说话的技巧。顾客走近柜台,业务员应注意:

（1）主动与顾客打招呼，恰当地使用文明用语；

（2）巧妙地回答客户的提问；

（3）业务员对即将离开柜台的顾客说上一两句有礼貌的送别话语，绝不仅仅是一种单纯的礼貌性的表示，而是有着丰富的内在含义的。

3.电话推销

电话推销是推销人员通过电话向潜在客户展示产品或服务，以达到获取订单、成功销售的目的。

这种方法在联系距离较远的顾客或为现有顾客服务方面有一定的优势，因为推销人员可以坐在办公室里开展业务，扩大销售，减少出差和旅行方面的费用。电话推销的目标就在于能以一种经济有效的方式满足客户需要，为客户提供产品或服务。电话销售的对象是公司现有或潜在的目标市场顾客，通过与他们的沟通，不仅可以维持与客户之间良好的关系，还可以为企业树立良好的形象。

此外电话销售还可以作为其他营销方式（邮寄销售、目录销售、电视销售、电子购物等）的补充和支持。这些方式和电话销售结合时，虽然侧重的方面各有不同，但最终目的都是要充分利用当今先进的通信及计算机技术，为企业降低成本，创造更多的商机，增加收益。

（1）电话推销的准备工作

在进行电话联络之前，推销人员应做好充分的准备，准备得越充分，促成交易的成功率就会越高。准备工作主要包括：①收集客户资料；②了解客户潜在需求；③找出关键人物。

（2）电话推销的步骤：

①规划电话推销谈话内容，设计开场白；

②约请面谈；

③克服异议。

（3）电话推销的注意问题

在利用电话获取面谈机会以及推销产品服务时，目的明确、语言简练准确是十分重要的原则。因此要注意以下三个问题：

①避免讨论商业细节；

②避免向关键人物询问琐碎信息；

③及时电话回访，维持良好关系。

（4）电话推销的优缺点

①优点

同走访推销和店堂推销相比较，电话推销显然是一种现代化的推销方法和手段，并有着众多的优点，主要的优点是：快速及时，节省时间；降低费用，增加收益；提高效率，方便沟通。

②缺点

使用电话进行推销也有缺点，主要的缺点是：缺乏信息的表达力、推销易被拒绝。

10.4.3 人员推销的策略

推销人员应根据不同的销售环境、推销气氛、推销对象，审时度势，巧妙地采用不同的推销策略，吸引顾客的注意，激发顾客购买欲，促成交易。

人员推销策略主要有以下三种：

1. 试探性

试探性又称"刺激—反应"策略，是指推销人员利用刺激性较强的方法引起顾客购买行为的一种推销策略。在不了解顾客需求的情况下，事先设计能引起顾客兴趣、刺激顾客购买欲望的推销语言，进行"渗透性"交谈对顾客进行试探，观察反应，然后采取相应的推销措施。

2. 针对性

针对性又称"配方—成交"策略，是指推销人员利用针对性较强的说服方法，促使顾客发生购买行为的一种推销策略。在基本了解顾客的情况下，事先设计针对性强、投其所好的推销语言和措施。如：对已婚妇女，从家庭下手开展话题。

3. 诱导性

诱导性又称"诱发—满足"策略，是指推销人员运用诱导服务方法，使顾客采取购买行为的一种推销策略，要求推销人员能够唤起顾客的潜在需求。通过交谈，看对方对什么感兴趣，然后诱导他对所感兴趣的商品或劳务产生购买动机；接着，因势利导，不失时机地介绍本企业经销的商品能如何满足这些需要，使其产生购买行为。这是一种"创造性的推销"，要求推销人员有较高的推销艺术，使顾客感到推销员是他的"参谋"。

10.4.4 揽货人员的组织管理

1. 揽货人员的组织机构

揽货的组织结构大致可分为下列四种类型：

(1) 地区型揽货

地区型揽货又称区域性揽货，它是指分公司的营销经理将本公司所辖区域划分为几块，每一个销售人员分管一个地区，负责与该地区的所有客户联系并向其揽取货物。通常这种结构适用于客户较集中的情况，其优点是：①销售人员责任明确，对所辖地区销售业绩的好坏负有直接责任；②有利于销售人员与当地的客户建立固定联系，提高揽货效率；③由于每个销售人员所辖客户相对集中，可以适当节省差旅费用。

(2) 货主型结构

货主型结构即按货主类型分配销售人员。通常水运企业的货主分为两类：直接客户与间接客户。直接客户是指各类专业进出口公司、三资企业及有进出口权的各类企业；间接客户是指各级货运代理公司、无进出口权的工厂和产品供应商。这种结构的优点是：销售人员可以更加熟悉和了解自己的客户，掌握自己客户的出货规律和运输需求，其缺点是往往每个销售人员所负责的客户较分散、差旅费用较高等。

(3) 航线型结构

航线型结构即根据水运企业所经营的产品航线分配销售人员。如按照美洲航线、欧洲航线、地中海航线、亚洲航线等来分配专职销售人员,每一个销售人员或几个销售人员主要负责对指定航线的揽货任务。这种揽货结构要求每一个销售人员都必须十分熟悉本航线和本航线客户等情况。因此这种揽货结构有利于向客户提供更完善的服务。优点在于销售指标明确,有利于考核每一个销售人员的业绩水平。

(4)货种型结构

它是指按照被运货物种类分配销售人员的揽货结构。通常水运企业所承运的货物是多种多样的,包括散货、件杂货、集装箱货、干货、冷藏或冷冻货等。不同的货物,其来源不同,操作方式和程序也悬殊,尤其是特种货物,其操作方法和程序与普通货相比各有不同的特点和要求,而且这类货物的客户往往比较固定。因此企业可以按照所承运货物的种类来分配销售人员的任务。优点在于销售人员可以向客户提供技术咨询,便于向客户提供全面、优质的服务;其不足之处是在同一市场或同一客户里可能会同时出现本企业的几个销售人员,揽货费用相对较高。

2.揽货人员的选拔、培训

揽货人员主要有两个来源:一个是从企业内部选拔;另一个是对外公开招聘,经过严格考试,择优录取。由于货运行业的涉外特点,要求员工具有较高的英语水平及计算机操作能力。

为了提高揽货人员的业务能力,除员工自身努力外,企业应当加强经常性的培训工作,采用因岗位、因人而异的培训方法。

3.揽货人员管理

为了充分发挥揽货人员的工作积极性,提高揽货效率,企业应对揽货人员的工作定期予以考核和评估。航运企业对揽货人员管理和考核一般包括以下几个方面的内容:

(1)分配揽货指标;

(2)业务活动管理;

(3)揽货人员费用开支管理;

(4)建立客户档案。

10.4.5 货运揽货的程序和方法

不同的业务员在面对特点各异的客户时会使用不同的揽货方法,但揽货的基本程序是大同小异的,一般需经过以下六个步骤:

1.寻找潜在客户

成功地发掘潜在客户是企业拓展销售范围、增加揽货量、提高企业市场占有率的重要途径之一。寻找潜在的客户是揽货过程的开始,也是决定揽货成败的关键所在。通常货运企业销售人员可以通过资料查询法、客户引荐法、抛砖引玉法等方法寻找潜在客户。

2.接触前准备

正式约见客户之前,销售人员还需要做许多准备工作。通常接触客户前的准备工作包括:收集潜在客户资料并建立客户档案、收集竞争对手的信息并建立竞争者档案、制订访问计划。做到"知己知彼","有的放矢"。

3.约见客户

货运企业销售人员与客户面谈前,一般都需要事先约见客户。约见的内容包括确定约见对象、明确访问目的、确定访问时间、选择访问地点等。约见客户时应遵循方便客户和客户自愿的原则。通过约见,有利于进行推销预测,制订可靠的访问计划,提高揽货的效率。

4.推销洽谈

推销洽谈是整个揽货工作的核心内容,直接关系到揽货的成败。因此,货运企业的每位销售人员都应该高度重视洽谈的技巧和艺术性。由于货运企业的客户既包括各类专业进出口公司,也包括各种性质的货运代理公司,货运企业的销售人员应根据客户的具体情况作出具体分析,灵活机动地搞好洽谈。

5.缔结合约

通过与客户的反复接触、多次洽谈,在双方意见趋于一致的情况下,销售人员应及时把握机会,争取早日与客户签订合约。

在与客户缔结合约时,应本着互惠互利的原则,并适当留有余地,这样便于与客户保持良好的合作关系,最终从该客户处揽取更多的货物。

6.售后服务

揽货的售后服务,是指从接受客户订舱开始,直至货物目的港卸货交付收货人为止,所有与货物运输有关的服务总称。它是揽货工作的最后一环,也是货运企业履行合约、为客户提供运输服务产品的最重要的内容之一。通常,与客户缔结了合约只是表明客户与本企业合作的开始,客户对本企业运输服务是否满意还要看售后服务质量的高低。售后服务质量高低,直接影响到客户与本企业的未来合作,直接关系到客户对本企业的支持程度。因此,销售人员应与客户保持密切联系,协调好客户与货运代理、港口当局、海关、商检乃至车队等部门的关系,使货物在每一个运输环节的操作都能有条不紊地运行。此外,销售人员应随时跟踪货物动态,货物到达目的港之前还应及时通知收货人提前办理有关清关、提货和中转手续,使收货人能及时、顺利地提取货物。只有货物能安全、迅速、及时地交付给收货人,客户才有兴趣和信心继续与本企业合作;同时,收货人的满意又会进一步坚定客户支持本企业的信心。因此,货运企业在制定揽货策略时,应优先注意提高今后服务水平。

综上,揽货包括寻找潜在客户、接触前准备、接触客户、推销洽谈、缔结合同、售后服务等。在整个揽货过程中,寻找潜在客户和接触前准备工作是揽货的序曲也是揽货过程的最后一环,也是十分关键的一个环节。在货运竞争日趋白热化的今天,良好的售后服务往往能赢得客户的信任、增进销售人员与客户之间的感情,稳定老客户,开发新客户,提高企业的揽货能力和竞争能力。

10.4.6 揽货人员应具备的基市素质

西方一些营销学家认为,一个优秀的销售人员应具备两个基本的素质:一是要善于从客户的角度考虑问题;二是对销售的成功要有强烈的愿望。揽货人员除了具备这两个基本素质外,还应具备丰富的业务技能和揽货经验;不仅应具备运输方面的一般知识,还应熟知世界贸易的主要航线、港口所处的位置、转运地以及内陆集散地;十分熟悉本企业的服务性质、服务航线、船期、挂靠港口与转运时间等信息;了解不同地区的港口习惯和海关程序;掌握一些货运代理业相关的法律法规、公约惯例等知识;了解竞争对手的信息等。

在实际业务中,作为货运代理应该熟知如何选择适当的海运承运人或运输方式,充分有效地向其客户提供服务。

首先,应了解运输方式的类型。世界航运市场有 4 种运输方式:班轮公会运输、非班轮公会运输、无船承运人运输、不定期船运输。

班轮公会是按预订的船期表在特定航线上从事营运的班轮公司组织,具有共同费率表,固定的挂靠港。班轮公会制度对托运人而言,具有稳定的运费率、定期的运输服务等好处,但运费率通常较高。

非班轮公会的航运公司最近几年出现在某些国际航线上。

无船承运人是指按照海运公共承运人的运价本或其与海运公共承运人签订的服务合同支付运费,并根据自己运价本中公布的费率向托运人收取运费,从中赚取运费差价。在直达运输的情况下,无船承运人还负责安排内陆运输并支付内陆运输费用;在提供国际多式联运服务中,国际货代实际上以无船承运人的身份承运货物。

无船承运人充当经纪人是近些年来出现的一种运输服务形式,这种类型的无船承运人一般不从事具体经营活动以及实际服务业务,只从事运输的组织、货物的分拨、运输方式和运输路线的选择及服务的改善,而其收入主要是中介费和由于"批发"而产生的运费差额。

不定期船运输是指没有固定的航线、挂靠港口和班期的一种船舶营运方式。

作为货运代理,应非常仔细地检查有关承运人履行情况;对于托运人而言,选择哪种运输方式有以下几个方面需要考虑:

(1)运输服务的定期性;

(2)运输速度;

(3)运输费用;

(4)运输可靠性;

(5)经营状况和责任。

其次,应了解船舶的类型。货运代理人必须知道船舶的如下特征:

(1)船舶登记和船舶吨位;

(2)总登记吨;

(3)净登记吨;

(4)散装容积;

(5)包装容积;

(6)总载重吨;

(7)载重线;

(8)船级。

再次,货运代理还应了解以下几种常见的货物运输船舶的类型:

(1)传统的班轮。这种类型的船舶提供定期的运输服务,通常承运零散的或小批量的货物。使用船上的吊杆或起重机装卸货物,在船上由人工进行货物积载。

(2)半集装箱船或半托盘船。这种类型的船舶承运散装货物及事先装好的集装箱或托盘上的货物,依靠叉车进行积载,也可在敞口的货舱或甲板上装载集装箱。

(3)全集装箱船。它是专为装载集装箱而建造的船舶。它使用自己的装卸设备或者利用岸上的起重机来装卸集装箱。集装箱船的不同类型大致分为几"代",具有 600～1 000TEU 载箱能力的船舶作为第一代集装箱船;具有 1 100～1 800TEU 载箱能力的船舶称为第二代集装箱船;能装载 2 000～3 000TEU 的为第三代集装箱船舶。达到第三代的集装箱船是宽度上能够通过巴拿马运河的巴拿马型船舶。第四代及有更多载箱能力的船舶,其宽度较大,不适于通过巴拿马运河。

最后,班轮代理业务注意事项:

(1)班轮代理机构在取得正本提单的前提下,才可以放货于收货人。

(2)在放货时,货主所出具的海运提单应为清洁的、不存在任何问题的正本海运提单。

(3)如果货主所出具的提单不具备上述要求,需责令提货人提供违约补偿担保书。

(4)班轮代理机构在放货时,还需征得班轮公司对上述违约补偿担保书的认可。

(5)如果提货人出具不完善的海运提单,班轮代理机构还应取得发货人的书面委托书,以便安全地将货物交付给发货人书面所指定的收货人。

(6)同时,班轮代理机构还应该核查该不完善的海运提单,是否具备世界一流银行签发的连署文件。

(7)班轮代理机构应当查明海运提单上所注明的班轮代理机构及班轮公司是否自身相符。

(8)在随附海运提单的文件中,搞清该批货物的货款结算期限。

(9)海运提单上所标明的货物类别是否同实际交付的货物相符。

(10)班轮代理机构在目的港放货时,提货单据应当是原始的海运提单正本,而不是副本传真件或影印件。

10.5 货运企业定价分析

价格是指以货币为媒介物的交换价值。价格的高低涉及生产者、经营者和消费者三方的利益。因此,定价策略是市场营销组合策略中极其重要的组成部分。货运服务的价格称为运价。

1.影响企业定价的主要因素

价格是个变量,它受到许多因素的影响和制约,包括企业内部因素和外部因素。影响定价的主要因素有:(1)企业目标;(2)成本;(3)市场需求的产品与价格;(4)服务质量;(5)服务内容;(6)其他因素。

2.服务产品特征对制定运价的影响

(1)服务的无形性

由于服务的无形性特点,使服务产品与有形产品相比缺乏统一的产品执行标准。因此,价格往往是通过买卖双方根据服务的具体内容和要求协商确定。

(2)服务的不可储存性

由于运输能力是一种不可储存的商品,如果在航行中不利用,就会失去价值。当服务的需求波动较大或需求在方向上不平衡时,服务的不可储存性就产生了价格意义。因此,企业可以运用灵活的价格政策,以充分利用剩余的生产能力。

(3)服务的不可分离性

服务产品的生产过程和消费过程是同时进行的,两者在时间上是不可分离的。所以,服务产品的总成本一般随时间的增加而增加。在运输服务中,航行距离是构成航行时间的要素之一,这就决定了运输产品有按距离定价的特点。

3.定价的主要方法

企业最基本的定价方法也可分为三类:成本导向定价法、需求导向定价法、竞争导向定价法。

(1)成本导向定价法

成本导向定价法就是以产品的总成本为中心来定价,即按产品的单位总成本加上预期的利润定价。价格与成本之间的差额即是加成,故又称成本加成定价法。

(2)需求导向定价法

需求导向定价法是依据买方对产品价值的感觉和需求强度来定价,而不是依据卖方的成本定价。这一类定价方法主要有感受价值定价法和货物对运价承受能力定价法。

(3)竞争导向定价法

竞争导向定价法主要依据竞争者的价格来定价。其特点是只要竞争者价格不变,即使成本或需求发生变动,价格也不变;反之亦然。

4.定价策略

在制定了基本运价之后,货运企业还应根据市场需求和产销的具体情况,对基本定价进行修订。所运用的策略有:

(1)折扣定价策略

为了刺激货主的某种购买行为,船公司可在基本运价的基础上按一定的百分比酬报货主。这种运价调整称作运价折扣或回扣。它主要有:数量折扣、功能折扣、季节折扣、现金折扣、回程货折扣。

(2)差别定价策略

为了适应货主、货物、航线等方面的差异,承运人实行差别定价。在货运实务中,差别定价有:货主差别定价、货物差别定价、航线差别定价。

10.6 货运分销渠道分析

1.货运分销渠道的概念与功能

(1)货运分销渠道的概念

分销渠道是指某种商品从生产者向消费者转移过程中所经过的一切取得所有权或协助所有权转移的商业组织和个人连接起来所形成的通道。分销渠道的起点是生产者,终点是消费者,中间环节即为各种中间商、商业服务机构、与贸易有关的组织和个人。

(2)货运分销渠道的构成

货运中间商或代理商是货运分销渠道的主体。依据其在运输业务中的功能和所起的作用,大致可以分为:船舶经纪人、货运代理人、船舶代理人、咨询代理人等。

(3)分销渠道成员的功能

货运分销渠道成员的主要功能是:市场调研、促进销售、开拓市场、洽谈生意、客户服务、货物集散、资金通融、风险承担八项。前五项主要促成交易,后三项主要是辅助交易完成。

2.货运分销渠道的类型

货运分销渠道根据通道中是否有中间商和中间环节的多少不同,即渠道的长度,分为直接渠道和间接渠道、短渠道和长渠道;根据各环节中间商数目的多少,即渠道的宽度,分为宽渠道和窄渠道。

(1)直接渠道和间接渠道

直接渠道,指没有货运中间商的参与,货运产品由货运企业直接销售给货主,与货主直接签订协议。间接渠道,指货运产品通过一层或一层以上的中间环节销售给货主的渠道类型。

(2)长渠道与短渠道

分销渠道的长度是指货运产品分销到货主所经过的中间环节的多少或中间层次的多少。中间环节越少,渠道越短,一层渠道称为短渠道;中间环节越多,渠道就越长,多层渠道称为长渠道。

(3)宽渠道与窄渠道

分销渠道的宽度是指渠道每个层次中使用同种类型中间商数目的多少。横向环节越多渠道越宽,反之则越窄,独家分销是最窄的渠道。

3.货运分销渠道的选择

(1)影响货运分销渠道选择的因素

影响渠道选择的因素是多方面的,包括企业自身的因素,产品因素,目标市场的情况及社会、经济、政治因素,货运企业应从综合的角度对企业选择的渠道模式作出决定,在变化多端的货运市场中灵活选择渠道,把握市场机会。

（2）货运分销渠道设计

在充分考虑影响分销渠道因素的基础上，货运企业要对分销渠道进行设计，这包括确定渠道模式、确定中间商的数目、规定渠道成员彼此的权利和责任三方面的内容。

（3）货运分销渠道评估

货运企业在涉及分销渠道时，还要对可供选择的渠道形式进行评估，并选出能满足企业长期目标的最佳方案。评估方案从经济性、可控性和适应性等方面进行考虑。

4.货运分销渠道的管理

在选定分销渠道方案后，货运企业还需要对渠道进行管理工作。整个管理工作包括对各个中间商的选择、激励、评估以及进行必要的渠道调整。

10.7 国际货运代理业的服务创新与营销策略

随着世界经济的快速发展，传统的货代服务已经很难满足市场竞争的需求，国际货代企业必须抛弃传统的"中间人"身份，通过服务创新，提供增值服务，构筑新的竞争优势，开拓新的业务领域。

什么是货运代理的服务创新呢？货运代理的服务创新，就其根本性而言就是一个由运输市场向物流市场的重新定位过程并达到以下目标：（1）提高产品差异性，扩大传统运输业务的竞争能力；（2）开发个性化服务产品，培养新的客户群；（3）增加增值服务，创造新的利润空间；（4）提供物流管理服务，创造新的增长点。

为了实现服务创新，国际货代企业必须实施新的营销策略。

1.服务营销策略

（1）服务质量策略

国际货运代理业属于第三产业，是典型的服务行业。在当今社会，服务质量已经成为各类经营实体参与全球竞争必须重视的要素，顾客对质量的严格要求是一种世界范围的趋势。许多货运服务企业感到自身的服务质量状况不能适应新的国际竞争的形势，因此，货运服务企业很有必要研究国际上普遍接受与实施的 ISO9004-2 国际服务质量体系。

ISO9004-2 国际服务质量体系的内容体现了以下指导思想：

①使顾客满意是服务企业为之奋斗的主要目标；

②重视和加强服务质量管理可以产生效益；

③提高服务质量水平与人的因素密切相关；

④质量体系要素的选择应适应服务企业的具体情况。

（2）逆服务特征经营策略

所谓逆服务特征经营，是指根据服务自身的特性，从相反的角度思考并实施服务经营的一种方法。包括：

①无形变有形方式。大多数服务具有无形性特征，而服务消费者的购买行为又往往

是通过可以感知的有形物体所提供的信息作出的。因此,货代企业应借助服务过程中的各种有形要素,把看不见、摸不着的服务产品尽可能地实体化、有形化,让消费者充分感知到服务产品的存在以及享用服务产品可能获得的利益,以达到有效地推销服务产品的目的。

②将不可分离性变为可分离性。货运服务具有生产和消费不可分离的特征,使得服务产品与服务的提供者和消费者直接联系。服务提供者和消费者往往需要有物理上的接近,即在同一时间和地点完成服务营销过程,这势必增加物流服务营销在地域和时差上的限制和难度。冲破这种时空限制,将不可分离的服务变为可分离的服务,已成为现代服务营销发展的重要趋势。

③将不可储存变为可储存。由于货运服务的不可储存性,服务营销过程中需要运用价差调节、发展替代服务、提高服务效率、吸引顾客参与及各种促销方式调节服务供需关系,尽可能地实现二者之间的均衡。比如借助企业网站经常更新的各类服务信息来增加服务量,使一部分不可储存的服务在一定程度上变为可以储存的,从而更有效地调节服务供需时空上的矛盾,提高服务营销的质量和水平。

2.关系营销策略

(1)与顾客的关系营销

关系营销的实施应围绕着"向顾客传递价值"这一中心。价值将企业和顾客紧密联系在一起,对顾客传递的价值决定了关系营销的潜力,而服务的优劣又直接影响潜在的价值并可能导致关系的变化,因此,优质服务对建设良好的客户关系至关重要。

(2)与企业员工的关系营销——内部营销策略

内部营销包括两个方面,即态度管理和沟通管理。态度管理是内部营销的主要部分,是对雇员的态度及其有关顾客意识与服务意识的动机管理。沟通管理旨在确保企业内部信息畅通,使管理人员、一线服务人员和二线支持性人员能够取得完成各自职责所必需的信息,并能把各自的需要、要求和观点等传达出来。由于企业自身的建设和内部营销越来越受到关注,各大企业和客户也更为重视服务者的内部管理质量,把人本管理、商业道德和精神文明等指标化,使关心人、理解人、尊重人、保护人有了可以操作衡量的具体质量化标准。

(3)与竞争者之间的关系营销

在商品经济发展初期盛行的恶性竞争已经不适应企业以及行业的长期健康发展了,取而代之的是良性竞争。竞争者之间应该在促进经济发展的大前提下,争取自身的市场份额,面对竞争者的优势作出理性的分析,达到市场环境的良性循环。

(4)与合作者之间的关系营销

企业应该制定相关的营销策略,加速与企业分销商之间的联系和沟通,以此使合作各方的联系更加紧密、信息传达更为畅通,最终达到各方利益最大化的结果。良好稳定的合作伙伴可以帮助国际货代企业在较短的时间里、在投入较少的基础上,扩大业务网络,吸引更多的客户,巩固原有的品牌,开拓新的市场。

(5)与其他侧面组织之间的关系营销

对于一个复杂的商业网络,许多侧面组织的影响力也是不容忽视的。各国政府对于商品和服务流通的控制、各国制定的限制政策层出不穷,贸易壁垒处处可见。一般来讲,大的国际货运代理企业可以通过业内联合会加大行业影响力,参与政府政策的讨论和制定,在一定程度上把握自身的发展命运。

案例 10-1

联邦快递之角逐中国市场

2003 年可谓联邦快递发展史上遭遇了最多挑战的一年。2003 年 2 月,联邦快递在中国的主要对手敦豪速递(DHL)收购了中国最大货运公司中外运的股份,成为中外运最大的外资股东。不到两个月后,敦豪又宣布打算收购美国第三大快递公司"空中快递"(Airborne Express)。联合包裹服务公司(UPS)则宣布与海南航空下属的扬子江快运达成协议,扩大其在华南的服务网络。

对于联邦快递的国际谋略而言,在快速增长、高度竞争的中国快递市场保持领导地位具有至关重要的意义。敦豪和联合包裹的举措究竟对联邦快递在中国的业务有何影响?联邦快递在这一日益复杂的市场应该采取什么样的对策?回顾这一系列问题以及联邦快递最后的收尾之笔,可以看出联邦快递在全球竞争层面上的抉择思路。

联邦快递的中国运营策略

2003 年,联邦快递已经成长为一家年营业额达 160 亿美元的跨国公司,具有世界上最大的全货运飞机机群,日运送能力达到 2 650 万磅,服务全世界 378 个机场。

联邦快递从 1984 年就开始在中国市场提供服务,但正式进入中国则是在 20 世纪 90 年代中期。1995 年,联邦快递以 6 750 万美元收购了当时唯一可以直飞于美国和中国之间的常青国际航空公司。在完成此收购之后,联邦快递成为第一家提供由美国直飞至中国的国际快递物流公司。美中主要城市之间的快递时间只需要 3 天。

运营

依靠自身的出色运营能力,联邦快递在中国内地和中国香港大量投资飞机群、地面运输和包裹处理设施。尽管中国政府的规定不允许联邦快递在中国内地拥有自己的配送设施和运输网络,但这并不影响它发展在中国香港和邻近的菲律宾的包裹处理能力。联邦快递通过与中外运建立合资企业进入中国市场。联邦快递的直行航班有美国至北京、上海等主要城市,中外运则将包裹发送到中国各地。1997 年,联邦快递结束与中外运的关系,转而与更加灵活的大田公司结盟。自此,联邦快递的中国运营与美国的看上去基本一致。

到 2003 年,联邦快递每周直行往来于美国、中国香港、北京、上海、广州和深圳的 11 个航班。在所有的快递公司中,联邦快递拥有最多的美中直飞货运航班。按照联邦快递创始人和首席执行官弗雷德·史密斯的话说:"我们的目标是打造网络。一旦建好了网络,而且如果我们的假设是正确的,那增长前景将无限。我们也将有望享有领导地位。"

市场营销

联邦快递在中国采用了 20 世纪 80 年代它在欧洲成功使用的进攻型营销策略。在中国，它推出了非常西方式的广告。

1997 年，联邦快递制作了统一的印刷广告，展示的是联邦快递飞机停泊在北京紫禁城前。广告说："给联邦快递打电话吧，这几乎不会遭人禁止。"意思是寻求联邦快递公司的服务总不会成为错误的决定。这一策略引起了许多传统中国顾客的反感，但联邦快递针对的是在中国运营的跨国公司，这些跨国公司在美国就已使用联邦快递的服务。他们也针对中国的企业家，相信他们很快就会采纳联邦快递的"及时交付"信条。对于重视联邦快递高度控制的配送系统以及精确及时投递跟踪服务的客户来说，联邦快递的营销哲学相当有吸引力。

"我们是世界上最大的全货运航空公司，我们拥有出色的进攻任何市场的公式。"联邦快递营销副总裁迈克尔·格伦曾说："不管是在中国、日本，还是在德国，这并没什么不同。"

市场地位

联邦快递正式进入中国市场不久，就面临了一系列挑战，首当其冲的是亚洲金融危机，这对于在亚洲国家有很重基础设施投资的联邦快递来说打击很大，一些国家的货币大幅贬值导致联邦快递的运营利润急剧下跌。1998 年 3 月 25 日，联邦快递公布了自 1996 年以来第一个国际业务运营亏损季报，这主要是由亚洲的业绩不佳造成的。尽管在亚洲的财务损失巨大，联邦快递管理层依然对这一地区充满信心，认为亚洲国家锐减的空运量会通过中国对西方出口的增加得到补偿。联邦快递对中国市场也更加青睐。

在中国，联邦快递几乎垄断了华南、深圳和广州市场，这一战略投资与深圳、广州地区是中国最重要的生产加工基地密不可分。为了保护这一市场，联邦快递于 2001 年和美国交通部及其劲敌联合包裹服务公司达成协议，联邦快递让出两条珍贵的美中航线，以此换得联合包裹服务公司货机不得进入深圳的保证。

中国快递市场分析

20 世纪 80 年代中期，中国的低成本劳动力制造了无穷无尽的廉价消费品。但是，到 90 年代末，中国到处可见崭新的世界级高技术工厂。在加入世界贸易组织之后，高附加值生产能力大规模从西方转移到中国，这大大提高了对中国后援物流服务的要求。除了文件，高附加值和时间紧迫的零件需要快速进出中国以保证"及时生产"的实现。到 2003 年，大约 3.9 万家外国公司在中国从事各种业务，需要快递服务：从几磅重的文件和零件到数千磅重的货物。这对于国际速递公司来说，无疑是发展机遇。

不过，中国快递服务业的发展并不是一帆风顺的。交通设施不完善，配送系统太官僚。香港 Kamino 亚洲物流公司的尼尔·霍维兹说，物流是中国的大市场，但由于基础设施和游戏规则透明度方面的问题，这一市场并不总像商家想象的那样有利可图。2003 年，快递业务依然被高度调控，管理部门甚多，包括空运、铁路、公路和水路运输的各方政府机构。政府调控使得本土快递企业拥有得天独厚的优势，而限制了外国竞争者的行动。

中国国内快递市场

中国 12 亿美元的快递市场可以分为国内和国际两个部分。国内快递市场指的是在包括中国香港在内的国内同天和次日送抵快递服务。2003 年，国内快递市场价值 3.5 亿美元，在 2010 年以前将以 15％～25％的年增长率发展。中国邮政快递主宰了这一市场。

2002 年 4 月 17 日，国家邮政管理局推出新的法规，禁止私营公司速递轻于 500 克的邮件，并要求私营公司的价格高于邮政快递的价格。这在当时引起了各方争议，但邮政管理局指出，这有利于促使服务标准化，并防止一些小投递商靠压价获取市场份额。

加入世贸组织和相应变革

2001 年 11 月，中国正式加入世界贸易组织。相应的，中国政府放松了对公司所有权的限制，允许外国公司在中国的合资企业占有多至 75% 的股份，此政策为联邦快递、联合包裹和敦豪在中国拥有更紧密的运营整合打开了大门。

一方面，加入世界贸易组织意味着国内和国际快递市场有望进一步放开，外国快递公司也将能够与国企和国内私营快递公司直面竞争。另一方面，贸易方面的增长使得中国 2.5 亿城市人口的财富和购买力大大增加，中国不仅是世界工厂，也很快就会取代美国成为世界上最强大的消费者市场。到 2010 年，中国国内快递市场将达到 10 亿美元以上。据预测，在今后 5 年至 10 年中，中国的经济增长将依靠国内消费而非出口驱动。

国际快递业务

中国的国际快递市场包括在中国与北美、亚洲或欧洲之间的文件、包裹、货物递送服务。这一市场 2003 年预计是 8.5 亿美元，年增长率为 15%～20%。客户主要是在中国有生产和销售业务的跨国公司。

自 20 世纪 80 年代，世界上大多数知名的跨国快递公司竞相进入中国市场以期获得最大份额。随之形成的行业标准是，在中国内地任何一个城市接受的快递单必须在 1 天内送至香港，2 天内送至欧洲，3 天内抵达美国。中国邮政传统上主宰了国际快递的物流市场，在 90 年代还占据 90% 市场份额，但到 2003 年这一份额跌至 35%。

外国快递公司不得拥有自己的配送网络或提供清关经纪服务、地面运输、仓储联合服务。它们能够将包裹直接运输到香港地区以及上海、北京、广州和深圳等主要城市，但不得直接投递到其他城市。因此，敦豪、联邦快递、联合包裹服务以及 TNT 等都通过与中外运建立合资企业来进入中国市场。中外运拥有巨大的、现成的运输网络，但是管理分散，在各省有独立的运营单位。每个中外运运营单位都可以自由与外国公司结成独立的又常常相互冲突的合资企业，例如，中外运敦豪、联合包裹服务—中外运、OCS—中外运等，由此制造了相当复杂的竞争环境。这些中外运合资企业成为国际快递公司在中国的地面运输保证。

竞争对手分析

(1)敦豪速递 DHL

敦豪速递成立于 1969 年，在 20 世纪 80 年代已成为亚太地区快递市场的主要商家。2002 年 10 月，德国邮政收购敦豪速递，将之与公司下属的两家子公司 Danzas 物流和欧洲快递(Euro Express)整合，创建了在 DHL 品牌之下的全球第一家一站式包裹快递和货运服务企业，DHL 成为最国际化的快递商，在世界各地拥有最完善的包裹和货物运输网络。

1986 年，DHL 通过与中外运合资，率先进入中国市场。到 2003 年，中外运敦豪已经在 318 个城市开设服务，在上海、北京、深圳和广州等主要城市拥有枢纽。中外运敦豪在中国国际快递服务市场中是无可争议的领军人物，占据 37% 的市场份额。中外运敦豪主要依赖预定的商业航空服务来投递进出中国的国际包裹。其六成业务由预订航空服务提供,余下的则由租赁或自有飞机完成。不像联邦快递,敦豪速递在中国市场没有航线权,因此彻底依赖中国的航空货运服务或中外运的地面运输服务。但是,敦豪在东南亚和欧洲有很强的运营实力,在中国的国际快递业务主要发生在中国、东南亚和欧洲之间。

(2)联合包裹服务

联合包裹服务已有近百年的历史。到 2003 年,联合包裹和联邦快递在美国国内市场拥有相当接近的服务和运营水平。联合包裹于 1988 年进入中国市场,当时也是先通过和中外运建立合资企业。最先的步伐非常谨慎:联合包裹没有在中国打造自己的基础设施,而是依靠商业航空公司和中外运的物流网络。

在 20 世纪 90 年代,联合包裹没有直飞中国的航班,因此它在中国香港卸载包裹,然后利用中国的邮递商向内地发送包裹和货物。联合包裹在中国的市场营销较低调,许多中国客户甚至一开始没有意识到它是家美国公司。这一策略一方面避免了联合包裹的运营损失风险,但另一方面并不适合于发展迅速的中国市场。2001 年,联合包裹服务公司最终获得了每周 10 个直飞中国的航线权。到 2003 年,联合包裹占据中国市场 10％左右的市场份额。与联邦快递相似,联合包裹在中国的国际业务大部分介于中国和美国。

(3)中国邮政快递

中国邮政快递直属于国家邮政管理局。1988 年,中国邮政推出了国内快递业务,并依靠政府调控获取垄断地位。在 20 世纪 90 年代中期,中国邮政拥有 70％的国内市场,其余的则被小运营商瓜分。90 年代中期,邮政快递推出了国际服务,一开始非常成功,但是随着外国竞争对手的进入,国际快递从 80％的市场份额跌至 2003 年的 35％。

但是,中国邮政依然具有得天独厚的优势,其触角不仅遍及各大中小城市,还触及偏远地区、小镇和乡村。2003 年,邮政快递服务于 2 000 个中国城市和城镇。中国邮政是纯包裹递送服务公司,不提供物流和货运服务。

(4)其他对手

总部在荷兰的 TNT 和日本的 OCS(海外快件服务)是其余两大在中国提供国际快递服务的国际公司,它们分别占有 4％的市场份额。TNT 的影响主要在欧洲和澳大利亚,但它是第一个在欧洲和中国提供空中直接连接的公司。

OCS 传统上在日本和东南亚市场有很强的影响力,它提供全套包裹递送服务和物流与货运方案。尽管中国有望在 2006 年超过日本,日本被认为是亚洲最大的快递物流市场。OCS 在中国的国际快递业务主要往来于日本和中国。OCS 和 TNT 在中国都通过与中外运的合资来运营。

来自国内航空业的竞争对手主要是国航快递和中国南方航空公司,它们是最新进入快递市场的企业。南航还是第一个在中国提供快递和包裹服务的中国航空公司,从广州向 25 个城市提供当日快递服务。国航则提供包括文件、包裹和货物在内的国内国际快递。

竞争对手的扩张

2003 年 1 月,联合包裹服务公司宣布与扬子江快运达成协议,其计划内的空运服务扩至除上海、北京、广州、厦门和青岛以外更多的中国城市,而这是联邦快递和敦豪的软肋之一。此协议还使联合包裹将美国至中国的邮件投递时间缩短了一天,实现了联邦快递依靠自有机群可以达到的速度。更重要的是,联合包裹服务公司现在获取了进入南方城市广州和厦门的门票——海南航空公司的全资子公司扬子江快运在南方拥有庞大的网络,这使得联合包裹今后有机会在南方打造其服务。

2003 年 2 月,敦豪速递斥资 5 700 万美元购买了中外运 5% 的股权,成为中外运最大的外国股东。相比之下,联合包裹、TNT、OCS 和英国的 Excel 合起来占有中外运 10% 的股份。敦豪速递与中外运签署了 50 年的合作协议,将在今后 5 年内投资另外 2 亿美元于中外运,有可能将其股份提高到 45%,还将增加 1 200 架运输工具,2 100 名雇员,14 个代表处,并投资中外运的技术、人力资源和基础设施。同一个月,敦豪速递与香港机场达成协议,将在 2004 年共同开发和建设一个新的航空货运航站以服务中国南方市场。敦豪速递还把在国泰航空下属的货运公司香港航空中拥有的股份从 30% 增加到 40%。作为协议的一部分,香港航空增加了从香港至东南亚的 15 条新航线。

2003 年 4 月,TNT 与中国邮政签署了备忘录,在包裹快递和物流方面寻求更加密切的合作。这一协议呼吁在今后 3 年内向中国引进 TNT 快递方案。到 2003 年年底,TNT 快递在中国的分支机构将有望从 12 个增加到 25 个。国际入口将从 3 个增加到 7 个。这一备忘录标志着外国快递公司和中国邮政服务之间的首个诚意合作。TNT 有望终止与中外运的关系,转而投身中国邮政的下属公司。

同一月,敦豪速递宣布收购总部在美国西雅图的美国空运快递公司——美国国内快递市场的第三大公司。这一举措扩大了敦豪快运的地域触角,将之置身于对峙联邦快递和联合包裹的美国快递市场直接竞争之中。这一并购对于联邦快递中国也是一个巨大的挑战,因为联邦快递在中国的客户基础大多是美国公司的中国分支机构,在美国市场的任何损失也将导致中国市场的相应损失。

联邦快递的挑战

显然,联邦快递面临着来自竞争对手的持久进攻,联邦快递必须决定哪些进攻是可信的并对之发起适当反击。地域扩张一直是联邦快递的策略,那意味着增加航班数量以及将地面配送网络延伸至更多城市。不过,现在联邦快递必须做到平衡攻守。联邦快递的"打造市场客自来"的策略对于扩大市场份额很有帮助。但是,它是否能够在这个竞争日益激烈的市场中继续成功呢?这个市场是否需要公司防守和成长兼顾?

联邦快递一直引以为豪的是其先进的运营基础设施具备为客户提供一流服务的能力。但是,建造专用的分拣中心以及维护大型飞机群扩大了其在亚洲市场的运营能力,也耗费了现金流。尽管它与大田的合作迄今是成功的,但大田的地面网络尚不可与敦豪中外运、中国邮政快递或将出现的 TNT—中国邮政的相提并论。

最后,在敦豪通过收购美国空中快递公司进入联邦快递的地盘时,联邦快递是否有能力迅速发展来与敦豪媲美?联邦快递的"自己做"策略是否会成为限制其在高速增长的中国环境中发展的限制因素?

联邦快递的抉择

联邦快递、联合包裹和敦豪速递在中国、美国市场占据不同的地位,由于政策调控的原因,外资快递公司在中国的处境非常复杂,选择什么样的合作伙伴以及选择什么样的策略直接影响到每个公司的投资和运营。竞争对手的选择则意味着它们将更多地依靠本土企业的优势,借力发展。联邦快递选择自己做,选择大田,决定了它必须付出更多的资本和人力方面的努力。

如果只看中国市场的情况,为了回答以上这些问题,联邦快递似乎有必要加大在中国地面的合伙力量,以应对来自敦豪速递和联合包裹的激烈挑战。但这并不符合联邦快递的发展思路。

在角逐 2003 年中国市场的时候,联邦快递除了增添了中美之间的航班,并没有在中国市场采取特别的行动。但是,2003 年 12 月 31 日,联邦快递宣布以 22 亿美元收购美国文印连锁集团金考(Kinko's)。这一收购为当年的快递业竞争画上句号。

显然,联邦快递更重视后院危机:敦豪速递对美国空中快递的收购。在多市场的较量中,一个市场的损失往往会引发另一个市场的失败。尽管中国市场对于联邦快递举足轻重,但联邦快递首先做的还是先巩固本土领地。收购金考便是确保其美国客源不受蚕食的重要举措。此举必将牵制竞争对手在其他市场的谋略。

在分析这一案例的时候,除了要看到中国速递市场弥漫的硝烟,也不可忘记美国市场上悄然燃起的战火。如果仔细分析美国的局面,不难看到联邦快递捍卫本土的地位具有更加重要的意义。根据案例改编者的分析,美国本土市场对于联邦快递来说具有绝对重要的位置,因为收购金考不光是捍卫美国市场,也是巩固其包括中国市场在内的海外市场的关键举措,其间不乏声东击西的意图。

资料来源:联邦快递:角逐中国市场,http://www.gjkdw.net/gjkdjg/2012-03-27/3041.html。

本章习题

1.问题与讨论

(1)简述市场营销的概念。

(2)如何提高货运服务质量?

(3)人员推销有什么特点?

(4)影响货运企业定价的主要因素有哪些?

(5)揽货的组织结构大致可分为哪四种类型?

(6)货运服务产品的特征有哪些?

2.单项选择题

(1)市场营销的核心是( )。

A.市场调研　　　　B.市场细分　　　　C.分销促销　　　　D.互利互换

(2)从市场营销的观念来看,货运代理企业的发展方向必然由提供单纯的运输服务向( )服务转变。

A.仓储　　　　B.流通加工　　　　C.多式联运　　　　D.现代物流

(3)对于货运企业来说,( )是营销人员所从事的市场细分、目标市场选择和市场定位。

    A. 选择价值   B. 提供价值   C. 沟通价值   D. 分析价值

（4）在货运代理活动中，货运代理人（　　）。

    A. 既是托运方的代理人，也是承运方的代理人

    B. 是托运方的代理人，不是承运方的代理人

    C. 是承运方的代理人，不是托运方的代理人

    D. 是单方代理，地位和作用是单一的

（5）企业在市场调研与市场细分的基础，根据自身的营销目标和资源条件选择某个或某几个细分市场进行经营，这种经营方式称为（　　）。

    A. 市场细分   B. 市场定位   C. 目标市场营销   D. 市场营销组合

3. 多项选择题

（1）货运市场营销促销策略包括（　　）。

    A. 人员推销   B. 航运广告   C. 营业推广   D. 公共关系

    E. 电话推销

（2）关于营销的概念，以下表述正确的是（　　）。

    A. 市场营销是一个管理过程   B. 市场营销就是推销

    C. 市场营销的核心是交换   D. 市场营销的目的是实现双赢

    E. 市场营销的核心是推销

（3）货运代理作为服务产品具有的特征是（　　）。

    A. 无形性   B. 不可分离性   C. 差异性   D. 不可储存性

    E. 缺乏所有权

（4）企业竞争的优势有（　　）。

    A. 成本优势   B. 差别优势   C. 专业化优势   D. 市场优势

    E. 人才优势

（5）目标市场策略的选择主要参考的因素有（　　）。

    A. 企业资源能力   B. 市场需求的特点

    C. 竞争者的状况   D. 企业人员组织

    E. 企业技术水平

🔲 案例分析

    黑龙江省哈尔滨市邮政局开发了江中集团的药品仓储集散分拨运输配送一体化业务，由此拉开了江中经销商物流一体化业务发展的帷幕。江中一体化业务开发近一年来，已实现仓储收入、配送。

    扫描市场，锁定目标

    "立足哈市，兼顾全国"，这是哈尔滨市邮政局在开发物流市场中坚持的原则。哈尔滨邮政局坚持以市场为导向，以用户为中心，以效益为目标的原则，扎扎实实做好市场营销

工作,把邮政物流一体化业务真正按邮政物流的核心业务来抓,积极开发包括仓储、运输或配送两个环节以上的一体化物流业务。他们充分利用各种邮政物流服务产品,对潜在用户进行深入开发,尤其注意对医药流通企业的信息采集。日益繁荣的医药市场,为物流业的发展带来了无限商机。药品成为黑龙江省重要的进、出口商品,众多商家看好了这块医药物流市场的"风水宝地",使出浑身解数进行市场征战。面对白热化的市场竞争,该局面向药品销售连锁店、省内药品批发商等药品经销单位,进行了积极的走访。

在与龙卫同新、人民同泰药店的接触中,哈尔滨邮政局了解到,江中药业健胃消食片、草珊瑚含片、亮嗓等药品和保健食品的进销量很大,为其提供物流服务的是深圳某物流公司。因为哈尔滨邮政物流局在成立初期与这家公司建立过合作关系,通过调阅物流大用户档案,他们找到了这家物流公司存放江中药品的仓库,掌握了第一手资料。然后,该局制订了相应的物流解决方案,与江西省南昌市邮政局物流公司紧密沟通,在物流公司的大力帮助下,牢牢把握与江中药业的合作契机,全力将江西省药品驻黑龙江省销售部门的物流业务收入"囊中"。

六件武器,出击天下

在对江中药业的业务开发中,哈尔滨邮政局亮出了威力强大的六件"武器",循序渐进,步步为营,最终赢得了客户的"芳心"。

第一件武器是"邮政物流一体化业务需求征集函"。哈尔滨邮政局首先对江中药业的公司基本信息、现有物流配送基本情况、物流操作具体事项、财务结算、信息反馈要求、代收货款、其他物流业务需求等重点情况进行了细致的调查,为建立有效的大用户档案和物流方案设计做足了准备工作。这件武器充分展示了邮政的调研能力和合作诚意,表达了对客户的尊重和了解。

第二件武器是"黑龙江省哈尔滨市邮政局物流大客户信息资料明细表"。他们将采集到的江中药业有关信息进行了分析整理和建档,做好了屡败屡战、直至成功的准备,坚定了开发用户的信心。

第三件武器是"江中药业邮政物流解决方案"。他们根据江中药业的实际情况,详细陈述了双方的企业背景、对甲方物流需求的理解、共同的发展与合作的基础、邮政经销商一体化物流实施过程、与邮政合作的优势分析和前景展望等内容,就江中药业所关心的物流问题给出了操作性极强的答案,充分体现了邮政物流的服务特色。

第四件武器是一封"邀请函"。哈尔滨邮政局及时而恳切地邀请江中药业负责人北上哈尔滨进行实地考察,体现了邮政物流经营工作的积极主动性。

第五件武器是一个符合 GMP 要求的仓库以及与药品仓储配送一体化业务相关的计算机设备、网络连接、货物管理、进出口操作等设施。

第六件武器就是全心全意的服务。哈尔滨邮政局以双赢互利为指导思想,以优质的个性化服务让用户感觉到邮政的合作诚意,努力维护客户关系。

这六件"武器"出招后,果然引起了对方的反应。2006 年 7 月 31 日,江中集团代表抵达哈尔滨市考察邮政物流,当日就达成了合作意向,并于当晚 8 点完成了江中药品由全程物流仓库向邮政物流仓库的移仓,实现了邮政物流部门以制造企业派驻本省销售机构为客户的目标。

按照"仓储＋配送"的核心服务模式,哈尔滨邮政局于 7 月 31 日将江中集团当日库存药品盘点后,由全程物流中转库转仓至邮政物流仓库,为客户提供省内运输配送、仓储管理、包装理货、流通加工、信息管理、退货处理、代收货款等服务的省内一体化物流业务。

塑造细节,提升品质

"锁定用户的心,才能锁定用户的腰包。"牢牢吸引用户最有效的法宝就是"个性化服务"。一年来,哈尔滨邮政局从内部管理入手,建章立制,从细节上抓服务,进一步完善和加强现场管理,尽心尽力为客户打造完美的服务,牢牢锁定了大客户。

在内部管理上,哈尔滨邮政局建立了明确的管理流程和工作秩序,确定管理信息的流向,明确工作人员的分工与合作,坚持做到"出入有登记,物品不混装,人员不乱走,摆放达标准,出仓保到位",对仓储、运输、配送三大环节,实行了三级负责制,对违反制度者,实行转岗和下岗处理,使每一个员工都努力做到不出任何差错,最大限度地发挥员工的主观能动性和积极性。

哈尔滨邮政局选拔得力人员进行专门的信息管理,对江中药品的网上信息及时接收、及时打印、及时分拣、及时运输、及时配送;注意经常与江中集团物流部、南昌邮政物流公司、江中集团黑龙江省代表、江中药品代理商的沟通,及时通报发展中出现的问题,并在第一时间协商进行解决;严格按照业务规定及合同承诺的服务要求进行处理,动态跟踪处理过程并及时向客户反馈;及时、全面掌握第一手资料,确保货物安全,做到及时准确反馈处理情况。针对异常情况,他们认真分析原因,不断改进项目作业流程,直到问题解决,确保客户的满意。

与此同时,哈尔滨邮政局积极向药监部门汇报、沟通,取得支持,并按照《药品经营质量管理规范》(即 GSP)对现有的邮政仓储资源进行改造,取得资质,为医药经销商提供了储存、拣选、理货、退货等医药物流服务平台。

资料来源:江中药业一体化物流营销,http://info.china.alibaba.com/news/detail/v0-d1025145900.html。

阅读上述案例,回答下列问题:

(1)哈尔滨邮政物流是如何分析客户需求的?

(2)哈尔滨邮政物流的营销策略有哪些?

第
11
章

国际货运代理与第三方物流

📑 **本章学习目的**

- 了解第三方物流的含义
- 了解第三方物流与国际货运代理的关系
- 理解国际货运代理业向第三方物流转变的必然性
- 了解货运代理业向第三方物流转型的对策

随着全球化的发展,国际物流业也向更科学、更便利、更快捷的方向发展。在现代化交通工具、信息技术和管理技术的有力推动下,传统的国际货运代理业务逐步向第三方物流业务发展,第三方物流不仅可以代办传统的货运代理业务,还可以提供货运服务以及增值服务。本章主要介绍第三方物流与国际货运代理相关的内容。

11.1 第三方物流概述

11.1.1 第三方物流的概念

第三方物流(Third-party Logistics,3PL 或 TPL),是相对"第一方"发货人和"第二方"收货人而言的,是由第三方专业企业来承担企业物流活动的一种物流形态。3PL 既不属于第一方,也不属于第二方,而是通过与第一方或第二方的合作来提供其专业化的物流服务,它不拥有商品,不参与商品的买卖,而是为客户提供以合同为约束、以结盟为基础的系列化、个性化、信息化的物流代理服务。随着信息技术的发展和经济全球化趋势,越来越多的产品在世界范围内流通、生产、销售和消费,物流活动日益庞大和复杂,而第一方、第二方物流的组织和经营方式已不能完全满足社会需要;同时,为参与世界性竞争,企业必须确立核心竞争力,加强供应链管理,降低物流成本,把不属于核心业务的物流活动外包出去。于是,第三方物流应运而生。最常见的 3PL 服务包括设计物流系统,EDI 能力,报表管理,货物集运,选择承运人、货代人,海关代理,信息管理,仓储,咨询,运费支付,运费谈判等。由于其服务的方式一般是与企业签订一定期限的物流服务合同,所以有人称第三方物流为"合同契约物流(Contract Logistics)"。

11.1.2 第三方物流的分类与基市特征

第三方物流内部的构成一般可分为两类:资产基础供应商和非资产基础供应商。对于资产基础供应商而言,他们有自己的运输工具和仓库,他们通常实实在在地进行物流操作。而非资产基础供应商则是管理公司,不拥有或租赁资产,他们提供人力资源和先进的物流管理系统,专业管理顾客的物流功能。广义的第三方物流可定义为两者的结合。第三方物流因其所具有的专业化、规模化等优势在分担企业风险、降低经营成本、提高企业竞争力、加快物流产业的形成和再造等方面所发挥的巨大作用,已成为 21 世纪物流发展的主流。

从发达国家物流业的状况看,第三方物流在发展中已逐渐形成鲜明特征,突出表现在五个方面:

(1)关系合同化。首先,第三方物流是通过契约形式来规范物流经营者与物流消费者之间关系的。物流经营者根据契约规定的要求,提供多功能直至全方位一体化物流服务,并以契约来管理所提供的物流服务活动及其过程。其次,第三方物流发展物流联盟也是通过契约的形式来明确各物流联盟参加者之间的权责利相互关系的。

(2)服务个性化。首先,不同的物流消费者存在不同的物流服务要求,第三方物流需要根据不同物流消费者在企业形象、业务流程、产品特征、顾客需求特征、竞争需要等方面的不同要求,提供针对性强的个性化物流服务和增值服务。其次,从事第三方物流的物流经营者也因为市场竞争、物流资源、物流能力的影响需要形成核心业务,不断强化所提供物流服务的个性化和特色化,以增强物流市场竞争能力。

(3)功能专业化。第三方物流所提供的是专业的物流服务。从物流设计、物流操作过程、物流技术工具、物流设施到物流管理必须体现专门化和专业水平,这既是物流消费者的需要,也是第三方物流自身发展的基本要求。

(4)管理系统化。第三方物流应具有系统的物流功能,是第三方物流产生和发展的基本要求,第三方物流需要建立现代管理系统才能满足运行和发展的基本要求。

(5)信息网络化。信息技术是第三方物流发展的基础。物流服务过程中,信息技术发展实现了信息实时共享,促进了物流管理的科学化,极大地提高了物流效率和物流效益。

11.1.3 第三方物流服务的内容与优势

1.第三方物流服务的内容

第三方物流是一种新的物流管理理念和方式,其概念源于管理学中的 Outsourcing,即外包。但第三方物流并不等同于外包,所谓的外包是指粗放型的业务外部委托,而第三

方物流则是在更新、更高层次上的发展,其包含更丰富的内容,主要有以下两点:

(1)以其个性化服务,在物流企业与客户之间建立荣辱与共的联盟关系。第三方物流的科学性正在于它充分体现了社会合理分工的原则,以其第三方的专业优势向物流需求企业提供个性化服务,即针对特定客户的个别业务特征提供为其定制的特定服务,而非面向多个客户提供一般的服务,改变了物流企业与客户之间的关系,由"一对多"变为"一对一"。物流企业依托于客户,客户则以物流企业为后勤,失掉任何一方,企业都无法有效运作,甚至无法继续生存。

(2)以现代电子信息技术为基础,实现对客户的综合化物流服务。传统的企业物流功能外包主要是某一项或是某几项物流功能的对外委托,并且委托是分散的,如将仓储功能委托给仓储公司,而将运输功能委托给运输公司。

2.第三方物流服务的优势

第三方物流服务给企业带来了众多益处,主要表现在:

(1)集中主业。企业能够将有限的人、财、物集中于核心业务,进行新产品和新技术的研究与开发以提高自己的竞争力。

(2)节约投资。根据对工业用车的调查,企业解散自有车队转而寻求公共运输服务的主要原因就是为了减少有关的固定费用,这不仅包括购买车辆的投资,还包括与车间、仓库、发货设施、包装机械以及员工工资等有关的开支。

(3)减少库存:第三方物流服务商借助精心策划的物流计划和适时的运送手段,使企业库存开支减少,并改善企业的现金流量。

(4)创新管理:第三方物流服务可利用物流服务商的创新性物流管理技术和先进的渠道管理信息系统为自己开辟业务发展道路。一流的第三方物流服务商一般在全球拥有广泛的网络,并拥有开展物流服务的经验和专业技术。当企业计划在自己不熟悉的地理环境中开展业务时,可充分利用第三方物流服务商的专有技术和经验来进行有关运作。

(5)提升企业形象:第三方物流服务商为顾客着想,通过全球性的信息网络使顾客的供应链管理得到优化;他们可利用完备的设施和训练有素的员工队伍对整个供应链实现完全控制;他们通过遍布全球的运送网络和服务提供者(分包方)大大缩短交货期,帮助顾客改进服务和树立品牌形象。

11.1.4 第三方物流服务的经营理念

由于第三方物流业与一般制造业和销售业不同,它具有运输、仓储等公共职能,是为生产、销售提供物流服务的产业,所以物流服务就是第三方物流业为他人的物流需要提供的一切物流活动。它是以顾客的委托为基础,按照货主的要求,为克服货物在空间和时间上的间隔而进行的物流业务活动。第三方物流服务的内容是满足货主需求、保障供给,即在适量性、多批次、广泛性上满足货主的数量要求,在安全、准确、迅速上满足货主的质量需求。

按照服务经济理论,第三方物流服务除了具有服务的基本性质之外,还应具有从属性、即时性、移动性和分散性、较强的需求波动性和可替代性,所以第三方物流服务必须从属于货主企业物流系统。这主要表现在流通货物的种类、流通时间、流通方式、提货配送方式都是由货主选择决定,第三方物流业只是按照货主的需求,站在被动的地位来提供物流服务;不能忽视第三方物流服务是属于非物质形态的劳动,它生产的不是有形的产品,而是一种伴随销售和消费同时发展的即时服务。第三方物流服务是以分布广泛、大多数是不固定的客户为对象,数量众多而又不固定的顾客需求在方式上和数量上是多变的,它的移动性和分散性会使产业局部的供需不平衡,从而给经营管理带来一定的难度。一般企业都可能具有自营运输、保管等自营物流的能力,使第三方物流经营者从量和质上调整物流服务的供给力变得相当困难。

正是因为第三方物流服务特性对第三方物流业经营管理的影响,要求企业经营者的管理思维和决策必须以服务为导向,把第三方物流服务作为一个产品,从而关注第三方物流服务质量。

第三方物流核心服务是围绕输送、保管、装卸搬运、包装及相关信息活动进行的服务。用来方便核心服务使用的附加的服务称为便利服务,用来提高服务价值或者使服务与其他竞争对手相区别的服务称支持性服务。将第三方物流服务作为一个产品来研究时,第三方物流业服务领域的扩大、服务功能的增加应当围绕核心服务,增加便利性服务和支持性服务。例如,在包装箱上标明条形码,使物流过程中的各方都便于搬运和点数;建立方便的订货动态系统,使物流链中有关各方能够迅速获得有关订货执行情况的准确信息;一体化的配送中心的配货、配送和各种提高附加值的流通加工服务,会使物流功能向协作化方向发展;提供产品与信息从原料到最终消费者之间的增值服务,提供长距离的物流服务,在研究货主企业的生产经营发展流程设计的基础上提供全方位、优质的物流系统服务,会使第三方物流企业更具竞争实力。

由于第三方物流服务从属于货主企业物流,是伴随销售和消费同时发展的即时服务。在将第三方物流服务作为一种产品分析的同时,不能忘记第三方物流服务必须以顾客为导向,即第三方物流服务产品还是顾客感知的物流服务集合。为此,对第三方物流服务产品的分析还必须注重顾客的感知,要分析核心服务及其他服务如何被顾客接受,买卖双方的相互作用如何形成,以及顾客在服务过程中是如何准备参与的。因为只有注重顾客的感知,才能使服务具有可接近性,使各种物流服务的使用感到便利,只有考虑了服务的可接近性、相互作用和顾客的参与,新的便利性服务和支持性服务才能真正成为企业的竞争优势。

案例 11-1

中国著名家电企业海尔集团

中国著名的家电企业海尔集团从 1999 年年初开始物流改革,将物流重组定位在增强企业的竞争优势的战略高度上来,希望通过物流重组有力地推动海尔的发展。因为零部件库的管理不太先进,库存资金占用比较大,甚至有些呆滞,所以海尔集团首先选择零部件作为首要的突破点。建立了现代化的立体库,开发了库存管理软件,使其达到最先进水平。之后,发现车间、分货方和经销商的管理水平跟不上,于是又向他们推荐先进的作业方法。立体库带动了机械化搬运和标准化包装,采用标准的托盘和塑料周转箱,都符合国际标准。因海尔生产的零部件种类繁多,所以就用标准的容器将其规范化,便于机械化搬运,便于管理。这些搞好后,又发现检验是一个薄弱环节。检验时间长,造成大量库存积压。于是又把检验集中起来,尽量分散到分供方和第三方仓库去检验。这样企业中的物流就没有了检验这一环节,减少了大量的库存,目前只有3天的库存量,库存资金也大大减少。

海尔从1999年年初开始实施物流发展计划,不到一年的时间,效果已非常明显。同时,海尔也利用第三方物流进行内部配送,企业物流把社会力量整合起来了。

当然,在实施物流的过程中,海尔也遇到了一些困难,首先是人们头脑中的习惯思维问题,观念还不适应整合起来后总的效果,只从自身是否方便来考虑问题。为解决这个问题,海尔成立了物流推进本部,专业从事物流改革的推进工作,由集团见习总裁亲自负责。该事业本部下属采购、配送、运输三个事业部,专业从事海尔全集团的物流活动,使得采购、生产支持、物资配送从战略上一体化。其次是国内研究物流的专业公司还不多,大部分从事的还只是物流中某个部分,可以借鉴的经验很少。因此,海尔计划在尽可能短的时间内,摸索出一套海尔独有的物流管理模式,创立海尔独特的物流体系。目前,海尔正努力建设企业内部的物流事业部门,并在为海尔集团服务的基础上,最终社会化,使海尔的企业物流最终成为海尔的物流企业。

资料来源:海尔:将物流提高到企业战略高,http://www.chinawuliu.com.cn/xsyj/200805/19/139413.shtml。

11.2 国际货运代理与第三方物流

11.2.1 第三方物流与国际货运代理的关系

从国际货运代理的基本性质来看,它主要是接受委托人的委托,就有关货物运输、转运、仓储、保险,以及与货物运输有关的各种业务提供服务的一个行业。也就是说,它们只能提供一些功能性物流服务,难以适应当前物流综合化的要求。

随着物流和多种运输形式的发展,国际货运代理的服务范围不断扩大,其在国际货运和国际运输中的地位也越来越重要。在实践中,国际货运代理对其所从事的业务,正在越来越高的程度上承担着承运人的角色。许多国际货运企业都拥有自己的运输工具,用来从事国际货运代理业务,包括签发多式联运单,有的甚至还开展了简单的物流服务,这实际上已具有第三方物流的萌芽。将来会有越来越多的国际货运代理通过建立自己的运输组织并以承运人身份承担责任的方式来谋求更广阔的业务发展。由此说来,国际货运代理向第三方物流发展的趋势也将会越来越明显。

然而,就目前情况来看,第三方物流经营人与国际货运代理人之间仍存在较大区别。首先,两者的经营理念不同。现行的国际货运代理业主要从事货物运输,进出口单证制作,代客户进出口报关、报检等业务,相对而言较简单。而第三方物流经营人的业务范围除了货运代理人外,还会有进一步的扩展,如货物的零星加工、包装、货物装拆箱、货物标签、货物配送、货物分拨等。此外,第三方物流经营人大多在通过提供软件服务的同时提供硬件服务,即可为客户提供运输工具、装卸机械、仓储设施,并有效地利用自己所有的设施,从中获取更大的"附加价值"或"附加效益"。其次,国际货运代理人即使从事第三方物流,或成为第三方物流经营人,但其地位仍受到定义限制。可以说,国际货运代理人和无船承运人在一定程度上是第三方物流经营人的成因基础。从目前第三方物流经营人的"出身"来看,大多是国际货运代理人、仓储经营人、运输经营人,他们是在经营传统业务的同时进入物流业,并逐步为客户提供部分或全部物流服务的。从他们公司挂牌的转变便可清晰地看出这一"演变"过程,但这应与其所从事的业务相符合。因此,国际货运代理人从事第三方物流业不仅有其业务基础,也是社会分工专业化和市场竞争发展的必然结果。

11.2.2 国际货运代理业向第三方物流转变的必然性分析

1.国际货运代理向第三方物流的转变的内因

(1)货运代理企业正面临着诸多问题

当前货运代理业存在的主要问题有以下几个方面:

①普遍缺乏网络设施。货运代理作为国际运输的一项辅助服务,业务发展到一定阶段,必须有网络支撑,否则,既缺乏滚动发展的后劲,也使满足客户需求的理念流于形式。

②经营和资产规模偏小。以中国为例,目前货运代理企业从经营和资产规模上讲,多为中小企业。组建成立后的多数企业除了保留一小部分资金用作业务周转外,将其余注册资金抽离的现象相当普遍,有能力进行基建和设施投资的企业很少。这是制约货运代理企业业务深度开发和从资金入手扩大货运代理企业经营规模的一大障碍。

③信息化水平较低。随着市场竞争的加剧,信息化和信息流在货运代理企业的经营中日趋重要。

④专业化服务水平低。目前多数货运代理企业的服务功能简单、低级,服务可替代性强,仍停留在充当代办运输的中间人阶段。

⑤经营秩序亟待规范。长期以来由于人们对货运代理的认识不足,造成货运代理企业之间的竞争在营销策略上更多迷信"关系销售",在营销手段上更多地依赖低价倾销和"机会主义",忽视了对市场细分的理解和以客户需求为中心的营销理念的把握。

⑥人员素质参差不齐。随着市场竞争趋于激烈,尽管这一现象最近几年有所改观,但从业人员总体素质仍相对偏低,表现在包括高层管理者在内的从业人员大多为"半路出家",基本上靠经验经营业务和管理企业,学历教育、专业背景、语言功底等不高。

(2)传统的货运代理生存日趋严峻

长期以来,传统的货运代理业务范围局限于订舱、报关、转运等简单环节性劳务。随着市场的发展,这种经营模式受到各方面的冲击,使传统的货运代理企业市场份额处于一种迅速下滑的状态。

同时,船公司纷纷采取服务延伸战略,实施营销一体化,提供集承运、货运代理于一体的一条龙服务。船公司的一条龙服务对传统的货运代理业务有很强的替代性,这种船、货运代理一体化的捆绑式服务,很大程度上动摇了以差价和订舱佣金为盈利目标的传统货运代理产业的生存基础。

另外,一些大的货主,港航企业纷纷利用自身的货源和垄断优势,设立货运代理公司,从而使货运代理市场处于一种供过于求、无序竞争的状态,传统的货运代理的生存空间日趋狭小。

(3)货运代理从事的货运代理业务正在发生重大变化

处于物流管理发展初级阶段的货运代理业主要提供仓储、运输、装卸搬运、包装等服务。它由两类组织组成,另一类是专业储运企业,一类是生产、批发、零售企业内部的储运部门。其顾客主要有两类,一类是制造企业,另一类是批发与零售企业。从传统流通渠道的角度来看,商流是从制造商经批发、零售到消费者的,与之相对应的物流则是从制造商经储运企业或储运部门到批零企业再到消费者的。而现在,消费市场顾客需求已从"少品种、大批量、少批次、长周期"转变为"多品种、小批量、多批次、短周期",为适应顾客需求的这一重大变化,商流渠道发生了大规模重组,带来物流渠道的重组,其结果是在商流领域出现了多级经销制、多级代销制、多级代理制及配送制。货运代理企业所提供的简单的储存、运输、包装等服务在物流渠道的重组中逐步被集成化、系列化、增值化的现代物流、配送服务所取代。同时,货运代理业,无论是在自身的资源方面,还是在其经营管理机制等方面都存在许多困难和弱点,这些都是货运代理业生存与发展的障碍。为此,货运代理业有必要随着顾客需求的变化进行调整。

2.行业外部环境

工商企业采用第三方物流服务,可获得降低企业成本、提高服务水平、增加企业柔性、集中核心业务、提高生产效率、提升企业形象、增强竞争实力等收益。主要表现在:

(1)降低作业成本,减少资本积压。专业的第三方物流提供商利用规模生产的专业优势和成本优势,通过提高各环节能力的利用率实现费用节省,使企业能从分离费用结构中获益。

(2)使企业集中精力于核心业务。近年来,外包(Outsourcing)已成为发达国家商业领域中的一个主要趋势。工商企业越来越重视把精力和主要资源集中在自己的核心业务上,进行重点研究,同时不断开发出新产品,参与市场竞争。把被其视为支持与辅助功能的物流越来越多地外包给专业的物流企业,将有利于企业实现资源的优化配置。

(3)降低库存。企业不能承担多种原材料和产品库存的无限增长,尤其是高价值的物品要能及时送达目的地,以保证最小的库存量,实现零库存。第三方物流提供者借助精心策划的物流计划和实时运送手段,最大限度地减少库存,帮助企业实现成本优势。

(4)提升企业形象。第三方物流提供者与企业,不是竞争对手,而是战略合作伙伴。第三方物流通过为企业提供"量体裁衣"式的系统设计,制订出以企业需求为导向,低成本、高效率的物流解决方案,使企业在同行中脱颖而出,树立自己的品牌形象,为企业在竞争中取胜创造有利条件。

(5)获取信息技术,享有专业知识。通过专业化的发展,第三方物流公司已经开发了信息网络并且积累了针对不同物流市场的专业知识,包括运输、仓储和其他增值服务。第三方物流提供者可以利用各种信息技术把从"采购—制造—产成品配送"的整个过程作为综合物流进行系统管理,为其提供高水平的物流服务提供信息基础。与合适的第三方物流供应商合作,可以使企业以较低的投入充分享用先进的信息技术。

因此,货运代理企业凭借自身优势从事第三方物流服务,一方面可以在某种程度上满足工商企业的巨大需求,另一方面可为自身的发展创造良好的机遇。

11.2.3 货运代理业向第三方物流转型的对策分析

针对货运代理业普遍存在的物流网络水平低、科技含量不高、缺乏综合运输网络、服务单一、专业人才缺乏以及基础配套设施不完善等问题,货运代理业要向第三方物流转变就必须做到下面几点:

(1)建立国际物流网络系统。国际物流网络系统,是由多个收发货的"结点"和它们之间的"连线"所构成的物流抽象网络以及与之伴随的信息流动网络的集合。建立国际物流系统可以扩大国际贸易、广泛与世界各国的联系;另外它还从时间和空间上、信息传输上,为加快商品流动、资金周转、减少库存和资金占压、加速商品的国际流动,提供有效、切实可行的途径和保证。因为以网络系统提供服务会产生一种特殊的规模经济效应,涉及的对象越多,就越有利于降低物流成本。

(2)充分利用当前信息技术的发展成果,建立企业网站,搭建B2B电子商务平台。这样做可以实现电子物流信息系统、物流管理系统以及银行网等的无缝链接。电子商务平台上存放企业或托运人的需求信息以及货运代理企业的供应信息,托运人和承运人在平台上进行交易磋商,并订立运输合同。通过银行网,可以实现网上支付。在运输的过程中,托运人可以通过该电子商务平台进入运输全过程查询系统,直接查询货物运输过程中的位置及途中货物状态。

(3)建立综合运输服务系统。目前,建立综合运输服务体系已成为世界运输发展的大趋势。将各专业货物运输业与其他运输方式联合建立联运中心,这样就能够充分运用各种运输方式的特点,缩短流通距离,节约货运时间。

(4)拓展服务范围,突出服务特色,向服务多元化发展。国际货运代理企业必须成为一个服务提供的多面手,同时结合这些企业的实际需要,为其提供有针对性、个性化的特色服务,解决企业开展国际物流方面所遇到的种种难题。要认真研究所服务行业的特点,慎选服务对象。国际货运代理企业在开展第三方物流服务业务时,必须对服务对象有所取舍,在对人力、财力、物力、服务水平进行综合考量的基础上,选择能发挥自己最大长处的行业介入。

(5)加强专业人才的培养。国际货运代理企业要想培养既懂国际货运又懂货主具体行业的复合型人才,一方面要加大对从业人员的培养力度,使从业人员精通某一具体行业的服务;另一方面,还要加快人才引进步伐,吸引社会上那些既懂具体行业又懂国际货运的复合人才,高起点地发展第三方物流业务。

最后,对各国政府而言,就是要加强基础设施及港口码头的设施建设。目前,运载设备的大型化是国际货物运输系统创新的趋势。许多航运公司为了降低运输成本,重新分布航线,调整主干线和支线的格局,这样极大地促进了枢纽港和支线港的新格局的产生,深水泊位和航道对海港在国际运输中的地位日益重要。

本章习题

1. 问题与讨论

(1)企业采用第三方物流的益处有哪些?

(2)国际货运代理为什么要向第三方物流转变?

(3)货运代理业向第三方物流转型的对策有哪些?

2. 单项选择题

(1)第三方物流的特点不包括(　　)。

A. 以信息技术为指导,信息技术的合理应用是第三方物流企业的核心

B. 它提供的是个性化的服务,即根据企业流程为企业量身定做的一种物流服务

C. 它能提供网络化服务,能有效协调物流资源,为使用者提供满意服务

D. 第三方物流能够增加产品本身的价值

(2)国际货运代理作为第三方物流经营人时,其责任大多实行的是(　　)。

A. 不完全过失责任制　　　　　　　　B. 完全过失责任制

C. 结果责任制　　　　　　　　　　　D. 严格责任制

(3)第三方物流企业是指(　　)。

A. 提供物流活动咨询服务的企业

B. 具有专业物流经营能力的企业

C. 促进物资流通的商业企业

D. 为商品的供给方和需求方提供物流服务的企业

(4)一般来说,由供方和需方以外的物流企业提供物流服务的业务模式属于(　　)。

A. 第一方物流　　　B. 第二方物流　　　C. 第三方物流　　　D. 供应链管理

(5)第三方物流企业与客户企业之间是(　　)。

A. 竞争关系　　　　B. 合作伙伴关系　　　C. 所有权关系　　　D. 没有关系

3. 多项选择题

(1)运用第三方物流的优越性包括(　　)。

A. 集中业主　　　　　　　　　　　　B. 节省费用

C. 减少库存　　　　　　　　　　　　D. 提升企业形象

E. 减少资本积压

(2)当前货运代理业存在的问题主要包括(　　)。

A. 普遍缺乏网络设施　　　　　　　　B. 经营和资产规模偏小

C. 专业化服务水平低　　　　　　　　D. 人员素质参差不齐

E. 同行之间合作少

（3）国际货运代理开展物流服务可提供（　　　）增值服务。

A. 延迟处理　　　　　B. 供应商管理　　　　C. 代垫付费用　　　　D. 售后服务

E. 仓储管理

（4）第三方物流服务商的利润来源有（　　　）。

A. 基础服务收益：运输管理、仓储管理　　　　B. 增值服务收益：流通加工服务

C. 信息服务收益　　　　　　　　　　　　　　D. 支持物流的财务服务收益

E. 协调供应链

（5）第三方物流服务要为客户提供（　　　）。

A. 物流合理化设计　　B. 降低物流成本　　C. 可靠的质量保证　　D. 可靠的时间保证

E. 增加公司利润

（6）现代物流发展的趋势包括（　　　）。

A. 系统化　　　　　　B. 信息化　　　　　C. 社会化和专业化　　D. 现代化

E. 综合体系化

案例分析

中外运空运公司是中国外运集团所属的全资子公司，华北空运天津公司是华北地区具有较高声誉的大型国际、国内航空货运代理企业之一。下面是中外运空运公司为摩托罗拉公司提供第三方物流服务的案例介绍。

1. 摩托罗拉的物流服务要求和考核标准

（1）摩托罗拉公司的服务要求

① 要提供24小时的全天候准时服务。主要包括：保证摩托罗拉公司与中外运业务人员、天津机场和北京机场两个办事处及双方有关负责人的通信联络24小时通畅；保证运输车辆24小时运转；保证天津与北京机场办事处24小时提货、交货。

② 要求服务速度快。摩托罗拉公司对提货、操作、航班、派送都有明确的规定，时间以小时计算。

③ 要求服务的安全系数高。要求对运输的全过程负责，要保证航空公司及派送代理处理货物的各个环节都不出问题，一旦某个环节出了问题，将由服务商承担责任、赔偿损失，而且当过失到一定程度时，将被取消做业务的资格。

④ 要求信息反馈快。要求公司的计算机与摩托罗拉公司联网，做到对货物的随时跟踪、查询，掌握货物运输全过程。

⑤ 要求服务项目多。根据摩托罗拉公司货物流转的需要，通过发挥中外运系统的网络综合服务优势，提供包括出口运输、进口运输、国内空运、国内陆运、国际快递、国际海运和国内提供的派送等全方位的物流服务。

（2）摩托罗拉公司选择中国运输代理企业的基本做法

首先，通过多种方式对备选的运输代理企业的资信、网络、业务能力等进行周密的调查，并给初选的企业少量业务试运行，以实际考察这些企业的服务能力与质量。对不合格

者,取消其代理资格。

摩托罗拉公司对获得运输代理资格的企业进行严格的月季度考评,主要考核内容包括运输周期、信息反馈、单证资料、财务结算、货物安全和客户投诉。

2. 中外运空运公司的主要做法

(1)制定科学规范的操作流程。摩托罗拉公司的货物具有科技含量高、货值高、产品更新换代快、运输风险大、货物周转及仓储要求零库存的特点。为满足摩托罗拉公司的服务要求,中外运空运公司从 1996 年开始,设计并不断完善业务操作规范,并纳入了公司的程序化管理。对所有业务操作都按照服务标准设定工作和管理程序进行,先后制定了出口、进口、国内空运、陆运、仓储、运输、信息查询、反馈等工作程序,每位员工、每个工作环节都按照设定的工作程序进行,使整个操作过程井然有序,提高了服务质量,减少了差错。

(2)提供 24 小时的全天候服务。针对客户 24 小时服务的要求,实行全年 365 天的全天候工作制度。周六、周日(包括节假日)均视为正常工作日,厂家随时出货,随时有专人、专车提供和操作。在通信方面,相关人员从总经理到业务员保持 24 小时的通信通畅,保证了对各种突发性情况的迅速处理。

(3)提供门到门的延伸服务。普通货物运送的标准一般是从机场到机场,由货主自己提货,而快件服务的标准是从"门到门"、"库到库",而且货物运输的全程在严密的监控之中,因此收费也较高。对摩托罗拉的普通货物虽然是按普货标准收费的,但提供的却是门到门、库到库的快件服务,这样既提高了摩托罗拉的货物运输及时性,又保证了安全。

(4)提供创新服务。从货主的角度出发,推出新的、更周到的服务项目,最大限度地减少损货,维护货主信誉。为降低摩托罗拉公司的货物在运输中被盗的风险,在运输中增加了打包、加固的环节;为防止货物被雨淋,又增加了一项塑料袋包装;为保证急货按时送到货主手中,还增加了手提货的运输方式,解决了客户的急、难问题,让客户感到在最需要的时候,中外运公司都能及时快速地帮助解决。

(5)充分发挥中外运的网络优势。经过 50 年的建设,中外运在全国拥有了比较齐全的海、陆、空运输与仓储、码头设施,形成了遍布国内外的货运营销网络,这是中外运发展物流服务的最大优势。通过中外运网络,在国内为摩托罗拉公司提供服务的网点已达 98个城市,实现了提货、发运、对方派送全过程的定点定人、信息跟踪反馈,满足了客户的要求。

(6)对客户实行全程负责制。作为摩托罗拉公司的主要货运代理之一,中外运对运输的每一个环节负全责。对于出现的问题,积极主动协助客户解决,并承担责任和赔偿损失,确保了货主的利益。

回顾 6 年来为摩托罗拉公司的服务,从开始的几票货发展到面向全国,双方在共同的合作与发展中,建立了相互的信任和紧密的业务联系。在中国入世后的新形势下,中外运和摩托罗拉正在探讨更加广泛和紧密的物流合作。

进出口商在向货运代理人和第三方物流商寻求增值服务的同时,还有着更高的要求——要求服务商完全掌握从原材料的采购到制成品的运送整个制造过程的每一个环节,对遍布世界各个出口市场的通关程序了如指掌,并能制订相应计划以使他们免于美国海关施加在他们头上的重税和罚款。但有一个至高的要求却是永远一样的,即要求第三方物流商具有应付并处理繁杂事物的能力。正如位于美国的 Solar Turbines 公司的运输经理琳达·布雷斯顿所说:"及时运送是至关重要的,最糟糕的事情莫过于接到客户的电话,抱怨他们的货物还没有到,不知出了什么事。"对于 Solar Turbines 这样向 80 多个国家出口机械(包括向边远地区运送石油和天然气勘探设备)的公司来说,第三方物流商必须通晓他们的运作情况。

一些货主还希望代理商们与他们在海外的客户进行接触,比如生产打印机的 Encad 公司的物流经理杰尼·卡拉盛情邀请其服务商与他一道对海外客户进行专访,以使这些服务商们对该公司 60 多个出口市场国家和海关运作有所了解。

美国出口商在拓展新的出口市场时,一般不太愿意在建立分拨和雇佣海外员工方面投入太大,他们只是希望对当地运作实施有效的管理与控制。越来越多的出口商更希望他们的物流服务商拥有自己的仓储及分拨设施,并在这些国家建有自己的办事机构。

通信设备制造商 Pulse Engineering 公司的国内及国际运输经理米歇尔·罗密欧说:"你们(物流服务商)是我们公司的延伸,我们希望你们成为我们的业务伙伴。"该公司与那些离自己的客户市场近的第三方物流服务商进行合作,在订单签订若干小时内,产品就能及时送到客户手中。罗密欧说,第三方物流商还能够提供更有价值的服务。比如,Pulse Engineering 公司就一直在寻找在电子数据交换系统方面有专长的物流服务商为其提供服务。

在货主寻求从货运代理人及第三方物流商那里获得附加服务的同时,这些服务商也提出了进出口商们是否会为这些附加服务付费的问题。西雅图的全球运输服务公司特殊项目主任说道:"如果要求卡迪拉克式服务,你会支付卡迪拉克般的价格吗?"

一般来说,货主更愿意与物流服务商签订全程服务合同,并提供额外的不可预见服务费用。但也有一些进出口商还是宁愿物流商提供如编制进出口单据之类的基本服务。经纪和代理商们却认为这种方式过于目光短浅,因为货主在整个合同执行过程中,避免不了对更深层次服务的需求。如果这些额外服务以单独形式计算,肯定会比一揽子合同方式计算成本更高。

进口商与出口商的需求有时是不同的。相比之下,进口商对技术的要求更高。由于美国海关对进口公司对所报货品的分类及估价造成的错误十分头疼,难免对这些进口商罚以重金。鉴于这种情况,有些大型进口商指定专门物流服务商来解决这些问题,这样,他们就可以少向美国海关交纳罚金。但美国海关开始对那些没有能力解决这些问题的中小型进口公司下手,海关经纪公司备受青睐的原因就在于此。

资料来源:中外运为摩托罗拉提供第三方物流服务,http://news.56ye.net/show-996.html。

阅读上述案例,回答下列问题:

(1)中外运为摩托罗拉提供第三方物流服务的对策有哪些?

(2)货运代理如何向第三方物流转型?

第

12

章

国际货运代理的风险控制

📑 **本章学习目的：**

- 了解国际货运代理业经营时可能面临的风险
- 了解风险控制的概念及方法
- 掌握国际货运代理业采取的风险控制方法
- 了解国际货运代理业务的风险及其防范

作为货主与承运人之间的纽带,国际货运代理业从事的业务主要是接受货主委托,代办租船、订舱、配载、缮制有关证件、报关、报验、保险、集装箱运输、拆装箱、签发提单、结算运杂费,乃至交单议付和结汇等。国际货运代理企业依其从事的具体商业活动而具有不同的法律地位,并相应地拥有不同的权利和承担不同的义务。这就是国际货运代理企业容易卷入国际贸易纠纷案中的原因。故此,本章将具体分析国际货运代理企业可能面临的各种风险,并参照风险控制的四种方法,即风险回避、损失控制、风险转移、风险保留等,提出若干风险控制策略。

12.1 国际货运代理业面临的风险

国际货运代理业经营时,可能面临的风险主要表现在以下几个方面:

1. 货物损毁

货物收受后,签立运输单证或提单,即必须负有将货物完整交付的责任。如货物在整个运输环节中发生损坏或灭失,除非在收受货物时发现货物已有毁损灭失并在提单上作出标注外,承运人必须对收货人负起运输单证的文义责任。另外,对于危险品的运送,由于国际货运代理业赚取的是非集装箱并装的运费差价,如其中一出口商未将货物的品名和性质据实告知经营者,造成其他货物损失则发生追偿。

还有一个风险就是国际货运代理业的协助厂商(如船方等)所提供的集装箱不良(如集装箱过旧疏于保养造成破洞,导致货物水湿)、船舶不具备适航性的开航、迟延等造成的风险。

2. 员工或操作人员的错误或过失

此风险最为典型的是交货错误,即在放货时未收取有关物权凭证,未按提单持有人的指示交付货物,以及将货物交付给错误的对象。例如,无单放货情形或是提单为SWITCH情形,即在未收到第一套正本提单时又再发出第二套提单。依照现行司法判决,针对无单放货行为,国际货运代理企业存在重大过失(Gross Negligence)。

还有一种情形,就是运输单证或提单记载错误,如提单的件数以及收货人字段缮打错误,由此造成提单持有人无法提领货物等。

3. 对第三人的责任

此责任包括第三人的财产损坏或灭失以及造成的人身伤亡。例如,国际货运代理企业委托卡车司机将货物从出口商仓库运至货柜集散站途中发生车祸,造成卡车司机以及他人伤亡。又如,国际货运代理企业急欲于春节前夕将出口商的货物运出口,因人手不足而委托人力派遣公司调派堆高机驾驶员,该驾驶员因无堆高机执照,在作业中撞伤他人。从广义上讲,对第三人的责任还包括以下情形:一是将货物抛货给同业或是国外代理人,但后者因过错未收回运输单证却交付货物;二是集装箱堆场人员将货物装错集装箱,造成货物被送至错误地点。

4. 罚款与关税

罚款一般是因违反当地政府的相关规范,包括货物进出口条例、出入境许可办法、工业安全条例、反恐怖条例、保安条例等造成的。例如,托运人在向国际货运代理企业预订货柜时声明装的是家具,而事实上所装的货物是化学品,在运送途中,化学品发生渗漏。在会同海关开柜、换柜时,国际货运代理企业方知进口货物确属申报不实,海关以申报不实处罚该国际货运代理企业。国际货运代理企业缴交罚金后转向托运人求偿,但托运人却于诉讼中倒闭而无任何财产可资受偿。

5. 费用

例如,国际货运代理企业帮助某一出口商运送货柜至巴基斯坦,收货人因破产无法出面提领货柜,产生货柜租金、场租费与当地费用2万美元。船公司向国际货运代理企业请求赔偿2万美元,国际货运代理企业须循法律途径向该出口商追讨,由此产生律师诉讼费用等。

除上述风险外,还存在国际货运代理企业自身经营不善的责任。例如:国际货运代理企业签发的提单或运输单证未向主管机关报备,遭吊销执照;因为替客户代垫运费向客户追讨无果而倒闭。托运人故意隐匿所交装货物的品名、性质,或国际货运代理企业未遵循进出口国之报关程序等,也会招致扣货,从而带来风险。

12.2 风险控制的概念及方法

风险控制是指风险管理者采取各种措施和方法,将风险事件发生的各种可能性及其所造成的损失降到最低或消除。风险控制方法主要包括消极方法和积极方法。

消极方法就是风险回避,即指投资主体有意识地放弃风险行为,并放弃潜在的目标收益,以实现完全避免特定损失风险的目标。因为风险回避的同时也放弃了潜在的目标收益,实为一种不得已而为之的方法,故一般在投资主体极端厌恶该风险,或根本无法消除、转移风险,或无力承担该风险等时才运用。

积极方法包括损失控制、风险转移、风险保留等,这是投资主体积极面对风险时所采取的。所谓损失控制,是指不放弃风险,而是在事前、事中和事后三个阶段积极制订计划和采取措施,以降低损失的发生概率,或减少实际发生的损失。所谓风险转移,是指将风险通过合同转移和保险转移等方式让渡给他人来承担。所谓风险保留,又称风险承担,即在损失发生时,投资主体直接承担该风险及其所造成的损失。依是否事前作出资金预算安排,风险保留分为无计划自留和有计划自我保险。无计划自留就是指在风险损失发生后直接从收入中支付,这主要发生在投资主体没有意识到风险,或意识到风险但认为损失不会发生,或明显低估风险及其所造成的损失时。由此可见,无计划自留应当谨慎使用,否则,一旦出现实际总损失远大于预计损失情形时,将会引起资金周转困难、破产倒闭、监管等法律责任。有计划自我保险是指在可能的损失发生前,通过建立风险预留基金等方式作出各种资金安排,以确保损失出现后能及时获得资金以补偿损失。

12.3 国际货运代理业可采取的风险控制方法

根据风险控制方法,结合国际货运代理业所面临的风险,国际货运代理业可以采取以下风险控制对策。

(1)加强员工的在职教育训练。如不定期参加由海运承揽运送公司所举办的在职训练,也可以参加国际货运代理协会联合会(FIATA)所举办的训练;加强业务操作知识的学习,包括如何配柜、缮打提单,邀请具有专业航运知识的海事专家当公司顾问,举办讲座,以及进行测验以评估其业务作业人员是否充分明了其处理流程等。

(2)若与出口商接洽订舱揽货事宜,应签订完整的运输合同、代理合同,并将责任、义务条款在合同中注明。另可要求目的港代理商担保一定的责任保险,并确认其与下游供应链(如卡车、货柜作业、包装业者、船公司等)都有投保,并将各个责任归属规范清楚。这样在发生经营风险或是货损索赔情况时,方可将此责任转嫁至保险公司。

（3）与托运人或收货人明确约定标准贸易交易条件,其中包括托运人交装货物时的注意事项(包括应妥善包装,提取空的集装箱时应注意其是否有破损,如为危险品应据实告知并提供产品性质分析表,约明交货船期均为"预订"并不保证船期);发生货损索赔案件时,只要其责任限额不违反相关法律所规定的法律限额,可明确约定适用标准贸易条款所约定的责任限额;托运人对提单上的收货通知人,务必以书面形式提供详细正确资料,以免造成货物的延迟交付;无论是非集装箱运输还是集装箱运输,都要求收货人或托运人投保货物保险,而投保范围应包括从货物出厂到进仓,特别要包括共同海损(General Average)一项,共同为可能发生的损害寻求降低损失。

（4）对于每个配合的供货商、托运人以及收货人,应该做财产状况征信,避免发生应收账款无法收回的窘境。

（5）国际货运代理业可投保责任险,在发生货损索赔情况时方可将责任转嫁给保险公司。另外,可以参考保险公司所建议的提单背面条款,与托运人签订运输合同时约定提交仲裁的解决方案,这也是规避风险的手段之一。

12.4 国际货运代理业务风险防范

1. 提单电放风险及其防范

随着国际航运技术的不断进步以及货代提单的出现,航运实践中经常出现货物已到目的港但收货人还未拿到正本提单或凭正本提单无法提货的现象。为了减少或避免这种现象给收货人造成的损失,近十年来,航运实践中出现了一种变通的做法——电放提单。

提单电放(Telex Released),指货物先于单据到达进口方,进口方为不因货物产生滞港费用而先行提货,而要求卖方致电船公司,凭这个卖方出具的"准予买方先凭副本提单提货"的电文(传真或电传),先行提货的行为。卖方将货物直接放给了买方,其风险是一旦客户不付款,则货款两空,风险很大。

（1）提单电放的操作流程

①提单电放在办理时,要先与船公司联系,说明提单需要电放。

②船公司通过电报让目的港的船公司机构凭传真件提货。一般最好是在未出提单前办理,船公司不用出具正本提单;如果已经出具正本提单,则需要将正本提单交回船公司,让船公司电放提单。船公司会要求发货人出具一份保函(船公司或货代有现成的格式),保证电放造成的一切问题与其无关。由于电放后发货人将不再掌握货权,电放前一定要确认发货人能够安全收款,否则极易造成货、款两空的局面。

（2）提单电放的风险

①电放业务中可能存在的风险分析

电放业务对交货过程中的各方当事人都会有一定的影响,但对不同的当事人来说,可能存在的风险大小是不一样的。

对于托运人(出口商)来说,可能存在的风险最大。电放提单由于采用的是提单的传真件或复印件,不是物权凭证,不能流通转让,对于银行来讲,债权得不到保障。因此,在信用证结算业务中不适用,只能用于电汇。而结算方式的改变必然会带来收汇风险的增加,如果托运人做了电放后,不能及时收到货款,就会面临货、款两空的局面。而且,由于托运人没有正本提单,在日后可能的纠纷中也无法出具证据来维护自身的合法权益。

对于收货人(进口商)来说,可能存在的风险较小。如果是收到货物以后再支付货款,则不存在提货的风险;但是如果是收货人先支付货款,然后才有权提货,则就存在着付款后无权提货的风险。另外,在"电放"情况下,收货人同样不能取得提单,当出现纠纷时,也会因拿不出提单而可能无法维护自身权益。但是,对于收货人而言,由于"电放"提单省去了单据在邮寄途中和在银行间周转的时间和费用,加快货物流转,减少了开支和费用,客户能够快捷提货,所以还是比较受收货人的欢迎。

②风险防范

从上述的风险分析可以看出,电放业务给托运人(出口商)带来的风险较大。因此,以下主要从出口商的角度来探讨其风险控制措施。

A. 做好进口商的资信调查工作

由于"电放"对出口商的风险较大,所以出口商必须非常慎重,应该详细了解进口商的资信状况和财务状况,有选择地使用"电放"业务,尤其是对首次打交道并且订单金额较大的客户时更是如此,要做到防范风险于未然。对资信不好或不了解其资信的客户,或对此无实际需要的远洋地区的客户,或对某些贸易做法不太规范以及外汇较困难的非洲地区的客户不应使用"电放"。对资信可靠、信誉较好的近洋地区的客户,可根据情况酌情接受。

B. 选择安全主动的结算方式

尽管信用证结算方式对出口商而言稳定可靠,但电放提单难以与信用证结合起来使用。因为做"电放"后,全套正本提单被承运人收回,受益人(出口商)只能凭"电放"提单议付,必然会出现不符点,遭到银行拒付。所以,在信用证结算方式下,如果货物先于单据到达目的港,而收货人又要先提货的话,可以通过银行担保提货的方式进行。因此实际业务中电放提单主要和电汇(T/T)的结算方式结合使用。如果可能的话,出口方应争取先做T/T,即先付款后发货,全额收取货款再电放,将主动权控制在自己手里,这是最安全的。如果是后做T/T,也要争取尽可能高的预付比例,将风险降到最低。

C. 投保出口信用保险

出口信用保险是以出口贸易和海外投资中的外国买方信用风险为保险对象,出口企业在执行出口合同中应当以享有的合法权利为保险标的的信用保险。

D. 尽量避免采用FOB条件成交

随着外贸环境的变化,外贸企业在实践中的操作手法也发生了相应的变化。目前,不少企业,尤其是中小企业,喜欢采用FOB出口合同,倾向以T/T而不是信用证收取货款;在近洋运输中逐渐采用电放提单。这些变化虽然有利于企业出口,但如果操作不妥也会导致很大的风险,特别是以FOB加电放提单的方式出口货物时,隐藏着很大风险,应尽量争取以 CIF 的价格签订出口合同。而 CIF 的价格签订出口合同可以有效预防无单放货的风险,其原因在于:在 CIF 和 CFR 合同中,作为卖方的交货人与托运人身份虽然具有独立性,但是不可能分离,而是统一在卖方的身上。当一定要以 FOB 价格成交时,要避免同时采用电放提单的做法。先以 T/T 全额收取货款,而后再电放提单。由于市场竞争激烈,在近洋贸易时,有时难免要以 FOB 加电放提单的方式成交出口合同。此时,在难以取得对方资信材料的情况下,最好在全额收取了进口方的货款后,再办理电放提单的业务,将主动权控制在自己手中。

2.FOB 条款下指定货代的潜在风险及其防范

在 FOB 条款下,卖方必须在约定的期限内,在指定的装运港将货物交至买方指定的船只上,承担货物上船前的一切费用和风险。而买方必须承担货物自上船起的一切灭失或损坏的风险。从表面上来看,FOB 条款下卖方承担的风险较小,而且在报价时不用考虑海运费,也不必担心海运费上涨造成的成本增加。然而在实际操作中,由于 FOB 条款下由买方指定货代,卖方将可能面临货代高收本地费用、货物不能如期装船及货代与客户勾结无单放货的风险。这些风险轻则增加买方的出口成本,重则会导致出口商货、款两空。

(1)指定货代时卖方面临的潜在风险

①货代高收本地费用。因为在 FOB 条款下,由买方指定船运公司和货代,货代为了争取和维护客户,就会通过高收本地费用的方式降低运费,将买方的部分费用转嫁到卖方身上。目前,货代征收的 FOB 本地费用名目繁多,包括操作费、文件费、封条费、码头操作费、检验费、建港费、吊柜费、订舱费、报关费、拖车费等等,对出口欧洲、美国和加拿大的货物还要收取海关预申报费。不但收费项目多,价格也有很大差别,不同的货代公司收费可能会相差一倍。这些高昂的费用极大地增加了外贸企业的出口成本。

②货物不能如期装船。在 FOB 条款下,卖方必须通过货代向买方指定的船公司订舱,但是当船公司舱位紧张时,不一定能够按时安排货物到舱及装船。在这种情况下,使用信用证结算的用户可能就会面临信用证到期而不能如期装船的风险。为了尽快装船,卖方不得不额外支付高昂的调箱费用,以便从船公司拿到舱位。

③货代与客户勾结无单放货。因为货代公司是由买方指定的,所以货代和买方的关系往往比较密切。而且外国进口商指定的货代一般都是境外货代,这些货代公司在国内只是设立为数不多的办事处,其资质较难保证。这样一来,一旦货代与买方勾结,无单放货,卖方将会钱货两失,即便是向货代公司索赔,但是由于境外代理在国内的资产较少,也未必能够成功得到赔偿。

(2)如何避免指定货代的潜在风险

鉴于 FOB 指定货代情况下存在的种种高额收费和潜在风险,出口商一定要提前了解这些潜在风险及其应对措施,避免遭受损失。针对上述风险,出口商可以采用以下措施进行防范和应对。

当遇到指定货代高收本地费用时,买方可以从以下三个方面积极应对:

①与货代讨价还价。卖方可以咨询一下其他货代公司的 FOB 本地收费,找出指定货

代征收的不合理费用以及高收的费用,据理力争,不予支付。

②如果指定货代坚决不肯降价,卖方可以联系买方,向其说明问题,让买方与指定货代沟通。因为买方是指定货代的客户,卖方只不过是货代中间的一个服务环节而已,所以买方说话更有分量。当买方与货代沟通也无结果时,卖方可以与买方商量换掉指定货代,另找一家收费合理的货代公司。

③如果指定货代公司拒不降价,卖方还可以将货代服务中能够分离的部分分离出来找其他公司来做。例如拖车和报关,卖方可以另找收费合理的公司来做,降低部分费用。

为了防范船运公司没有及时安排船舱而导致的信用证过期的风险,卖方可以在与买方签订销售合同时,规定买方指定货代和船运公司应如期安排船舱的相关条款,界定双方的权利义务。

要避免不良货代与客户勾结无单放货的情况,卖方应当尽量争取让客户用 T/T 付款,在发货之前将货款收齐。如果是信用证结算,外贸企业一定要事先调查一下指定货代的资质和信誉,确定正规安全后才可发货。而且在发货后卖方一定要向货代公司索取船公司开具的提单,而不是货代提单,因为只有船公司的提单才是物权证明。掌握住这个提单,才能避免货代无单放货。同时,外贸企业可以在"Consignee"一栏填写"To Order"或"To Order of Shipper",以降低风险。

案例 12-1

FOB 贸易术语下卖方的风险与防范

中国一家服装公司 A 公司与德国一家公司签订了一笔 10 万美元的出口合同,价格条件为 FOB 大连,支付条件为 D/P at Sight,德国公司投保了"仓至仓条款的一切险",出口货代为买方指定的美仓公司,装运日期为 9 月 30 日前。由于在此之前 A 公司与德国这家公司采用 L/C 支付方式通过该货代公司曾经做过几笔合同,所以对这家德国进口公司和货代公司都很信任。德国公司 9 月 5 日就将派船到大连,因为时间仓促,A 公司无法按时筹集到货,因此直至 9 月 20 日才将货物备好。由此产生的船舶滞期费一万美元由 A 公司承担。在运往港口的途中,由于雨淋,货物发生损坏,A 公司只好重新发货。货物发出后,美仓货代公司为 A 公司签发了三份正本货代提单,A 公司将全套货运单据通过托收行中国银行大连分行交给对方指定的代收行收款。在此后的一段时间内,德国公司开始说尚未看到单据,后来又说正在办理付款赎单事宜,最后传来了一份银行付款底单,而 A 公司查询银行账户却发现货款一直未到账。

A 公司无奈只好指示代收行将全套单据转让给其在德国的分公司,让其先代为收货,然后再与德国公司进行交涉,以避免产生更大的损失。但当德国分公司拿着正本提单去港口提货时,发现货早已被提走。A 公司马上与德国公司联系,结果对方杳无音信;A 公司赶紧派法律顾问对美仓货代公司进行调查,结果发现美仓货代公司已经人去楼空。经过到工商部门查询,才发现该公司根本没有货代资质,仅仅是一家普通的运输咨询公司。最后,A 公司只好委托其在德国的分公司帮忙起诉德国进口公司。但却得到消息说其已经申请了破产保护,A 公司只能参加破产清理。A 公司经过计算发现如果参加清理,所得资金可能还不够支付律师费用，只好撤诉。

FOB 贸易术语下卖方面临的风险

(1)卖方发运货物的货损与保险问题

按 INCOTERMS2010 的规定，采用 FOB 贸易术语，卖方在装运港将货物装上船时，与货物有关的风险即由卖方转移给买方，卖方完成交货义务。货物的保险是由买方办理的，在实践中，买方一般都会为货物投保"仓至仓条款的一切险"。虽然是"仓至仓"保险条款，但在货物交到装运港船上之前，卖方是不具有对货物的可保利益的。也就是说，在货物交付买方指派的代理人前，卖方要负责把货物从自己的仓库运送到指定装运港口，如果货物在这段运送途中发生了损失，卖方是不能获得买方办理的"仓至仓"条款赔偿的。

如案例中，一方面，货物尚未装到船上，在这种情况下，买方还不是货物的主人，对标的货物没有可保利益，所以保险公司不能对买方进行赔偿；另一方面，发生货损时，卖方虽然对货物有可保利益，但是投保人不是卖方，所以卖方同样不能得到保险公司的赔偿。所以在 FOB 合同中，买方投保仓至仓条款条件下，如果货物在装船之前出险，买卖双方都不能向保险公司索赔，因为买方没有可保利益，而卖方不是投保人，不能持保单索赔。这就导致出现"保险盲点"，卖方也无法向保险公司索赔。这样，卖方就要独自承担全部的损失。本案中，货物在运往港口途中发生的损失就只能由卖方独自承担了。

(2)船货衔接问题给卖方带来的风险

国际货物运输由于运输距离远、往返时间长，受自然因素的影响大，在 FOB 贸易术语下，买方在合同规定的装运期限内安排船只到合同指定的装运港接受装货，船货的衔接问题就比较突出。买方租船订舱后，卖方装船日期的选择余地就很小，如果不能在 L/C 规定的装运期之前将货物装上船，则卖方不能取得提单进行交单议付。即使卖方在规定的装运期前早已将货物备妥在装运港，如买方所订船未及时到港，则会增加卖方在港口的仓储费用，或因此而使卖方迟收货款造成利息损失。特别是出口大宗商品时，船货衔接的风险就更大。如果买方派的船只按时到达装运港，但是卖方备货的时间仓促，或船公司在装运港的航次少，无法将货物在指定日期装上指定的船只，这时卖方就要承担由此而产生的"空舱费(Dead Freight)"或"滞期费(Demurrage)"。有时，在舱位紧张时，指定船公司发现到付运价偏低，卖方虽已将货备好但其不予及时安排舱位，而国外买家不同意延期，卖方就要面临巨大的风险。

案例中规定装运日期为 9 月 30 日前，卖方事前不知道买方什么时候派船，所以当买方 9 月 5 日派船到上海时，卖方没有足够的时间筹集备齐货物。这样造成的"空舱费"或"滞期费"等费用风险都是由卖方承担的。

(3)卖方面临买方指定货代带来的风险

在 FOB 贸易术语下，租船订舱的装运主动权掌握在买方手中，一旦市场行情有变化，买方就会以种种理由推迟装运，有的甚至逼迫卖方降价出售。而买方指定的货代，大多数为境外货代，仅在本国设有办事处，并无实际办理货物运输的能力和资质，而由其签发的提单，被称为货代提单，也就是无船承运人提单。卖方交付运输的货物换回的就是这种货代提单。而真正完成货运的海运提单却掌握在买方安排的境外货运代理公司手中，买方可以凭此提取货物。因此有的买方在货款结算环节(信用证议付)设置障碍,使卖方提交的议付单证被银行以单证不符为由拒付,造成卖方无法结汇。另外,承运人取得货物后,也会直接无单放货给与其关系"特殊"的买方,这时卖方虽持有货代提单,实际上却已是货、款两空。

一些不法的进口商有意骗取出口方的货款,利用 FOB 合同规定的由买方租船订舱的机会,杜撰国外的货代或无船承运人到国内进行骗货,或与一些被指定的国外的货代或无船承运人进行合谋,在无正本提单或无保函的情况下将货提走。如本案例中,中国服装公司对货代公司的资质情况难以考证,因此客户和货代勾结,无单放货的事例屡屡发生。在买方市场的情势下,卖方"明知前有虎,偏向虎山行",也是不得已而为之。这样,卖方就面临很大的风险。

(4)卖方面临结算方式不当带来的风险

在 FOB 贸易术语下,采用信用证结算时,对卖方来说,存在着可能因为船货衔接不好导致信用证过期或议付日到期,面临着无法顺利收回货款的风险。然而,在采用 D/P 或 D/A 结算时,其货、款两空的风险更大。在托收方式下,卖方按合同规定交货、提交单据后能否取得货款,完全取决于买方的信用情况。如果买方的信用不能保证,而买方无理拒付或不承兑远期汇票,卖方将面临很大的风险。如本案例中,不法商人与境外货代互相勾结,大多先以小金额的订单以信用证方式做几票生意,先让发货人感到信用可以保证,然后再以 D/P 或 D/A 支付条件下用较大金额的订单骗取货物。

卖方采用 FOB 贸易术语时应采取的风险防范措施

(1)利用保险来防范运输风险

在 FOB 贸易术语下,保险由买方办理,其所办理的"仓至仓条款",实际上是"船至仓条款"。因此,卖方为保障其从仓库至码头期间的利益,可以自己向保险公司另外投保"卖方利益险"或"出口信用保险",或者委托买方在投保时代保。但是,这会增加卖方的资金负担,卖方对外报价时要把这一部分费用加到价格中。此外,卖方也可以考虑将 FOB 贸易术语改换成 FCA 贸易术语,那么货物风险便在货交第一承运人时就提前转移了,缩小了卖方面临风险的范围。

(2)控制船货衔接风险

在 FOB 贸易术语下,船货衔接的风险只能靠卖方自己尽量减小。首先,在订立运输合同时,卖方要充分考虑到备货需要的时间、运送到装货港需要的时间以及装船所需要的时间。规定装货日期时,卖方应该尽量要规定一段时间作为装货期。例如,9 月 20 日至 9 月 30 日装船,以便卖方预计好筹集货物的时间。并且,卖方应要求买方告知所派船只的具体发船日期、预计到装货港日期、船籍、所属公司,并以卖方确认为准,同时在合同中说明由于买方或船方的原因延误装船,责任由买方承担,并赔偿卖方因此产生的损失,直至解除合同。最后,卖方应该要求买方所派的船只是信誉良好的。这样,就避免了买方派的船只提早到达装货港而要卖方支付"空舱费"或"滞期费"等费用和所可能面临的风险。

(3)规避指定货代的风险

买方指定船公司的不多,绝大部分是指定境外货运代理。因此,卖方在签订 FOB 出口合同时,要调查买方及货代公司的资信,必要时可以要求买方提供相关的担保,或者卖方应争取采用船公司提单取代货代提单,这样做可以将货物的所有权掌握在自己的手里。因为与货代公司相比,船公司大多信誉良好,即便有时凭担保放货给进口商,一旦出现问题,凭借其信誉与实力,也可以妥善地协助卖方解决问题。

如果不可避免地要通过对方指定的货代并使用货代提单,在不影响交易的情况下,可以委托相应的机构、人员对其资信等方面进行严格的调查,掌握该公司的注册地、注册资本状况、业务状况、之前与他人履约的表现等基本情况,了解其是否有向相关部门办理无船承运人资格的手续,同时要求本国货代或无船承运人出具保函,以此来确保对承运人求偿的权利能够实现。

当发生无提单放货时,卖方应该立即追究承运人的责任。另外,卖方可投保短期出口信用险进行风险规避。

(4)重视信用证结算中的风险

安全主动的支付方式可以在一定的程度上消除或者减轻 FOB 价格条款所带来的一些风险。虽然说信用证支付条件下存在一定的风险,但毕竟主动权掌握在卖方自己的手里,因为毕竟信用证支付方式是由开证行或其指定的银行保证付款,银行信用代替了商业信用。但是在对外贸易使用信用证结算时,卖方应该注意以下几点:

其一,要认识和规范信用证软条款成为外贸企业维护自身利益的关键。只有及时学习和总结防范策略,才能避免损失的发生,并适应现代国际贸易发展的需要。

其二,利用信用证支付时,要严格审核信用证,认真制作、填写单据。卖方在收到银行递交来的信用证之后,应当比照业务函电及买卖合同进行全面审核,以防假冒的信用证或信用证条款与合同规定不符。

其三,信用证都是有期限的。当信用证过期时,卖方在与买方就信用证的延期进行交涉时,一定要注意两个问题:一方面,买方如果同意信用证延期,则必须明确延长信用证的条件、延长的时间、改证费用的承担、何时办妥修改手续、何时通知卖方等一系列问题。另一方面,买方仅仅采用口头合同的形式修改信用证,除了要在内容方面有要求外,还必须要求买方用书面确认,以留下证据。总之,要有效正确地利用信用证支付方式来规避卖方所面临的风险。

资料来源:赵红娟.从一则案例看 FOB 贸易术语下卖方风险与防范[J].对外经贸实务,2011:77-79.

本章习题

1. 问题与讨论

(1)国际货运代理业经营时可能面临哪些风险?

(2)简述国际货运代理业可采取的风险控制方法。

(3)简述风险控制的概念及方法。

2. 单项选择题

(1)(　　)是指风险管理者采取各种措施和方法,将风险事件发生的各种可能性及其造成的损失降到最低或消除。

A. 风险控制　　　　B. 风险规避　　　　C. 风险转移　　　　D. 风险保留

(2)风险控制的消极方法就是(　　),即投资主体有意识地放弃风险行为,并放弃潜在的目标收益,以实现完全避免特定损失风险的目标。

A. 风险控制　　　　B. 风险规避　　　　C. 风险保留　　　　D. 风险转移

(3)所谓(　　),是指不放弃风险,而是在事前、事中和事后三个阶段积极制订计划和采取措施,以降低损失的发生概率,或减少实际发生的损失。

A. 损失控制　　　　B. 风险规避　　　　C. 风险转移　　　　D. 风险保留

(4)所谓(　　),是指将风险通过合同转移和保险转移等方式让渡给他人来承担。

A. 损失控制　　　　B. 风险规避　　　　C. 风险保留　　　　D. 风险转移

(5)所谓(　　),又称风险承担,即在损失发生时,投资主体直接承担该风险及其造成的损失。

A. 损失控制　　　　B. 风险保留　　　　C. 风险转移　　　　D. 风险规避

3. 多项选择题

(1)国际货运代理业经营时可能面临的风险主要表现在以下(　　)方面。

A. 货物损毁　　　　　　　　　　　B. 员工或操作人员的错误或过失

C. 对第三人的责任　　　　　　　　D. 罚款与关税

E. 费用

(2)风险控制的积极方法包括(　　)。

A. 损失控制　　　　B. 风险保留　　　　C. 风险转移　　　　D. 风险规避

E. 风险控制

(3)根据风险控制方法,结合国际货运代理业所面临的风险,国际货运代理业可以采取(　　)措施。

A. 加强员工的在职教育训练

B. 若与出口商接洽订舱揽货事宜,应签订完整的运输合同、代理合同,并将责任、义务条款在合同中注明

C. 与托运人或收货人明确约定标准贸易交易条件

D. 对于每个配合的供货商、托运人以及收货人,应该做财产状况征信,避免发生应收账款无法收回的窘境

E. 国际货运代理业可投保责任险

(4)在实际操作中,电放业务给托运人(出口商)带来的风险较大。但是,通过(　　)措施可以减小出口商风险。

A. 做好进口商的资信调查工作　　　B. 选择安全主动的结算方式

C. 投保出口信用保险　　　　　　　D. 尽量避免采用 FOB 条件成交

E. 尽量避免采用 CIF 条件成交

(5)FOB 条款下指定货代时一般存在(　　)等潜在风险。

A. 货代高收本地费用　　　　　　　B. 货物不能如期装船

C. 货代与客户勾结无单放货　　　　　D. 船货衔接问题

E. 信用证结算中的风险

案例分析

　　在国际贸易中,风险防范问题正越来越引起各方面的关注。在运输方面,因为远渡重洋的关系,货物的发运和提取只能凭借一纸提单为证,因而也出现了诸如倒签提单之类的风险,这方面应该引起警觉。

　　对于货主来说,航运中的风险主要有两种,一种是货损货差和延迟交付,另一种是与欺诈有关的提货而不付款。对第一类风险,有比较明确的国际法和各国法律来判断责任所在,而第二类风险则更加诡秘。有一些进口商出于有意欺诈的目的,首先迎合出口商使用信用证,而在证中设置一些软条款,如客检证等,到时发生不符,出口商便无法从银行取得货款;同时,在信用证中又指定货运代理,可以不通过银行而通过货代取得货物。

　　关于货代提单,出口商是有过不少教训的,曾闻上海某公司接受了一张客户从银行开出的信用证,其中包括这样两个条件:(1)指定提交某货代提单;(2)要求客检正本,由客户手签,签名必须与客户在银行的留底一致。该公司制妥所有单据,赶在提单后的第21天向议付行交单。按理说这套单据经过严格的审核,不会有什么错误了,但问题就出在客户签字上,客检证签字与银行留底不符。该公司立刻与客户联系,但始终联系不上,于是想到去找货物,却发现货物早就被货代在目的地的代理提走了,而此时货代也没有了踪迹。可以肯定,这是一起客户与货代合谋的欺诈案。

　　不禁要问,这种情况能不能要求船公司(实际承运人)赔偿呢? 让我们来看看船公司的地位。在单一海运方式下,货代签发提单给托运人结汇,然后要以自己的名义向船公司订舱取得提单,但在这套提单上的托运人是货代,收货人或通知人是货代在目的港的代理。这里牵涉两个合约,第一,是货代与出口商作为订约双方的揽货协议(有时实际订约的一方是作为承运人的船公司,在下段将讨论);第二,是承运人和货代作为订约双方的运输协议(体现在提单上)。从合约关系来看,如果货代仅是以自己的名义与承运人订约的话,我们所面对的就是两个相对独立的合约。出口商在运输合约下,是不能要求承运人负任何责任的,他必须通过货代来要求承运人赔偿,而在上面的事件中显然是行不通的。退一步讲,即便出口商获得了合约下的诉权,也看不出承运人要负哪一种责任。这从绝大多数海运提单条款所纳入的《海牙规则》或《海牙—维斯比规则》管辖的情况可以得到解释。承运人要负责的是船舶的适航、妥善地装载、照看货物等等,以期将货物安全、完好地运抵目的港交货。至于凭正本提单收货人放货后,货物再出任何偏差甚至发生欺诈活动,都是承运人职责结束后的事情,当然与其无关,可见合约下告承运人难以胜诉。

　　那么,以侵权来告呢? 虽然货物被提走了,但客户并没有付款,所以,货权并没有转移,仍在出口商手中,因此没有诉权问题。但以上例的情况,承运人并没有疏忽或过失。凭正本提单放货是其职责,而且承运人不可能明察秋毫,指认货代要欺诈而拒绝放货,这样谁还敢当承运人呢? 可见,承运人不负有责任,出口商只能自食其果了。

另外,UCP500 接受货代提单,一方面顺应了航运业发展的现状;另一方面,却在某种程度上麻痹了出口商。因为如果银行可以接受,出口商当然没有问题,问题出在一旦向银行提交的单据有所不符,L/C 的付款保证荡然无存,最终只能回到货权和客户的问题上来。应该注意到 UCP500 在接受货代提单时是有附加条件的,即由货代作为承运人或作为一个具名承运人的代理签发。这样做,国际商会的目的是为了让出口商或其他利益方明确谁应最终负责。尤其是把货代作为承运人的代理来出货代提单,是想让承运人作为揽货协议的一方,直接对出口方负责,一旦在运输途中出了货损之类的情况,承运人是难辞其咎的。但无论如何,承运人所负的责任也仅限于货物运输途中的安全,对前述的诈骗行为也还是不应承担责任的。

总之,尽管有 UCP500 的认可,在货代提单,特别是指定货代提单的使用上,出口商要非常慎重。

资料来源:货代提单风险防范问题,http://www.c2cedu.com/news/61DBC25A-76BA-48DE-AD86-002DE153497F。

阅读上述案例,回答下列问题:

(1)货代提单应注意哪些风险防范?

(2)从此案例中,你得到了哪些启示?

第 13 章

货运代理的信息化建设

📋 **本章学习目的：**

- 了解国际货代信息系统
- 了解供应链上企业如何利用信息系统协同与整合
- 了解电子商务环境下国际货运代理企业的发展策略
- 了解物联网在航运物流和港口中的运用

　　国际货代业务中信息系统的应用是衡量其业务水平的一个重要标度。要发展现代化的物流，信息化是必须要经历的一个阶段。在信息化实施之前，虽然也有从观念上考虑了系统整体优化，但由于信息管理手段落后而难以实现。目前信息传递速度慢、信息共享率低等问题一直制约着国际货代企业的发展。因此，国际货代企业迫切需要利用现代信息技术对物流各环节进行功能整合。

13.1 应用软件类国际货代信息系统

　　在应用软件类，国际货代信息系统大致呈现三个层次：

　　(1)以内部整合为目标的信息采集和交换，其目的在于保持信息的快速顺畅的传递；

　　(2)通过与客户的信息系统对接，形成以供应链为基础的平台工具；

　　(3)以优化决策为目的的信息挖掘技术，让信息成为高层决策的依据。

　　这三个层次是循序渐进的，后一阶段是前一阶段的基础，即流程改造和优化要有信息化的基础，而供应链的形成和管理又要以流程改造和优化为基础。在信息化的基础上利用了一些先进的思想理念和管理手段，如供应链管理(SCM)、准时制生产(JIT)、货物实时跟踪技术、计算机集成制造系统(GMS)、制造商管理库存(VMI)技术等。这也使得一些企业不得不变革其原有的操作流程,进行业务流程再造(BRT)以适应信息化的要求。这些软件采用供应链的管理思想,通过物流信息系统的集成,使得各个方面的业务活动能够彼此支持和协调。通过与供应商和客户的信息共享,实现供应链的透明化,实现供应链伙伴之间的协同商务,"用信息替代库存",降低供应链中物流的总成本,提高供应链的整体竞争力。在这方面典型的代表是研发出来的 ERP、MRP、MILDⅡ等先进的物流软件。这些软件商将行业标准、优化的流程和商业智能融入软件系统,客户可以选择成套的行业解决方案,又可以根据实际需要先选择一部分模块。

1. ERP 软件的应用

企业资源计划系统(Enterprise Resource Planning,ERP),是指建立在信息技术基础上,对企业的所有资源(物流、资金流、信息流、人力资源)进行整合集成管理,采用信息化手段实现企业供应链管理,从而实现对供应链上的每一环节进行科学管理。ERP 是在MRPⅡ的基础上进一步发展而成的面向供应链的集成管理思想,是一种整合企业管理理念、业务流程、人力物力等于一体的管理系统,体现为综合应用了客户机/服务器体系、关系数据库结构、图形用户界面、网络通信等信息技术成果的软件产品。ERP 主要以"供应链管理"的思想为核心,通过将经营过程中的有关各方纳入一个更为紧密的供应链中以获得市场竞争优势;ERP 强调企业流程与业务处理流程的管理,通过业务处理流程实现企业的人员、财务、制造与分销之间的集成,支持企业过程重组。ERP 既体现了精益生产和敏捷制造的思想,体现了事先计划、事中控制的思想。

2. CRM 软件的应用

客户关系管理(Customer Relationship Management,CRM)是一种旨在改善企业与客户之间关系、提高客户忠诚度的新型运作机制,它适用于企业的市场营销、销售、服务与技术支持等与客户有关的领域。现阶段,可以通过信息技术手段,使用 CMR 软件,用科学管理理念对企业的资源进行整合,在保证企业能够正常完成内部运作效率和质量任务的同时,能够将更多的精力投入外部与客户进行互动;使用 CRM 软件后,企业的营销重点将逐渐从如何满足客户需求方面转移到提高客户满意度。依据帕雷托法则,企业 80%的收入来自于 20%的客户。而 CMR 软件可以通过分析数据资料,清晰地勾画出客户的发展潜力及可能为企业带来的效益,从而让营销人员锁定目标客户,实施重点公关,帮助企业从客户群中区分这 20%的白金客户。

案例13-1

奥格瑞玛签约八百客,CRM 打造物流业"金字招牌"

天津奥格瑞玛国际货运代理有限公司是一家年轻而富有朝气的一级货运代理公司。公司提供海运、空运、陆运、项目货物、超尺寸及超重量货物、报关、仓储、订单管理等全方位的物流服务。为提高客户的满意度、加强品牌影响力,2012 年 1 月,公司决定借助信息化技术提高客户的信任度,通过探寻和对比,最终选定八百客 CRM 管理软件作为提高客户信任度的利器。

客户的信任和满意对于货运代理公司是至关重要的。奥格瑞玛公司本着以客户需求为中心,无论何时何地、以何种方式都准时安全送达为经营理念,无论是在管理上还是运营上都不允许丝毫误差。但就企业现有管理模式来说,要达到零误差面临着极大的挑战。公司急需一个得心应手的工具来创新管理模式,以保障运营零误差。

基于云架构的 800APP-CRM 系统无须下载安装,只要通过互联网便可使用,系统的灵活、简便、价格低廉成为奥格瑞玛选择八百客的原因。在接到奥格瑞玛的诉求后,八百客的资深工程师为其量身打造了一套集货运管理、财务信息和客户管理为一体的800APP-CRM 系统。此套系统以客户服务、订单信息、运价信息三大模块为基础,记录公司的客户信息、港口信息、人民币兑换率、货运管理信息、提单信息、付款以及发票信息等,全面疏通企业的信息渠道,强大的报表功能可以做到数据零误差。

此外,通过 800APP-CRM 系统的在线客户反馈功能,客服人员可以根据客户反馈类型、客户反馈来源等条件,将客户反馈信息自动分配给对应的维护人员,维护人员可以对客户的问题进行跟进解决,建立客户对企业空前的认知度和更为热切的归属感,同时为客户提供更多的方便,提升客户的信赖度与忠诚度。

在物流市场竞争越来越激烈的今天,奥格瑞玛重视每一次的客户反馈。相信以 CRM 系统为契机,奥格瑞玛一定可以在客户服务方面精益求精,获得更多客户的信赖和认可,成长为物流业的"金字招牌"。

资料来源:奥格瑞玛签约八百客 CRM 打造物流业"金字招牌",http://info.10000link.com/newsdetail.aspx? doc=2012010990009。

13.2 应用技术类国际货代信息系统

目前,物流运作主要依托于互联网,应用 EDI、3G、GPS、GIS、RFID 等信息技术,通过对采购、生产、储存、包装、运输、配送等各个物流环节进行信息采集和处理,使得这些环节进行无缝连接,从而达到物流活动最优化、提高企业经济效益的目标。通过采用先进的信息技术,能够实时地获取相关货物的信息资料,这方面的技术成果有:

1.电子数据交换系统

电子数据交换系统(Electronic Data Interchange,EDI),是指将商业或行政事务处理,按照一个公认的标准,形成结构化的事务处理或信息数据格式,从计算机到计算机的数据传输。货主、承运业主以及其他相关单位之间,通过 EDI 系统进行物流数据交换,并以此为基础实施物流作业活动的方法。其优点在于物流各方采用基于标准化的信息格式和处理方法,通过 EDI 共同分享信息,可以提高流通效率,降低物流成本。

2.条形码和销售信息管理系统

条形码(Barcode)是用一组数字表示商品的信息。在流通和物流活动中,为了快速、准确地识别商品,自动读取有关商品信息,条形码技术正被广泛地应用。按使用目的来区分,可分为商品条形码和物流条形码。商品条形码是以直接向消费者销售的商品为对象,以单个商品为单位使用的条形码；而物流条形码是物流过程中以商品为对象、以集合包装商品为单位使用的条形码。销售信息管理系统（Point of Scale，POS）是通过网络和计算机系统传送至有关部门进行分析加工以提高经营效率，在销售商品时通过自动读取设备直接读取商品销售信息，以提高通讯率的系统。POS 系统的运行一般必须和条形码及 VAN 一起使用。

3. 电子订货系统

电子订货系统（Electronic Order System，EOS）是企业间利用通讯网络（VAN 或互联网）和终端设备以在线联结方式进行订货信息交换的系统。EOS 系统可以准确及时地交换订货信息，大幅度提高物流信息系统的效率，降低库存水平。

4. 全球卫星定位系统和地理信息系统

全球卫星定位系统（Global Positioning System，GPS）由 24 颗沿距地球 12 000 千米高度的轨道运行的 NAVSTARGPS 卫星组成，不停地发送回精确的时间和它们的位置，GPS 接收器同时收听 3～12 颗卫星的信号，从而判断地面上或接近地面的物体的位置及移动速度和方向等。GPS 可用于运输车辆跟踪调度、水运导航、航空导航、铁路运输管理、军事物流等。

地理信息系统（Geographical Information System，GIS）是一种为地理研究和地理决策服务的计算机技术系统，以地理空间数据为基础，采用地理模型分析方法，适时地提供多种空间的和动态的地理信息。利用 GPS、GIS 技术可以对车辆进行实时定位、跟踪、报警、通信等，再辅以车辆路线模型、最短路径模型、网络物流模型、分配集合模型和设施定位模型等，能够建立功能强大的物流信息系统，使物流变得实时并且成本最优。

5. 射频技术

射频技术（Radio Frequency，RF）系统的组成一般包括两个部分：电子标签（Tag）和阅读器（Reader）。电子标签中一般保存有约定格式的电子数据，附着在待识别物体的表面。阅读器又称为读出装置，可无接触地读取并识别电子标签中所保存的电子数据，从而达到自动识别物体的目的，进一步通过计算机及计算机网络实现对物体识别信息的采集、处理及远程传送等管理功能。RF 技术可用于物料跟踪、运载工具和货架识别等要求非接触数据采集交换的场合。而无线射频技术（RFID）是将无线电信号扩展到一个很宽的频带上，以达到高速数据传输和减少相互干扰的目的，该技术非常适用于物料跟踪，运载工具、仓库货架和其他目标的识别等要求非接触数据采集和交换的场合，以及生产装配线上的作业控制。由于 RFID 标签具有可读写能力，对于需要频繁改变数据内容的场合尤为适用，可以广泛用于供应链上的仓库管理、物料跟踪、运载工具和货架识别、商店特别是超市中的商品防盗等。未来，ID 标签将被大量用于供应链终端的销售环节，特别是在超市中，即 ID 标签免除了跟踪过程中的人工干预，凭借其无光电应用特性，支持更多的自动读取，在缩减制造及分拨方面的人员成本的同时，保证高准确性，能够生成 100% 准确的业务数据，因而具有巨大的吸引力。

13.3 供应链上企业利用信息系统协同与整合

在当前的竞争由企业与企业之间的竞争逐步演化为供应链与供应链之间的竞争的背景下,企业需要专注于构建电子化的全程供应链管理系统,通过信息整合建立核心竞争力联盟,并积极运用竞争力外取策略,才有可能真正和供应链上的其他企业联合起来,赢得广泛的技术、质量和可靠性方面的快速反应能力以及持续的成本优势,应对供应链与供应链之间的竞争。供应链的范围涵盖了生产、流通和消费,涉及企业的生产、流通,再进入下一个企业的生产和流通,并连接批发商、零售商和最终用户,既是一个社会再生产的过程,又是一个社会再流通的过程。供应链是企业从原材料采购开始,经过生产、信息系统在某国际货运企业的应用研究制造,到销售至终端用户的全过程。这些过程的设计、管理、协调、调整、组合、优化是供应链的主体;通过信息和网络手段使其整体化、协调化和最优化是供应链的内涵;运用供应链管理实现生产、流通、消费的最低成本、最高效率和最大效益是供应链的目标。

从整个供应链管理的角度对资源进行整合,关键是要实现供应链整体的最优。在供应链管理中,企业个体的最优物流系统不一定是产销供应链一体化的最优系统,供应链一体化的最优物流系统将是相互协作,物流、信息流相互融合的物流体系,显然,这是单个物流企业所无法实现的。也就是说现代新型的物流系统需要产销供应链上的各个企业从商品流动的全过程来考虑物流设施的建设,以便实现物流设施的合理配置。

在资源整合时,要充分利用企业管理的信息化和供应链的信息集成。目前,不少企业已建成其内部的管理信息系统(MIS),第三方物流企业可以将现有企业的 MIS 系统(物流的供方、需方和储运企业)进行集成,形成自身强大的信息服务网,其核心竞争力主要体现在信息资源的最大范围共享,优质的客户服务体系,准时化、小批量的配送系统等,它们更专注于供应链上下游伙伴协调关系的建立和管理、服务水平的提升。

从信息角度看,有效的供应链管理是将正确的相关信息在正确的时候提供给正确的人。通过信息管理系统可有效地整合价值链资源,在实现与上游供应商和下游经销商共赢的同时,打造强有力的竞争优势。对于价值链的上下游客户,信息管理系统可以通过信息共享,起到整合资源的作用。通过信息系统,经销商、批发商、零售商的销售数据和库存数据能够在供应链中共享;通过信息系统,公司可以与其上下游客户建立起长期的战略合作伙伴关系,不只把客户资料当作数据库存储起来,更多的是通过信息共享为客户提供一种咨询式、互动性的提升,进而在帮助客户成功的同时打造竞争优势。

目前大部分企业采用基于 Internet 的信息管理平台。它除保证供应链成员企业间的信息交流外,还能实现供应链与外部客户——Internet 上的一般用户之间的信息交流。基于 Internet 的信息管理平台通常以供应链的核心企业为中心构建,采用三层浏览器/服务器(B/S)结构的数据库模式。企业内部以 Internet 方式形成局域网 LAN,在局域网的基础上组建供应链成员企业之间的 Internet 网,然后再通过 Internet 与外部客户相连。核心企业需要构建一个供应链信息管理中心,一方面通过 Intranet 管理本企业的制造资源计划(MRP)或企业资源计划(ERP);另一方面负责组织实施整个供应链信息系统的设计和构建、日常数据的收集和处理,同时对整个信息管理平台的运行进行监控。同时,基于 Internet 的信息管理平台通过供应链的 Intranet 网络实现供应链成员企业间的信息资源共享和适时交互沟通,通过 Internet 实现顾客与供应链之间的信息交流以及顾客与各个成员企业的信息交流。第三方物流处于供应链的中间位置,一端连着供应商,另一端连着销售商,第三方物流企业对供应链上的每一个节点进行合理、有效的整合是保证供应链畅通的关键因素。我们必须利用企业内部和外部的各种资源,通过供应链链条上各个环节上企业的信息合作与共享,使整个链条上的企业达到多赢的效果,实现整个供应链的更大的价值链增值和更快速的客户服务。

13.4 电子商务环境下国际货运代理企业的发展策略

1.电子商务对国际货运代理行业的影响

(1)使货代业务操作流程更简单高效

电子商务应用后,货代和有关部门可以用电子网络进行联系,信息交换和传输速度得到提高。货代业务员忙于奔走在船公司、商检和海关等单位的现象将得到改观,传统货代操作流程在应用电子单证与网上支付等手段的情况下得到大大简化。

(2)客户的需求呈多元化的趋势

由于电子商务和国际贸易的快速发展,客户需求的变化呈多元化趋势。中小客户对与运输相应的信息服务的需求增加;而跨国公司由于其跨国采购、生产和销售,对全球范围内的一揽子服务需求增加,除海运运输方式外,还需要空运、陆运和铁路运输等方面的服务。因而,现代货代企业的发展方向是掌握电子商务技术并建立全球服务网络。

(3)客户议价能力增强

在传统的货代流程中,货代企业拥有明显的信息优势,可以保持较稳定的市场和较高的利润。在电子商务环境下,客户利用网络能查到更全面的船期信息及不同船公司或货代的货运运价,客户通过比较后可以选择合适自己的货代公司。电子商务的应用,大大降低了信息的不对称程度,因而,客户议价能力增强,货代企业因信息优势而获得的额外利润将显著减少。

(4)进一步提升行业服务水平

揽货、订舱、报检、报关等中介代理服务是多数货代企业能提供的业务项目,而其他独立的增值服务项目较少,货代企业的收入来源主要还是运费差价和代理佣金;中小货代企业和部分货主型货代企业,服务水平不高。这些货代企业可以通过电子商务平台建立全国性的业务经营网络,从而使独立增值服务能力增强。利用网络技术,可以跟踪整个作业实施过程,会明显提高信息的动态响应水平。

2.电子商务环境下国际货运代理企业的发展目标选择

在电子商务时代,一流高效的服务水平、信息化和全球化,已经成为货代企业追求的目标。

(1)一流高效的服务水平

在电子商务环境下,货代企业的企业宗旨是服务第一,而且随着社会经济的发展,货代企业除了要为本地区企业提供相关服务外,还应该有进行长距离服务的能力。因为从客户的角度来看,不但希望得到优质的服务,而且希望服务点多处且服务费用低廉。对货代企业来说,除价格外,一流高效的服务水平将逐渐成为更重要的竞争因素。

(2)现代货代企业的信息化建设

现代货代企业要提供高效优质的服务,要有方便稳定的信息处理系统及传输系统,才能更好地为客户服务,提高企业自身的业务经营水平,因而必须进行企业信息化建设。

(3)货代企业竞争的全球化趋势

全球经济的一体化,使货代企业的发展趋势呈国际化,在该模式下,货代企业面临着新的问题。比如,从中国青岛到鹿特丹再到汉堡,怎样设计合理的方案路线,应该采用一种还是多种运输方式运送货物,怎样保障良好的服务以及找到高素质高水平的管理人员等。利用电子商务平台的优势,不但能实现很多实际操作中的实用功能,更大的益处是能达到共享全球信息的目的。货主即买方或卖方可以利用平台网站寻找合适的货代企业,货代企业也可以在平台上发布自己的优势特色航线及报价等。货代企业不仅可以为国内企业提供货代服务,而且可以把业务做到世界各国,从而提升企业的竞争力。

3.电子商务环境下国际货运代理企业的发展策略

(1)服务创新,努力实现品牌战略

关注在国际货物运输和贸易方面实践经验不足的企业,货代公司如果能开展贸易运输结合式的物流服务将受到这部分客户的欢迎和认可,从而不但能培育和巩固新的客户群,创造出新的利润增长点,还能在日益激烈的市场竞争中提升企业实力和竞争力。货代企业无论规模大小或业务项目多少,都应该注重品牌意识的培养,都应根据企业自身情况采用各种有效的手段,树立企业品牌,在品牌建设的过程中应把提升服务质量及服务创新作为根本目标。针对当前客户需求变化的特点和议价能力提高的现状,货代企业需要把重点放在强化服务特色、扩展业务服务范围及发展多元化服务等方面,可以根据客户的实际需要和具体要求,为客户提供有针对性的、高附加值的个性化服务,努力进行服务创新。

(2)模式创新,加速市场响应能力

通过电子商务的服务平台,货代企业可以实现与上游的货主客户、船公司承运人和下游的商检、海关等部门的便捷高效的业务往来。电子商务技术关键的一点是网络技术,货代企业应该积极引进网络技术,进行模式创新,提高对实时信息的市场响应能力。

(3)选择合适的货代企业航运电子商务平台

航运电子商务平台包括货代系统、船代系统、船公司系统、统计系统和办公自动化系统这五大系统;具有船期检索、在线订舱、单证浏览、货物跟踪等多种功能,涵盖了一个企业极其复杂多变的工作环境的各方面业务。货代企业的航运电子商务平台选择问题是企业本身选择自己的合作伙伴,并成为航运类电子平台的合作伙伴。与航运电子商务平台的合作是基于以下原因:

①通过平台的使用,企业的不同分支机构、客户、协作方等之间都可以实现全面的信息共享与协同工作,使工作效率和质量得到提高,特别是对于中小型货代物流企业。

②真正实现以客户为中心的经营理念,要为客户提供标准规范的服务,以确保客户对物流流程的知情权,提高客户服务满意度;使企业与客户、合作伙伴之间的合作关系更加牢固,并提高客户对企业的忠诚度。

③电子商务平台可以为客户提供船期发布、船期查询、运价资费查询、在线订舱及更改、网上对单、货物跟踪、查询统计、新闻公告和其他信息服务。电子商务平台自动向客户、代理商及相关人员发送装箱装船通知、到货通知、费用通知等信息。企业实际业务操作需要的航运业务版块齐全,能为货代企业节省大量时间、成本和费用。货代企业与航运电子商务平台合作就是为达到各自企业发展壮大的双赢目的。

(4)整合物流资源,加强企业合作

当前大多数货代企业仍属中小型企业,实力弱,难以提供综合的物流服务,走依靠自身资源和能力发展的道路很困难。因此,货代企业应考虑整合物流资源并加强企业合作,可以与一些中小型第三方物流企业形成战略联盟,或以签署外包的形式组成基于 IT 的虚拟物流企业联盟,可以有效地提高其对市场变化的灵活性,从而提高工作效率、节约成本和提高竞争力。在合作过程中,货代企业应以网络为平台发挥信息优势,广揽货源,通过电子商务方式来完成各种结算工作。在选择合作伙伴时,应选择企业规模大小相当、在功能上具有互补功能的物流企业,但也应注意与类似及同类企业的合作,强调互补的同时也注重共生。通过共同构成的物流服务网络,实现互利双赢的效果。

13.5 物联网在航运物流中的运用

物联网是现代信息技术发展到一定阶段后出现的一种聚合性应用与技术提升,将各种感知技术、现代网络技术和人工智能与自动化技术聚合与集成应用,使人与物智慧对话,创造一个智慧的世界。物联网是一个基于互联网、传统电信网等信息承载体,让所有能够被独立寻址的普通物理对象实现互联互通的网络。物联网的特点是规模经济性、范围经济性和网络外部性,业务量越大、节点越多、服务范围越广,经济效益就越显著。

1.物联网的含义

物联网(Internet of Things,IOT)是新一代信息技术的重要组成部分,被视为互联网的应用扩展。应用创新是物联网发展的核心,以用户体验为核心的创新是物联网发展的灵魂。由此,顾名思义,"物联网就是物物相连的互联网"。

这有两层意思:第一,物联网的核心和基础仍然是互联网,是在互联网基础上的延伸和扩展的网络;第二,其用户端延伸和扩展到了任何物品与物品之间,进行信息交换和通信。因此,物联网的定义是通过射频识别(RFID)、红外感应器、全球定位系统、激光扫描器等信息传感设备,按约定的协议,把任何物品与互联网相连接,进行信息交换和通信,以实现对物品的智能化识别、定位、跟踪、监控和管理的一种网络。首先,它是各种感知技术的广泛应用。物联网上部署了海量的多种类型传感器,每个传感器都是一个信息源,不同类别的传感器所捕获的信息内容和信息格式不同。传感器获得的数据具有实时性,按一定的频率周期性地采集环境信息,不断更新数据。其次,它是一种建立在互联网上的泛在网络。物联网技术的重要基础和核心仍旧是互联网,通过各种有线和无线网络与互联网融合,将物体的信息实时准确地传递出去。

(2)物联网的本质和技术架构

物联网技术被称为是信息产业的第三次革命性创新。物联网的本质概括起来主要体现在三个方面:一是互联网特征,即对需要联网的物一定要能够实现互联互通的互联网络;二是识别与通信特征,即纳入物联网的"物"一定要具备自动识别与物物通信(M2M)的功能;三是智能化特征,即网络系统应具有自动化、自我反馈与智能控制的特点。

从技术架构上来看,物联网可分为三层:感知层、网络层和应用层。感知层由各种传感器以及传感器网关构成,包括二氧化碳浓度传感器、温度传感器、湿度传感器、二维码标签、RFID标签和读写器、摄像头、GPS等感知终端。感知层的作用相当于人的眼耳鼻喉和皮肤等神经末梢,它是物联网识别物体、采集信息的来源,其主要功能是识别物体、采集信息。网络层由各种私有网络、互联网、有线和无线通信网、网络管理系统和云计算平台等组成,相当于人的神经中枢和大脑,负责传递和处理感知层获取的信息。应用层是物联网和用户(包括人、组织和其他系统)的接口,它与行业需求结合,实现物联网的智能应用。作为物联网发展的排头兵,射频识别技术(RFID)成为市场最为关注的技术。RFID是能够让物品"开口说话"的一种技术。在"物联网"的构想中,RFID标签中存储着规范而具有互用性的信息,通过无线数据通信网络把它们自动采集到中央信息系统,实现物品(商品)的识别,进而通过开放性的计算机网络实现信息交换和共享,实现对物品的"透明"管理。

(3)物联网信息技术在航运港口上的应用

①物联网推动航运物流进步

航运港口是国际物流的集散地,是国际海运的交通枢纽。航运港口的建设和安全保障,是体现出一个国家的经济实力和国际竞争力的核心。但是,价格、速度、安全保障、高效率、高水平的服务一直是困扰港湾发展的要因。航运物流集装箱码头通过先进的航运物流信息技术提升其市场竞争力,以航运物流信息化推动港口管理现代化,使航运物流港口组织运行更加高效、业务流程更加顺畅、资源配置更加合理。集装箱RFID系统可以实时记录集装箱运输中的箱、货、流信息,以及相关的安全信息,结合全球网络环境实现集装箱物流的全程实时在线监控,以提高集装箱物流的安全性、透明度和效率,实现集装箱运输的重要变革,也就是实现集装箱物流信息从被动告知到主动感知的变革。

②航运物流业全力推进信息化技术

A.航运信息化技术创新与应用。预计随着通信网络、互联网和广播电视网络的快速融合以及新兴文化产业的快速发展,下一轮技术革命即将到来。届时,信息网络的大发展将使物流网络出现脱胎换骨的变化,物流将更加便捷高效。因此,航运物流企业必须顺应信息技术发展趋势,在不断提高技术装备水平、加强节点建设的同时,应高度重视物流信息网络建设,加快建立健全的物流信息化平台,以信息化带动物流网络化。

B.航运信息化管理创新。物流服务的实质是为客户提供时间价值和空间价值,即根据客户要求"准时送达"。从全社会的角度看,物流企业的专业化活动可以大大提高物流设施的利用率,降低和节约物流费用。随着物流网络的发展,对航运信息化业务流程的管理提出了更高、更新的要求,尤其是在经济全球化、物流业务国际化条件下,航运物流企业需要不断进行航运信息化管理创新,在精细、专业、特色、高效、新颖等方面下工夫,加强供应链管理、航运信息化网络管理;努力加强航运信息化成本费用控制,不断提高经济效益。

C.航运信息化业务创新。随着物流网络的扩大,物流服务内容、服务对象、服务方式均出现多元化的发展趋势,这就要求航运物流企业根据市场需求和客户要求,努力进行业务创新,在完善技术装备和物流网络的基础上,不断开发新的业务品种,进行品牌建设,以质优价廉和多种多样的服务品种赢得客户、赢得航运市场。

D.航运信息化体制机制创新。与国际一流物流企业相比,许多航运物流企业在体制机制方面仍存在诸多不足。在当前的全球经济调整和转折时期,航运物流企业应以世界一流航运物流企业为标杆,认真寻找差距,加快航运信息化管理体制和航运信息化经营机制变革的步伐,建立现代航运信息化企业制度,建立科学的航运信息化公司体制,从全网络、全业务运营的角度梳理航运信息化管理流程,实现航运信息化集约化一体化运作。

案例 13-2

货代企业信息化升级的新选择

随着市场竞争的白热化、客户需求的多样化和高端化,信息化成为众多货代物流企业提升竞争力、应对挑战并且提高企业运营效率的有效措施。值得货代企业注意的是,随着业务的高度复杂化,及市场竞争的激烈、客户需求的变化,即使是货代企业的信息化,其内涵也正发生着丰富的变化。货代企业如果要获得新一轮竞争的优势,必须赶上新的信息化浪潮。

货代企业信息化现状

从 20 世纪 90 年代中后期开始,随着业务的复杂化,部分货代企业为了加快发展速度,确保不被淘汰,大多走上了信息化的道路,从最初使用打字机打印提单发展到购买电脑、传真机和最基本的货代软件,通过这基本的 IT 软硬件设施实现企业运营管理的自动化,这也成了货代企业开张经营必不可少的一项投资。

当然,货代企业在刚成立时对软件的需求也仅限于内部管理。其中一些货代企业同货代软件供应商的合作时间比较长久,并且货代软件供应商有较强的研发能力、货代公司老板信息化意识较强,这种情况下会将信息化步伐迈得更大一些、更超前一些。其首先表现是系统内部管控严密、灵活,系统辅助决策功能强大,其次是利用网络技术进行可行有效的电子商务,比如大客户的网上订舱、网上提单确认、货物状态的实时提醒等。这些信息化措施帮助货代企业建立了更明显的竞争优势,获得了更快速的发展。据相关统计数据显示,目前能够快速稳健发展的货代企业都不同程度地采用了信息化措施。

但这种货代信息化水平目前来看,已经出现了无法满足业务需求的缺陷,这些货代软件与管理系统往往只能供单机或局域网内使用,无法实现跨企业、跨地域地联网操作,无法打通企业之间、整个业务链条上的信息流,导致企业间存在严重的信息不对称现象,在供应链流转中存在着大量的重复劳动,货主、货代、订舱代理、船公司、报关行、车队等往往需要重复输入相同的信息,而一旦信息有更新必须层层传递,整个供应链的效率大打折扣,业务订单的处理水平自然也难以提高,直接后果是业务订单处理效率低下、运营成本居高不下,间接后果则是客户服务水平无法提升、企业竞争力难以加强。打破这样的缺陷,已成为货代企业迈出更快发展步伐的关键一步。

同时,由于货代软件成本及使用方便性等因素的困扰,不少有成长潜能的货代企业无法享受到信息化所带来的好处。

尤其是当前的国际金融危机仍在继续,虽然有所好转但并未走出危机,大多数货代企业的放松型管理模式存在收入降低、成本增加等问题。要实现企业的长远发展,信息化建设及升级已逐渐成为企业的共识,但方向何在,不少货代企业又比较迷茫。

针对这样一种货代信息化状况,行业经营者、专家及相关研究者都在寻找更先进的信息化工具,不仅帮助有发展能力和发展前景的货代企业都能享受到信息化带来的好处,同时还能有效地控制货代企业实施信息化的成本;更重要的是,让货代企业所使用的信息化工具更先进、对业务的推动力更大。SaaS模式及货代大掌柜的出现,正在有效地解决这样一个问题,逐渐成为现阶段中小企业信息化的最佳选择。

货代大掌柜借力 SaaS,信息化升级有了新选择

众所周知,SaaS是一种利用互联网提供在线租用IT服务(主要以软件为主)的应用模式,由服务商提供一整套软硬件设备和专业服务,用户单位每月只需支付少量租用管理费,将用户计算机通过互联网接入运行平台,就可轻松享受到网上办公管理、客户关系管理、企业计划管理、财务管理、电子商务等一整套信息化的便利,而不再需要其他软硬件投入。货代和物流行业 SaaS 领军品牌——捷通网率先在货代物流行业引进 SaaS 模式,推出了"货代大掌柜"全球商务平台,从全程电子商务和全球化代理网络建立管理、分公司管理、业务处理一站式解决和营销创新等角度全面升级货代物流企业的经营管理和信息化水平,破除货代企业遭遇的发展瓶颈。

目前货代大掌柜集成了国际货代网上营业厅、基础操作业务系统、上下游及同行间电子接口、卖家管理、海外代理、堆场、仓储、车队、CRM、HR、OA 等一系列在线管理服务,并且集成了包括短信、网络传真、远程客户支持和呼叫中心系统,尤其是植入了 B2B 营销的功能,实现推广上的全球化和业务来源的多元化,确保企业的客流量增长。

由于货代大掌柜采用 SaaS 模式,是网络技术、软件技术、电子技术在货代企业经营管理方面的融合应用,货代企业采用此种解决方案的优势与好处较为明显,主要体现在以下8个方面:

1. 能帮助企业有效整合供应链资源、优化企业与上下游伙伴之间的业务流程,使得企业在订舱、配载、报关、报验、保险、集装箱运输、拆装箱、签发提单、结算运杂费等作业中能够与物流链上的相关公司协同作业,客户之间的配合与协作能力得到加强;同时,货代企业可以在大掌柜全球货代商务平台上,根据自己的需求开通属于自己的商务平台,每一货代企业的平台都是独立的,拥有管理、操作、设置等全部权限,这些独立的企业商务平台之间可互动与互通,帮助货代企业更快速、更有效地建立和管理代理网络。

2. 可突破时空局限。通过货代大掌柜这种在线平台应用,企业人员可轻松实现随时随地进行移动办公、在线业务处理、在线管理、电子商务等信息化服务,并可实现透明化经营,货主只要上网,就可以随时查询自己所委托货物的出运情况。

3. 系统建设具备快捷的交付、设置等特点,使企业能较快进入信息化状态,节省信息化实施的人力、时间等成本,省心省力。

4. 系统采用"一对多"的多订户系统构架模式,可支持数千个终端用户同时使用,并可轻松进行用户数量的增加扩展,方便公司规模扩大时进行系统升级。

5. 大量减少 IT 建设成本,一般按照服务模式进行付费,用多少付多少,也可按使用时间支付,企业配置一两个 IT 人员就足够;而且省去了购买服务器、软件的成本,无须企业一次性投入太多资金而在短时间内承担高额成本,影响可支配的现金流。

6. 可将订单管理、客户管理、营销管理等业务流程中的环节有机结合在一起,能使企业各个业务部门、业务流程之间高效协同地运作,从而避免了业务流程的混乱,提高了效率,降低了成本。同时,在分公司管理上有非常优异的表现。货代大掌柜提供的基于互联网的"集团化管理"模式发挥了作用,通过大掌柜平台,只要访问网络,在全球任何地方都可以办公,公司内部的工作人员无论是处理业务,还是向总部提交报表等,都是通过大掌柜在线展开;而客户也可以采用在线委托及在线跟踪等便捷化的方式委托货物运输,所有的情况都记录于企业自身拥有的商务平台上,公司老板及获得授权的高管只需要上网登录平台,就可以全面把握整个集团的运转情况,及时处理出现的问题;在分公司的成本管理和控制上也发挥了降低设立成本、管理成本的显著作用。

7. 基于 SaaS 模式的货代大掌柜将有效解决货代业务链上信息不对称和重复劳动的问题,实现信息流的完全畅通,从而提高企业经营效率,更快捷地响应客户需求,同时通过准确化地处理业务节省了企业运营的成本耗费。

8. 企业"聘请"货代大掌柜,不需要为后期的管理、维护和升级而操心,这种"省心省力省事"的业务协助可以让货代企业从这类行政事务中解脱出来,完全专注于做自己的业务。

正是因为多种优势的存在,货代大掌柜在货代物流行业吸引越来越多企业的关注。业界人士认为,该服务平台突破了传统货代软件仅关注内部管理和业务处理的范畴,利用互联网的互动互通优势,打通了上下游合作链条,加强了与外界的沟通合作,致力于解决货代企业揽生意、做生意和管生意的全程商务问题。而这类从信息化角度辅助货代企业提高经营效率、提升服务水平的平台化服务,必然会在全球货代行业的新发展中扮演关键的角色。

资料来源:货代企业信息化升级的新选择,http://www.tianya.cn/publicforum/content/no100/1/45332.shtml。

![本章习题]

1. 问题与讨论

(1)在应用软件类,国际货代信息系统大致呈现了哪三个层次?

(2)简述 ERP 的含义及其特点。

(3)电子商务对国际货运代理行业有哪些影响?

(4)简述物联网的本质及其技术架构。

2. 单项选择题

(1)(　　)是指建立在信息技术基础上,对企业的所有资源(物流、资金流、信息流、人力资源)进行整合集成管理,采用信息化手段实现企业供应链管理,从而实现对供应链上的每一环节进行科学管理。

A. ERP　　　　　B. CRM　　　　　C. VMI　　　　　D. MRP

(2)(　　)是一种旨在改善企业与客户之间关系、提高客户忠诚度的新型运作机制,它适用于企业的市场营销、销售、服务与技术支持等与客户有关的领域。

A. ERP　　　　　B. CRM　　　　　C. VMI　　　　　D. MRP

(3)(　　)是指将商业或行政事务处理,按照一个公认的标准,形成结构化的事务处理或信息数据格式,从计算机到计算机的数据传输。

A. EDI　　　　　B. GPS　　　　　C. GIS　　　　　D. EOS

(4)(　　)是企业间利用通讯网络(VAN 或互联网)和终端设备以在线联结方式进行订货信息交换的系统。

A. EDI　　　　　B. GPS　　　　　C. GIS　　　　　D. EOS

(5)(　　)是一种为地理研究和地理决策服务的计算机技术系统,以地理空间数据为基础,采用地理模型分析方法,适时地提供多种空间的和动态的地理信息。

A. EDI　　　　　B. GPS　　　　　C. GIS　　　　　D. EOS

3. 多项选择题

(1)目前物流运作主要依托于互联网,应用 EDI、3G、GPS、GIS、RFID 等信息技术,通过对(　　)等各个物流环节进行信息采集和处理,使得这些环节进行无缝连接,从而来达到物流活动最优化和提高企业经济效益的目标。

A. 采购　　　　　B. 储存　　　　　C. 生产　　　　　D. 运输

E. 配送

(2)通过采用(　　)等先进的信息技术,能够实时地获取相关货物的信息资料。

A. EDI　　　　　B. GPS　　　　　C. GIS　　　　　D. EOS

E. ERP

(3)电子商务环境下国际货运代理企业的发展策略包括(　　)。

A. 服务创新,努力实现品牌战略

B. 模式创新,加速市场响应能力

C. 选择合适的货代企业航运电子商务平台

D. 整合物流资源

E. 加强企业合作

(4)航运电子商务平台一般包括(　　)。

A. 货代系统　　　　B. 船代系统　　　　C. 船公司系统　　　　D. 统计系统

E. 办公自动化系统

(5)从技术架构上来看,物联网可分为(　　)。

A. 感知层　　　　B. 网络层　　　　C. 应用层　　　　D. 物理层

E. 基础层

案例分析

　　华晨宝马是专门从事宝马整车组装的制造企业。随着宝马加大在中国的布局,华晨宝马陆续在沈阳建立了大东、沈北和铁西工厂,达到年产 10 万辆汽车的能力。为了完善宝马在华的配送流程,华晨宝马选择了中外运作为其汽车物流配送商。为了更好地服务华晨宝马并拓展汽车物流业务,中外运需要借助先进的信息管理系统提升自身的服务水平。

　　中外运主要为华晨宝马提供汽车零部件的入场物流服务。零部件厂商按照既定的流程向中外运预订车辆,再由中外运将零部件送到华晨宝马的工厂。华晨宝马对整个送货链的控制及时间要求相当严格,以配合其 JIT 生产制造模式,即需满足准时物流的要求;同时还需对整个送货环节进行全程监控,并确保信息共享给相关方,包括华晨宝马、零部件厂商、中外运,以及调度员、外运客服、司机、华晨宝马仓库人员等各个角色,以便及时掌握运输的情况并对异常情况迅速作出反应。

　　为应对上述挑战,中外运在信息系统建设上下了一番工夫。

快速下单处理

　　对应不同的业务形态,零部件供应商向中外运下的订单分为两种:一种是预约单——供应商需提前 24 小时下单,中外运的客服人员接到订单后 1 小时内进行确认并提交调度,调度 24 小时内安排车辆;另外一种是发车单——供应商可以随时下单,车辆停在供应商现场,可以随时装货发车。

　　由此,需要信息系统具备以下功能:下单操作要求简单、易用,不同供应商只能查看自己的订单;供应商订单下达后,需要通知中外运客服人员及时处理,对于即将下单满 1 小时还未处理的订单需要发出警示;对于订单的处理情况需要及时通知供应商。

　　为此,中外运采用定制界面与订单模板结合的方法,每个供应商在定制界面中通过模板下单,系统自动采集模板中的信息生成订单。供应商只需填写要求到达时间以及物料数量就完成了一份订单的录入,整个过程可以在 10 秒以内完成,实现了下单的高效和易用。而通过系统的消息平台,可自动提醒外运客服人员处理订单,中外运客服受理订单后,系统自动提醒供应商。对于即将满一个小时还未处理的订单,系统通过消息平台警示客服。

　　此外,根据下单时间和要求,提货时间自动对订单级别进行划分(普通、紧急、加急、特急），并对不同级别的订单以特殊颜色标记，以便客服和调度根据级别及时处理。通过对车辆、司机、提货地、资质等条件的判别，快速完成运力资源的分配；通过对数据访问权限的控制，保证每个供应商只能查看跟踪属于自己的订单。

高效调度管理提高运力资源利用

为了简化调度人员的工作，降低凭借人工经验进行调度的比率，快速响应紧急的订单，提高运力资源的利用率。中外运在信息系统建设时，在调度界面上，通过对车辆、司机、零部件供应商以及资质等要素之间关系的判别，以及订单上的要求提货时间、要求到达时间、运输时长、任务间隔等信息自动给出调度建议，并定期对业务数据进行分析，不断完善调度逻辑。这样不仅大大提高了调度工作的效率，降低了出错率，而且也提高了运力资源的利用率。

对于紧急单的调度，系统通过 GPS 平台展现当前车辆的实时位置、紧急单的事发位置以及车辆当前未完成的任务，并通过一定的策略帮助调度员实现紧急单的调度。

运输过程"可视化"

零部件供应商向中外运下达订单后，调度员进行运力资源配载并安排司机开始运输。为了实现对运输过程的全程跟踪，需要对运输环节各个状态的实时采集和反馈；实现对运输过程不同维度的跟踪，例如中外运客服/零部件供应商对订单执行情况的跟踪，调度员对车辆的跟踪；对运输环节信息的共享，各相关方能够实时掌握运输的情况；对异常情况的登记、归档；降低运输过程中数据采集的人工投入和差错率，提高数据采集的及时率。

为此，中外运通过对运单、行车单（派车单）等的跟踪来实现不同用户视角的信息共享（客户/供应商、调度），并通过图形方式直观展现；对各个环节进行时效性校验，对延迟的或者异常的状态用突出的颜色进行标识。

通过运单跟踪，可以看到该运单从供应商下单、客服提交、调度受理、任务待命、出场、取货、送达各个环节的状态，以及操作人员和操作时间。通过行车单跟踪，可以看到车辆的待命、出场、回程、回场等状态，并通过 GPS 实时掌握车辆的运行情况，历史轨迹回放等功能还可对车辆的历史运行情况进行回顾。

在异常反馈方面，系统针对每个环节的异常进行自动/手动捕捉。通过与 GPS 的结合，对一些节点采取自动数据采集的方式，并自动判断该节点状态是否异常。同时结合华晨宝马对运输作业过程中异常管理的规定，设定固定的工作流，哪些环节出现异常需要做什么操作，由系统按照设定的工作流执行，减少人为操作的影响。

通过与 GPS 和电子围栏的结合引入对车辆出场、提货、签收、回场各环节的自动数据采集和反馈功能；通过自动判断逻辑，对 GPS 反馈的数据进行处理，实现订单执行环节的自动处理机制；大大降低了由于操作人员的延迟操作而导致的订单信息和运输信息流转的延迟。此外，通过自动配车功能：系统可以自行对订单采用相应的配载逻辑并形成配车计划，调度人员只需进行部分的人工调整，从而提高了工作效率。

强化运输时效管理

运输时效管理是为了确保实现 JIT 准时物流的需求。系统支持将整个运输过程进行拆分，定义各环节的完成时限，并通过实时采集反馈实际的任务完成时间进行对比，从而实现对整个流程的即时监控。

华晨宝马的零部件物流运输过程被拆分成调度确认、车辆出场、车辆到达提货点、车辆装货、车辆离开提货点、车辆到达卸货点、车辆卸货、车辆装空箱、车辆离开卸货点、车辆返空箱、车辆回场等环节,并对每个环节、每种物料、每种车辆、每条路线进行时效性的设定。

如果在运输执行的过程中,任何一个环节出现问题,系统都会自动发出提醒,并对下一个环节发出预警,这样相关人员可以在第一时间内得到信息反馈,并根据时效应对机制采取相应措施,提高整个运输过程的时效性。

成本核算"精细化"

中外运的信息系统支持单车级别的成本核算:将车辆成本以及人员成本分为固定成本和变动成本。通过对各个细分成本条目的计算,再结合业务信息,如里程数、路线趟次、订单数等,可以计算出成本 KPI 考核点,如路线成本、路线油耗等。

成本可以根据车辆级别以及订单级别进行分摊,实现按车辆分摊、按司机分摊、按客户分摊等多种分摊方式。系统同时提供自动计算逻辑,以解决运输过程中基于各种不同费用和分摊方式的成本核算。通过相关的计算逻辑的设计和自动计算功能的配置可以解决各类成本统计的需求。

与此同时,作为成本管理的重要组成部分,中外运的车辆全部采用油卡加油的方式,司机领取加油卡加油,并在加油完后归还加油卡和加油小票。系统通过油卡管理来实现油卡的充值及加油信息的记录;录入加油信息时自动计算油卡内余额,并通过对系统消息平台的结合实现油卡金额预警;根据加油记录和车牌号对每辆车每月的燃油费进行分摊计算。

应用效益显著,未来持续完善

通过可视化平台,使零部件供应商、中外运和华晨宝马实时掌握零部件运输的全过程,并通过对运输时效性的管理以及与 GPS 应用/预警的结合,全程控制运输各环节的执行时限,并使得相关人员能及时获知异常情况从而作出处理,满足汽车物流对实时性的严格要求;通过自动数据采集、自动信息反馈、自动报警、自动条件判断、自动运算、自动流程触发等的功能应用,大大提升了整个运输过程的效率,并降低了由于人为操作而引发的错误;对成本的精细化核算,再结合业务信息,如里程数、路线趟次、订单数等,计算出成本 KPI 考核点,如路线成本、路线油耗、每公里成本、每公里油耗,从而方便管理者对运营效益的全面了解,并迅速制定出相应的策略,降低企业运营成本;零部件供应商向中外运下单的前置时间由未上系统时的一周减少到现在的 24 小时;运输趟次提升了两倍。

基于良好的应用效果,该项目作为中外运物流管理平台的重要组成部分,下一步将继续发展并完善现有的系统功能架构,在现有基础上横向扩展对汽车运输领域中其他典型运输业态的支持(成品物流、退货物流、逆向物流等),纵向深化对车队的日常精细化管理(车辆、运输人员、油料、备品备件、轮胎),以支持中外运在汽车物流领域里的业务拓展。

资料来源:中外运依靠信息化服务华晨宝马,http://info. 10000link. com/newsdetail. aspx? doc=610264431。

阅读上述案例,回答下列问题:

(1)从此案例中,货代企业得到了哪些启示?

(2)在物联网环境下,中外运的信息化思路有哪些需要进一步改进的?

参考文献

[1]张敏,周敢飞主编.国际货运代理实务[M].北京:北京理工大学出版社,2007.

[2]中国国际货运代理协会编.国际货代行业从业人员资格培训考试辅导[M].北京:中国商务出版社,2006.

[3]杨丽华,董楠楠,蓝振峰编.国际货运代理新编教程[M].北京:中国科学技术出版社,2006.

[4]中国国际货运代理协会编.国际货运代理理论与实务[M].北京:中国商务出版社,2007.

[5]顾永才,陈幼端主编.国际物流与货运代理[M].北京:首都经济贸易大学出版社,2007.

[6]国际商会编.2000年国际贸易术语解释通则,1999.

[7]国际商会编.2010年国际贸易术语解释通则,2010.

[8]http://www.examw.com.

[9]http://www.exam8.com.

[10]张炳达,余静主编.国际货运代理实务[M].上海:上海财经大学出版社,2011.

[11]张敏,周敢飞主编.国际货运代理实务[M].北京:北京理工大学出版社,2007.

[12]http://www.qnr.cn/.

[13]http://wl.100xuexi.com/.

[14]http://emba.xdf.cn/201111/962599.html.

[15]http://nc.zjsdxf.cn/read/bookcontent.php? contentID=100000201531155&chapterID=12.

[16]王维肖.提单电放风险及其防范分析[J].实践与探索,2012:309.

[17]刘京晶.FOB条款下指定货代的潜在风险及应对措施[J].现代商业,2012:143.

[18]王垍苓.国际货物运输代理业经营风险及其控制[J].经济与管理,2011,25(10):47—49.

[19]吕宏晶.电子商务环境下国际货运代理企业的发展策略[J].E-BUSINESS JOURNAL,2012:29—30.

[20]任卫东.中国货运代理的服务创新研究[D].复旦大学学位论文,2010.

[21]沈四林,沈甸.物联网在航运物流和港口中的运用研究[J].航海技术,2012:54—57.

图书在版编目(CIP)数据

国际货运代理/计国君,蔡远游主编. —厦门:厦门大学出版社,2012.10
(亚洲物流与供应链管理协会(ACSC)职业资格认证指定教材)
ISBN 978-7-5615-4364-1

Ⅰ.①国…　Ⅱ.①计…②蔡…　Ⅲ.①国际货运—货运代理—教材　Ⅳ.①F511.41

中国版本图书馆 CIP 数据核字(2012)第 217719 号

厦门大学出版社出版发行

(地址:厦门市软件园二期望海路 39 号　邮编:361008)

http://www.xmupress.com

xmup @ xmupress.com

厦门集大印刷厂印刷

2012 年 10 月第 1 版　2012 年 10 月第 1 次印刷

开本:787×1092　1/16　印张:25.5　插页:2

字数:580 千字

定价:52.00 元

本书如有印装质量问题请寄承印厂调换